QICHE WEIHU JISHU GUIFAN

汽车维护技术规范

交通运输部公路科学研究院
牛会明　刘元鹏　编 著

人民交通出版社股份有限公司
China Communications Press Co.,Ltd.

内 容 提 要

本书为《汽车维护、检测、诊断技术规范》(GB/T 18344—2016)宣贯读本,本书除对标准内容进行详细释义外,还围绕标准内容进行适当展开,系统介绍了我国汽车维护制度、维护前检测诊断、汽车维护工艺以及汽车维护质量检查评定与监督等内容。

本书可作为道路运输管理机构、道路运输经营者和汽车维护企业相关人员全面了解、准确执行《汽车维护、检测、诊断技术规范》(GB/T 18344—2016)的培训书籍。

图书在版编目(CIP)数据

汽车维护技术规范/交通运输部公路科学研究院,牛会明,刘元鹏编著. —北京:人民交通出版社股份有限公司,2017.6

ISBN 978-7-114-13930-7

Ⅰ.①汽… Ⅱ.①交… ②牛… ③刘… Ⅲ.①汽车—车辆修理—技术规范 Ⅳ.①U472.4-65

中国版本图书馆 CIP 数据核字(2017)第 120041 号

书　　名:汽车维护技术规范
著 作 者:交通运输部公路科学研究院
牛会明　刘元鹏
责任编辑:林宇峰　刘　洋
出版发行:人民交通出版社股份有限公司
地　　址:(100011)北京市朝阳区安定门外外馆斜街 3 号
网　　址:http://www.ccpress.com.cn
销售电话:(010)59757973
总 经 销:人民交通出版社股份有限公司发行部
经　　销:各地新华书店
印　　刷:北京盈盛恒通印刷有限公司
开　　本:787×1092　1/16
印　　张:23
字　　数:536 千
版　　次:2017 年 6 月　第 1 版
印　　次:2017 年 6 月　第 1 次印刷
书　　号:ISBN 978-7-114-13930-7
定　　价:80.00 元

《汽车维护技术规范》

编 委 会

主　编：牛会明　刘元鹏

副主编：仝晓平　金柏正

编　委：吴东风　曹　磊　阳东波　李旭光

陈文兰　李成福　王逢玲　朱国军

PREFACE 前言

交通运输部公路科学研究院主持修订的《汽车维护、检测、诊断技术规范》(GB/T 18344—2016)已经颁布,自2017年7月1日实施。该技术规范是支撑我国道路运输车辆法律、规章的基础性标准,是指导我国汽车维护作业的重要标准。修订后的标准重点突出了安全、环保和节能要求,具有创新性。标准的颁布实施对规范汽车维护作业,提高汽车维护质量,保障行车安全,促进节能减排,将发挥重要作用。

《中华人民共和国道路运输条例》(国务院令第666号,2016年修订)规定"客运经营者、货运经营者应当加强对车辆的维护和检测,确保车辆符合国家规定的技术标准"。《道路运输车辆技术管理规定》(交通运输部令2016年第1号)要求"道路运输经营者应当依据国家有关标准和车辆维修手册、使用说明书等,结合车辆类别、车辆运行状况、行驶里程、道路条件、使用年限等因素,自行确定车辆维护周期,确保车辆正常维护"及"车辆维护作业项目应当按照国家关于汽车维护的技术规范要求确定"。

为做好《汽车维护、检测、诊断技术规范》(GB/T 18344—2016)的宣贯落实工作,使道路运输管理机构、道路运输经营者、机动车维修经营者及相关人员掌握、理解规范,标准课题组编写了《汽车维护、检测、诊断技术规范》(GB/T 18344—2016)宣贯教材,对标准内容进行了详细解读,具有很强的可读性、指导性和实用性。

本书以标准内容为主线,并围绕标准内容进行适当展开,增加了道路运输车辆技术状况保持最新研究成果。本书共分两篇七章,第一篇基础篇,系统介绍了我国汽车维护制度、维护前检测诊断、汽车维护工艺以及汽车维护质量检查评定与监督;第二篇应用篇,详细释义了《汽车维护、检测、诊断技术规范》(GB/T 18344—2016)条款。

希望本书的出版,能对加强车辆技术管理、规范汽车维护作业、保障维护质量提供必要的技术支撑。

本书编著过程中参阅了同行专家、学者的许多文字、电子和网络文献资料,得到了相关单位领导、专家的大力支持,在此表示衷心的感谢。

由于编者水平有限,书中难免存在疏漏和不妥之处,敬请广大读者批评指正!

作　者

2017年4月

CONTENTS 目录

基础篇

应用篇

附录

基 础 篇

第一章 概 述

《汽车维护、检测、诊断技术规范》(GB/T 18344—2016)是实施《中华人民共和国道路运输条例》《道路运输车辆技术管理规定》等法规、规章的支撑文件,是指导我国汽车维护作业的基础性标准。标准的颁布实施对保障行车安全,促进节能减排,具有显著的经济效益和社会效益。本章介绍标准的修订背景及主要内容。

第一节 我国的汽车维护制度

汽车维修制度是指为维持和恢复汽车的技术状况,保持汽车的工作能力所采取的维修工作的总体。它明确地规定了汽车维修工作的性质、作业内容、技术要求、作业的组合和执行的时机、各类作业的相互协调与分工,以及作业的劳动组织和劳动定额等内容。突出地反映了维修等级的划分,它是针对维修工作的不同深度、广度而言的。

汽车维修制度由汽车维护和汽车修理两部分内容组成。汽车维护和汽车修理是两种性质完全不同的技术措施。汽车维护制度的实质在于“预防”汽车技术状况恶化。汽车修理制度的实质在于“恢复”汽车的工作能力和完好状况。

一、我国汽车维护制度的发展

汽车维修制度由国家的社会经济条件以及车辆技术状况决定的。在不同的时期,由于汽车性能、使用条件、维修体制和技术水平等方面存在的差异,其维修制度有所不同。车辆技术状况好,维护和修理周期延长;社会经济条件好,重点放在汽车运行安全上,汽车维修成本次之。

我国的汽车维修制度经过若干次的修订与改革,已完成汽车维修工作从事后(故障发生后)到计划、从强制到按需的转化。根据我国汽车维护制度的发展,我国的汽车维护制度可以分为四个阶段(表1-1)。

我国汽车维护制度四个阶段　　表1-1

阶段	时间	标志	维修制度内容
第一阶段	新中国成立初期至20世纪50年代	主要采用苏联的汽车维修制度。1954年交通部正式颁布《汽车运输企业技术标准与技术经济定额》明确规定了当时的汽车维修制度为强制预防性的维修制度	严格管理、合理使用、强调保养,计划修理

续上表

阶段	时间	标志	维修制度内容
第二阶段	20世纪60年代至20世纪80年代	1963年交通部正式颁布《汽车运输企业技术管理制度》与《汽车运输技术规程》明确规定了当时的汽车维修制度为强制预防性的维修制度	科学管理,合理使用、定期保养,计划修理
第三阶段	20世纪90年代至2016年3月	1990年,颁布实施交通部13号令《汽车运输业技术管理规定》	预防为主、定期检测、强制维护、视情修理
第四阶段	2016年3月至今	2016年3月1日,颁布实施交通运输部1号令《道路运输车辆技术管理规定》	预防为主、定期检测、周期维护、视情修理

(一)第一阶段维修制度“严格管理、合理使用、强调保养、计划修理”

我国自20世纪50年代引进苏联的汽车技术以来,相应地也引入了计划预防性汽车维修制度。1954年7月29日,原交通部颁布了《汽车运输企业技术标准与技术经济定额》(简称“红皮书”),在全国各运输企业中实施。其中规定:汽车技术保养分三级,即例行保养、一级保养、二级保养;汽车的修理分三类,即小修、中修和大修。当时的“红皮书”对保持车辆具有良好的技术状况,起到了重要作用,初步形成我国汽车维修制度。之后,我国不仅形成了一批有一定生产规模从属于大型汽车运输企业的修理厂(或车间),还出现了专业化的汽车修理厂。

(二)第二阶段维修制度“科学管理,合理使用、定期保养、计划修理”

20世纪60年代至20世纪80年代,1963年原交通部对“红皮书”进行研讨、研究和修改,正式颁布《汽车运输企业技术管理制度》与《汽车运输技术规程》,明确规定了当时的汽车维修制度为强制预防性的维修制度。该制度规定:汽车维护和修理均分为四级,汽车维护分为例行维护、一级维护、二级维护和三级维护。汽车维修分为四级:全车大修、总成大修、汽车小修和零件修理。

汽车维护周期未做统一规定,一级维护周期为1500~2000 km;二级维护周期为6000~8000 km;三级维护周期为36000~40000 km。对于不同运输企业,由于车辆的使用条件不同,各级维护周期的差异较大。此外,对新车或大修后的汽车要进行走合维护。为适应季节的变换,常结合二级维护附加一些必要的作业内容,如更换润滑油,拆装保暖和空调装置等,称为季节性维护(或称换季维护)。

(1)例行维护主要是维持车辆的车容,使车辆处于完整和完好状况,以保证车辆正常运行。例行维护以清洁、补给为中心,由驾驶员在每日出车前、行驶中和收车后进行,不占用出车时间。

(2)一级维护以紧固、润滑为中心内容,并消除车辆在行驶一定里程后出现的某些薄弱环节,保持车辆的正常运行状况。一级维护的主要内容包括:各总成和连接件的紧固、主要总成和部件的润滑,以及在外部检查时发现的一些必要的调整作业。由于一级维护作业的内容比较简单,通常安排在班间进行,不占用出车时间。

(3)二级维护以检查、调整为中心。对行驶一定里程的车辆进行一次较深入的技术状况检查和调整,其目的是为了保证车辆在以后的较长运行时间内,能保持良好的运行性能。二级维护的作业项目较多，除执行一级维护的全部作业外，还必须消除一些维护作业中发现的故障和隐患，需要有一定的作业时间。所以，二级维护需占用车辆的运行时间。

(4)三级维护是经几次二级维护之后，为了巩固和保持各个总成、组合件的正常使用性能而采取的维护措施，以确保车辆能在两次三级维护间隔里程中正常运行。三级维护是以总成解体、清洗、检查、调整和消除隐患为中心的维护作业。

(三)第三阶段维修制度“预防为主、定期检查、强制维护、视情修理”

为了适应汽车结构的不断更新以及维修技术进步，对汽车维修制度进行了改革。1990年3月7日，交通部以第13号部令的形式发布了新的《汽车运输业车辆技术管理规定》，明确提出了运输车辆必须执行“预防为主、定期检测、强制维护、视情修理”的方针。新的汽车维修制度将车辆维护分为：日常维护、一级维护和二级维护；车辆修理分为：车辆大修、总成大修、车辆小修及零件修理。

1. 维修制度理解

预防为主：预防为主的目的就是要采取科学的方法及有针对性地预防措施，避免汽车故障的发生，最大限度减少汽车维修费用，延长汽车使用寿命。

定期检测：根据车辆从事运输的性质、使用条件和强度以及汽车技术等级，通过现代化的技术手段，定期对车辆实施检测作业，掌握车辆的技术状况，并实施相应的技术措施。

强制维护：按照规定的行驶里程或间隔时间，对车辆进行各级维护作业，消除潜在故障隐患。

视情修理：视情修理是以车辆实际技术状况为基础的修理方式。车辆修理的作业范围和深度须先通过检测诊断后确定。

新的维修制度有三个方面的发展和变化：一是强调了原“定期保养”的重要性，在措辞上更为强硬，即“强制维护”；二是取消了以解体为手段的三级维护，避免了不必要甚至有害的大拆大卸；三是将原“计划修理”变更为既可防止拖延修理造成车况迅速恶化，又能避免提前修理造成浪费的“视情修理”，从而将我国汽车维修制度推向一个新的高度。

2. 汽车维护分级

日常维护：以清洁、补给和安全性能检视为中心内容的维护作业。

一级维护：除日常维护作业外，以润滑、紧固为作业中心内容，并检查有关制动、操纵等系统中的安全部件的维护作业。

二级维护：除一级维护作业外，以检查、调整制动系、转向操纵系、悬架等安全部件，并拆检轮胎，进行轮胎换位，检查调整发动机工作状况和汽车排放相关系统等为主的维护作业。

3. 汽车修理分级

车辆大修是新车或经过大修后的车辆在行驶一定里程(或时间)后，经过检测诊断和技术鉴定，用修理或更换车辆任何零部件的方法，恢复车辆的完好技术状况，完全或接近完全恢复车辆寿命的恢复性修理。

总成大修是车辆的总成经过一定使用里程(或时间)后，用修理或更换总成或任何零部件(包括基础件)的方法，恢复其完好技术状况和寿命的恢复性修理。

车辆小修是用修理或更换个别零件的方法，保证或恢复车辆工作能力的运行性修理，主要是消除车辆在运行过程或维护作业过程中发生或发现的故障或隐患。

零件修理是对因磨损、变换、损伤等而不能继续使用的零件进行修理。

必须指出，“强制维护、视情修理”是对道路运输车辆实行从购置到报废的全过程综合性管理的一个组成部分，与“定期检测”有着密不可分的关系。换言之，高质量检测手段是这一新的维修制度、特别是视情修理能否顺利实施的技术保证。

(四)第四阶段维修制度“预防为主、定期检测、周期维护、视情修理”

2016年3月1日，交通运输部以2016年1号令颁布施行《道路运输车辆技术管理规定》，明确提出了道路运输车辆必须执行“预防为主、定期检测、周期维护、视情修理”的方针。

新的汽车维修制度延续汽车维护的分级，车辆维护分为：日常维护、一级维护、二级维护。主要变化是将“强制维护”修改为“周期维护”。第四阶段维修制度相对第三阶段维修制度具有以下特点。

1. 加速车辆技术管理创新

借鉴发达国家商用车管理先进经验，结合我国道路运输车辆技术管理实际，从科学发展的角度和顶层设计的高度，革新了车辆技术管理的原则和方针，明确提出了道路运输车辆技术管理坚持“分类管理、预防为主、安全高效、节能环保”的原则，以此确定了道路运输经营者车辆技术管理执行“择优选配、正确使用、周期维护、视情修理、定期检测、适时更新”的方针，并在此基础上，创新了车辆技术管理相关制度措施。

2. 厘清了车辆维护、修理的实施主体

按照加强社会主义法治建设的原则，厘清了交通运输主管部门与经营者关于道路运输车辆技术管理的边界。一是明确道路运输经营者是车辆技术管理的责任主体。要求其根据车辆数量和经营类别合理地设置部门，配备人员，有效地实施车辆从择优选配、正确使用、周期维护、视情修理、定期检测和适时更新的全过程管理；二是机动车维修经营者作为车辆维护、修理的实施主体，为道路运输车辆的维护和修理提供服务保障；三是汽车综合性能检测机构作为评价道路运输车辆技术状况的技术支撑单位，对检测评定的结果应当承担相应的法律责任。

3. 创新了道路运输车辆维护制度

从20世纪90年代以来，道路运输车辆维护周期基本是由省级道路运输管理机构统一确定，经营者的自主管理权力受到限制。本次修订，根据中央依法行政、简政放权、优化服务的精神，对车辆维护制度实行重大调整，成为一大亮点。将过去的车辆维护周期由省级道路运输管理机构统一硬性规定，改为由经营者依据国家有关汽车维护标准、车辆维修手册、使用说明书等技术文件，结合车辆类别、车辆运行状况、行驶里程、道路条件、使用年限等因素，自行确定车辆维护周期，自觉组织实施维护，最大限度地调动经营者的积极性和创造性，激发市场活力，将车辆技术状况保持的责任落到实处。

4. 创新了车辆技术管理监管方式

随着汽车检测技术的普及和国家标准对二类汽车整车维修企业开业条件的调整，今后，对二级维护竣工车辆，不再强制要求到汽车综合性能检测机构上线检测，而由具备维护竣工检验条件的经营者自行检验，并对检验合格者签发竣工出厂合格证；道路运输经营者不具备车辆二级维护作业能力的，可以委托二类以上机动车维修经营者进行车辆二级维护作业，机

动车维修经营者完成二级维护作业后，应当向委托方出具车辆二级维护出厂合格证。组织实施车辆维护的道路运输经营者或汽车维修经营者须做好相应维护的记录。否则，要承担相应的法律责任。

二、国外汽车维护制度概况

为保证汽车良好使用性能、安全性能及减少环境污染，美国、日本、德国等汽车工业发达的国家对在用汽车普遍实施预防性维护制度，并形成了较为完善管理法规和标准。

（一）国外汽车维护制度

1. 美国

美国的汽车维修制度采用计划预防维修制度。它将维修工作分为五级，其中维护工作三级（A、B、C），相当于我国的日常维护、一级维护、二级维护；修理分为二级（D，E）。美国军队和大型运输企业均采用这种制度。计划预防维护制度对维持美国汽车的完好技术状况和工作能力而言，不失为一强有力的保证。近年来，美国汽车的维护周期更加延长，维护作业内容进一步简化。

1943 年，美国汽车工程师协会（SAE）制定了汽车计划预防维护制度。该制度建议客、货车采用日常维护、一级维护和二级维护。一级维护周期值为 1600 ~ 3200km，二级维护周期值为 4800 ~ 9600km。到了 20 世纪 70 年代，美国的汽车维护周期明显延长，货车的两级维护周期值相应为 9400km 和 28000km，客车则为 6100km 和 18400km。

时至今日，美国仍延续计划预防维护制度。美国《联邦管理条例》第 102 － 34（相当于美国联邦政府规定的在用标准）要求，机动车应建立一个定期的维护计划、定期检查和维护。美国的汽车维修检测主要执行美国联邦机动车安全标准 FMVSS（运输篇）的 396 部分以及各州标准及相关的 SAE 标准。

美国联邦机动车安全标准 FMVSS（运输篇）的 396 部分类似于我国 GB/T 18344《汽车维护、检测、诊断技术规范》，规定了机动车维护的分级和周期、维护作业内容等要求。主要包括“适用范围”、“检查、修理和维护”、“润滑”、“严禁不安全操作检查”、“驾驶员车辆检查报告”、“驾驶员检查”、“牵引车和挂车的操作、检查”等七个部分。标准的内容比较简洁，都是原则性规定，不涉及具体的维修检查项目过程和技术参数。但标准强调“每个汽车运营商，其及管理者、驾驶员、代理、代表和雇员必须知晓并遵守商用机动车的检查和维护的有关规定。”

①营运汽车规定每隔 1 个月、3 个月和 12 个月必须按各个机构和装置的部位分别实施内容不同的预防性维护。②对其他自用汽车，也规定每隔 6 个月和 12 个月，分别实施内容不同的预防性维护。

2. 独联体

独联体各国普遍采用计划预防维护制度：汽车维护分为三级，即日常维护（EO）、一级维护（TO－1）、二级维护（TO－2）和季节性维护（CTO）。一级维护和二级维护在汽车运行一定里程后强制进行，季节性维护每年两次，车辆的故障小修则视需要进行。

苏联解体前曾规定，从 1983 年开始，汽车可以采用两级维护，也可以采用一级综合维护代替两级维护。一级综合维护的周期里程较两级维护中的一级要长，但不及二级。另外，考虑到汽车使用的具体条件不同，GOST 21624—1981《汽车技术装备的技术维护和修理

体系 对制品使用工艺性和维修性的要求》,还将汽车使用地区分为三类,随着地区类别的增高,使用条件的恶化,汽车维护周期相应减短。若以使用条件较好的Ⅰ类地区为准,条件不断变差的Ⅱ类和Ⅲ类地区,汽车维护周期的折减系数分别为0.80和0.60。

在独联体各国,主要采用俄罗斯联邦汽车运输部批准通过的《汽车运输用车辆的技术维护与修理条例》。随着汽车诊断技术及设备的发展,独联体各国在维护作业前,加入相应的诊断作业。一级诊断在一级维护前进行,主要了解整车的技术状况,特别是行驶安全性,并判断其是否适于继续运行。二级诊断则安排在二级维护之前进行。除了解整车技术状况外,还侧重于了解各大总成的技术状况。其目的是发现隐蔽的缺陷或故障,确定其部位、性质及原因,并估计汽车可继续行驶的里程。

3. 日本

日本采用计划预防维护制度。从1957年开始,日本对营运汽车推行预防性维护制度,并提出了具体标准。20世纪到70年代,又对此标准进行了修改,并增加了高速公路行驶车辆及汽车排放控制等相关内容,从而实现了以故障诊断、检查和调整为中心的汽车定期预防性维护。日本依据《道路运输车辆法》,制定了《汽车维护基准》,规定车辆维护周期、维护项目和技术要求。新修订实施(2005年)的《道路运输车辆法》规定营运汽车每天进行日常维护,必须每隔3个月和12个月进行不同维护项目的定期维护,取消了每月维护一次的要求。其次,家庭用车与商业用汽车的维护周期和维护项目不同。由于商业用汽车的使用频率及使用强度明显高于家庭用车,因此,商业用汽车的维护周期短,维护频率高,维护项目多。

目前,日本运输省还对各类汽车规定了技术状况检测期限,并强制执行。这种检测是通过代表运输省的80多家检测站实现的。营运车辆及车龄10年以上的轿车每隔1年,自用轿车每隔2年要接受这种检测。

4. 德国

德国不仅是汽车生产大国,而且在汽车维护、修理,以及检测诊断等方面有许多经验值得我们去学习借鉴。德国的汽车维护修理和检测诊断理念、工艺方法和技术手段等方面与我国相比,最显著的特点是更加实用和先进。德国的汽车维护修理企业的维修与检测设备配备水平相对较高,设备培训专业化,大多数企业的检测诊断设备类型多为某种特定车型配备,并且在维护修理生产过程中设备使用率很高。汽车维修企业大多设有专门的检测诊断车间,对进厂车辆进行专门的故障检测诊断,根据检测诊断的结果,制定车辆切实可行的维护修理方案,有效地指导维护修理作业。

德国的汽车维修企业大致分三种:第一种是汽车制造厂家授权的特约维修站,厂房规模较大,维修技术人员的素质和技术水平较高,主要维修自产车型;第二种主要承接维护、调整、小修业务。这类企业综合性强,业务广泛,但数量不多;第三种是开设在公路周边沿线,专门从事某一项维修业务的专业维修点,业务比较单一,规模较小,但数量众多。

德国执行《道路交通许可条例》(STVZO),类似于我国的GB 7258《机动车运行安全技术条件》,作为制定汽车维修、检测的标准依据。德国汽车维护已逐步从故障修理为主转向以定期维护及预防故障为主,与我国现行的汽车维护制度相近。汽车维护已经成为车主的一种自觉行为,并且维护企业的维护质量均有保障。

(二)国外汽车维护制度分析

1. 世界各国普遍实施计划预防的汽车维护制度

汽车工业发达的国家,普遍执行预防性的汽车维护制度。汽车维护分为三级,相当于我国的日常维护、一级维护和二级维护。随着汽车制造技术和可靠性提高,形成了维护周期不断延长,维护作业项目进一步简化的趋势。计划预防的汽车维护制度强调维护的重要性和必要性,使道路运输经营者和广大车主用户更加重视车辆的维护,防止因追求眼前利益而不及时维护,从而导致车况严重下降,影响车辆运行安全的情况。

2. 道路运输经营者是车辆维护的主体

通过分析美国、日本等汽车工业发达国家的汽车维护制度,可以得出结论,法规和标准明确了道路运输经营者和广大车主用户是车辆技术管理的责任主体,对车辆的技术状况负责,并承担相应的法律责任。道路运输经营者和广大车主用户根据车辆的技术状况及使用条件制定车辆维护计划,并有效实施,保留维护记录。

3. 汽车维护制度上升到国家法律的层面

政府出台相关的法律、法规并制定一系列技术标准和工艺标准,用于保持车辆技术状况。如日本、美国将涉及汽车安全、环境以及注册的有关要求以国家法律的形式予以颁布,如日本《道路运输车辆法》及《指定制定出整备事业规则》、美国《联邦管理条例》、美国联邦机动车安全标准 FMVSS(运输篇)及第 107 次国会会议 H. R. 2735 法案等。遵守机动车维护的相关法律规定是道路运输经营者和广大车主用户的责任和义务。

4. 汽车维护制度监督检查方式不尽相同

汽车维护制度监督检查有两种方式,一种是政府以法规或标准的形式规定车辆维护周期及作业项目,对维护落实情况强制检查,类似于我国第三阶段汽车维护制度。一种是强调道路运输经营者和广大车主用户是车辆维护的主体,根据车辆的技术状况及使用条件自行制定维护周期及作业项目,政府行业管理部门对维护落实情况执行监督检查。在这种情况下,车主用户对自己的车辆负责,认真做好车辆的维护工作。

第二节 《汽车维护、检测、诊断技术规范》(GB/T 18344—2016)修订的背景

《汽车维护、检测、诊断技术规范》(GB/T 18344—2001)自 2001 年 12 月 1 日颁布实施以来,对规范在用汽车维护、检测、诊断作业,保持汽车良好技术状况,保证行车安全,延长车辆使用寿命,控制汽车排放污染物,发挥了重要作用。

随着我国汽车工业技术进步和道路运输的发展,汽车车型种类不断增加,新材料、新工艺和新技术被广泛应用,有关汽车维修的法规、规章和相关标准等,也发生了较大变化,并且该标准已纳入政府道路运输车辆管理和维修法律、规章之中,GB/T 18344—2001 标准已不适应在用汽车维护和管理的要求。

一、标准修订的必要性

我国实行的“预防为主、定期检测、周期维护、视情修理”维修制度。《中华人民共和国

道路运输条例》(国务院令第666号,2016年修订)第三十一条“客运经营者、货运经营者应当加强对车辆的维护和检测,确保车辆符合国家规定的技术标准”。因此,为了保证涉及汽车维护、检测的国家法规、规章的贯彻实施,必须制定科学、合理的汽车维护、检测、诊断技术规范,必须修订《汽车维护、检测、诊断技术规范》(GB/T 18344—2001)。

首先,原标准发布实施十几年来,汽车技术水平已经发生了重大变化。新技术、新材料在汽车产品中的广泛应用,使得汽车总成的结构和原理发生了较大变化,大幅度提高了汽车可靠性。原标准中有些条款已经不适应汽车新技术变化,需要调整这些维护项目,有些维护项目和检测项目需要补充、增加。把影响安全(制动系统、转向系统和行驶系统)、环保(燃油供给系统及净化处理)的系统、零部件作为维护的基本作业项目,其他系统(部件)依据检测情况,视情维护。

其次,随着新法规、新标准颁布实施,GB/T 18344—2001 引用的标准发生了较大变化。随着我国在用车排放标准体系的不断更新完善,原标准执行的汽车排放规定已经更新。交通部2005年第7号令《机动车维修管理规定》已于2005年8月1日起施行,国家质量监督检验检疫总局和国家标准化管理委员会联合批准发布了GB 7258,而GB/T 18344—2001制定依据之一是GB 7258—1997,GB 7258新增的许多要求在GB/T 18344—2001尚未得到反映。《道路运输车辆综合性能要求和检验方法》(GB 18565—2001)已经修订,道路运输车辆的技术要求及检验方法应符合修订后的《道路运输车辆综合性能要求和检验方法》(GB 18565)。

再次,近年来道路运输车辆不断发生重特大交通事故,给人民群众生命财产造成巨大损失,严重影响了社会的稳定。通过对重特大事故发生的原因分析,掌握重特大事故的典型特征,特别是汽车本身的事故原因分类及其所占比例。根据汽车事故的典型特征制定相应的维护作业内容,有效避免重特大事故的发生。

最后,随着汽车保有量的不断增加,机动车排放污染已经严重影响人们的生活环境。因此,国家实施更加严格的机动车排放法规。为了适应这一变化,汽车采用许多新技术,如选择性催化还原(SCR)技术、车载故障诊断系统(OBD)等,需要增加排放系统的维护内容,确保这些装置处于良好的工作状态。

因此,修订《汽车维护、检测、诊断技术规范》(GB/T 18344—2001)标准,使之适应汽车技术的进步、汽车使用环境的变化以及适用现行标准的需要,突出安全、环保和节能的要求具有重要意义。

二、标准的编制过程

为适应我国在用车辆技术管理的需要,国家标准化管理委员会和交通部决定对《汽车维护、检测、诊断技术规范》(GB/T 18344—2001)进行修订。国家标准化管理委员会将该标准列为2006年国家标准修订计划(计划编号20063122-T-348)。交通部在交科教发〔2006〕309号交通标准化计划中将该标准列入修订项目(计划编号GB2005-08),由交通运输部公路科学研究院主持承担该标准的修订工作。

2009年,将修订《汽车维护、检测、诊断技术规范》(GB/T 18344—2001)列为国家科技支撑计划项目《重特大道路交通事故综合预防与处置集成技术开发与示范应用》课题四《道路运输车辆安全保障技术开发及大范围集成应用》专题七《道路运输车辆技术状况保持技术及评价体系》的科研项目,对汽车故障规律、维护周期等关键技术进行研究,提高标准的科学性和先进性。

标准的编制过程主要包括两个阶段。第一个阶段是2006年7月至2008年5月,按照计划要求完成标准的报批稿,并上报全国汽车维修标准化技术委员会(SAT/TC247)。第二个阶段是2009年3月至2011年12月,交通部、公安部和科技部将该标准的修订列入"十一五"国家科技支撑计划"重特大道路交通事故综合预防与处置集成技术开发与示范应用"项目"营运车辆安全保障技术开发及大范围集成应用"课题。在道路运输车辆故障规律、维护周期以及维护项目等关键技术进行研究。主要工作过程如下:

(1)2006年7月~2006年8月,交通部在交科教发〔2006〕309号(计划编号GB2005-08)下达交通运输部公路科学研究院院后,成立了由交通运输部公路科学研究院负责的标准修订课题组并着手开展GB/T 18344—2001修订工作。

(2)2006年9月~2006年11月,课题组在广泛征求意见的基础上,针对原标准执行过程中存在的问题提出了《汽车维护、检测、诊断技术规范》(以下简称《技术规范》)(初稿)。将《技术规范》(初稿)在相关行业、相关部门内广泛征求意见,对回函意见进行分析整理,形成了《技术规范》(征求意见稿)。

(3)2006年12月~2007年2月,课题组将《技术规范》(征求意见稿)再次在相关行业、相关部门广泛征求意见。发送征求意见稿单位28个,回函并有建议或意见的单位为24个,没有回函的单位4个。在标准修订起草小组对回函意见进行分析整理,形成了《技术规范》(送审稿)。

(4)2007年3月~2008年5月,全国汽车维修标准化技术委员会在郑州组织专家对《技术规范》(送审稿)进行评审,标准修订课题组根据专家意见对标准送审稿进行修改,最终形成了《技术规范》(报批稿),并上报全国汽车维修标准化技术委员会。至此,完成第一阶段全部工作。

(5)2009年3月~2011年1月,交通运输部、公安部和科技部将该标准的修订列入"十一五"国家科技支撑计划"重特大道路交通事故综合预防与处置集成技术开发与示范应用"项目"营运车辆安全保障技术开发及大范围集成应用"课题。在车辆故障规律、维护周期以及维护项目等关键技术进行研究。结合试验验证数据和研究结果,形成《技术规范》(征求意见稿)。

(6)2011年2月~2011年4月,广泛征求《技术规范》(征求意见稿)意见,发送征求意见单位24个,回函并有建议或意见的单位为24个,没有回函的单位0个。全国汽车维修标准化技术委员会在温州组织专家对《技术规范》(征求意见稿)进行研讨。与会专家对标准的内容及技术要求进行了广泛的讨论,提出了修改建议,标准修订课题组根据专家意见对《技术规范》(征求意见稿)进行修改和完善,形成了《技术规范》(送审稿)。

(7)2011年5月~2012年7月,课题组将《技术规范》(送审稿)在四川、河南、安徽等省的维护企业进行示范研究,根据示范结果对标准进行了修改,并最终确定了《技术规范》(送审稿)。2012年7月全国汽车维修标准化技术委员会在北京组织专家对《技术规范》(送审稿)进行评审,标准修订课题组根据专家意见对《技术规范》送审稿进行修改,最终形成了

《技术规范》(报批稿),并上报全国汽车维修标准化技术委员会。

三、标准的特点

为了确保标准具有科学性、先进性、适用性和可操作性,标准修订课题组在大量调研、大量试验基础上,结合我国汽车维护相关的政策法规、标准及有关技术资料,参考了国外汽车维护相关法律法规,对原标准进行了修订。GB/T 18344—2016 标准相对于 GB/T 18344—2001 标准具有以下特点。

(1)与近年来出台的汽车维护相关政策、法规、标准紧密结合,增强标准间关联性、协调性和统一性。

《汽车维护、检测、诊断技术规范》(GB/T 18344—2001)是一个综合性标准,涉及与汽车维护检测相关政策、法规及标准。因此,修订后的标准和相关政策、法规、标准紧密结合,防止出现矛盾及对立的情况。修订后的标准符合国家、政府行业管理部门有关机动车安全、综合性能要求及尾气排放政策、法规及标准的要求。

(2)科学设置汽车维护项目及竣工检验项目,重点强化"安全、节能、环保"要求。

二级维护重点在安全(检查、调整制动系统、转向操纵系统、悬架等安全部件,并检查轮胎,进行轮胎换位),同时考虑环保及节能(检查、调整发动机工作状况和汽车排放相关装置等)。汽车维护项目的确定以汽车各总成故障规律、使用维修手册为主要依据,加强了维护作业的可操作性,把影响安全(制动系统、行驶系统和转向系统)、环保(燃油供给系统和排放净化处理系统)的系统、部件作为维护的基本作业项目。强调维护前的检测诊断,依据检测诊断结果确定附加作业项目。

(3)适用汽车技术发展需要,提高标准科学性和可操作性。

现代汽车集众多高新技术于一体,新材料、新结构应用广泛,特别是随着发动机制造水平、电子控制燃油喷射技术、动力转向器装置等新技术的广泛应用,提高了汽车的可靠性。因此,必须改变传统汽车维护方式和作业项目。汽车维护应避免对汽车发动机、电控系统、液控装置的拆卸等解体维护,特别是在汽车许多结构禁止或不宜频繁拆卸的情况下。充分利用现代检测技术的成果,科学设置汽车维护前故障诊断项目,通过不解体检测发现的问题列为附加作业项目。随着汽车可靠性提高,适当延长汽车维护周期。汽车维护周期和维护作业项目确定充分考虑了汽车维护手册推荐的维护项目和维护周期,提高标准的适应性、科学性和可操作性。

(4)适应汽车技术进步,合理确定汽车维护作业深度。

汽车维护作业深度要适中,区别维护和维修概念,防止盲目扩大汽车维护项目和维护作用深度。一是按照《汽车维修术语》(GB/T 5624—2005)确定的日常维护、一级维护、二级维护的内涵和外延;二是维护基本作业项目重点是影响安全、环保的部件。

(5)借鉴国外先进指标和方法,促进技术进步。

国外汽车工业发展历史悠久,积累了成熟的汽车技术状况保持技术,制定了与汽车维护、检测相关的法规及标准。随着汽车产品进出口不断扩大,汽车产品已经"国际化",汽车维护、检测标准与国际标准接轨变得越来越重要。所以,在修订该标准时,借鉴参考了国外标准先进指标和方法,提高标准的技术水平和国际化程度。

第三节 《汽车维护、检测、诊断技术规范》(GB/T 18344—2016)修订的主要内容

《汽车维护、检测、诊断技术规范》(GB/T 18344—2016)是在总结多年汽车维护作业规范实施经验的基础上,针对当前新技术在汽车上的大量应用及汽车维修技术进步的新形势下,着重以确保车辆安全和环保性能为目标,对车辆安全、节能、排放系统检测、诊断和维护作业提出的基本要求,是一个全面贯彻汽车维护制度的通用标准。其核心是"预防为主、定期检测、周期维护、视情修理",是新的汽车维修制度贯彻实施的具体体现。它是《中华人民共和国道路运输条例》(国务院令第 666 号,2016 年修订)、《道路运输车辆技术管理规定》(交通运输部令 2016 年第 1 号)提出的道路运输车辆技术管理的重要组成部分。

一、主要内容

《汽车维护、检测、诊断技术规范》(GB/T 18344—2016)是对在用车辆进行维护、检测、诊断的技术标准,是一个全面贯彻车辆二级维护制度的通用性标准,标准中所提出的车辆各级维护的基本内容和方法,适用于所有汽车,挂车参照执行。

GB/T 18344—2016 规定了汽车维护的分级和周期、维护作业要求以及质量保证。由前言、范围、规范性引用文件、术语和定义、汽车维护的分级和周期、汽车维护作业要求、质量保证以及附录等 8 个部分组成。标准主要内容及说明见表 1-2。

标准主要内容及说明 表 1-2

序号	章节名称	主要内容及说明
1	前言	标准的前言为必备要素,对标准概括说明。主要包括两部分:一为特定部分,作为修订标准主要介绍了 GB/T 18344—2016 与 GB/T 18344—2001 主要技术变化。二为基本部分,主要说明了标准的提出、批准、归口、起草单位、主要起草人及标准所代替标准的历次版本发布情况
2	范围	对 GB/T 18344—2016 技术内容以及适用范围的概括性说明。本标准范围规定了汽车维护的分级和周期、维护作业要求以及质量保证。本标准适用于以汽油或柴油为燃料的在用汽车,挂车可参照执行
3	规范性引用文件	本章列出了 GB/T 18344—2016 引用标准的标准号及标准名称,共涉及 5 个标准(GB 3847、GB/T 5624、GB 7258、GB 18285、GB 18565)。这些标准的内容对于本部分标准的应用必不可少,也是本标准的规范性技术内容。这些引用标准是不注日期引用,意味着所有引用标准的最新版本(包括所有的修改单)适用于本文件
4	术语和定义	本章是对 GB/T 18344—2016 的相关术语做出的定义,共5 条。其中,"日常维护"、"一级维护"和"二级维护"的定义是对 GB/T 5624 界定的术语和定义的重复;"汽车"和"挂车"的定义是对 GB 7258 界定的术语和定义的重复,目的是方便标准使用者查询和使用

续上表

序号	章节名称	主要内容及说明
5	汽车维护的分级和周期	根据汽车可靠性理论和汽车磨损理论，考虑国外汽车维护分级，结合我国汽车产品可靠性现状及使用特征，将汽车维护分为三级：日常维护、一级维护和二级维护。 在跟踪统计主要车型故障规律基础上，结合我国汽车技术状况及使用特征给出推荐的道路运输车辆维护周期，作为道路运输管理部门、道路运输经营者和广大车主用户参考。主要考虑两个方面：一是汽车制造水平、工艺、使用材料差别较大，燃（润）品种各异，使用要求及设计寿命不同。二是我国汽车技术状况和使用特征复杂，强制制定统一的汽车维护周期不符合汽车技术状况和汽车使用特征。 一级维护周期相当于汽车整车企业的定期维护的首次维护周期，二级维护周期相当于汽车整车企业的定期维护周期的一个完整循环
6	汽车维护作业要求	本章是标准核心内容，主要规定了汽车各级维护作业项目、作业内容和技术要求，包括汽车日常维护、一级维护、二级维护、维护前检测诊断、二级维护竣工检验。 汽车维护作业项目的设置考虑三个方面：一是按照《汽车维修术语》（GB/T 5624）确定的日常维护、一级维护、二级维护的内涵和外延。二是汽车维护作业深度要适中，防止盲目扩大或缩小，重点是影响安全、环保的系统及部件作为维护的基本作业项目。三是充分考虑汽车维修手册规定的检查和维护项目，找出相类似车型维护项目的公约数作为相应各级维护作业项目
7	质量保证	质量保质期制度是交通运输部规章的要求，是保护汽车维护企业和广大车主用户合法权益的重要措施。包括两个方面内容：一是汽车维护企业对竣工检验合格的汽车签发维护竣工出厂合格证。二是汽车维护质量保证期，自维护竣工出厂之日起计算，一级维护质量保证期为车辆行驶不少于 2000km 或者 10 日，二级维护质量保证期为车辆行驶不少于 5000 km 或者 30 日，以先达到者为准
8	附录	本标准共设有三个附录，附录 A（资料性附录）“道路运输车辆一级维护、二级维护推荐周期”、附录 B（资料性附录）“二级维护作业流程图”、附录 C（资料性附录）“二级维护竣工检验记录单”

二、主要技术变化

GB/T 18344—2016 与 GB/T 18344—2001 相比，除编辑性修改外，主要技术变化如下：

1. 修改了“范围”

将“适用范围”由原标准“本标准适用于所有在用汽车”修改为“本标准适用于以汽油或柴油为燃料的在用汽车，挂车可参照执行”。

本标准适用范围变化考虑三个方面的因素：

一是本标准是汽车维护基础标准，适用于以汽油或柴油为燃料的在用汽车，对其他动力系统的在用汽车维护具有指导作用。

二是强调“适用于以汽油或柴油为燃料的在用汽车”考虑两个因素，一是随着新能源汽车的广泛应用，其动力系统与传统的汽油、柴油动力系统差别较大，相应的维护作业项目与技术要求也存在较大差别。二是已经制定或者正在制定电动、燃气等其他动力系统汽车的维护标准。

三是按照国家的相关法律、规章的规定，虽然挂车没有动力系统，但由于牵引车和挂车都是道路货运车辆的组成部分，牵引车和挂车必须同时保持技术状况良好，必须按照《中华人民共和国道路运输条例》及《道路货物运输及站场管理规定》进行定期维护。

2. 增加了道路运输车辆一级维护、二级维护推荐周期

通过调研和征求意见，行业专家普遍建议给出推荐的道路运输车辆一级维护、二级维护周期，不宜使用"交通行政主管部门规定"这样的描述。

依据道路运输车辆与其他车辆实行分类管理的原则，标准给出道路运输车辆推荐的维护周期，指导道路运输经营者、行业管理部门及汽车制造企业参照执行。汽车维护周期以汽车行驶里程为基本依据，同时考虑汽车类型不同，以及汽车使用条件和环境的不同，参照汽车使用说明书、维护手册的有关规定。

专家学者认为强行制定统一的二级维护周期不科学。一是汽车制造水平、工艺、使用材料差别较大，燃(润)品种各异，使用要求及设计寿命不同。二是我国汽车技术状况和使用特征复杂，不宜强制规定统一的汽车维护周期。道路运输经营者及道路运输管理部门依据给出的推荐性道路运输车辆维护周期，根据汽车技术状况和实际使用条件自行制定汽车维护周期。

3. 调整了日常维护作业项目，增加了日常维护技术要求

日常维护是以清洁、补给和安全检视为主要作业内容，由驾驶员在每天出车前、行驶中和收车后完成的日常性作业。理论和实践证明，由驾驶员负责的日常维护工作的重要性。汽车的许多故障可以通过驾驶员的日常维护发现和解决，是保持车辆良好技术状况的基础。

日常维护的内容与 GB/T 18344—2001 基本一致，只是根据日常维护的定义细化了日常维护作业项目和技术要求。

4. 调整了一级维护作业项目

随着新技术、新材料在汽车产品中的广泛应用，汽车总成结构和原理发生了较大变化，原标准中有些条款已经不适应汽车技术发展，需要调整这些维护作业项目。对原标准的一级维护作业内容进行调整(表 1-3)。一级维护作业项目增加车轮及半轴的螺栓、螺母、缓速器和防护装置；一级维护作业项目删除的项目有点火系统、化油器、灯光、仪表、信号装置、车架、车身及各附件、悬架机构、曲轴箱通风装置和三效催化转化装置。

调整一级维护基本作业项目 表 1-3

分类	作业项目	说明
增加项目	车轮及半轴的螺栓、螺母	检查半轴螺栓、车轮螺栓拧紧力矩
	检查缓速器与传动轴连接，检查定子与转子间隙，清洁缓速器	大型客车普遍配置缓速器，因此增加该维护项目。缓速器作业内容是"检查、清洁、紧固"，根据一级维护的定义应该属于一级维护作业内容，另外从我们收集的资料(实际维护情况)也是放在一级作业项目
	检查侧防护装置及后防护装置，紧固连接螺栓、螺母	从一级维护定义看，放在一级维护更合理

续上表

分类	作业项目	说明
删除项目	点火系统	一方面,点火系统调整不属于一级维护作业内容,取消该作业项目。另一方面,规定检测项目中整车故障诊断也能检测点火系统工作情况
	化油器	随着我国排放标准及汽车技术状况提高,不再生产化油器汽车,再用的化油器汽车逐步减少
	灯光、仪表、信号装置	属于偶然发生的故障,放在日常维护更适合
	车架、车身及各附件	不属于偶然发生的故障,从发生故障的里程间隔考虑,作为二级维护基本作业项目更合理
	悬架机构	从二级维护定义看,放在二级维护更合理。随着汽车技术发展,空气悬架普遍采用,产品质量普遍提高
	曲轴箱通风装置、三效催化转化装置	从一级维护定义看,不属于一级维护内容,作为二级维护作业内容更合理

5. 增加了二级维护进厂前规定检测项目

原标准汽车二级维护前检测项目具有选择性的,是根据汽车技术档案的记录资料(包括车辆运行记录,维修记录,检测记录,总成修理记录等)和驾驶员反映的车辆使用技术状况(包括汽车动力性,异响,转向,制动及燃、润料消耗等)确定所需检测项目。在一定程度上,这种二级维护前检测项目的确定不具有强制性,检测项目也不统一,各地执行、操作困难,造成二级维护进厂前检测规定执行困难。为了解决这个问题,修订后的标准将检测项目分为规定的检测项目(故障诊断、行车制动性能和排放)和根据驾驶员反映的车辆使用技术状况(包括汽车动力性,异响,转向,制动及燃、润料消耗等)确定的检测项目两个部分。

原标准检测诊断项目适用于以东风、解放车型为主,车型单一,汽车技术状况及可靠性较低的情况。通过十几年的发展,汽车技术状况及可靠性不断提高,特别是汽车结构发生了较大变化,原标准二级维护前检测诊断项目已经不适应现代汽车技术的发展。因此,二级维护前检测诊断项目确定原则如下:

(1)在二级维护过程中不能确定及发现的故障,列为二级维护前诊断项目。在二级维护过程中能够确定及发现的故障,不再列为二级维护前诊断项目,如灯光信号的故障。在二级维护过程中,可以发现的故障列为附加作业项目。

(2)适应汽车技术的发展,避免大拆大卸。

(3)根据现代汽车检测技术的发展,采用最新检测设备对汽车进行检测、诊断,如使用电脑故障诊断仪读取车载诊断系统故障信息。

(4)根据二级维护的定义,维护前检测诊断项目主要涉及安全、环保和节能。

根据以上原则,确定的汽车二级维护前规定检测项目(表1-4),调整二级维护前规定检测项目说明(表1-5)。原标准13项,修订后为3项。

汽车二级维护前规定检测项目

表 1-4

序号	检测项目	检测内容	技术要求
1	故障诊断	车载诊断系统(OBD)的故障信息	装有车载诊断系统(OBD)的车辆,不应有故障信息
2	行车制动性能	检查行车制动性能	台架检验或路试检验,符合 GB 7258 相关规定
3	排放	排气污染物	汽油车采用双怠速法,符合 GB 18285 相关规定。柴油车采用自由加速法,符合 GB 3847 的相关规定

调整二级维护前检测项目说明

表 1-5

分类	检测项目	说明
增加项目	整车故障诊断	根据现代检测技术的发展,使用电脑故障诊断仪读取车载诊断系统故障信息
删除项目	电控燃油喷射系统	根据排气污染物检测情况及发动机工作状况,列为附加作业项目。通过整车故障诊断也能判断电控燃油喷射系统系统的技术状况
	发动机功率或汽缸压力	根据二级维护的定义,检测诊断项目主要在安全、环保和节能的项目。根据车辆运行状况及发动机工作状况,列为附加作业项目
	柴油车检查供油提前角、供油间隔角和喷油泵供油压力	根据排气污染物检测情况,列为附加作业项目
	转向轮定位,主要检查前轮定位角和转向盘自由转动量	在二级维护过程中能够确定并发现的故障,不再列为二级维护前检测项目
	车轮动平衡	根据车主反映情况及车辆技术状况,依据检测结果列为附加作业项目
	前照灯	在二级维护过程中能够确定并发现的故障,不再列为二级维护前检测项目
	操纵稳定性	根据车主反映情况及车辆技术状况,依据检测结果列为附加作业项目
	离合器	
	变速器	
	传动轴	
	后桥、主减速器和差速器	

6. 调整了二级维护作业项目

GB/T 18344—2016 与 GB/T 18344—2001 相比,二级维护作业项目主要变化:一是按照汽车总成把汽车维护作业项目进行归类,使二级维护作业项目清晰,具有操作性。二是根据汽车技术的进步、汽车可靠性提高和汽车维护检验技术的发展,删除、增加了原标准中二级维护作业项目。调整后二级维护基本作业项目(7 个总成 30 项)见表 1-6。调整二级维护基本作业项目说明见表 1-7。

在二级维护作业项目中,增加了发动机排放机外净化装置、盘式制动器、牵引车与挂车连接装置等维护项目,删除了化油器及联动机构、燃油泵、汽缸盖、气门间隙、分电器、转向角、空调装置等维护项目。

调整后二级维护基本作业项目 表1-6

序号	总成名称（作业项目数量）	作业项目
1	发动机(11)	发动机工作状况;发动机排放机外净化装置;燃油蒸发控制装置;曲轴箱通风装置;增压器、中冷器;发电机、起动机;发动机传动带(链);冷却装置;火花塞、高压线;进、排气歧管、消声器、排气管;发动机总成
2	制动系(6)	贮气筒和干燥器;制动踏板;驻车制动;防抱死制动装置;鼓式制动器;盘式制动器
3	转向系(2)	转向器和转向传动机构;转向盘最大自由转动量
4	行驶系(3)	车轮及轮胎;悬架;车桥
5	传动系(3)	离合器;变速器、主减速器、差速器;传动轴
6	灯光及导线(2)	前照灯;线束及导线
7	车身车架(3)	车身和车架;支撑装置;牵引车与挂车连接装置

调整二级维护基本作业项目说明 表1-7

分类	维护项目	说明
增加项目	发动机明确发动机排放机外净化装置	原标准主要针对汽油车,修改后包括柴油发动机排放机外净化装置的维护
	制动系增加盘式制动器的维护	原标准不涉及盘式制动器的维护,由于盘式制动器普遍采用,增加该维护项目
	行驶系增加检查车桥与悬架之间的拉杆和导杆	涉及行车安全的项目
	前照灯、线束及导线增加检查发动机舱的线束及导线	涉及行车安全的项目
	车身和车架增加检查牵引车与挂车连接装置	涉及行车安全的项目
删除项目	化油器及联动机构	原标准针对化油器汽车,所以取消该作业项目
	分电器	
	燃油泵	(1)这些维护项目可操作性差,不宜作为基本的维护作业项目,可依据检测情况,作为附加作业项目; (2)由于汽车技术的进步,这些部件的结构设计采用新技术,不宜频繁拆卸
	喷油器、喷油泵	
	气门间隙	
	分电器	
	汽缸盖	
	转向角	在新修订GB 7258、GB 18565中最大转向角无要求
	空调装置	不属于二级维护的范围,不涉及行车安全的项目,依据检测结果,根据车主用户要求可以作为附加作业项目

7. 调整了二级维护竣工检验项目

二级维护竣工检验由外观检验和性能检验两部分组成。道路运输车辆应符合《道路运输车辆综合性能要求和检验方法》(GB 18565—2016)规定,其他车辆应符合《机动车运行安全技术条件》(GB 7258—2012)规定。

GB/T 18344—2016 与 GB/T 18344—2001 相比，根据现代汽车新技术应用和汽车检测设备的发展，调整了二级维护竣工检验项目（表1-8）。二级维护竣工检验项目删除“发动机功率”“前束及最大转向角”“离合器踏板自由行程”“制动踏板自由行程”和“滑行性能”。二级维护竣工检验项目增加了“读取车载诊断系统（OBD）故障码”“附属设施”和“牵引连接装置和锁止机构”。由于我国各地区执行的汽车排放测试方法及排放限值不同，考虑到国家环保部门已经对机动车排放实施了严格管理以及标准的完整性，因此标准明确提出汽车尾气排放测量方法，对维护后的汽车排放污染物提出了最低要求。

调整二级维护竣工检验项目 表1-8

分类	维护项目	说明
增加项目	读取车载诊断系统（OBD）故障码	读取车载诊断系统（OBD）故障码，二级维护竣工的基本要求，不应该使维护后汽车“带病运行”
	附属设施	附属设施指后视镜、灭火器、客车安全锤、安全带、刮水器等涉及行车安全的项目，要求这些设施齐全完好、功能正常
	牵引连接装置和锁止机构	涉及行车安全的项目
删除项目	发动机功率	（1）在维护企业，发动机功率测量一般采用模拟检测法，使用发动机综合分析仪进行发动机无负荷功率测量，这种测量方法准确性较差； （2）从汽车维护和维修定义来看，二者有区别。汽车维护作业指为维持汽车完好技术状态或工作能力而进行的行为，说明被维护的汽车动力性没有明显的下降； （3）二级维护竣工检验应该区别汽车等级评定和综合性能检测
	前束及最大转向角	前束及最大转向角竣工检验可操作性差，作为过程检验更合理
	车架	竣工检验可操作性差，作为过程检验更合理
	滑行性能	在制动器维护作业过程中，已经检查了轮毂轴承预紧力检验项目，轮毂轴承预紧力在一定程度上表征了滑行性能，且滑行性能在维护企业检测困难。汽车维护是对没有故障的汽车进行维护，维护项目重点在影响安全的项目上
	离合器踏板自由行程	属于二级维护基本作业项目，在过程检验中已经完成，不需要再竣工检验中重复检验
	制动踏板自由行程	

8. 增加了质量保证

《中华人民共和国道路运输条例》（国务院令第666号，2016年修订）第四十五条：机动车维修经营者对机动车进行二级维护、总成修理或者整车修理的，应当进行维修质量检验。检验合格的，维修质量检验人员应当签发机动车维修合格证，机动车维修实行质量保证期制度，质量保证期内因维修质量原因造成机动车无法正常使用的，机动车维修经营者应当无偿返修。《机动车维修管理规定》（交通运输部令2016年第37号，2016年修正）第三十七条规定：机动车维修实行竣工出厂质量保证期制度，汽车和危险货物运输车辆整车修理或总成修理质量保证期为车辆行驶20000公里或者100日；二级维护质量保证期为车辆行驶5000公里或者30日；一级维护、小修及专项修理质量保证期为车辆行驶2000公里或者10日。

为了贯彻实施国家法规、规章的有关质量保证的相关要求，保护汽车维护各方当事人的合法权益，根据《中华人民共和国道路运输条例》《机动车维修管理规定》，本标准增加一级、二级维护质量保证期，且质量保质期执行《机动车维修管理规定》所规定的期限。

9. 增加了资料性附录“道路运输车辆一级维护、二级维护推荐周期”“二级维护作业流程图”和“二级维护竣工检验记录单”

1）关于附录 A（资料性附录）“道路运输车辆一级维护、二级维护推荐周期”

依据日本、德国和美国等国家的道路运输车辆与其他车辆实行分类管理的原则，给出了道路运输车辆推荐的维护周期。使用行驶里程间隔上限值或行驶时间间隔上限值定义维护周期。用于指导道路运输经营者、广大车主用户及汽车制造企业根据车辆技术状况和实际使用条件自行制定维护周期。

2）关于附录 B（资料性附录）“二级维护作业流程图”

二级维护作业流程图是利用一定的符号将二级维护作业流程图示出来，描述了二级维护作业全过程。使表征使用者可以对二级维护作业过程有一个全面的，统一的了解。

保留二级维护作业流程图基于两个方面的原因。一是标准最终目的落实到执行，特别是技术规范。因此，标准要求内容完整、结构清晰、内容无歧义。二是方便行业管理部门、维护企业以及广大车主用户使用，在一定程度上增加二级维护作业的透明度。GB/T 18344—2001 版本使用了文字描述和框图两种方法，我们认为使用框图比较直观、清晰易懂。

3）关于附录 C（资料性附录）“二级维护竣工检验记录单”

为了确保汽车维护质量，修订后的标准强调严格执行汽车维护三检制度（二级维护进厂检验、二级维护过程检验、二级维护竣工检验）。主要基于以下考虑：一是根据交通运输部《机动车维修管理规定》第三十二条规定，机动车维修经营者对机动车进行二级维护、总成修理、整车修理的，应当实行维修前诊断检验、维修过程检验和竣工质量检验制度。二是加强行业管理的需要。尽管各地道路运输管理机构加强了对车辆二级维护的质量管理，但在二级维护过程中还存在一些问题，其中最突出的是没有按照汽车维护技术规范规定的作业项目对车辆进行作业，存在减项、漏项作业现象，产生这些问题的原因是缺乏有效的作业过程监督。

修订后的标准要求，严格执行汽车二级维护进厂检验、过程检验、竣工检验制度，并保存相应检验记录。二级维护进厂检验记录单和二级维护过程检验记录单格式不作统一要求，使用者根据标准规定的具体内容，结合所在地区行业管理部门具体要求自行制定。作为资料性附录给出了二级维护竣工检验记录单，目的是统一竣工检验记录单，有效控制汽车维护质量。

第四节　汽车维护管理法规与标准

汽车维护法规及制度的建立，能够引导和监督汽车维修行业的发展，为经营者创造一个平等竞争的环境，促进行业的技术进步和协调发展。汽车维修标准化是汽车维修行业管理的基础和依据，是实行法制化管理的手段。

目前，我国有两个汽车维护体系，一是汽车制造企业的售后维护体系，一是道路运输车辆强制维护体系。汽车制造企业的售后定期维护体系不具有强制性，按要求对汽车维护是实现汽车质保期的一个重要前提，汽车一过质保期车主自主选择维护。道路运输车辆维护体系具有强制性,道路运输经营者必须按自定的维护周期对车辆进行维护检验,维持汽车完好技术状况或工作能力,保证车辆运行安全、环保、节能。因此,本节提到的汽车维护技术管理主要针对道路运输车辆。

一、汽车维护法律及部门规章

为加强汽车维修质量管理和规范维修企业经营行为,2004 年,国务院颁布实施了《中华人民共和国道路运输条例》,以行政法规的形式确立了维修行业管理的法律地位。2005 年,交通部颁布实施了《机动车维修管理规定》,对汽车维修质量管理提出了全面要求,要求机动车维修企业建立维修质量管理制度,包括质量管理制度、安全生产管理制度、车辆维修档案管理制度、人员培训制度、设备管理制度、配件管理制度和维修质量保证期制度等。这些法规、规章的颁布实施,对促进行业管理和维修企业质量管理的创新、进步提出了新的要求。现行与汽车维护相关的法律及部门规章主要有:

《中华人民共和国产品质量法》;

《中华人民共和国道路交通安全法》;

《中华人民共和国标准化法》;

《中华人民共和国安全生产法》;

《中华人民共和国消防法》;

《中华人民共和国环境保护法》;

《中华人民共和国消费者权益保护法》;

《中华人民共和国行政许可法》;

《中华人民共和国合同法》;

《中华人民共和国计量法》;

《中华人民共和国道路运输条例》(国务院令第 666 号,2016 年修订);

《道路运输车辆技术管理规定》(交通运输部令 2016 年第 1 号);

《机动车维修管理规定》(交通运输部令 2016 年第 37 号,2016 年修正)。

1.《中华人民共和国道路运输条例》中有关条款

《中华人民共和国道路运输条例》(国务院令第 666 号,2016 年修订)是我国第一部规范道路运输经营和管理行为的行政法规,也是目前最高层次的法规。分为总则、道路运输经营、道路运输相关业务、国际道路运输、执法监督、法律责任、附则七章,共八十二条。

《中华人民共和国道路运输条例》规定从事道路运输经营以及道路运输相关业务的人员,应当遵守本条例。汽车维护和修理是道路运输的重要组成部分,在道路运输条例中属于"道路运输相关业务",是道路运输条例管理的范畴。

该条例与汽车维护检测相关的条款如下:

第三十一条 客运经营者、货运经营者应当加强对车辆的维护和检测,确保车辆符合国家规定的技术标准;不得使用报废的、擅自改装的和其他不符合国家规定的车辆从事道路运输经营。

第四十四条 机动车维修经营者应当按照国家有关技术规范对机动车进行维修,保证维修质量,不得使用假冒伪劣配件维修机动车。机动车维修经营者应当公布机动车维修工时定额和收费标准,合理收取费用。

第四十五条 机动车维修经营者对机动车进行二级维护、总成修理或者整车修理的,应当进行维修质量检验。检验合格的,维修质量检验人员应当签发机动车维修合格证。机动车维修实行质量保证期制度。质量保证期内因维修质量原因造成机动车无法正常使用的,机动车维修经营者应当无偿返修。机动车维修质量保证期制度的具体办法,由国务院交通主管部门制定。

2.《机动车维修管理规定》中有关条款

《机动车维修管理规定》(交通运输部令 2016 年第 37 号令,2016 年修正)是《中华人民共和国道路运输条例》的重要实施性规章之一,包括总则、经营许可、维修经营、质量管理、监督检查、法律责任、附则,共七章,五十七条。对于《中华人民共和国道路运输条例》中有关机动车维修的内容进行了细化,增强了可操作性。

该规定与汽车维护检测相关的条款如下:

第三十条 机动车维修经营者应当按照国家、行业或者地方的维修标准和规范进行维修。尚无标准或规范的,可参照机动车生产企业提供的维修手册、使用说明书和有关技术资料进行维修。

第三十二条 机动车维修经营者对机动车进行二级维护、总成修理、整车修理的,应当实行维修前诊断检验、维修过程检验和竣工质量检验制度。

承担机动车维修竣工质量检验的机动车维修企业或机动车综合性能检测机构应当使用符合有关标准并在检定有效期内的设备,按照有关标准进行检测,如实提供检测结果证明,并对检测结果承担法律责任。

第三十三条 机动车维修竣工质量检验合格的,维修质量检验人员应当签发《机动车维修竣工出厂合格证》;未签发机动车维修竣工出厂合格证的机动车,不得交付使用,车主可以拒绝交费或接车。机动车维修竣工出厂合格证由省级道路运输管理机构统一印制和编号,县级道路运输管理机构按照规定发放和管理。禁止伪造、倒卖、转借机动车维修竣工出厂合格证。

第三十四条 机动车维修经营者应当建立机动车维修档案,并实行档案电子化管理。维修档案应当包括:维修合同(托修单)、维修项目、维修人员及维修结算清单等。对机动车进行二级维护、总成修理、整车修理的,维修档案还应当包括:质量检验单、质量检验人员、竣工出厂合格证(副本)等。

第三十六条 道路运输管理机构应当加强对机动车维修经营的质量监督和管理,采用定期检查、随机抽样检测检验的方法,对机动车维修经营者维修质量进行监督。道路运输管理机构可以委托具有法定资格的机动车维修质量监督检验单位,对机动车维修质量进行监督检验。

第三十七条 机动车维修实行竣工出厂质量保证期制度。

汽车和危险货物运输车辆整车修理或总成修理质量保证期为车辆行驶 20000 公里或者 100 日;二级维护质量保证期为车辆行驶 5000 公里或者 30 日;一级维护、小修及专项修理质量保证期为车辆行驶2000公里或者10日。

摩托车整车修理或者总成修理质量保证期为摩托车行驶7000公里或者80日;维护、小修及专项修理质量保证期为摩托车行驶800公里或者10日。

其他机动车整车修理或者总成修理质量保证期为机动车行驶6000公里或者60日;维护、小修及专项修理质量保证期为机动车行驶700公里或者7日。

质量保证期中行驶里程和日期指标,以先达到者为准。机动车维修质量保证期,从维修竣工出厂之日起计算。

第三十八条 在质量保证期和承诺的质量保证期内,因维修质量原因造成机动车无法正常使用,且承修方在3日内不能或者无法提供因非维修原因而造成机动车无法使用的相关证据的,机动车维修经营者应当及时无偿返修,不得故意拖延或者无理拒绝。

在质量保证期内,机动车因同一故障或维修项目经两次修理仍不能正常使用的,机动车维修经营者应当负责联系其他机动车维修经营者,并承担相应修理费用。

3.《道路运输车辆技术管理规定》中有关条款

为加强道路运输车辆技术管理,保持车辆技术状况良好,保障运输安全,发挥车辆效能,促进节能减排,根据《中华人民共和国安全生产法》《中华人民共和国节约能源法》及《中华人民共和国道路运输条例》等法律、法规,制定《道路运输车辆技术管理规定》(交通运输部令2016年第1号),2016年3月1日起实施。

《道路运输车辆技术管理规定》适用于道路运输车辆技术管理。道路运输车辆技术管理是指对道路运输车辆在保证符合规定的技术条件和按要求进行维护、修理、综合性能检测方面所做的技术性管理。规定明确提出了"分类管理、预防为主、安全高效、节能环保"的道路运输车辆技术管理原则。确定了"择优选配、正确使用、周期维护、视情修理、定期检测和适时更新"的道路运输车辆技术管理制度。

该规定与汽车维护检测相关的条款如下:

第四条 道路运输经营者是道路运输车辆技术管理的责任主体,负责对道路运输车辆实行择优选配、正确使用、周期维护、视情修理、定期检测和适时更新,保证投入道路运输经营的车辆符合技术要求。

第十五条 道路运输经营者应当建立车辆维护制度。

车辆维护分为日常维护、一级维护和二级维护。日常维护由驾驶员实施,一级维护和二级维护由道路运输经营者组织实施,并做好记录。

第十六条 道路运输经营者应当依据国家有关标准和车辆维修手册、使用说明书等,结合车辆类别、车辆运行状况、行驶里程、道路条件、使用年限等因素,自行确定车辆维护周期,确保车辆正常维护。

车辆维护作业项目应当按照国家关于汽车维护的技术规范要求确定。

道路运输经营者可以对自有车辆进行二级维护作业,保证投入运营的车辆符合技术管理要求,无须进行二级维护竣工质量检测。

道路运输经营者不具备二级维护作业能力的,可以委托二类以上机动车维修经营者进行二级维护作业。机动车维修经营者完成二级维护作业后,应当向委托方出具二级维护出厂合格证。

二、汽车维修标准体系

（一）标准分类及作用

标准是对重复性事物和概念所做的统一规定，以科学、技术和实践经验的综合成果为基础，经有关方面协商一致，由主管机关批准，以特定形式发布，作为共同遵守的准则和依据。

标准化是标准在经济、技术、科学和管理等社会实践中，对重复性事物和概念通过制定、实施标准，达到统一，已获得最佳秩序和社会效益的过程。

随着汽车制造、交通运输业社会化程度越来越高、技术要求越来越严格、分工越来越细、生产协助越来越广泛，需要研究建立完善的标准体系，保障汽车维修质量、运行安全、节能减排，规范和促进行业健康发展。

从国家技术标准体系层级来看，我国标准依照现行的《中华人民共和国标准化法》分为国家标准、行业标准、地方标准和企业标准四个层次。国家标准的制定和发布由国务院标准化行政主管部门负责管理。目前。国家标准化管理委员会受国务院委托管理全国的标准化工作；行业标准由国务院有关行政主管部门或受国家标准委委托的行业协会、学会，负责组织制定和发市；地方标准由各省、市、自治区标准化行政主管部门组织制定和发布。企业标准由企业自行管理。

国家标准、行业标准和地方标准中又分为强制性标准和推荐性标准两种，其中保障人体健康，人身、财产安全的标准和法律、行政法规规定强制执行的标准是强制性标准，一经发布生效，就要由政府行政执法部门强制执行。其他标准是推荐性标准，推荐性标准由企业自愿实行。

按照《中华人民共和国标准化法》规定，行业标准和地方标准与国家标准之间是从属关系，对没有国家标准而又需要在全国某个行业范围内统一的技术要求，可以制定行业标准，并报国务院标准化行政主管部门备案，在公布国家标准之后，该项行业标准即行废止。对没有国家标准和行业标准而又需要在省、自治区、直辖市范围内统一的工业产品的安全、卫生要求，可以制定地方标准，并报国务院标准化行政主管部门和国务院有关主管部门备案，在公布国家标准或者行业标准之后，该项地方标准即行废止。

（二）汽车维修标准体系

汽车维修标准体系是维修质量控制的重要因素，对于保障维护质量和提高维护技术水平具有较强的指导作用，有利于规范汽车维修市场，建立汽车维修市场的最佳秩序，促进汽车维修行业的健康发展。

为适用行业发展需要，全国汽车维修标准化技术委员会依据《标准化体系表编制原则和要求》(GB/T 13016—2009)，对 2005 年的维修标准体系表进行了修订。目前，我国汽车维修标准体系分为五个层次：基础标准、服务标准、技术标准、产品标准和相关标准，如图 1-1 所示。

第一层是基础标准，包括术语、分类和编码等基础通用性标准。

第二层是服务标准，包括企业条件、从业人员、服务质量、定额标准、环境和劳动保护、安全与节能、统计和信息化七个方面。

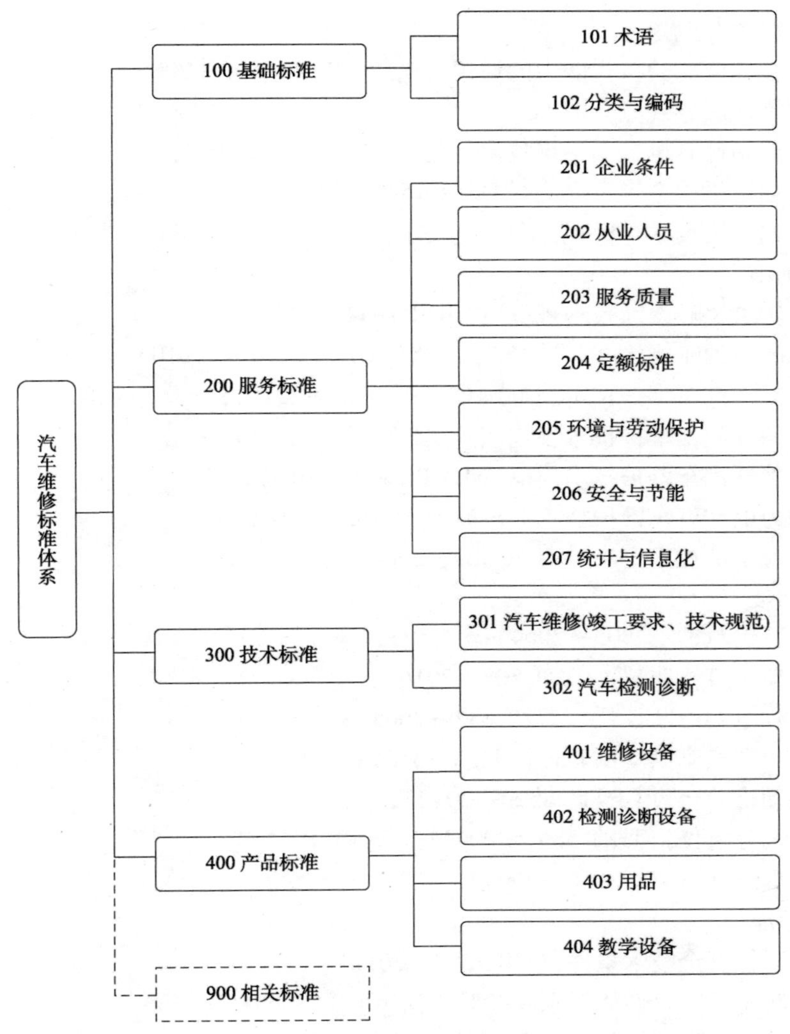

图 1-1 我国汽车维修标准体系表

第三层是技术标准,包括汽车维修以及汽车检测诊断两个类别。其中汽车维修又包括竣工要求和技术规范两个方面。

第四层是产品标准,是汽车维修的硬件基础,分为维修设备、检测诊断设备、用品及教学设备四个方面。

第五层是相关标准,是与汽车维修相关的标准,由其他相应的专业技术标委会归口管理。

目前,与汽车维护技术管理相关的主要标准如下。

1. 基础标准

《汽车维修术语》(GB/T 5624—2005)。

2. 服务标准

《汽车维修业开业条件 第 1 部分:汽车整车维修企业》(GB/T 16739.1—2014);

《汽车维修业开业条件 第2部分:汽车专项维修业户》(GB/T 16739.2—2014);
《汽车综合性能检验机构能力的通用要求》(GB/T 17993—2005);
《机动车维修服务规范》(JT/T 816—2011);
《汽车检测站计算机控制系统技术规范》(JT/T 478—2016);
《汽车修理质量检查评定方法》(GB/T 15746—2011);
《道路运输车辆技术等级划分和评定要求》(JT/T 198—2016)。

3. 技术标准

《汽车维护、检测、诊断技术规范》(GB/T 18344—2016);
《使用乙醇汽油车辆检查、维护技术规范》(GB/T 25349—2010);
《压缩天然气汽车维护技术规范》(GB/T 27876—2011);
《液化石油气汽车维护技术规范》(GB/T 27877—2011);
《液化天然气汽车维护技术规范》(JT/T 1009—2015);
《混合动力电动汽车维护技术规范》(JT/T 1029—2016);
《轿车车身维护技术要求》(JT/T 509—2004)。

4. 产品标准

《四轮定位仪》(JT/T 505—2004);
《机动车前照灯检测仪》(JT/T 508—2016);
《汽车故障电脑诊断仪仪》(JT/T 632—2005);
《滚筒反力式汽车制动试验台》(JT/T 13564—2005);
《平板制动检验台》(GB/T 28529—2012);
《汽车排气分析仪》(JT/T 386—2004);
《不透光烟度计》(JT/T 506—2004)。

5. 相关标准

《机动车运行安全技术条件》(GB 7258—2012);
《道路运输车辆综合性能要求和检验方法》(GB 18565—2016);
《点燃式发动机汽车排气污染物排放限值及测试方法(双怠速法及简易工况法)》(GB 18285—2005);
《车用压燃式发动机和压燃式发动机汽车排气烟度及测量方法》(GB 3847—2005)。

第二章　汽车检测诊断

在汽车维护前，对汽车的技术状况进行检测诊断，并确定附加维护作业项目，是现代汽车维护的重要标志：一是体现了按需维护的要求，增加了维护的目的性；二是通过维护前检测诊断确保车辆的技术状况处于完好状态，杜绝车辆可能存在的事故隐患。

《汽车维护、检测、诊断技术规范》（GB/T 18344—2016）规定，二级维护前应进行进厂检测，依据进厂检测结果进行故障诊断并确定附加作业项目。进厂检测项目包括规定的检测项目以及根据驾驶员反映的车辆技术状况确定的检测项目，重点对车载诊断系统（OBD）、行车制动性能、尾气排放污染物进行检测诊断。

第一节　汽车故障诊断原理

伴随汽车工业的发展与不解体检测设备的进步，汽车维护业在维护观念、维护制度、维护技术以及作业方式等方面都发生了较大的变化。在维护制度上也由以前的拆解式维护转变为不解体式维护，强调维护前检测诊断，根据诊断结果进行针对性的维护或修理。

一、汽车故障诊断分类

汽车故障诊断是对汽车技术状况进行检查、分析、判断等一系列活动，包括对汽车性能指标进行检验，目的是查明故障的原因与确定故障部位。汽车故障诊断一般分为人工检查诊断、仪器分析诊断和车载自诊断。

随着汽车安全性、环保性、经济性要求的不断提高，汽车故障诊断参数的精确度也越来越高，因而，汽车故障诊断已经从传统的定性分析向现代的定量分析发展，仪器分析诊断法获得了广泛应用，它可以对汽车故障做出精确判断和定量分析，利用仪器设备对汽车进行的多参数动态分析，可以迅速准确的诊断出汽车复杂的综合性故障。

1. 人工检查诊断

传统的汽车故障诊断是建立在人工经验检查的基础上的，主要通过眼看、耳听、手摸、鼻闻等途径，依赖于人工观察、推理分析和逻辑判断，其诊断结果经常要结合解体作业进行查验。

人工检查诊断凭诊断人员的经验进行，不需专用检测设备，可随时随地应用，投资少，见效快等。但速度慢、准确性差，不能定量分析，对诊断人员技术和经验要求高。

2. 仪器分析诊断

仪器分析诊断是在汽车不解体的情况下进行的。利用各种检测仪器和设备获取汽车的各种数据，诊断过程自动进行，并据此来判断汽车的技术状况。其优点是诊断速度快、准确性高、能定量分析；缺点是投资大、成本高，诊断操作人员需要专业培训。

3. 自诊断法

自诊断法是指利用汽车电控单元（ECU）的自诊断功能进行故障诊断的方法。自诊断功能就是利用检测电路来检测传感器、执行器以及微处理器的各种实际参数，并将其与存储器中的标准数据进行比较，从而判定系统是否存在故障。当判定系统存在故障时，电控单元将故障信息以故障码的形式存入存储器，并控制警告灯发出警示信号。自诊断法需要通过一定的操作方式，把汽车电控系统中电控单元的故障码提取出来，然后通过查阅相应的“故障码表”来确定故障的部位和原因。

汽车维护前检测诊断，首先必须了解车辆的基本状况，故障出现的条件、过程、故障征兆以及车辆是否检修过或检修过什么部位等相关情况和信息，为此客户调查问诊也是汽车维护前检测诊断的一个重要环节。进行问诊时，应认真填写“车辆维护前检测诊断问诊表”（表 2-1）。表中项目是汽车基本状况的记录，应与其他检测结果一起构成汽车故障部位的确定依据。

车辆维护前检测诊断诊断问诊表　　　　表 2-1

<table>
<tr><td colspan="2">客户姓名</td><td></td><td>登记号</td><td></td></tr>
<tr><td colspan="2">车型</td><td></td><td>登记日期</td><td>/ /</td></tr>
<tr><td colspan="2">控制系统类型</td><td></td><td>车身代号</td><td></td></tr>
<tr><td colspan="2">接车日期</td><td>/ /</td><td>里程表读数</td><td>km</td></tr>
<tr><td colspan="2">故障发生日期</td><td colspan="3"></td></tr>
<tr><td colspan="2">故障发生频次</td><td colspan="3">□经常 □有时 □仅一次 □其他</td></tr>
<tr><td rowspan="4">使用情况</td><td>经常运行环境</td><td colspan="3">□城市道路 □乡间道路 □高速公路 □其他</td></tr>
<tr><td>经常行驶速度</td><td colspan="3">□低速行驶 □高速行驶 □城市走走停停 □其他</td></tr>
<tr><td>经常使用的挡位</td><td colspan="3">□1 挡 □2 挡 □3 挡 □4 挡 □5 挡</td></tr>
<tr><td>经常使用的燃料</td><td colspan="3">□严格按照车辆要求燃料标号 □使用较低标号燃料
□经常使用乙醇汽油 □偶尔添加乙醇汽油</td></tr>
<tr><td rowspan="10">维护和维修情况</td><td>上次维护时间</td><td colspan="3"></td></tr>
<tr><td>调整过哪些部件</td><td colspan="3"></td></tr>
<tr><td>拆装过哪些部件</td><td colspan="3"></td></tr>
<tr><td>加装过哪些部件</td><td colspan="3"></td></tr>
<tr><td>是否使用添加剂</td><td colspan="3">□是 □否 什么样的添加剂________</td></tr>
<tr><td>曾经发生过什么故障</td><td colspan="3"></td></tr>
<tr><td>更换过哪些部件</td><td colspan="3"></td></tr>
<tr><td>最近是否维修过</td><td colspan="3">□是 □否 因什么故障维修________</td></tr>
<tr><td>修后故障症状是否消失</td><td colspan="3">□是 □否</td></tr>
<tr><td>维修后是否又产生其他异常现象</td><td colspan="3">□是 □否 产生的新故障现象________</td></tr>
</table>

续上表

故障发生的条件	天气	□晴天 □阴天 □雨天 □雪天 □其他
	气温	□炎热天 □热天 □冷天 □寒冷天(大约 ℃)
	地点	□高速公路 □一般公路 □市内 □上坡 □下坡 □粗糙路面 □其他
	发动机冷却液温度	□冷机 □暖机时 □暖机后 □任何温度 □其他
	发动机工况	□起动 □起动后 □怠速 □无负荷 □中小负荷 □大负荷 □行驶(□匀速 □加速 □减速) □其他
	故障出现的频率	□间歇发生 □偶然发生 □一直存在 □有规律性
	转速或车速	□发动机怠速运转 □发动机中速运转 □发动机高速运转 □所有转速下 □车辆低速行驶 □车辆中速行驶 □车辆高速行驶 □与发动机转速和车速无关 □减速时
	其他	
故障现象(以发动机为例)	故障指示灯状态	□常亮 □有时亮 □不亮
	不能起动	□发动机不能转动 □无起动征兆 □有起动征兆 □起动后熄灭
	起动困难	□冷车起动困难 □热车起动困难 □起动时转速发动机转速低
	怠速不良	□游车(怠速不稳) □怠速高 □怠速低 □怠速抖 □发动机负荷增加时怠速不良
	动力不足	□加速迟缓 □回火 □放炮 □喘振 □敲缸 □其他
	熄火	□起动后立即熄火 □踩加速踏板后熄火 □松加速踏板后熄火 □空调工作时熄火 □挂挡时熄火 □其他
	其他	

二、故障树及故障树诊断

1. 故障树

故障树是把故障作为一种事件,按其故障原因进行逻辑分析的树状图形,通过一定的逻辑关系把故障事件与直接原因之间的关系系统地表示出来的一种逻辑结构图。首先,把进行分析的系统故障作为第一级,再将导致该事件发生的原因并列地作为第二级,用适当的事件(逻辑)符号表示各种原因之间的关系,并用适当的逻辑门把它们与故障事件连接起来;其次,将导致第二级各故障事件发生的原因分别并列在第二级故障事件的下面作为第三级,用适当的故障符号表示,并用适宜的逻辑门与第二级相应的事件连接起来。如此逐级展开,直到把最基本的原因都分析出来为止,这样的一张表图就构成了故障树,如图 2-1 所示。

图 2-1 是一棵简单故障树,它表明设备故障是由部件 A 或者是由部件 B 的故障引起的,而部件 A 的故障又是由两个零件中的一个故障引起;部件 B 的故障是由另外两个零件同时故障引起。由于设备故障位于故障树的顶部也称顶事件,零件 1、2、3、4 的故障是造成设备故障的基本事件,位于故障树的底部,故称基本事件(底事件);部件 A、B 的故障位于顶事件与底事件间,故称中间事件。

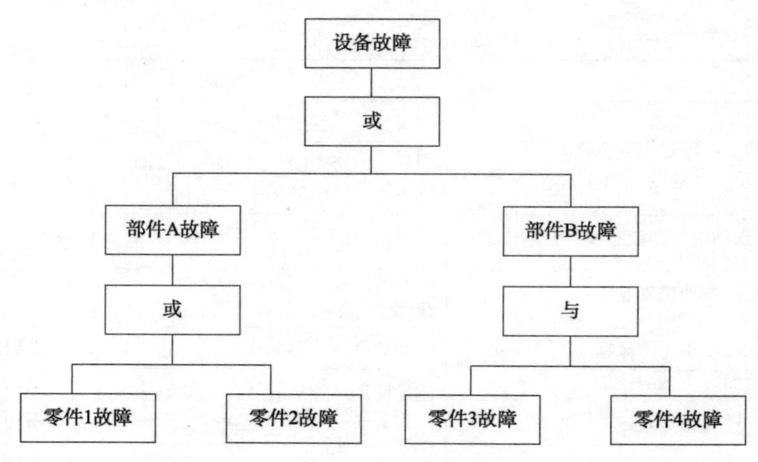

图 2-1　简单故障树

2. 故障树的建立

故障树的建立步骤(图 2-2)如下:

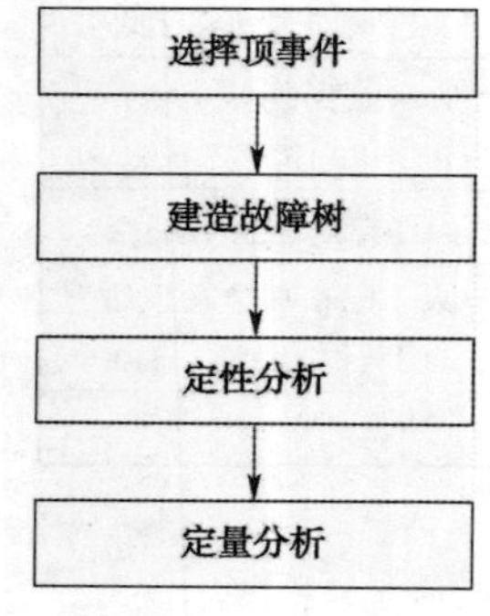

图 2-2　故障树建立步骤示意图

(1)选择和确定顶事件:顶事件是系统最不希望发生的事件,或是指定进行逻辑分析的故障事件。

(2)分析顶事件:寻找引起顶事件发生的直接、必要和充分的原因。将顶事件作为输出事件,将所有直接原因作为输入事件,并根据这些事件实际的逻辑关系用适当的逻辑门相联系。

(3)分析每一个与顶事件直接相联系的输入事件。如果该事件还能进一步分解,则将其作为下一级的输出事件。

(4)重复上述步骤,逐级向下分解,直到所有的输入事件不能再分解或不必要再分解为止,即建成了一棵倒置的故障树。

(5)定性分析:求出所有导致顶事件发生的系统故障模式。

(6)定量分析:在各个底事件相互独立和已知其发生概率的条件下,求出单调故障树顶事件发生的概率和一些重要度指标。

3. 故障树诊断法(FTA)

故障树诊断法又称故障树分析法(Fault Tree Analysis,FTA)。它是一种将系统故障形成的原因由总体至部分按“树枝”状逐级细化的分析方法,其目的是查明基本故障,最终确定故障的具体原因、影响和发生概率。故障树诊断法属于一种可靠性分析技术,是对复杂的动态系统的失效形式进行可靠性分析的有力工具,因此故障树诊断法通常应用于汽车等复杂动态系统的故障分析。

故障树诊断法被广泛采用并不断发展,它有以下特点:

(1)在清晰的故障树图形下,表示出系统内在的联系,并指出零件之间发生故障的逻辑关系,因此容易找出系统的薄弱环节。

(2) FTA 的分析过程也是一个对系统不断深入认识的过程。通过故障树,使分析人员能把握系统的内在联系,弄清各种潜在因素对故障发生影响的途径和程度,在分析过程中便能发现问题,及时加以解决。因而它不仅分析了现有的问题,而且由于提出解决办法和改进措施,从而使分析人员对系统有更深入地认识,可对系统进行改进设计。

(3)故障树诊断法可定量地计算复杂系统的故障概率以及其他可靠参数,为评估和改善系统可靠性提供有价值的数据。

(4)灵活性大。故障分析中要考虑的许多因素,故障树诊断法都能考虑进去。它不限于对系统可靠性做一般分析,而且可分析系统的各种故障状态。不仅可分析零部件对系统故障的影响,还可对导致这些零部件故障的特殊原因(如环境、人为的因素等)进行分析,统一考虑。

三、故障诊断参数与标准

1. 故障诊断参数

诊断参数是表征整车、总成及机构技术状况的可测物理量或化学量,它包括工作过程参数、伴随过程参数和几何尺寸参数。它能够反映出汽车发动机和底盘的机械装置结构特征、运行状态、工作性能的变化规律,能够反映出汽车电子控制系统工作状态及性能。要真正实现汽车不解体故障诊断,准确确定反映故障特征的诊断参数至关重要,也是进一步实施诊断的基础。为此,在诊断与检测汽车技术状况时,确定合理的诊断参数、标准和最佳诊断周期,有助于保证诊断结果的可信度和准确性。

汽车诊断参数包括工作过程参数、伴随过程参数和几何尺寸参数。

1)工作过程参数

工作过程参数是汽车、总成或机构工作过程中输出的一些可供测量的物理量和化学量。例如,发动机功率、汽车燃料消耗量、制动距离或制动力。汽车不工作时,工作过程参数无法测量。

2)伴随过程参数

伴随过程参数是伴随工作过程输出的一些可测量,例如振动、噪声、异响、温度等。这些参数可提供诊断对象的局部信息,常用于复杂系统的深入诊断。汽车不工作时,无法测量该参数。

3)几何尺寸参数

几何尺寸参数可提供总成或机构中配合零件之间或独立零件的技术状况,例如配合间隙、自由行程、圆度、圆柱度、端面圆跳动、径向圆跳动等。这些参数虽提供的信息量有限,但却能表征诊断对象的具体状态。

为准确表征系统特征和状态,根据汽车的结构及电子元器件的功能,具体的诊断参数见表2-2。

汽车故障诊断参数 表2-2

诊断对象	诊 断 参 数
发动机总成	①发动机功率(kW);②发动机转速(r/min);③发动机异响;④排气温度(℃);⑤曲轴角加速度(m/s^2)
车载OBD	①故障码;②数据流;③传感器模拟(V、Hz、Ω);④执行器驱动试验(Y/N);⑤传感器输入输出信号(物理量/电量,化学量/电量,几何参数/电量);⑥传感器执行器元件测量(Ω、L、V、A、Hz、%、ms);⑦电路测量(V、A、Hz、%、ms);⑧电脑版本编号;⑨传感器执行器波形;⑩电源电压及搭铁(V)

续上表

诊断对象	诊 断 参 数
进气系统	①进气压力/真空度(kPa);②进气温度(℃)
排气系统	①排气背压(kPa);②排气温度(℃)
汽缸活塞组	①曲轴箱窜气量(L/min);②曲轴箱气体压力(MPa);③汽缸与活塞间隙(mm);④汽缸压力(MPa)
曲轴连杆机构	①曲轴主轴承间隙(mm);②连杆轴承间隙(mm);③主油道机油压力(kPa)
配气机构	①配气相位(°);②气门间隙(mm);③气门行程(mm)
汽油燃油系统	①供油压力(kPa);②喷油脉宽(ms);③喷油量(mL/s);④喷油器电压/电流波形;⑤喷油器电源电压(V)
柴油燃油系统	①喷油提前角(°);②各缸供油间隔角(°);③各缸喷油量(mL);④各缸供油均匀度(%);⑤喷油器针阀开启/关闭压力(kPa);⑥输油泵压力(kPa);⑦高压喷油管最高/残余压力(kPa)
润滑系统	①机油压力(kPa);②机油温度(℃);③机油透光度(%);④机油介电常数;⑤机油黏度、颜色、质量;⑥机油液面高度
冷却系统	①冷却液温度(℃);②冷却液面高度;③冷却液冰点(℃);④风扇皮带张力(N/mm);⑤散热器进出口温差
点火系统	①初级电路电压、压降(V);②初级电路电流(A);③电容器容量;④断电器触点闭合角及重叠角(°);⑤点火电压;⑥次级电路开路电压(V);⑦点火提前角(°);⑧整流器输出电压(V)
传动系统	①传动系统游动角度(°);②传动系统振动与异响;③离合器踏板自由行程(mm);④变速器/差速器/驱动桥液面高度/温度(℃)
自动变速器	①传感器电压(V);②传感器电阻(Ω);③油压(kPa);④油温(℃);⑤换挡转速(r/min)
制动系统	①制动距离(m);②制动力、力差(kN,%);③制动减速度(m/s^2);④制动协调时间(s);⑤制动完全释放时间(s);⑥制动时间(s);⑦驻车制动力(N);⑧制动阻滞力(N);⑨制动踏板踏力(N);⑩制动踏板间隙(mm)
转向系统	①转向角度(°);②转向助力油压(kPa);③车轮侧滑量(m/km);④主销后倾(°);⑤主销内倾角(°);⑥前轮外倾角(°);⑦前轮前束(mm);⑧转向盘自由转动量(°);⑨转向盘最大转向力(N)
行驶系统	①车轮动不平衡量(g);②车轮静不平衡量(g);③车轮端面圆跳动量(mm);④车轮径向圆跳动量(mm);⑤轮胎胎面花纹深度(mm)
前照灯性能	①前照灯发光强度(cd);②远光光束偏移(mm/10m);③近光光束偏移(mm/10m)
尾气排放	①发动机转速(r/min);②发动机排放 CO、CO_2、O_2(%)、HC($\times 10^{-6}$)、NO_x($\times 10^{-6}$);③排气温度(℃);④过量空气系数(λ);⑤自由加速烟度(BSU,m^{-1})

2. 汽车诊断参数标准

汽车诊断参数标准是指对汽车诊断参数限值的统一规定。它是从技术、经济的观点出发,表示汽车处于某种工作能力状态下所测的诊断参数界限值。汽车诊断参数标准一般包括:诊断参数初始标准、诊断参数允许标准和诊断参数极限标准。这些诊断参数标准既可以是一个值,也可以是一个范围。

(1)诊断参数的初始标准:相当于无技术故障的新车诊断参数的大小,往往是最佳值,可作为新车和整车修理的诊断标准。

(2)诊断参数的允许标准:是指汽车无须维修可继续使用时,诊断参数的允许界限值,它是汽车维修工作中定期诊断的主要标准。当诊断结果超过允许标准时,即使汽车还有工作能力,也需要进行维护,否则,汽车的技术经济性能将会下降,故障率将会上升。

(3)诊断参数的极限标准:是指汽车技术性能即将变坏或即将失去工作能力时所对应的诊断参数值。当汽车技术状况低于极限标准后,汽车技术经济性能严重下降,甚至不能继续使用。在汽车使用过程中,定期检测,将检测结果与诊断参数极限标准进行比较,进行视情修理或确定维护中的附加作业项目,也可以预测汽车的使用寿命。

第二节 电子控制系统检测诊断

汽车电子控制系统是比较复杂的系统,在故障诊断时,首先要全面掌握电控系统的结构、原理和线路连接方法,明确电控系统中各部分可能产生的故障以及故障对整个系统的影响,运用科学的故障诊断方法对系统故障现象进行综合分析、判断,确定故障的性质和可能产生此类故障的原因和范围,制定合理的诊断程序进行诊断检查和故障排除,彻底恢复汽车性能和技术指标。

一、故障诊断的基本程序

故障诊断最关键是准确找出故障的症状和确定推测的故障原因以便找出真正的故障原因。为了能准确、快速地诊断出故障,故障诊断应采用逻辑化、系统化的方法,推测必须有逻辑和事实作依据。如果不讲究方法或不按照必要的程序操作,则故障很可能变得复杂,最后很可能由于错误的推测而采取不相干的维修程序。故障诊断应遵循识别故障、验证和重现故障症状、直观检查、系统测试、故障确定、故障排除六大步骤进行,如图 2-3 所示。

1. 识别故障

识别故障是诊断过程中重要的环节,应向车主进行诊断性提问,掌握故障症状、频率、工况、时间、发生路段、环境、条件等事实依据,以准确了解故障和其产生的条件,及故障的严重程度。诊断性提问必须包括询问车主症状发生时的情况,技术员在进行诊断性提问时不要使用术语,不用车主不熟悉的话语说话,应用实际的事例询问车主,使车主能容易地进行回答,在进行诊断性提问时,重要的是技术员完全理解和再现车主指出的症状所需要的条件,当症状被再现出来时确认车主的请求和要求,当症状没有被再现出来时确认再现症状所需要的条件,根据车主提供的信息,可以使技术人员比较容易地排除故障。

2. 验证和重现故障症状

为了正确地进行故障诊断,最重要的是根据从诊断性提问中得到的信息,创造出与症状发生时相符合的条件和情况。一般可以通过路试再现和静态再现两种方法加以故障确认。路试应当根据通过诊断性提问得到的信息和 ECU 的定格数据,按照症状发生时的条件进行(如可能,最好与车主一起进行路试并指出故障症状);静态再现试验是在汽车停止后进行的,以便再现其再现性不明显的症状或在行驶中发生的症状,主要靠诊断仪读取故障码,当故障码被输出时如果故障码被显示出来,则应关注与该故障码有关的症状以便使用再现法再现症状;当正常代码被输出时如果代码是正常的,则应注意诊断程序没有检测到的执行机构并用再现法再现症状。

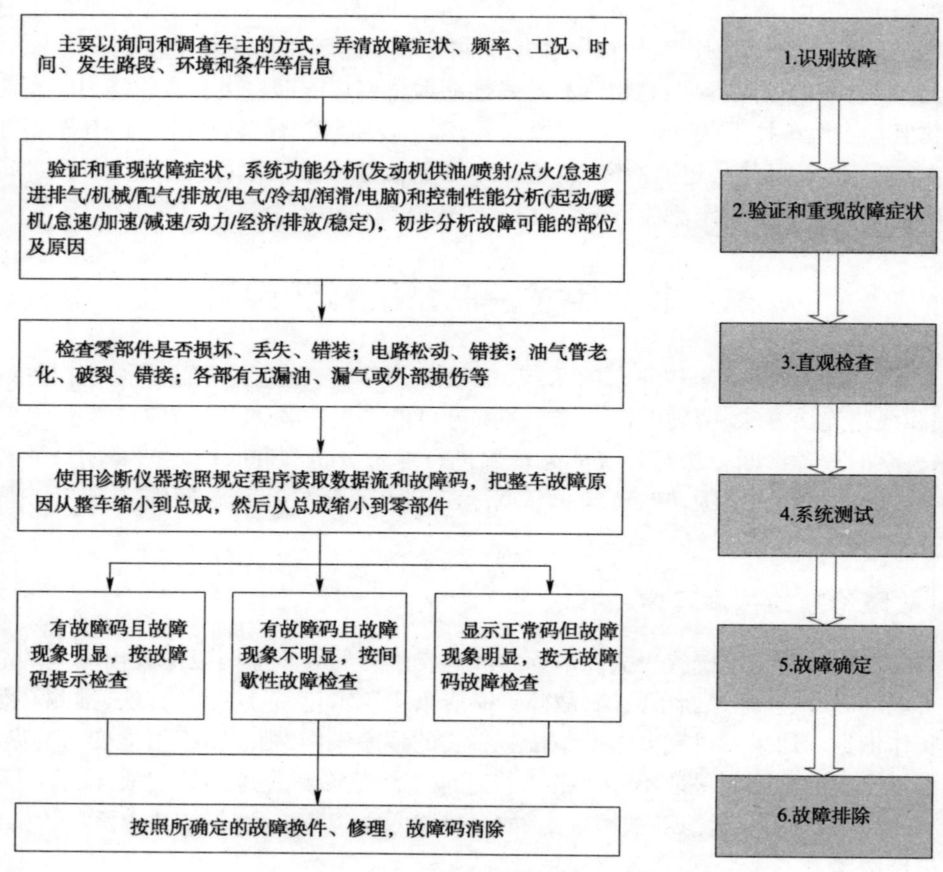

图 2-3　电控系统故障诊断流程及实施要点

3. 直观检查

直观检查主要检查车辆有无明显的机械故障并先予以排除的作业过程。主要检查线路连接插头和真空管有无断路或松动;有无机油、冷却液渗漏,皮带或水管有无老化、破损;零部件是否损坏、丢失、错装等,同时还应检查机械、电气有无碰撞方面的损坏。若发现存在上述故障,应先予以解决然后再进行验证或重现故障症状,若无上述故障,则应进行下一步骤。

4. 系统测试

系统测试要依据从整体到局部的原则,利用汽车故障诊断仪按照规定的程序在动、静态模式下读取 ECU 故障码和数据流,目的是检查各部传感器及执行元件的工作情况是否正常,逐个排除故障发生的可能部位、原因,不断缩小故障范围,把整车故障原因从整车缩小到总成,然后从总成缩小到零部件。

5. 故障确定

根据各种状态下测出的数据流和故障码,对照维修手册、故障码手册、电路图分析各传感器参数值，确定各部工作状态，对发现异常或超出参数阈值范围的数据应重点予以分析。确定故障后，应进行核查，可以借助万用表等电子仪表进行分段诊断，也可以通过更换个别零部件的方法对故障逐一排除、确认。

6. 故障排除

准确判知故障部位后即可开始修理，拆下元器件后，要对其进行测试以验证诊断是否正确，确认损坏后应按照规定的程序更换相应零部件(修理电路时要小心，微电压信号回路的电阻很小，接错线或连接不良可能导致严重后果)。故障排除后，应使用故障诊断仪再次测试系统回路，如果故障消失，则说明修理成功，并按照规定程序、方法清除 ECU 中存储的故障码，以便在以后的运行中记录、存储新的故障码，如果不及时清除故障码，当发动机再次发生故障时，ECU 会将新、旧故障码一起输出，造成不必要的诊断错误。故障码清除后，应起动发动机，观察故障指示灯和发动机的工作状态，确定故障准确排除。

二、故障诊断方法

汽车电子控制系统故障诊断的方法有许多种，在实践中根据不同情况以及诊断的不同阶段，可以选择不同的诊断方法，常见的诊断方法有直观诊断法、故障码诊断法、数据流诊断法、故障征兆诊断法、分析推理法、故障征兆模拟试验法等。根据故障的不同，这些方法可以单独使用，也可以组合使用。

1. 直观诊断法

直观诊断通常包括问、看、听、摸、闻、试等内容，通过这些直观诊断，初步了解故障现象的特点，为确定下一步故障诊断的方向和进一步分析和诊断故障部位提供初步的依据。

(1)问。问是通过对用户的询问了解汽车故障症状的过程，内容通常包括故障症状特征、故障发生的时间、频次、怠速还是行驶、冷车还是热车、直行还是转弯、车速高低、载荷、气候条件、道路情况等。另外还要了解汽车上次维护或修理的时间、内容。询问用户不仅要达到全面了解故障症状的目的，更重要的是要把握住故障症状发生时的前因后果，以便于为故障诊断提供线索。

(2)看。直接观察了解故障车辆的型号以及外部零件是否正常。

①查看故障车辆的品牌、型号、年款，确定其电控系统的类型。

②查看部件有无丢失或明显损坏，特别是怀疑有故障系统的传感器和执行器部件。

③查看线束和插接器有无明显损坏，插接器连接是否正常、可靠。

④查看真空软管是否丢失、破损、插接是否可靠，是否插接错误。

⑤打开空气滤清器，检查滤芯是否过脏。

(3)听。是指听被检测系统工作的声音，例如听发动机有无爆震、有无敲缸、有无失速、有无进气管回火或排气管放炮等。

(4)摸。用手摸部件，判断是否过热；或者用手摸继电器，感知其振动判断继电器是否工作等。

(5)闻。通过嗅觉感知是否有因过热而产生的焦糊味，或者有漏油的汽油味，或者燃烧不正常的废气异味等。

(6)试。按照故障发生的条件，起动发动机运转或者驾驶车辆行驶，以便进一步确认故障。

2. 故障码诊断法

所谓故障码诊断法，就是通过自诊断系统存储在 ECU 的故障码，确定故障具体部位的方法。应用故障码诊断法诊断故障时，首先要从 ECU 存储器内读取故障码，然后根据故障码的含义，进一步确定故障的具体位置并排除故障，排除故障后再将 ECU 存储器内存储的故障码清除。

1）读取故障码

读取故障码的方法有两大类，一类是人工读取，另一类是仪器读取。所谓人工读取，就是人工通过某种方式触发故障码，然后通过仪表板上的故障灯的闪烁等方式输出故障。由于不同车型人工读取故障码的方式不同，因此人工读取故障码的方式很多。根据车型的不同，触发故障码的方式有很多，包括将诊断座某个端子搭铁；接通故障自诊断触发开关；在规定的时间内将点火钥匙 ON－OFF－ON－OFF－ON；在规定时间内反复踩下加速踏板等。

输出故障码的方式除了通过仪表板上的故障灯闪烁输出外，还有通过跨接在诊断座上的发光二极管输出，自动空调显示屏输出等方法。人工读取得到的只是故障的代码，要了解故障码代表的故障，必须查阅相应车型的故障码资料。

所谓仪器读取就是使用诊断仪读取故障码。仪器读取故障码的优点是不仅可以显示故障码，还能显示故障码的含义，并且还可以通过诊断仪中的诊断帮助或者专家系统，查阅确定故障码所代表的故障的具体部位的方法和步骤。

此外，使用诊断仪还可以读取冻结帧数据、数据流等，为故障诊断提供有效的信息。通过诊断仪读取汽车运行状态下的动态数据是汽车故障诊断重要的方法之一，将读取的数据流与标准值进行比对，确定各传感器及电子元器件工作参数是否正常。

2）确定故障的具体部位

故障码只能指示故障的现象或者大致范围，不能指示故障的具体部位或者具体原因。因此，当读取到故障码以后，很重要的工作是确定故障的具体部位。例如，OBD－Ⅱ故障码 P0120 的含义是“节气门位置传感器信号不良”，说明 ECU 没有接收到正常的节气门位置传感器信号，该故障的具体部位可能是节气门位置传感器本身有故障，也可能是节气门位置传感器与 ECU 之间的连线有故障，或者是 ECU 没有为节气门位置传感器提供正常的参考电压和搭铁，因此，需要使用万用表、示波器等检测工具，检测节气门位置传感器、线路，确定故障的具体部位，才可能排除故障。

3）清除故障码

故障排除后，应清除故障码。清除故障码的方法有两种，一种是人工清除，另一种是用仪器清除。人工清除故障码的方法通常是断开被检测系统的 ECU 的常电源，这样 ECU 随机存储器就会断电而清除故障码。具体方法是将需要清除故障码的 ECU 的常电源电路的熔断器拔下 10s 以上。将蓄电池搭铁线拆下 10s 以上，也可以清除故障码，但这种方式也同时将其他系统的记忆清除，因此不建议使用这种方式。使用诊断仪清除故障码的方法，简单、安全，已经获得广泛应用，推荐使用。

3. 波形分析法

发动机故障有时属于间歇性故障，时有时无，很难用数据流分析和判断，同时在电控系统中，很多传感器和执行器的信号采用电压、频率或其他数字形式表示。在发动机实际运转过程中，由于信号变化很快，很难从这些不断变化的数字中发现问题所在，但用示波器显示的波形却能捕捉到故障中细小的、间断的变化，它利用发动机正常工作时各种传感器信号（包括曲轴位置传感器、凸轮轴位置传感器、氧传感器信号及某些型号的空气流量计信号、喷油器信号等）所描述的波形图与有故障时的波形图比较，若有异常之处，则表示该信号的控制线路或元件本身出了问题。专用诊断仪增加了对汽车控制系统数据扫描的功能，并能显示出控制系统中传感器等元件的实际运行参数（数据流），以便检修人员快速分析、诊断出故障部位。

4. 故障征兆模拟试验方法

在汽车电控系统的故障诊断中往往会遇到一种间歇性故障，它根据汽车的行驶条件、状况，时而出现时而消失。而当需要对这类故障进行诊断时，它又没有明显的故障征兆，但其故障又确实存在，这种特性给故障的诊断带来了一定的困难。此时，利用征兆模拟试验分析诊断故障较好。主要有以下几种方法。

1）振动法

当怀疑故障是由于振动引起时，可采用振动法进行试验，检验故障是否重现。振动法的主要内容包括：

（1）对怀疑有故障的系统的插接器进行振动试验，在垂直和水平方向轻轻摇动插接器；

（2）对怀疑有故障的系统的线束进行振动试验，在垂直和水平方向轻轻摇动线束；

（3）对怀疑有故障的系统的传感器和执行器进行振动试验，轻轻拍打传感器和执行器。

2）加热法

如果有些故障只在热车时发生，则可能是由于某些部件受热引起的，可使用电吹风等加热工具加热怀疑有故障的零部件，检验故障是否重现。但加热温度不得高于60℃，不得直接加热ECU。

3）水淋法

当怀疑故障是由于潮湿引起时，可采用水淋法模拟故障发生的条件。操作时不得将水直接喷淋到怀疑有故障的部件上，尤其不能喷淋到汽车电控系统的传感器、ECU、执行器和线束以及插接器上，而应将水喷洒到散热器前方，如果可能的话起动发动机怠速运转，从而给发动机舱内造成潮湿的环境，检验故障是否再现。

4）电器全接通法

当怀疑故障是由于电器负荷过大引起的，可接通车上的全部主要电气设备，例如前照灯、空调鼓风机、后窗除霜器、喇叭等进行试验，检验故障是否再现。

5）电阻法或电压法

在电路诊断中，当怀疑电阻式传感器存在故障时，可采用电阻法模拟。模拟时，用电阻件代替被怀疑的电阻式传感器，并根据代替后的反映来分析诊断传感器是否存在故障。

5. 分析推理法

自诊断系统并不能将汽车上的所有故障都诊断出来，当没有读取到故障码，但有故障症状存在时，可使用分析推理法诊断故障。所谓分析推理法，即通过分析故障现象，推断故障产生的可能原因，然后按一定顺序，对这些原因进行检查，以确定故障具体部位的方法。

为了便于对故障原因进行分析,可以画出因果图或者故障树,然后画出诊断流程图,再按照诊断流程图进行诊断。画因果图或者故障树,要以熟悉系统的结构和工作原理为基础,在对故障症状进行细致分析之后,对故障原因进行推理,然后逐层列出故障产生的可能原因。例如;发动机排放冒黑烟的故障症状,虽然不知道是哪个元器件损坏导致的,但从原理上讲一定是混合气过浓造成的,而混合气浓的原因,一个是燃油多,另一个是空气少。按照这样的思路继续推理,就可以画出这一故障的因果图(图 2-4)或者故障树。

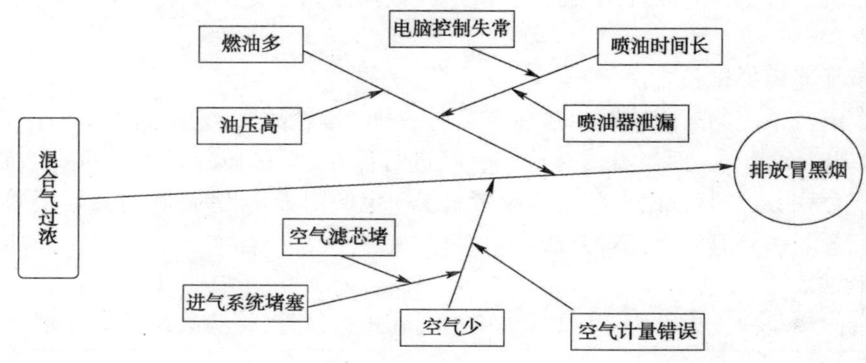

图 2-4　因果图分析法在推理环节的应用

三、主要部件的检测诊断

汽车电子控制系统的部件包括各种传感器、ECU 和执行器。实践证明,汽车电子控制系统的故障绝大多数都发生在传感器、执行器、连接器和线束等部件上,ECU 出现故障的可能性很小,汽车行驶 10 万 km,ECU 故障约占总故障的千分之一。因此,电子控制系统故障主要发生在传感器、执行器、连接器和线束。

掌握传感器与执行器对发动机以及车辆运行状态的影响,对迅速诊断与排除故障极为重要,电子控制系统主要部件故障与发动机故障现象之间的对应关系见表 2-3。

电子控制系统主要部件故障与发动机故障现象之间的对应关系　　表 2-3

序号	元 件 名 称	发动机故障现象
1	ECU	发动机不能起动,发动机性能失常
2	空气流量计	发动机起动困难,发动机性能失常,怠速不稳,加速时回火、放炮、油耗大,爆震
3	进气管绝对压力传感器	发动机起动困难,发动机性能失常,怠速不稳,油耗大
4	大气压力传感器	发动机性能不良,怠速不稳
5	节气门位置传感器	发动机起动困难,怠速不稳,发动机性能不良,易熄火
6	进气温度传感器	怠速不稳,发动机性能不良,易熄火,油耗大,混合气过浓
7	冷却液温度传感器	发动机起动困难,怠速不稳,发动机性能不良,易熄火
8	怠速控制阀	发动机起动困难,怠速不稳,发动机失速
9	P/N、P/S、A/C 开关	发动机不能起动,怠速不稳,易熄火
10	曲轴位置传感器	发动机不能起动,加速不良、怠速不稳

续上表

序号	元件名称	发动机故障现象
11	喷油器	发动机起动困难,怠速不稳,发动机工作不稳,易熄火
12	冷起动正时开关	冷起动困难,怠速不稳,混合气过浓
13	冷起动喷油器	冷起动困难,怠速不稳,混合气过浓,油耗大、排放污染增加,间歇性熄火
14	燃油泵	发动机不能起动,发动机运转中熄火
15	燃油压力调节器	发动机起动困难,发动机性能不良,怠速不稳,易熄火
16	燃油滤清器	发动机不能起动,发动机运转不稳
17	节气门	发动机不能起动或起动困难,发动机性能不良
18	氧传感器	发动机性能不良,怠速不稳,油耗大,排放污染增加,空燃比失常
19	曲轴箱通风阀	发动机不能起动或起动困难,怠速不稳或无怠速,加速不良,油耗大
20	EGR 阀	发动机过热,发动机不能起动或起动困难,发动机动力不足,减速熄火,爆震,油耗大
21	活性炭罐电磁阀	发动机性能不良,怠速不稳,空燃比失常
22	爆震传感器	爆震,点火正时失准,发动机工作不稳
23	点火线圈	发动机不能起动,无高压火花,次级电压过低
24	点火控制器	发动机不能起动,无高压火花,次级电压过低,怠速不良
25	点火信号发生器	发动机不能起动,发动机工作不稳,怠速不稳,易熄火
26	可变配气相位电磁阀	发动机抖动,爆震,怠速不稳,发动机动力不足,三元催化转换器损坏

汽车电子控制系统的部件通常有两种检测方法:一种是在线检测方式,另一种是离线检测方式。所谓在线检测是指保持部件与车上导线连接并接通电源的情况下,检测诊断故障原因;所谓离线检测也称部件检测,就是将部件的导线插接器拔下,或将部件从车上拆下,然后通过检测部件的电阻等手段,确认部件故障。

在进行部件故障检测时,通常先进行在线检测,如果在线检测初步诊断部件有故障时,再进行离线检测,以确认部件故障并确定故障的原因。

(一)传感器的检测

1. 传感器的在线检测

1)三线传感器的在线检测

三线传感器是汽车上使用最广泛的一种传感器,以切诺基汽车的进气歧管压力传感器(图 2-5)为例,传感器与 ECU 之间有 3 根导线连接,一条是电源线,由 ECU 为传感器的工作提供5V 参考电压;第二条是信号线,传感器产生的信号由信号线传送给 ECU,第三条是搭铁线,传感器通过搭铁线至 ECU 搭铁。汽车发动机上常见的三线传感器还有:空气流量传感器、节气门位置传感器、霍尔式曲轴(凸轮轴)位置传感器等。

下面以切诺基汽车的进气歧管压力传感器为例介绍三线传感器的在线检测方法。

(1)检测传感器电源电压。接通点火开关,检测传感器端子 A 与搭铁之间的电压,应为

5V ±0.5V(不同车型传感器参考电压通常都为5V)。若电压为0,再检测 ECU 的6号端子的电压,若电压为5V ±0.5V,说明电源线断路;若电压为0,说明 ECU 有故障。

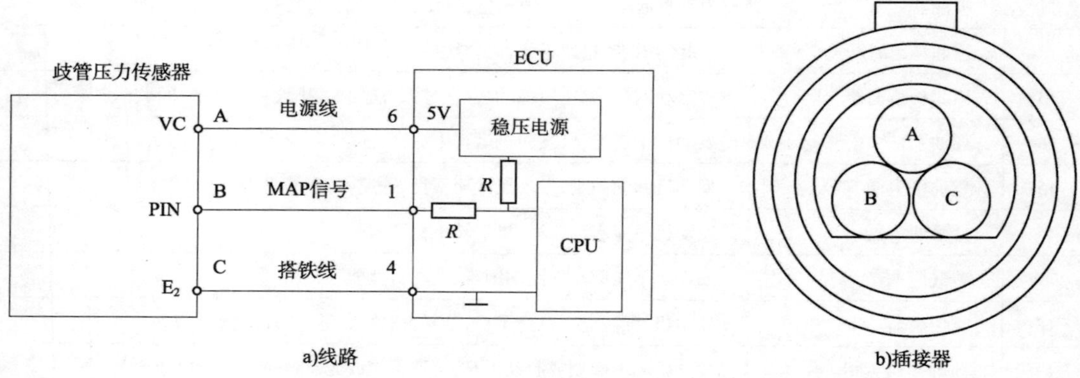

图 2-5　进气歧管压力传感器

(2)检测传感器信号。检测传感器端子 B 的电压,正常值是:当只接通点火开关时,电压为4~5V;发动机怠速运转,电压为1.5~2.1V;随节气门逐渐开大,电压逐渐升高。也可以不起动发动机,只接通点火开关,将手动真空泵连接在进气歧管压力传感器的真空管上施加真空,随着真空度增大,传感器端子 B 的电压应降低。若信号正常,再检测信号线是否有断路、短路或搭铁故障;若信号不正常,则可能是传感器有故障或者搭铁线路有故障。

(3)检测搭铁线路。检测 ECU 端子4与车身搭铁之间的电压,应小于0.1V,否则说明 ECU 搭铁有故障;再检测传感器与 ECU 之间的搭铁线电阻,应小于0.5Ω,否则说明搭铁线断路或存在高电阻。

提示:所有的三线传感器的在线检测方法基本相同,但在检测的第(2)步稍有差别。这主要是因为传感器不同,产生的信号不同,检测方法和结果也就不同。

对于产生模拟信号的传感器,其信号电压可以使用万用表测量,通过一定的方法,使被测物理量发生变化,则电压信号也应相应变化。

例如线性可变电阻式节气门位置传感器,在节气门全关时的信号电压应为0.5~1.0V,随着节气门开大,电压逐渐增大,节气门全开时,电压应为4.0~4.8V。

对于热式空气流量传感器,拆下空气滤清器,接通点火开关,用450W 电吹风(冷风挡)向空气流量传感器内吹风,信号电压应在2.0~4.0V 之间变化。

对于产生数字信号的传感器,例如霍尔式曲轴(或凸轮轴)位置传感器、卡门涡流式空气流量传感器等,最好使用示波器检测其产生的信号。

2)两线传感器的在线检测

常见的两线传感器有温度传感器(包括进气温度传感器、冷却液温度传感器等)、氧传感器(包括氧化锆式和氧化钛式氧传感器)、爆震传感器、磁感应式曲轴(或凸轮轴)位置传感器等。温度传感器和氧化钛式氧传感器都是需要参考电压才能工作的传感器,检测方式相似。以丰田汽车进气温度传感器(图2-6)为例,检测时首先应检测传感器端子 THA 与车身搭铁或者与端子 E2 之间的电压,应为 0.2 ~ 4.0 V,温度越低,电压应越高。如果电压不在上述范围,检测传感器与 ECU 之间的两导线是否存在故障。

氧化锆式氧传感器、爆震传感器、磁感应式曲轴(或凸轮轴)位置传感器等,都不需要参考电压就可以产生传感器信号,因此检测时可以使传感器工作,并使用万用表(电压挡)或者示波器跨接在传感器信号线与搭铁线之间直接测量传感器电压信号。

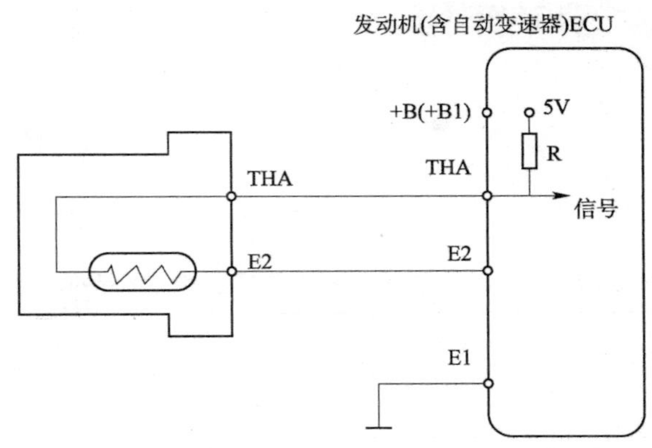

图 2-6　丰田汽车进气温度传感器

对于氧化锆式氧传感器的检测,起动发动机运转至正常冷却液温度,保持转速 2500r/min,测量氧传感器信号电压,该电压应在 0.2 ~ 0.9V 之间变化,并且在 10s 内变化的次数不少于 8 次。

对于磁感应式曲轴(或凸轮轴)位置传感器的检测,最好的检测方法是在起动发动机时,用示波器测量传感器信号波形,应为正弦波信号。

对于爆震传感器的检测,最好的方法是使用示波器检测波形,可以起动发动机运转,此时示波器应显示传感器信号波形,发动机突然加速,信号波形的幅值应增大;也可以不起动发动机,用木槌敲击爆震传感器附近的缸体,也会产生信号波形,并且敲击力度越大,信号波形幅值越大。

有些传感器的导线数多于 3 条,实际上是几个传感器组合在一起,或者是传感器与执行器组合在一起。例如组合式空气流量传感器是将空气流量传感器(三线传感器)与进气温度传感器(两线传感器)组合在一起;组合式节气门位置传感器是将线性可变电阻式和触点式节气门位置传感器组合在一起;加热式氧传感器是将氧传感器(两线传感器)与加热电阻(执行器)组合在一起;磁感应式曲轴位置传感器(两线传感器)将曲轴位置传感器和凸轮轴位置传感器组合在一起,并且还有屏蔽线,使导线数量增加。这些传感器的检测方法与上述的三线传感器和两线传感器的检测方法相同。

2. 传感器的离线检测

离线检测是通过测量电阻检测传感器的技术状态,因此这种方法最适合检测电阻易于测量的传感器,例如节气门位置传感器、温度传感器等。

节气门位置传感器的离线检测方法如图 2-7 所示,使用电阻表测量各端子之间的电阻值,电阻值应符合表 2-4 的标准值。

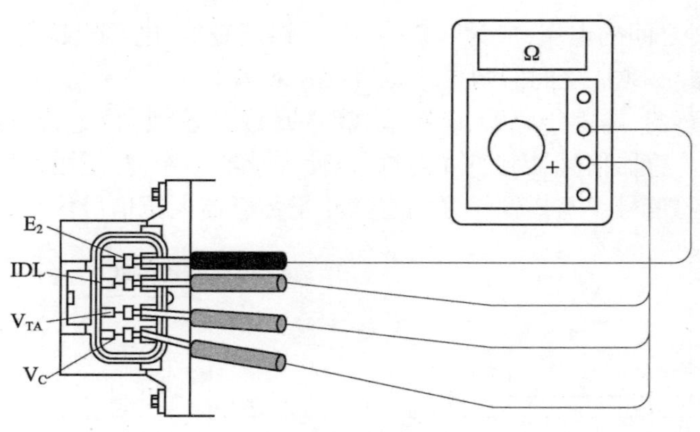

图 2-7　节气门位置传感器的离线检测方法

丰田 2JZ-GE 发动机节气门位置传感器端子之间的电阻　　表 2-4

限位螺钉与限位杆间隙(mm)	端子名称	电阻值(kΩ)	节气门开度	端子名称	电阻值(kΩ)
0	V_{TA}—E_2	0.34～6.30	节气门全开	V_{TA}—E_2	2.40～11.20
0.45	IDL—E_2	0.50 或更小	节气门全开	V_C—E_2	3.10～7.20
0.55	IDL—E_2	∞			

温度传感器的离线检测方法是将传感器放在热水中加热,同时测量水温以及传感器两端子之间的电阻值,阻值应符合表 2-5 的标准值。

丰田 2JZ－GE 发动机进气温度/冷却液温度传感器电阻标准值　　表 2-5

温度(℃)	电阻值(Ω)	温度(℃)	电阻值(Ω)
－20	16200	60	600
0	5900	80	300
20	2500	100	200
40	1100		

(二)执行器的检测

1. 电动燃油泵

以桑塔纳 2000GSi AJR 发动机电动燃油泵为例,首先进行在线检测。

(1)接通点火开关,油泵应运转 2s。

(2)如果油泵不转,关闭点火开关,拔下中央继电器线路板上 2 号位的油泵继电器。接通点火开关,检测继电器插座端子 2/30 和 4/86(图 2-8)与车身搭铁之间的电压,应为蓄电池电压。

(3)用跨接线跨接燃油泵继电器插座的端子 2/30 和 3/87,燃油泵应连续转动;若燃油泵不转,检查熔断器盒内的 5 号熔断丝,如果熔断丝正常,检测熔断丝至燃油泵之间的电路。

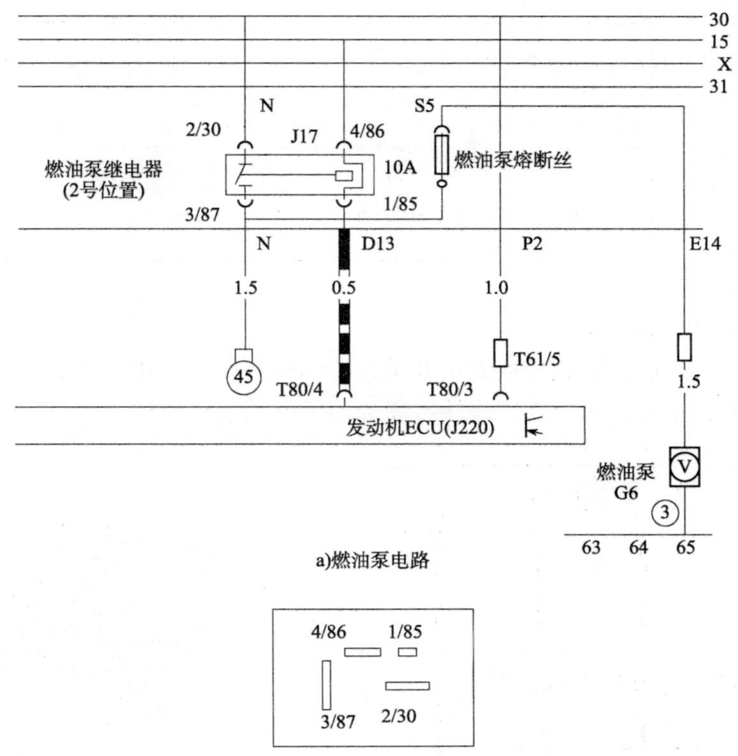

a)燃油泵电路

b)燃油泵继电器插接器端子

图 2-8　桑塔纳 2000GSi AJR 发动机电动燃油泵电路

(4)如果用跨接线跨接燃油泵继电器插座的端子 2/30 和 3/87,燃油泵转动,检测继电器插座端子 1/85 与发动机 ECU 的 T80/4 端子之间的导线,如果导线正常,更换燃油泵继电器。

如果上述检测表明燃油泵线路和继电器都正常,再对燃油泵进行离线检测,拔下燃油泵线束插接器,检测燃油泵插接器端子 1 与端子 3 之间的电阻,电阻值应为 2～3Ω(20℃时)。

2. 喷油器

1)检测喷油器电阻

从喷油器上拔下插接器,用万用表检测喷油器两端子之间的电阻,应符合标准,否则说明喷油器有故障。桑塔纳轿车喷油器电阻见表 2-6。

桑塔纳轿车喷油器技术参数　　表 2-6

车型 参数	桑塔纳 GLi	桑塔纳 2000GLi	桑塔纳 2000GSi
电阻值(Ω)(20℃)	15.9±0.35	15.9±0.35	13～18
发动机工作时的电阻增值(Ω)	4～6	4～6	4～6

续上表

参数 \ 车型	桑塔纳 GLi	桑塔纳 2000GLi	桑塔纳 2000GSi
30s 喷油量(mL)	78 ~ 85	78 ~ 85	78 ~ 85
燃油喷雾形状	小于 35°圆锥形状		
正常油压下漏油量(滴/min)	不多于 2		

2)检测喷油器的电压

从喷油器上拔下插接器,在接通点火开关时检测线束侧插接器 1 号端子(图 2-9)与搭铁之间的电压,应有蓄电池电压。否则应检查喷油器的电源电路。

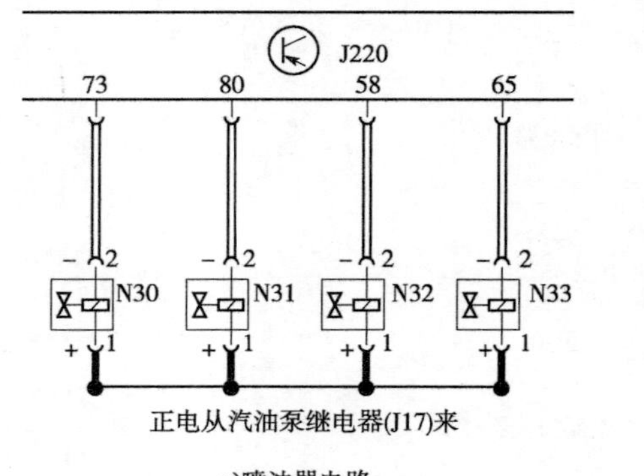

a)喷油器电路

1
2

b)喷油器线束侧插接器端子

图 2-9　桑塔纳 2000GSi AJR 发动机喷油器电路

1、2-端子

3)检测喷油脉冲信号

喷油脉冲信号可以使用示波器检测,也可以使用二极管试灯(将两只极性颠倒的发光二极管并联后再与一只 510Ω/0.25W 的电阻串联)检测。使用示波器检测时,保持喷油器插接器连接,将示波器的正表笔和喷油器与 ECU 连接的导线的 2 号端子连接,负表笔搭铁,起动发动机,示波器应显示喷油脉冲波形。使用二极管试灯检测时,从喷油器上拔下插接器,将二极管试灯跨接在线束侧插接器两端子之间,起动发动机,二极管试灯应闪烁。否则说明 ECU 没有输出喷油脉冲或者喷油器插接器至 ECU 之间的线路有故障。

3. 步进电动机式怠速控制阀

以丰田汽车步进电动机式怠速控制阀为例,检测方法如下:

(1)拔开怠速控制阀线束插接器,将点火开关转至 ON 的位置但不起动发动机,在线束侧分别测量 B_1 和 B_2 端子与搭铁之间的电压,均应为蓄电池电压,否则说明怠速控制阀电源电路有故障。

(2)发动机熄火后的 2 ~ 3s 内,应能听到怠速控制阀步进电动机转动的声音,因为此时发动机 ECU 会使怠速控制阀打开到最大开度,以利于下一次起动。如果没有转动的声音,应检查怠速控制阀以及怠速控制阀的 S_1、S_2、S_3、S_4 端子与 ECU 之间的控制电路和 ECU。

(3)拔下怠速控制阀插接器,在控制阀侧分别测量端子 B_1 与 S_1 和 S_2,B_2 与 S_3 和 S_4 之间的电阻,阻值均应为 10~30Ω,否则应更换怠速控制阀。

(4)如图 2-10 所示,拆下怠速控制阀,将蓄电池的正极接至 B_1 和 B_2 端子,将蓄电池的负极按顺序依次接通 $S_1 \to S_2 \to S_3 \to S_4$ 端子时,步进电动机应旋转,并且控制阀应向外伸出;将蓄电池的负极按相反的顺序依次接通 $S_4 \to S_3 \to S_2 \to S_1$ 端子时,步进电动机的旋转应使控制阀向内缩回。如果工作情况与上述不符,更换怠速控制阀。

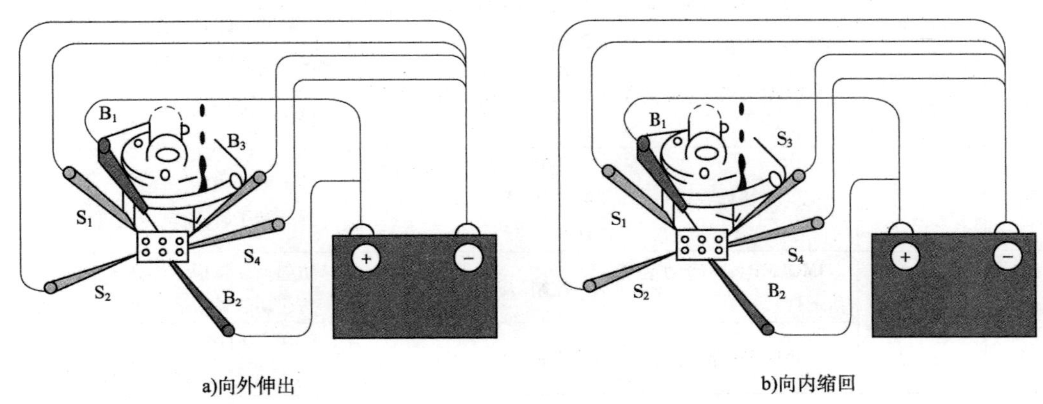

a)向外伸出　　b)向内缩回

图 2-10　步进电动机式怠速控制阀的检测

(三)ECU 的检测

对于 ECU 的检测,首先进行在线检测,通过在线检测,先确认与 ECU 连接的传感器、执行器、电源、搭铁及其线路和插接器正常,然后才可以判断是 ECU 的故障。在对 ECU 进行在线检测时,需要查阅 ECU 端子的标准检测数据,以此作为故障诊断的依据。以本田雅阁的 V6 发动机 ECU 为例,ECU 共有 A、B、C、D 4 个插接器,图 2-11 所示为 ECU 的插接器 A 的端子位置,表 2-7 列出了 ECU 插接器 A 的端子标准检测数据。根据表 2-7 列出的各端子的检测条件进行检测,如果检测结果与标准检测数据不符,则应检测与该端子连接的部件及其线路,如果部件及其线路正常,此时也不能断定 ECU 有故障,因为与 ECU 其他端子连接的传感器、电源、搭铁线路等有故障,也可能导致 ECU 被检测端子的信号不正常,因此需要将 ECU 所有端子进行检测,并确认与 ECU 连接的所有部件以及电路都正常以后,才可以初步判断 ECU 有故障。

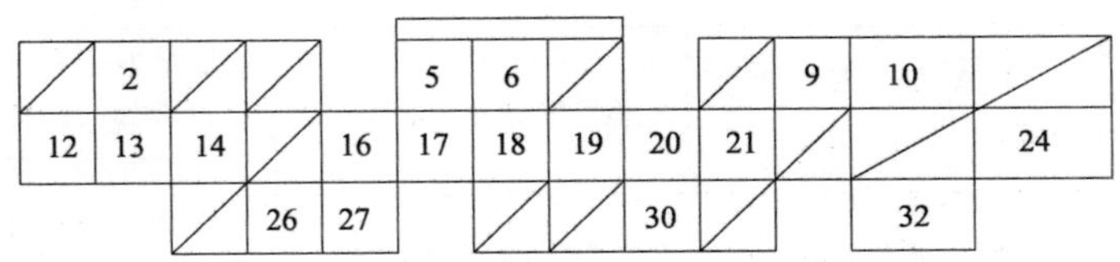

图 2-11　ECU 插接器 A 的端子

为了确认 ECU 的故障,可以采用替换法进行核实,即更换已知良好的型号相同的 ECU 进行比对。但使用这一方法必须确保与 ECU 连接的所有部件和线路正常才可以进行,否在可能损坏新更换的 ECU。

ECU 插接器端子检测数据 表 2-7

端子号	连接导线颜色	端子名称	功用	检测条件及标准数据
2	绿/白	MCS(发动机支架控制电磁阀)	起动发动机支架控制电磁阀	怠速时:0V 转速超过怠速转速时:蓄电池电压
5	蓝/绿	CRS(定速巡航控制信号)	检测定速巡航控制信号	接通点火开关(Ⅱ位置)时:脉冲
6	红/黄	PCS(EVAP 净化控制电磁阀)	起动 EVAP 净化控制电磁阀	发动机运转,冷却液温度低于 75℃时:蓄电池电压。发动机运转,冷却液温度高于 75℃时:0V
9	蓝/白	VSSOUT(车速传感器输出信号)	发送车速传感器输出信号	取决于车速:脉冲
10	棕	SCS(维修检查信号)	检测维修检查插接器信号(该信号触发显示 DTC)	接上端子:0V 拆开端子时:蓄电池电压
12	粉	IMOLMP(防起动装置指示灯)	控制防起动装置指示灯	防起动装置指示灯亮时:0V 防起动装置指示灯灭时:蓄电池电压
14	绿/黑	D4IND(D4 指示灯)	控制 D4 指示灯	D4 指示灯亮:0V D4 指示灯灭:蓄电池电压
16	绿/黄	FLR(燃油泵继电器)	起动燃油泵继电器	接通点火开关 2s 内:0V 接通点火开关 2s 后:蓄电池电压
17	红	ACC(空调离合器继电器)	起动空调离合器继电器)	压缩机接通:0V 压缩机关闭:蓄电池电压
18	绿/橙	MIL(故障指示灯)	控制 MIL	MIL 亮:0V MIL 灭:蓄电池电压
19	蓝	NEP(发动机转速脉冲)	输出发动机转速脉冲	发动机运转:脉冲
20	绿	FANC(散热器风扇控制)	起动散热器风扇继电器	散热器风扇运转:0V 散热器风扇不运转:蓄电池电压
21	浅蓝	K-线路	发送和接收扫描工具信号	接通点火开关:脉冲
24	蓝/橙	STS(起动机开关信号)	检测起动机开关信号	接通起动机开关(Ⅲ位置):蓄电池电压 关闭起动机开关:0V
26	绿	PSPSW(P/S 压力开关信号)	检测 PSP 开关信号	怠速时,将转向盘置于直行位置:0V;怠速时,将转向盘置于左、右极限位置:蓄电池电压
27	蓝/红	ACS(空调开关信号)	检测空调开关信号	空调开关信号通:0V 空调开关信号关:蓄电池电压
30	绿/红	EL(ELD)	检测 ELD 信号	怠速时,驻车灯亮:2.5~3.5V;怠速时,前照灯置于近光挡:1.5~2.5V
32	白	BKSW(制动开关)	检测制动开关信号	松开制动踏板:0V

四、OBD 故障诊断

《汽车维护、检测、诊断技术规范》(GB/T 18344—2016)规定,营运车辆二级维护前需对OBD进行故障诊断,以确定发动机技术状况及其尾气排放性能。OBD(车载诊断系统)能够很好地监控在用车的尾气排放,是在用车排放管理及控制的有效手段之一。

1. OBD 系统组成

OBD 系统在功能上由软件和硬件共同实现。OBD 的硬件主要由各传感器、电子控制单元(Electronic Control Unit,简称 ECU)、OBD 连接器插口、故障显示灯、执行器及线路等与发动机排放控制相关的子系统组成。OBD 的硬件系统组成如图 2-12 所示。

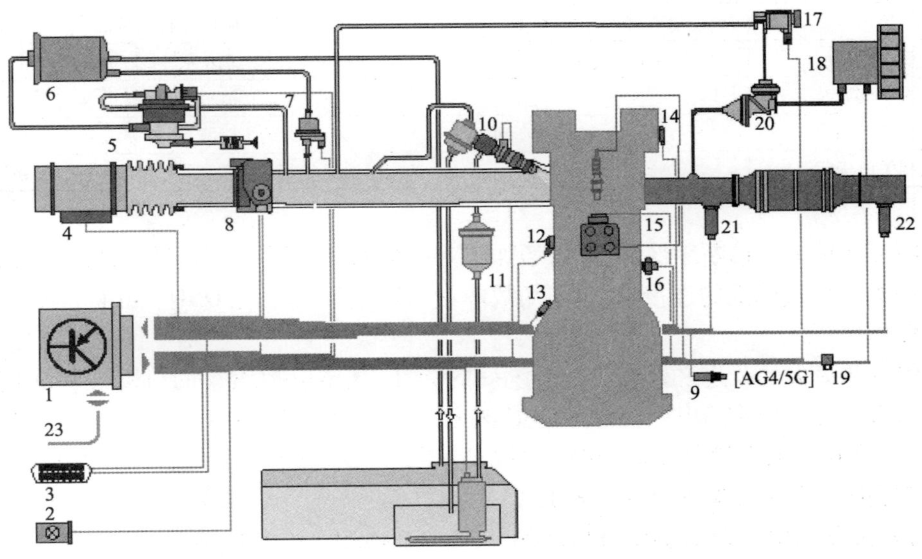

图 2-12 OBD 系统组成

1-发动机控制器;2-排放警示灯;3-诊断接头;4-空气流量传感器;5-燃油系统诊断泵;6-活性炭罐;7-活性炭罐电磁阀;8-节流阀体;9-车速传感器;10-喷嘴 1–4 缸;11-燃油滤清器;12-爆震传感器;13-发动机转速传感器;14-相位传感器;15-点火模块;16-冷却液温度传感器;17-二次空气电磁阀;18-二次空气泵;19-二次空气泵继电器;20-二次空气组合阀;21-氧传感器(转换器前);22-氧传感器(转换器后);23-CAN 总线

2. OBD 的功能与发展

1)第一代 OBD 系统(OBD–I)

OBD 最早由美国通用汽车公司于 1981 年提出。1986 年加利福尼亚州大气资源局(CARB)要求境内经营和销售的所有车辆都要安装 OBD 系统,之后这个系统升级为美国工业标准,美国国内所有销售的车辆必须安装 OBD 系统,即第一代 OBD 系统(OBD–I)。OBD–I 监测供油系统、废气再循环(EGR)系统以及与排放有关的电子元件。OBD 要求当探测到故障时用故障指示灯向驾驶员发出警告,还要求存储故障码信息以确定故障发生的区域。但 OBD–I 存在一些缺点,如仅仅检测发动机尾气控制系统,未检测燃油蒸发系统;没有统一的故障码和通信协议标准,行业间没有形成标准化。每个汽车生产厂对故障灯点亮所表示的定义不尽相同。代码的不同给诊断工作造成很大的困难。另外,OBD–I 对许多与排放有关的问题不能监测，如发动机失火和催化转化器失效。

2）第二代 OBD 系统（OBD－Ⅱ）

1990 年美国通过《净化空气法案修正案》后，CARB 要求从 1996 年开始在境内销售的车辆必须安装第二代 OBD 系统，即 OBD－Ⅱ。OBD－Ⅱ与 OBD－I 诊断功能的比较见表 2-8。

OBD－I 与 OBD－Ⅱ诊断功能的比较 表 2-8

诊断项目	OBD－I	OBD－Ⅱ
催化转化器	—	劣化
失火	—	单缸/多缸失火
氧传感器	不活跃，电路诊断	劣化（不正常的电压、响应）；不活跃；电路诊断
EGC	EGC 流量下降	EGC 流量过高或过低
供油系统	过浓或过稀	过浓或过稀
二次空气系统	—	功能/电路诊断
蒸发控制系统	—	系统泄漏/不良冲洗
排放相关电子元件	电路诊断	功能性诊断（对无功能性诊断的部件进行电路诊断）

OBD－Ⅱ扩大了诊断零部件范围，增加了对系统的诊断要求，如催化器失效、失火、燃油蒸气泄漏等。通过标准的连接件，汽车的故障参数则能通过符合 OBD－Ⅱ标准结构的检测仪器读取。

OBD－Ⅱ最大的改进之处在于具有统一的标准，这给电控汽车的故障诊断和检测维修提供了诸多方便。所有 OBD－Ⅱ或 EOBD 装备的汽车都必须有：

（1）标准化的数据诊断接口（SAE－J1962）。

（2）标准化的解码器（SAE－J1978）。

（3）标准化的电子通信协议（KW2000，CAN，CLASSII，ISO9141 等）。

（4）标准化的诊断故障码（DTC，SAE－J2012）。

（5）标准化的维修服务情报（SAE－J2000）。

3）第三代车载故障诊断系统

OBD－Ⅱ系统技术先进，对探测排放状况十分有效。当发现故障报警灯点亮时，应立即将车送到维修站进行检修。但对驾驶员是否接受 MIL 的警告，OBD－Ⅱ是无能为力的，而第三代车载故障诊断系统（OBD Ⅲ）解决了这个问题。

OBD－Ⅲ的主要目的是使汽车的检测、维护和管理合为一体，以满足环境保护的要求。OBD－Ⅲ系统会分别进入发动机、变速器、ABS 等系统 ECU 中去读取故障码和其他相关数据，并利用小型车载通信系统，如 GPS 导航系统或无线通信方式将车辆的身份代码、故障码及所在位置等信息自动通告管理部门，管理部门根据该车辆排放问题的等级对其发出指令，包括去哪里维修的建议，解决排放问题的时限等，还可对超出时限的违规者的车辆发出禁行指令。因此，OBD－Ⅲ系统不仅能对车辆排放问题向驾驶员发出警告，而且还能对违规者进行惩罚。

4）欧洲的 OBD

欧洲的 OBD 系统（EOBD）自 2000 年与欧Ⅲ排放标准同步实施。EOBD 法规要求类似于美国的 OBD－Ⅱ，但是有一些不同，比如没有蒸气泄漏测试的要求。2005 年实施的欧Ⅳ

排放标准对 EOBD 的要求和欧Ⅲ相同，欧Ⅴ排放标准对 EOBD 的要求更加严格，增加了对 OBD 系统 NO 监测和 OBD 实际监测频率（IUPR）的相关要求。

EOBD 是一个非常复杂的自诊断系统，用于检测影响汽车排放的零部件和系统的故障。EOBD 的焦点在排放上。如果碳氢化合物（HC），一氧化碳（CO）或氮氧化物（NO_x）的排放超过欧洲共同体所规定的 EOBD 排放限值，EOBD 装备的汽车就会点亮故障指示灯（MIL）并记录一个诊断故障码（DTC）。EOBD 故障指示灯的点亮由对排放的影响而定，与发动机运转及动力性问题没有直接联系。

3. OBD 故障码

OBD 的目的是检测车辆尾气排放控制系统的工作情况。当排放控制系统出现故障时，位于仪表板上的故障指示灯 MIL 或检查发动机警告灯 CHECK ENGINE 点亮，同时动力总成控制模块 PCM 将故障信息存入存储器。当故障车辆进入修理厂维修时，维修人员能通过故障诊断仪将故障码从 PCM 中读出。维修人员根据故障码的提示，可以迅速准确地确定故障的部位和性质，有效地对故障进行修复。概括起来，当 PCM 发现排放控制系统出现问题时，OBD 应该完成三件事：首先将仪表板上的故障指示灯点亮；其次生成故障码；最后在 PCM 内存中记录这个故障码。

美国汽车工程师协会（SAE）发表的 J2012 描述了故障码统一格式的工业标准。这个格式给制造厂分配了字母和数字代码，并对与这些代码有关信息进行了定义。对于没有分配故障码的故障可由制造厂规定其故障码。

SAE J2012 规定了标准故障码共有 5 位，由字母与数字组合而成，如 P1352，第 1 位为英文代码 P，代表测试的大系统。一般用 P 表示动力驱动链电脑控制系统（powertrain），C 表示底盘电脑控制系统（chassis），B 表示车身电脑控制系统（body），U 表示未定义系统（unde - fined）。故障码第 2 至第 5 位为数字码。其中第 2 位是数字码，其定义范围为 0 ~ 3，且用 0 表示由 SAE 统一制定的故障码，用 1 表示由厂家各自制定的故障码，用 2 ~ 3 表示预留的故障码。故障码第 3 位也是数字码，代表更细节的系统，如用 3 表示发动机的点火系统。最后两位数字码代表该系统的故障码。具体定义见表 2-9。

故障码的定义　　表 2-9

第一位	第二位	第三位	第四位
故障码的功能	谁负责定义故障码	产生故障码的系统	包含的区域
P = 动力系	0 = SAE	0 = 所有系统	00 ~ 99
B = 车身	1 = 制造厂	1、2 = 燃油/空气控制	
C = 底盘		3 = 点火系统/失火	
		4 = 辅助排放控制	
		5 = 怠速/转速控制	
		6 = PCM 和输入/输出	
		7 = 变速器	
		8 = 非 PCM 动力系	

举例如下：故障码 PO108 表示 MAP（进气歧管绝对压力）传感器电压过高。P = 动力系；0 = SAE 控制；1 = 燃油/空气控制；08 = 包含的区域（零件的顺序）。

4. OBD 系统的诊断原理

1）OBD 系统对催化转化器劣化的诊断

当排气中氧气的浓度高时，氧气会与加入催化转化器中的氧化铈（CeO_2）结合。浓度低时，氧气被释放出来。因此，催化转化器扮演的是氧气罐的角色将排气的混合比例调整到最佳。OBD 对催化转化器的诊断就是基于对其储氧能力（OSC）的监控，通过比较上游和下游氧传感器的电压输出值从而探测转化器的转化效率。

催化转化器的转换效率和储氧能力必须具有良好的对应关系，催化器储氧能力的耐久性直接影响到诊断的精确性。新的催化转化器具有很好的储氧能力，对于正常状态下含有足够氧的催化转化器，下游氧传感器的输出转化循环与上游相比较长，甚至接近于一条直线。但是当催化转化器恶化时，储氧能力会降低，下游氧传感器的输出转化循环将变短，甚至接近上游氧传感器的输出，如图 2-13 所示。

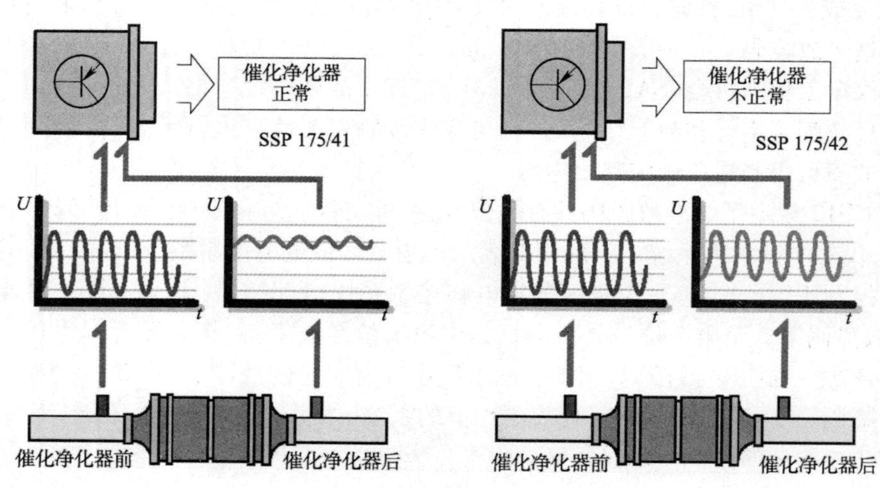

图 2-13　催化转化器劣化的诊断

另外，通过突然改变空燃比，观察下游氧传感器对空燃比的反应时间，也可以探测催化转化器是否丧失储氧能力。储氧能力好时，空燃比由稀变浓时下游氧传感器反应时间滞后，如图 2-14 所示。而当催化转化器储氧能力不足时，空燃比由稀变浓时下游氧传感器反应较快，如图 2-15 所示。

2）OBD 系统对发动机失火的诊断

当发动机点火系统发生故障时，吸入缸内的混合气不能及时被点燃，大量的 HC 便直接排出汽缸。一部分 HC 在排气管中发生燃烧，导致三元催化器损坏；另一部分 HC 没有完全燃烧便直接排向大气中。

OBD－Ⅱ在发动机运行过程中监控发动机的失火率，每次检测周期为 1000 转曲轴转数。HC 超出正常的 1.5 倍时相当于发动机的失火率达 2%。

发动机失火会导致发动机曲轴转速不稳。根据这一特性，发动机电脑根据发动机的曲轴转速传感器来监控发动机曲轴旋转平稳情况。发动机失火会改变曲轴的圆周旋转速度。通常发动机转动不是匀速的,每缸在做功时都有一个加速,不做功就没有加速。四缸机每转动720°应有4个加速。发动机失火检测系统如图2-16所示。

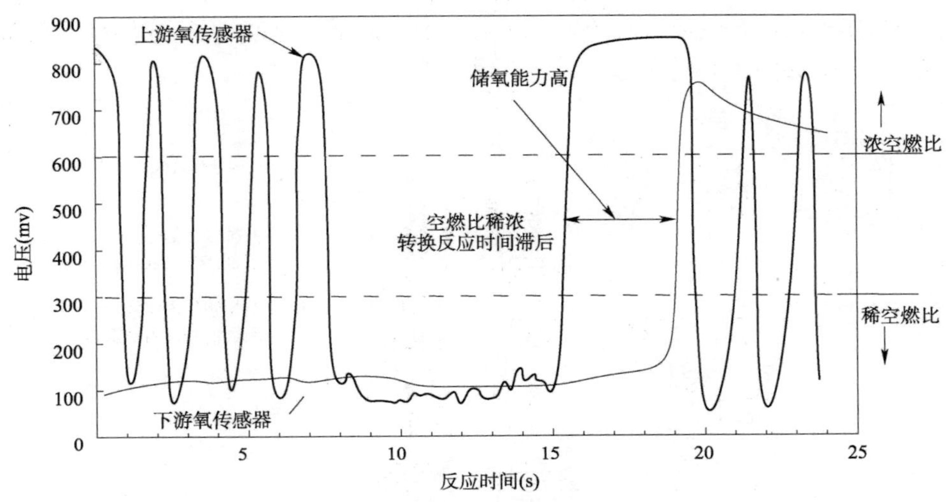

图2-14 催化转化器正常工作时,下游氧传感器对空燃比反应时间曲线

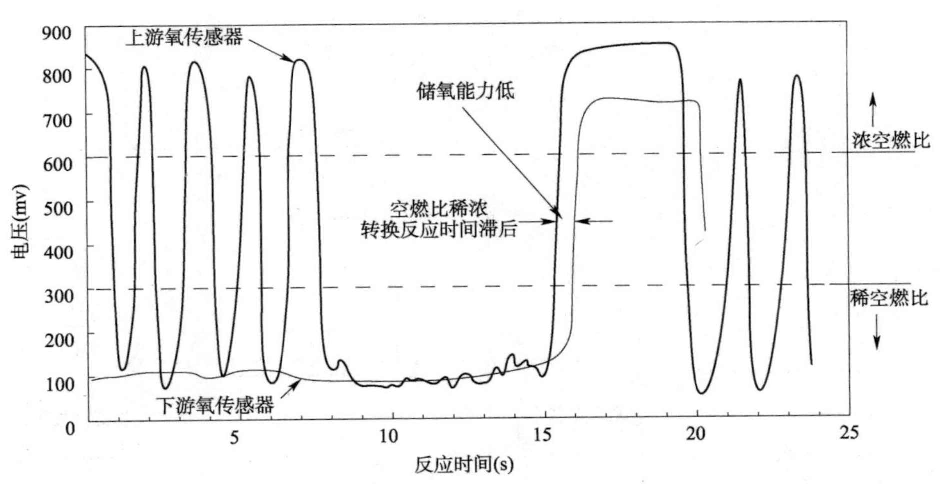

图2-15 催化转化器失效时,下游氧传感器对空燃比反应时间曲线

正常情况下,发动机压缩、做功,先是减速后是加速,属于正常现象。当发动机失火时,除了发动机压缩期间转速瞬时有所减缓外,由于发动机失火,缺乏做功时的加速,因此,发动机缺火时的转速波动极大。发动机控制单元可以通过安装在曲轴上的转速/位置传感器来感知瞬时的角速度变化情况,从而确定哪一缸出现失火,如图2-17所示。

3)OBD系统对氧传感器劣化的诊断

当氧传感器中毒或性能劣化后,其响应速度降低,空燃比控制能力变差,结果导致尾气排放增加。当劣化的氧传感器造成排放超过 OBD 限值时，必须点亮故障指示灯并记录故障码。氧传感器输出转换周期的平均值被用来作为表述传感器响应的诊断参数。当此值大于某一特定值时，判断为氧传感器故障。诊断方法是通过对氧传感器输出波形进行观测，方法有两个：一是当混合气由浓到稀，测量氧传感器输出电压转换的平均时间；二是测量在一定时间内，氧传感器输出在浓稀之间的转换次数。如上述平均时间过长，或转换次数过少，则氧传感器已劣化，如图 2-18 所示。

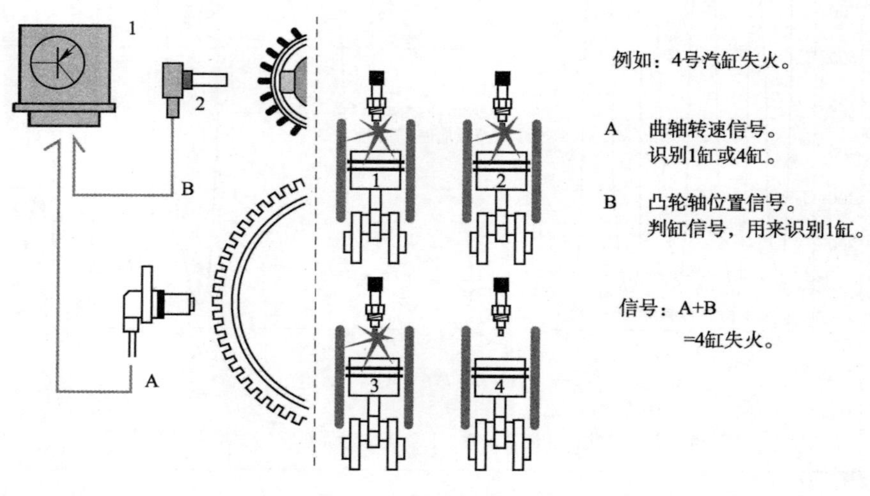

图 2-16 发动机失火检测系统

1-发动机控制单元；2-凸轮轴转速位置传感器

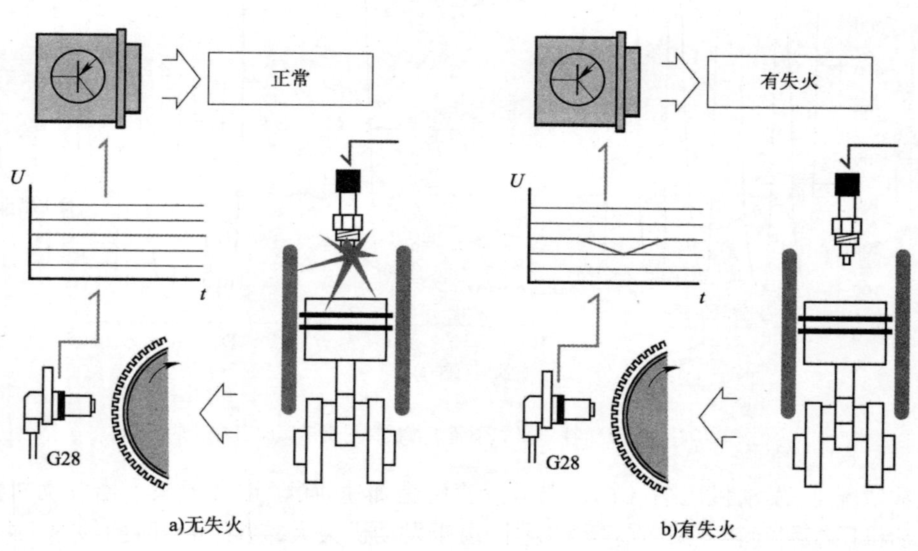

图 2-17 发动机失火检测系统工作原理

4）OBD 系统对燃油蒸发控制系统劣化的诊断

OBD－Ⅱ在发动机运行过程中监控活性炭罐电磁阀和其他相关联的传感器和执行器。

当燃油蒸气系统工作时，一部分汽化的汽油将通过活性炭罐被送入到进气歧管，无疑是加浓了混合气。如果燃油箱燃油耗尽时，就会稀释混合气。燃油－空气混合气的改变可以通过氧传感器来检测，因此也可以作为一个重要的检测尺度来检测燃油蒸气控制装置。当燃油蒸气控制系统正常时，伴随着活性炭罐电磁阀的开启，混合气会被加浓，氧传感器的电压就会上升；当燃油蒸气控制系统不正常时，尽管活性炭罐电磁阀开启，混合气也不会被加浓，氧传感器的电压就不受燃油蒸气控制系统的影响，如图 2-19 所示。

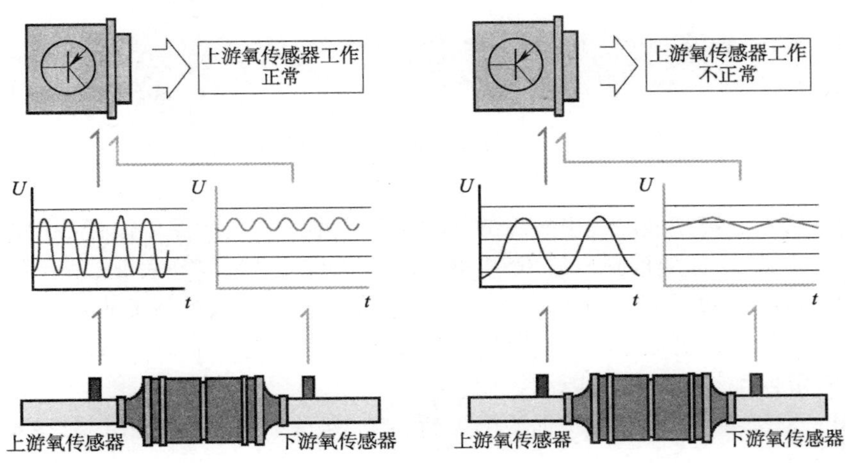

图 2-18 氧传感器的老化检测

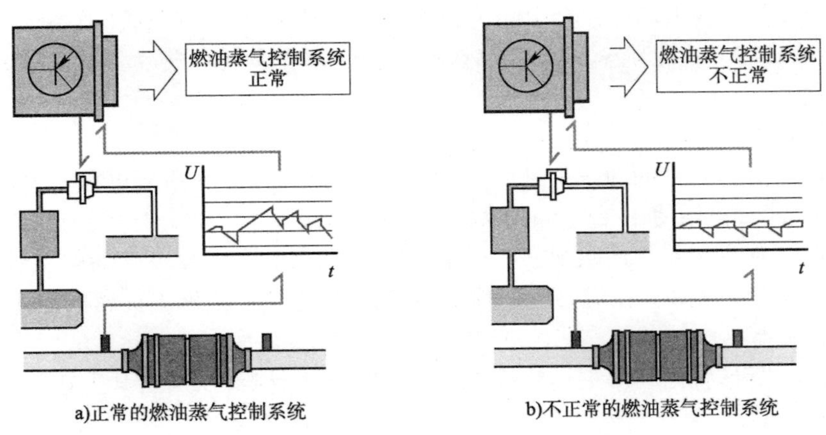

图 2-19 用氧传感器信号对燃油蒸发控制装置进行诊断

5）CAN－数据总线数据诊断

CAN－数据总线正常工作时，所有连接的部件定期将消息发送到发动机控制单元上。发动机控制单元识别出信息无误且数据交换正常。CAN－数据总线中断时，某个部件可能无法将信息发送到发动机控制单元上。发动机控制单元检测到缺少的信息、识别出相应的部件并存储相应的故障，如图 2-20 所示。

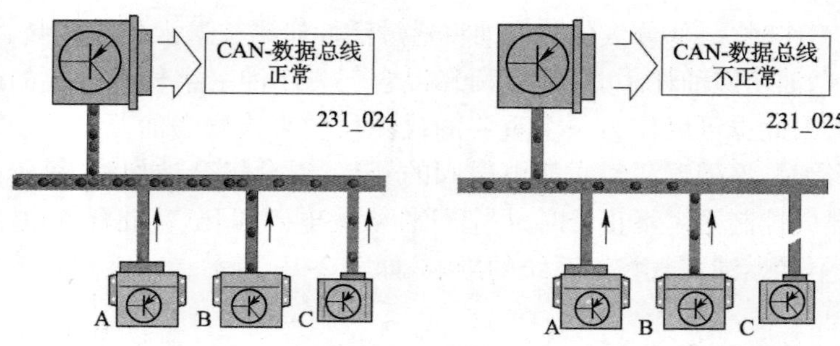

图 2-20　CAN－数据总线数据诊断

第三节　机械故障检测诊断

机械故障诊断关键是准确找出故障的症状和确定推测的故障原因以便找出真正的故障原因。为了能准确、快速地诊断出故障，机械故障诊断的关键是准确表征故障现象和故障模式，并结合故障现象探知每个故障部位产生的可能性。相对于电控系统故障诊断而言，机械故障内容更多，更复杂，机械故障的诊断应严格遵循"由简到繁，由外到内，由总成到零件"的基本原则，才能准确、快速查清故障源。

按照 GB/T 183444—2016 维护前检测诊断要求，列举了发动机（润滑系、冷却系）、制动系常见机械故障检测诊断方法。

一、机械类故障诊断方法

由于单个零部件的损坏往往会引起关联零部件的失效，而导致总成（或系统）功能故障。因此，故障诊断应建立在系统全面检修的基础上进行综合评判。机械故障常用的诊断方法有以下几种。

1. 感官诊断法

（1）问诊法：有针对性的向车主进行交流询问，了解故障出现的全过程。要认真倾听车主提供的汽车故障，包括使用、维护、故障及修理等情况。

（2）观察法：观察法就是用眼观察汽车车身代码、发动机和自动变速器的型号、外部状况及运行时有无异常症状等。在观察的过程中，要利用理论和经验做出周密的思考和推证，不能被表面现象所迷惑。

（3）听诊法：听诊就是利用工具监听或直接监听汽车异响，以判断其工作状态及异响产生部位。

（4）触摸法：就是通过触摸来感觉汽车各部位及电子元件温度的变化情况。

（5）嗅觉法：嗅觉法就是检查自动变速器运行时有无异常气味。通过闻可以感知是否有故障产生，如导线过热熔化、绝缘皮烧焦、摩擦片过热产生焦臭味，供给系泄漏的汽油味、柴油味，变速器油过热、变质发出的气味，机械部件不正常摩擦产生异味，蓄电池电解液泄漏的臭味等。

2. 试验检测法

试验法指进行道路试验及其他一些相关试验。有些故障只有在汽车运行或特定条件下才能显现,修前试验可验证故障现象,找出故障规律;修后试验可检测故障是否排除,并检验维修质量和技术水平。

(1)道路试验法:指进行道路试验及其一些辅助试验。有些故障只有在汽车运行或特定条件下才能显现,车辆维护前试验可验证故障现象,找出故障规律。维护后通过道路试验可验证故障是否排除,并检验维护质量和技术水平。

(2)仪表诊断法:仪表是诊断汽车故障不可缺少的工具,常用仪表有车装仪表、万用表、电压表、真空表、燃油压力表、汽缸压力表等。

(3)台架设备检测、诊断法:整车台架性能检测是机械故障诊断的常用方法,可以通过底盘测功机、尾气分析仪、制动检验台、四轮定位仪、侧滑台、悬架检验台、前照灯检测仪等仪器设备对整车动力性、排放性能、制动性能、转向性能、灯光性能等检测来直观评价整车技术状况和反映整车故障现象,根据检测数据和结果按照逻辑关系可判断出可能产生的故障原因和故障部位。

3. 征兆模拟法

如果汽车出现故障,但又没有明显的故障征兆,在这种情况下必须模拟与用户车辆出现故障时相同或相似的条件,然后进行全面的故障分析。

4. 局部拆检诊断法

局部拆检诊断法就是在已经判明故障发生在某个总成后,一时还不能准确判断具体故障部位,则可按照总成的工作原理,进行局部拆装检查。

二、发动机机械故障检测诊断

发动机故障诊断一般采用定性和定量相结合,即人工检查和仪器设备相结合的方法,确定故障部位及排除方法。结合车辆维护生产统计分析,总结了发动机润滑系和冷却系常见的机械故障特征及解决方法。

(一)润滑系

润滑系的主要功能是提供具有一定压力、连续的、清洁的润滑油,对发动机运动部件的摩擦副进行润滑、清洗、冷却和密封。在使用过程中,润滑系经常会出现一些异常现象,比如机油压力变化、机油品质变化或机油消耗量过快等,这些现象不仅和润滑系的技术状况有关,还常常与曲柄连杆机构有关。因此,检测机油压力、机油品质变化程度和机油消耗量,既能表征润滑系的技术状况,又可直接或间接说明曲柄连杆机构中有关配合副的技术状况。

1. 发动机机油压力过低

机油压力是衡量发动机润滑系技术状况的一项重要指标。机油压力的大小和机油温度、黏度、机油泵的供油能力、限压阀的调整、机油通道和机油滤清器的阻力密切相关。另外和曲柄连杆轴承、连杆轴承和凸轮轴轴承的间隙也有关。正常的机油工作压力应在0.25~0.35MPa之间。机油压力过低的诊断流程,如图2-21所示。机油压力过低的主要原因与排除方法如下。

1)机油不足

若油底壳机油不足,机油泵泵油量将会减少,也会因进空气而泵不上油,导致机油压力下降,曲轴与轴承,缸套与活塞都会因润滑不良而加剧磨损,导致损坏。

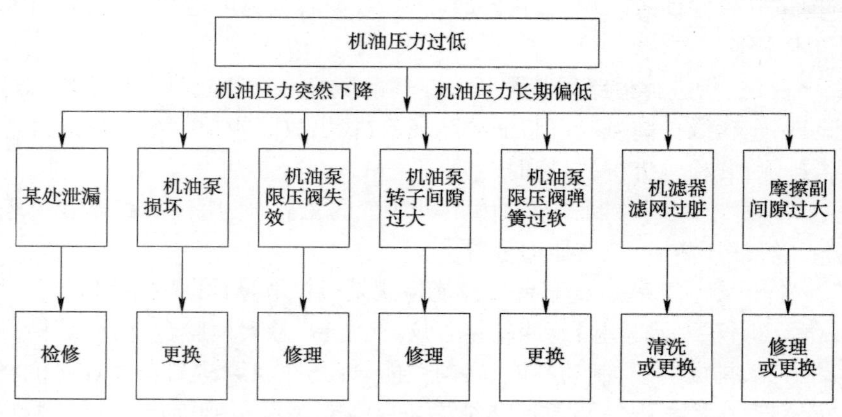

图 2-21　机油压力过低故障诊断流程

2）机油质量不合格或牌号不对

不同机型对应不同的机油，就是同种机型在特殊条件下，也要对应特定的机油。柴油机机油也不能与汽油机机油相混淆。

3）发动机温度过高

发动机长时间超负荷作业、或冷却系沉积水垢、或喷油泵供油时间延迟等原因，都会引起机体过热，不但会加速机油的老化变质，也容易使机油稀释，从配合间隙中大量流失而导致油压下降。这时要及时清除水垢，调整供油时间，让发动机在额定负荷下工作运转。另外，若缸套与活塞组件的配合间隙大于规定值，燃烧室的高温气体也会窜入油底壳使机油温度升高，导致黏度变稀，油压下降，导致机油口向外窜气严重。

4）机油泵停转

当机油泵驱动齿轮与驱动轴的固定销剪断或配合键脱落，机油泵吸入异物而将泵油齿轮或转子卡死时，机油泵便会停止运转，机油压力也降至零位。

5）机油泵出油量不足

齿轮泵轴与衬套间隙、齿轮端面间隙、齿侧间隙或径向间隙超过允许标准，转子泵泵轴与衬套间隙、转子径向或端面间隙因磨损而过大，这些都是导致泵油量减少的原因，使得油压降低。机油泵与吸油盘连接处必须密封，如果漏气会大幅度降低油泵的泵油量。

6）曲轴与轴承配合间隙过大

经长期使用后，曲轴与连杆轴承或主轴承的配合间隙逐渐增大，因而形不成油楔，机油压力也随着下降。据测定，该间隙每增加 0.0lmm，机油压力可下降 0.01MPa。因此，这既是机油压力过低的主要原因，也是判断曲轴与轴承磨损情况和发动机是否应予大修的主要标志。可采取磨修曲轴，选配相应尺寸的连杆轴承或主轴承，来使配合间隙恢复到正常技术标准之内。

7）机油滤清器堵塞

当机油滤清器堵塞，机油不能通过时，设在滤清器底座上的安全阀就被顶开，机油可不经过滤而直接进入主油道。如果安全阀的开启压力调整过高，当滤清器堵塞时就不能及时打开，于是机油泵压力升高、内漏增加，主油道的供油量也相应减少，从而引起机油压力下降。应按时维护机油滤清器,正确调整安全阀的开启压力。

对于设有粗、细两套机油滤清器的发动机,其中细滤器并联在主油道中,来自机油泵的机油有 1/3 经细滤器过滤后流回油底壳,另外 2/3 则经粗滤器过滤后直接进入主油道,用于润滑曲柄连杆与配气机构。如果细滤芯损坏,阻力减少,也会导致过多的机油经细滤器流回油底壳,从而使主油道进油量减少,并造成机油压力下降,应及时更换破损失效的细滤芯。

8)回油阀损坏或失灵

为保持主油道的正常机油压力,设有回油阀。若回油阀弹簧软化或调整不当,阀座与钢珠的配合面磨损或被脏物卡住而关闭不严时,回油量便明显增多,主油道机油压力也随着下降。应检修回油阀,将其开启压力调整在标准允许范围内。另外,若回油阀开启压力过低,发动机工作时,会引起回油阀频繁开闭,并导致机油压力表来回摆动,主油道也容易因供油不足而发生烧瓦事故。

9)润滑油路接头处漏油

发动机的机油在其工作期间,经由油底壳、集滤器、机油泵等回到油底壳的严密的油路,如果油路的接头处漏油就会使油道内的机油压力"卸压",压力过低,不能满足发动机润滑的需要。另外,机油散热器及管路若被脏物堵塞,也会因阻力增大而使机油的流量减少,并导致机油压力下降。

2. 发动机机油压力过高

机油压力过高的主要原因:机油压力表失准,润滑油变稠或新换润滑油黏度太大,主油道及分油道内沉积太多污垢或主轴承、连杆轴承、凸轮轴轴承间隙太小。诊断方法:

(1)未起动发动机前,首先检查机油压力表指针能否回到零,否则,判断故障为机油压力表损坏。

(2)若压力表完好,拔出油尺,检查油面高度。故障有可能是油面太高的缘故;若油面不高,则可用手捻试润滑油黏度,判断是否与规定型号匹配,有可能是润滑油黏度过大。

(3)如润滑油限压阀在发动机机壳外部,则可检查限压阀的状况。如限压阀没调整到位,球阀或柱塞阀将卡死,造成油压过高。

3. 机油集滤器和油底壳

(1)检查集滤器的滤网是否堵塞和损坏。如果已堵塞,应用柴油或煤油清洗滤网,风干后再装上;另外注意机油集滤器和机油泵座的密封情况,若有漏油现象,应及时更换密封圈并拧紧连接螺栓。

(2)检查油底壳。首先检查油底壳与曲轴箱的密封情况,看是否有漏油现象,其次检查油底壳上的放油螺塞有无漏油,以及油底壳本身有无裂痕或损伤等等,否则给予更换。

(二)冷却系

冷却系的作用是维持发动机在适当的温度下工作,使受热的高温零件强制冷却,保证发动机正常运转。经长期使用后,冷却系技术状况发生变化,出现漏水、过热、过冷等常见故障。

1. 冷却系泄漏

故障现象:冷却液消耗量较大;停车后可明显看到发动机上有冷却液滴落地面;有时发现机油池内有冷却液。主要原因:

(1)缸盖、缸体变形或裂纹。

(2)缸盖螺栓松动或未按规定顺序拧紧。

(3)汽缸衬垫损坏。

(4)水套侧盖衬垫损坏、螺钉松动或螺钉未按规定顺序拧紧。

(5)散热器上下水室、芯管破裂或开焊。

(6)放水开关关闭不严。

(7)橡胶软管破裂或卡子松动。

(8)水泵衬垫损坏、螺钉松动或水封失效。

(9)湿式缸套下端封水不佳或密封条损坏。

(10)机体上的水堵封水不严。

诊断发动机漏水故障,通常采用检视的方法,即冷却液从哪儿漏出来就说明故障部位在哪儿。水封虽然装在水泵内部,当其漏水时也能检视出来。如发现水泵壳体下部的泄水孔处漏水,说明水封损坏。当发现机油池内有水时,如汽缸衬垫完好,缸盖螺栓也未松动,则为湿式缸套下端封水不佳或密封条损坏,要对其进行更换。

2. 冷却系过热

故障现象:在百叶窗完全打开的情况下,冷却液温度表指针经常指在100℃上,且散热器伴随有“开锅”现象;汽油机易发生突爆或早燃,柴油机易发生工作粗暴,发动机熄火困难。主要原因:

(1)冷却系中水量不足。

(2)风扇皮带打滑或断裂。

(3)风扇离合器接合时机过晚。

(4)散热器下部出水管冻结或堵塞。

(5)散热器上部回水管凹瘪或堵塞。

(6)水泵泵水效能欠佳或水泵轴与叶轮脱开。

(7)节温器主阀门打不开或打开太迟。

(8)散热器和水套内沉积的水垢、锈污太厚。

(9)机油池油面太低、机油太稠、机油老化变质致使润滑性能、散热性能降低。

(10)汽车超载、长时间用低挡行驶、爬越长坡、天气炎热或在高原地区行驶。

3. 冷却系过冷

故障现象:在百叶窗完全关闭、冷却液温度表和冷却液温度传感器技术状况完好情况下,发动机达不到正常工作温度;发动机动力不足,油耗增加。主要原因:

(1)发动机两侧下部的挡风板失落或严重变形不能发挥挡风作用。

(2)未装节温器或节温器损坏。

(3)风扇离合器接合过早。

4. 散热器

散热器最常见的故障是渗漏。散热器泄漏很容易发现,也可进行压力试验。为检查散热器的密封性,可进行散热器盖压力试验。利用转接器,将散热器盖接到冷却系压力试验仪上,然后打气加压。观察压力表,散热器盖压力阀的卸载压力为83～110kPa,如果在规定压力范围内保持30s以上,则检验合格。

5. 硅油风扇离合器

硅油风扇离合器的检查可进行如下试验:

(1)静态试验。发动机熄火后通过检查双金属螺旋弹簧和阀片轴的运动情况来判断硅油风扇离合器能否正常工作。试验时,把双金属螺旋弹簧的末端从固定槽中撬出,然后逆时针转动双金属弹簧,直到转不动为止(不可用强力)。如其阀片轴能随之转动,则说明硅油风扇离合器静态试验合格。

(2)动态试验。动态试验是在发动机工作状态下进行的。目的是检验硅油风扇离合器能否在空气温度为88℃时接合,在空气温度为77℃时分离。其试验方法如下:在风扇护风罩顶端钻一小孔,将温度计从孔中插入,并与双金属螺旋弹簧中心对正(温度与风扇间应有一定的间隙)。起动发动机并稳定转速,为使工作温度迅速上升,可用硬纸板挡在散热器前面,用转速表检测风扇及水泵皮带轮的转速,当温度计示值在78~88℃时,风扇转速应与水泵皮带轮转速接近;去掉挡在散热器前的硬纸板,工作温度下降。

三、制动系故障检测诊断

汽车制动系的检测诊断一般采用路试、台式制动检验台进行制动距离、制动力、制动力平衡、制动减速度等参数的检测,根据检测结果进行故障诊断。结合车辆维护生产实践,以下列举了制动系常见的故障特征及解决方法。

1. 制动跑偏

制动跑偏的原因主要有左右车轮技术状况不同、左右悬架技术状况不同、左右车轮不能同时起制动作用。诊断与排除的方法如下:

(1)检查左、右轮胎气压和磨损情况,若气压不等应按标准充气,轮胎磨损程度相差太大时,应更换轮胎。

(2)检查制动盘与摩擦片及制动蹄与制动鼓间隙,若同轴左右轮制动间隙不等应调整。

(3)检查车轮定位和车轮轴承间隙,若同轴左右车轮定位参数不等或轴承间隙相差较大,应按标准调整。

(4)检查左、右悬架和减振器,紧固松动的连接件,若性能不符合要求更换总成。

(5)拆检跑偏方向相反一侧车轮制动器。当车轮制动时,若始终向左跑偏,应检查右车轮制动器;若始终向右跑偏,则应检查左车轮制动器。拆检内容及排除方法:

①摩擦片若有油污应清洗或更换。

②若紧固件松动应予以紧固,运动件有卡滞现象应修理或更换。

③制动蹄若有变形应更换。

④制动盘或制动鼓接触不良,应磨合或镗削制动鼓。

2. 制动拖滞

车辆制动后抬起制动踏板时,全部或个别车轮仍产生制动作用,致使制动毂或制动盘发热、起步困难;行驶中松开节气门,立即减速并有制动的感觉,出现此类现象可确诊为制动拖滞。诊断与排除方法如下:

(1)把车轮架离地面,用手拨转车轮,全部车轮均回转不灵,若行驶一段路程后各制动鼓

和制动盘均发热,说明故障在制动踏板、真空助力器或制动主缸。检查与排除可按以下步骤:

①检查制动踏板自由行程和回位情况,自由行程过小应调整,回位不良应检修或更换相关零件。

②检查真空助力器是否内部发卡,查明原因,必要时更换真空助力器。

③连续踩下和放松制动踏板,打开储液罐盖,观察出油情况,若不能回油则为回油口堵塞,应清洁并更换制动液。

④拆检或更换制动主缸总成。

(2)架起车轮用手回转,个别车轮转动不灵,或行驶一段路程后,用手摸试个别制动鼓或制动盘发热,说明故障在个别车轮制动器。故障确诊与排除应按下述步骤:

①松开放气螺钉,若制动液喷出急速,且制动摩擦片回位,则为该车轮制动管路堵塞,应疏通清洁,必要时更换制动液。

②松开放气螺钉后,若制动液流出正常但摩擦片不回位,应检查调整制动鼓或制动盘与摩擦片间隙。

③经上述检查调整,故障仍不能排除时,应拆检车轮制动器。

(3)车轮制动器拆检内容及故障排除方法。

①后轮制动器复位弹簧过软或折断,予以更换。

②摩擦片破碎、变形,应更换。

③制动鼓变形或圆度误差过大,应研磨镗削或更换。

④前、后轮制动器间隙自动调节装置工作不良,应拆开检修。

⑤制动盘变形,应磨削。

⑥前轮制动盘或后轮制动底板固定件松动,应紧固。

⑦前轮制动钳或后轮制动轮缸活塞发卡,检修制动钳或制动轮缸,必要时更换总成。

3. 制动失效

迅速踩下制动踏板,感到制动突然失灵,连续踩制动踏板,各车轮不起制动作用,汽车不能迅速减速停车,此现象可确诊为制动失效。诊断及排除方法如下:

(1)检查储液罐液面,制动液不足应添加。

(2)检查制动系统管路,有破漏处应进行修理或更换。

(3)检查各机械连接部位有无脱开,若有脱落应修复。

(4)拆检制动主缸,若皮碗损坏应更换。

4. 制动不灵

踩下制动踏板,不能立即减速或停车,连续踩几次制动踏板,有明显的制动作用,此现象可确诊为制动不灵。诊断与排除方法如下:

(1)检查制动踏板自由行程和制动器制动间隙。若制动踏板自由行程或制动间隙过大应调整。

(2)检查真空助力器真空管路是否漏气,紧固松动了的连接件或更换漏气部件。检查真空助力器止回阀及内部是否卡住,止回阀失灵或真空助力器工作不良应更换。

(3)拆检车轮制动器。若制动钳或制动鼓转动不灵、制动钳或制动轮缸的活塞黏结、膨胀发卡,应检修或更换发卡部位零件。

(4)制动主缸油孔堵塞也会引起制动不灵,应检修或更换主缸。

(5)如制动液使用时间超长,应检查管路是否堵塞。若使用的制动液不是原车规定型号,应检查制动系统内橡胶制品是否损坏。制动液使用超期或不符合规定,应立即更换。

5. 制动踏板高度降低

踩下制动踏板,踏板高度低于规定值应按下述步骤判明原因排除故障。

①检查制动器摩擦片与制动盘或制动鼓间隙,若不符合标准应予以调整。检查摩擦片磨损程度,磨损超过规定限度应更换。

②检查制动系统中是否有空气,若有,应按规定方法排气。

③检查前轮制动钳与固定支板导轨结合面是否有污垢,若有污垢应予以清除。

④拆检制动主缸,若密封圈磨损或制动主缸内孔刮伤、磨损严重或锈蚀,应更换制动主缸。

⑤检查制动液是否合格,温度高时有否汽化现象,若有此现象,应更换制动液。

6. 真空助力器加力不足

踩下制动踏板时,沉重费力,制动效果不佳,并感到发动机运转不正常,可诊断为真空助力器加力不足。诊断与排除方法:

(1)检查发动机与真空助力器连接的真空管路是否漏气,视情况予以处理。

(2)拆检真空助力器,主要检查膜片、真空止回阀等是否漏气或关闭不严,酌情更换有关零件。

7. 制动时车身发抖

汽车在制动时,若出现车身抖动应拆检车轮制动器。诊断和排除故障措施如下:

(1)制动鼓或制动盘划伤、不圆或不平时应更换,更换制动鼓或制动盘时应左右两侧同时进行。

(2)制动蹄变形、摩擦片打滑或有油污,应更换制动蹄或摩擦片。

(3)制动轮缸有故障,应检修。

(4)真空助力器有故障,应检修。

8. 制动时噪声、异响

汽车制动时发出噪音的原因及故障排除方法如下:

(1)摩擦片磨损严重,摩擦片铆钉直接与制动鼓或制动盘接触时,应更换。

(2)制动蹄片松动或复位弹簧折断,应更换不合格零件。

(3)制动鼓或制动盘破裂,磨损严重,应更换。

(4)制动蹄不合格,应更换。

(5)制动蹄弯曲、变形或破碎,应更换。

(6)制动盘表面铁锈过多或制动钳上有毛刺及生锈,应清洁制动盘或制动钳。

第四节 汽车排放系统检测诊断

汽车排放系统由发动机排放净化装置组成。发动机及其排放净化装置技术状况直接影响汽车排放性能，通过对超标车辆排放系统进行故障诊断，根据诊断结果进行针对性的维护或修理，才能有效遏止汽车排放污染恶化。

一、汽车排放污染物的生成机理

1. 汽油车排放污染物的生成机理

汽油车排放污染物主要来源于尾气排放、曲轴箱窜气和燃油蒸发三部分，排放污染物主要成分是CO、HC和NO_x，汽油车排放污染物种类及所占比例如图2-22所示。

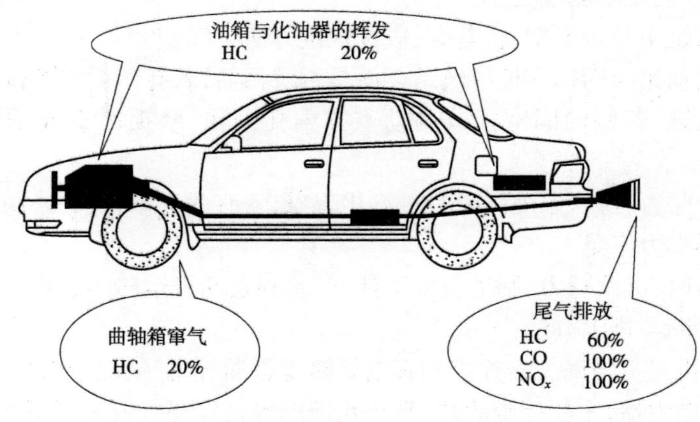

图2-22 汽油车排放污染物种类及所占比例

1）一氧化碳（CO）生成机理

汽车尾气中CO是燃烧不充分所致，是氧气不足而生成的中间产物。燃气中的氧气量充足时，理论上燃料燃烧后不会存在CO。但当氧气量不足时，就会有部分燃料不能完全燃烧，而生成CO。

空燃比$\Phi_a<1$时，因缺氧引起不完全燃烧，CO的排放量随Φ_a的减小而增加。

空燃比$\Phi_a>1$时，CO的排放量都很小。

空燃比$\Phi_a=1.0\sim1.1$时，CO的排放量变化较复杂。

一氧化碳（CO）生成的影响因素如下：

理论上当空燃比在14.7以上时，排气中不存在CO，而只生成CO_2。实际上由于燃油和空气混合不均匀，在排气中还含有少量CO。即使混合气混合得很均匀，由于燃烧后的温度很高，已经生成的CO_2也会由于一小部分分解成CO和O_2，H_2O也会部分分解成O_2和H_2，生成的H_2也会使CO_2还原成CO，所以，排气中总会有少量CO存在。可见，凡是影响空燃比的因素，即为影响CO生成的因素。

2）碳氢化合物（HC）生成机理

HC是燃料不完全燃烧所形成，其中包括没有燃烧燃料和燃料分解的产物。发动机的燃料通过燃烧把混合气体烧掉，由于低温缸壁的冷却使紧靠缸壁的那层气体燃烧不到随尾气排出；燃料混合气过浓、过稀、雾化不良或废气混入过多都可以使未燃部分直接排出；还有一部分排出的HC来自曲轴箱窜气和燃料的蒸发。

未燃 HC 排放主要是由于缸内混合气过浓、过稀或局部混合不均引起燃烧不完全而导致的，造成燃烧不完全的因素大致有混合气的质量、发动机的运行条件、燃烧室结构参数及点火与配气正时等。

3）氮氧化合物（NO_x）生成机理

汽车燃烧过程中主要形成 NO 和少量的 NO_2。NO 的形成主要受温度、氧的浓度和滞留时间等三个因素的影响。随着温度的增高，NO 的形成速度加快。混合气浓度越高，氧的浓度越大，滞留时间越长，NO 生成的越多。但在氧气不足的情况下，即使温度高，其生成也会被抑制。另外由于 NO 的反应慢，生成时间长，如果气体停留时间短，NO 和 O_2不能离解而引起连锁反应，NO 的生成也将被抑制。

氮氧化合物绝大部分是一氧化氮（N0），NO 的形成主要取决于燃料气体的温度、氧的浓度和停留在高温下的时间。因此，空燃比、点火时间、压缩比、进气管的真空度、配气相位、燃烧室形状、燃料性质等是重要影响因素。

2. 柴油车排放污染物的生成机理

柴油车排放污染物包括：一氧化碳（CO）、氮氧化物（NO_x）、碳氢化合物（HC）和微粒（PM）等。相对柴油机来讲，由于混合气形成和燃烧特点不同，炭烟等微粒污染物远比汽油机大几十倍，而氮氧化物的浓度与汽油机大致在同一数量级上，HC、CO 排放较少。因此，柴油发动机的排气污染物主要是氮氧化物和颗粒物。

1）一氧化碳（CO）生成机理

由于柴油机的大部分运转工况过量空气系数都比较大，故其一氧化碳排放量要比汽油机低得多，只有在大负荷接近冒烟界限时，一氧化碳的排放量才急剧增加。当柴油机燃料与空气混合不均匀，燃烧空间内存在局部缺氧或者温度较低的地方时，由于反应物在燃烧区停留时间较短，不足以彻底完成燃烧过程而生成 CO，也会使 CO 排放量增加。这样形成了柴油车在小负荷时尽管机内供给的空气质量很大，CO 排放量反而上升，类似的情况也发生在柴油机起动后的暖机阶段和怠速工况中。

2）碳氢化合物（HC）生成机理

柴油车排气中未燃的 HC 都是在发动机汽缸内的燃烧过程中所产生的。柴油车排放污染物中的碳氢排放物中包括完全未燃烧的燃料、燃料的不完全燃烧产物，还有小部分由润滑油不完全燃烧而生成。

3）氮氧化合物（NO_x）生成机理

柴油机排气中的氮氧化物（NO_x）包含 NO 和 N_2，其中大部分是 NO，它们是 N_2 在燃烧高温下的产物。NO 的生成主要与温度和过量空气系数有关。在稀混合气区 NO 的生成主要是温度起作用；在浓混合气区主要是氧浓度起作用。在柴油机中 NO_2 可占到排气中总 NO_x 的 10% ~30% 。

柴油机汽缸内达到的最高燃烧温度是决定 NO_x 生成量的最重要因素。NO_x 排放随柴油机负荷增大而显著增加，因为随负荷增大，可燃混合气的平均空燃比减小，使最高燃烧温度提高。NO_x 排放随转速的具体变化规律与燃烧系统特性有密切关系，如缸内涡流强度的变化规律，供气量和供油量的速度特性等。另外，喷油正时对柴油机燃烧过程有很大影响。

4)PM(颗粒物)生成机理

柴油机排气中的PM主要由柴油中含有的碳产生,其生成的条件是高温和缺氧。排气微粒的组成取决于柴油机的运转工况,尤其是排气温度。柴油机微粒排放包括白烟、蓝烟、黑烟。其中白烟、蓝烟中有较高的H/C比,其主要成分为未燃的燃料微粒,蓝烟中还有窜入燃烧室的润滑油成分。黑烟也就是炭烟通常在大负荷时发生,烟中含有密度大、颗粒细微的炭粒子。增加空气涡流、提高反应温度、延长高温时间有利于减少PM的排放。

二、排放系统故障诊断方法

影响汽车排放超标的因素很多,结合车辆维护要求,对与排放有关的零部件失效和调整不当引起的排放超标,提出常用的解决方法。

(一)初检

为了排除因机件损坏、安装不当、缺失等原因造成的汽车排放故障,在进行故障分析、诊断前应对与汽车排放相关的系统和部件进行初步检查,检查项目包括:

(1)察看尾气颜色、烟度,有无异味,倾听发动机有无异响。

(2)检查机油、发动机冷却液等应满足使用要求。

(3)检查蓄电池电压,应在正常范围内。

(4)检查各连接管路有无开裂、扭曲。

(5)检查电气线路及各接插件是否连接牢固。

(二)故障码诊断

初步检测后,使用故障诊断仪和辅助工具做进一步诊断,诊断步骤如下:

(1)利用故障诊断仪读取故障码。

(2)使用故障诊断仪读取与汽车故障相关的数据流,维修人员可以通过对数据流中各项参数进行数值分析,判断输入和输出数据是否在标准值范围之内,电控装置的工作是否正常,为查找故障提供依据。

(3)利用辅助工具验证故障发生原因。

(4)更换被发现的故障部件。

(5)消除故障码,并注意观察是否该故障仍然发生。

(6)如果再次发生,返回至步骤(2)继续查找原因并修复,直至问题解决。需要注意,如果故障码超过一个,应考虑故障码之间的相关性,分清主次,针对主要的故障予以排除,避免做重复工作。

(三)排放系统故障诊断

采用排气分析仪、烟度计对尾气排放进行检测,直接测取排放气体量值,对照排放标准,确定排放气体是否超标,并根据排放气体超标情况进行故障诊断。通过对调研数据统计分析,结合汽车维护实践,汽车排放系统故障常见的诊断项目和作业内容见表2-10。

汽车排放故障诊断项目和作业内容

表 2-10

<table>
<tr><th>汽车类型</th><th colspan="2">诊 断 项 目</th><th>检查/作业内容</th></tr>
<tr><td rowspan="17">汽油车</td><td rowspan="2">燃料
供给系统</td><td>供油压力</td><td>检查汽油泵出口压力是否正常；
检查供油管路压力是否正常；
检查发动机熄火后供油管路压力是否正常</td></tr>
<tr><td>电控燃油喷射系统</td><td>检查发动机故障自诊断系统有无故障码，分析故障码；
检查喷油器喷油压力是否正常；
检查喷油器喷油量是否正常；
检查喷油均匀度是否正常；
检查冷起动喷油量是否正常</td></tr>
<tr><td rowspan="3">点火
系统</td><td>火花塞</td><td>检查火花塞点火电压，确定点火能量是否符合要求；
检查火花塞是否失效；
检查火花塞间隙；
检查火花塞积炭是否严重，并清除积炭</td></tr>
<tr><td>点火线圈</td><td>检查初级电路是否短路或搭铁；
检查高压线阻值是否正常；
检查高压线圈阻值是否正常</td></tr>
<tr><td>其他</td><td>检查蓄电池电压是否正常，接线柱是否腐蚀、松脱；
点火电容器性能是否良好；
检查点火波形；
检查点火正时</td></tr>
<tr><td colspan="2">空气供给系统</td><td>检查空气流量计工作是否正常；
检查进气歧管绝对压力和传感器是否正常；
检查怠速控制阀工作是否正常</td></tr>
<tr><td rowspan="8">排放控
制装置</td><td>曲轴箱通风装置</td><td>检查曲轴箱通风阀（PVC 阀）是否失效</td></tr>
<tr><td>燃油蒸发排放控制装置</td><td>检查活性炭罐是否失效；
检查压力真空释压盖、液体蒸气离析阀、清除阀等控制阀是否失效</td></tr>
<tr><td>进气加温装置</td><td>检查温度控制阀是否失效</td></tr>
<tr><td>废气再循环装置</td><td>检查 EGR 阀是否失效；
检查温控开关是否失效</td></tr>
<tr><td>排气口空气喷射装置</td><td>检查空气泵是否失效；
检查空气喷嘴，开关阀、检查阀等控制阀是否失效</td></tr>
<tr><td>排气催化转化装置</td><td>检查三元催化装置是否破损或失效</td></tr>
<tr><td>发动机计算机管理系统</td><td>检查进气流量传感器、绝对真空压力传感器、进气温度传感器、节气门位置传感器、爆震传感器、曲轴位置传感器、氧传感器是否失效；
检查计算机（ECU）是否失效；
检查各种电磁阀、电动机和放大控制器等执行机构是否失效</td></tr>
<tr><td colspan="2">其他</td><td>检查汽缸压力是否满足使用要求；
检查汽缸漏气率是否符合发动机技术要求；
活塞环磨损情况</td></tr>
</table>

续上表

汽车类型	诊断项目		检查/作业内容
柴油车	燃料供给系统		检查油箱油液是否正常； 检查手压泵是否工作正常； 检查油路是否通畅，检查滤清器是否堵塞，建议及时更换柴油滤芯，检查输油泵供油压力； 检查高压、低压油路有无泄漏； 检查喷油器喷油压力是否正常； 检查喷油器喷油量是否正常； 检查喷油均匀度是否正常； 检查喷油提前角是否正常； 检查喷油泵喷油量是否过多或各缸供油是否均匀； 检查燃油质量或牌号是否满足使用要求； 检查电控单体泵、电控高压共轨、电控泵喷嘴等功能是否正常
	空气供给系统		检查空气滤清器是否严重堵塞，进气量是否充足； 检查进气歧预热装置工作是否正常； 检查进、排气系统是否泄漏； 检查尿素配给量是否在规定范围
	排放控制装置	EGR 阀	检查 EGR 阀是否失效； 检查温控开关是否失效
		增压中冷器	检查密封是否良好； 润滑油管及接头有无泄漏
		排放后处理装置	检查氧化型催化转化器、连续再生的颗粒捕集器（CRT）、选择性催化还原技术（SCR）及氮氧化物储存型后处理技术（NSR）是否破损或失效
		发动机计算机管理系统	检查进气流量传感器、绝对真空压力传感器、进气温度传感器、节气门位置传感器、爆震传感器、曲轴位置传感器、氧传感器是否失效； 检查计算机（ECU）是否失效； 检查各种电磁阀、电动机和放大控制器等执行机构是否失效
	其他		检查汽缸垫是否烧蚀，缸套缸盖是否破裂漏水； 检查发动机工作温度是否太低； 检查汽缸压力是否不足； 检查汽缸间隙、活塞环磨损程度、活塞环弹力、活塞环安装是否正确； 检查进气门及其导管是否松旷； 检查油底壳内机油液面是否太高； 检查机油黏度是否符合使用要求； 检查机油消耗量，是否有烧机油现象

三、排放控制系统的检测诊断

现代汽车采取了多种排放控制措施来减少汽车的排气污染，如燃油蒸发控制（EVAP）系统、三效催化转化(TWC)系统、废气再循环控制(EGR)系统和二次空气喷射(SAI)系统等。

(一)氧传感器

氧传感器的作用是测定发动机燃烧后的排气中氧是否过剩的信息,即氧气含量,并把氧气含量转换成电压信号传递到发动机 ECU,使发动机能够实现以过量空气因数为目标的闭环控制,确保三效催化转化器对排气中的碳氢化合物(HC)、一氧化碳(CO)和氮氧化合物(NO_x)三种污染物都有最大的转化效率,最大程度地进行排放污染物的转化和净化。

常用的氧传感器有二氧化锆式和二氧化钛式,有 1 线、2 线、3 线和 4 线等形式。其中 1 线与 2 线的只有信号,而 3 线和 4 线的还装有加热线圈。桑塔纳 2000GSi 采用的是 4 线制二氧化锆式氧传感器,其电路连接如图 2-23 所示。

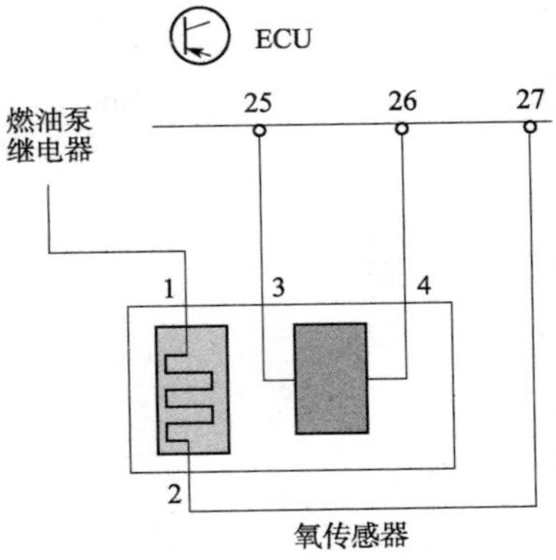

图 2-23 氧传感器电路

1. 氧传感器电压的检测

(1)关闭点火开关,拔下氧传感器插接器。

(2)打开点火开关,检测氧传感器插接器端子 3 与 4 之间的电压,其值应为 0.45 ~ 0.55 V。

(3)起动发动机,检测氧传感器插接器端子 1、2 之间的电压,其值应为蓄电池电压。

(4)若不符,应检查氧传感器插接器与 ECU 的连接线路是否存在断路、短路故障。若正常,更换 ECU。

2. 氧传感器加热电阻的检测

关闭点火开关,用万用表检测氧传感器插接器端子 1 与 2 间的电阻值,其值应为 1 ~ 5Ω。若不符,应更换氧传感器。

3. 氧传感器输出电压的检测

(1)插好氧传感器插接器。

(2)起动发动机,怠速运转,直至发动机达到正常工作温度,急加速提高发动机转速,然后回到怠速运转,并运行 2min。

(3)关闭点火开关,拔下氧传感器插接器。

(4)起动发动机,怠速运转,用万用表检测氧传感器插接器端子 3 与 4 间的电压,其值应在 0.1 ~ 1.0 V 之间波动。拔下一根发动机的真空管,使混合气过稀,则氧传感器输出电压应减小到 0.1 ~ 0.3 V。堵住空气滤清器的进口或用一个 4 ~ 8kΩ 的电阻代替冷却液温度传感器,产生浓混合气,则氧传感器输出电压应增大,为 0.8 ~ 1.0 V。

(5)若不符合要求值或电压变化频率太慢,应更换氧传感器。

4. 氧传感器输出信号波形的检测

(1)以 2500r/min 的转速运转至预热发动机,然后使发动机怠速运转 20s。

(2)在 2s 内将加速踏板从怠速加至节气门全开 5 ~ 6 次(不要超速)。

(3)使屏幕上的波形停止跳动以便检查,应有图 2-24 所示的波形,否则应检修氧传感器。

(二)三元催化转化器的检测

三效催化转化器(TWC)是安装在排气系统中最重要的机外净化装置,其作用是将发动机排出的CO、HC和NO_x三种主要有害气体在催化剂的催化作用下，通过氧化还原反应转变为无害的CO_2、H_2O和N_2气体，故称为三效催化转化器，其结构如图2-25所示。

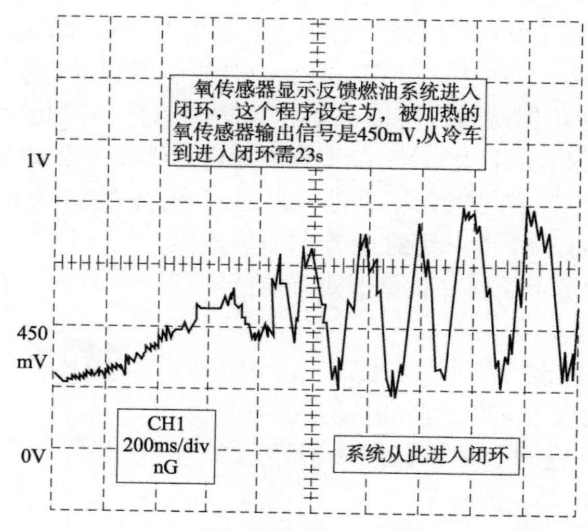

图2-24　氧传感器的信号波形

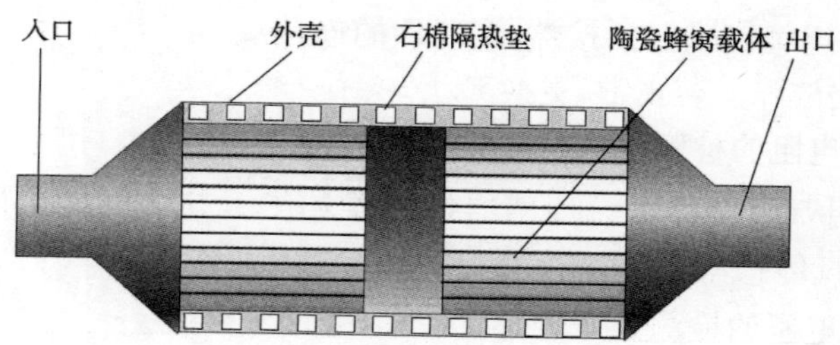

图2-25　三元催化转化器结构

三效催化转化器主要由金属外壳和滤芯组成。滤芯以蜂窝状陶瓷作为载体，在陶瓷载体上浸渍（或涂覆）铂、铑等贵金属作为催化剂，滤芯的外表面通常用钢丝包裹。它只适用于以无铅汽油作为燃料的汽车。

1. 三元催化转化器检测前的准备工作

三元催化转化器的任务是降低排放中的CO、HC和NO_x，但如果车辆的状况很差，例如排出的CO值高于1%，再有效的TWC也无能为力。所以在检查TWC性能之前，必须首先用尾气分析仪测量汽车尾气中的CO、HC和O_2的含量，以判断混合气的浓度是否合适，如果合适才能进行TWC的性能检测。在测量尾气时候，先脱开TWC进气口，使发动机运转至正常温度，将测量管插入排气管中至少400mm，按照怠速法进行测量。若测量值不正常应该先检修发动机工作性能，直至数值在规定范围之内。待数值正常后，装复TWC进气口，在发动机温度正常时检测TWC的工作性能。

2. 三元催化转化器性能的检测方法

1）简单人工检查

通过人工检查可以从一开始判断TWC是否有损坏。用橡胶槌轻轻敲打TWC，听有无

"咔啦"声,并伴随有散碎物体落下。如果有此异响,则说明 TWC 内部催化物质剥落或蜂窝陶瓷载体破碎,那么必须更换整个转换器了。如果没有上述异响,应该检查 TWC 是否堵塞。TWC 芯子堵塞是比较常见的故障,可以用下面两种方法进行。

第一种方法是检测进气歧管真空度。将废气再循环(EGR)阀上的真空管取下,将管口塞住,避免产生虚假真空泄漏现象。将真空管接到进气歧管上,让发动机缓慢加速到 2500r/min。若真空表读数瞬间又回到原有水平(47.5 ~74.5kPa)并能维持 15s,则说明 TWC 没有堵塞。否则应该怀疑是 TWC 或排气管堵塞。

第二种方法是检测排气背压。从二次空气喷射管路上脱开空气泵止回阀的接头,再在二次空气喷射管路中接一个压力表。在发动机转速为 2500r/min 时观察压力表的读数,此时读数应该小于 17.24kPa,如果排气背压大于或等于 20.70kPa,则表明排气系统堵塞。若观察 TWC、消声器及排气管没有外伤,则可将 TWC 出口和消声器脱开后观察压力表读数是否有变化。若压力表显示排气背压仍然较高,则为 TWC 损坏;若压力表显示排气背压陡然下降,则说明堵塞发生在 TWC 出气口后面的部件。

2)怠速试验法检查

让发动机怠速运转,使用尾气分析仪测量此时的 CO 值。当发动机正常工作时候(空燃比为 14.7:1),这时的 CO 典型值为 0.5% ~1%,当使用二次空气喷射和 TWC 技术可以使怠速时的 CO 值接近于 0,最大不应超过 0.3%,否则说明 TWC 损坏。另外,据经验分析,怠速时候的 NO_x 的排放量也能给我们一些帮助。通常在怠速时候的 NO_x 数值应不高于 100×10^{-6},而在稳定的工况下,NO_x 数值应该不高于 1000ppm,在发动机一切正常的情况下,而 NO_x 过高就可以怀疑是 TWC 故障了。

3)稳定工况试验法

在完成基本怠速试验后进行该项试验。按照厂家规定接好汽车专用数字式转速表,使发动机缓慢加速,同时应观察尾气分析仪上的 CO 和 HC 值,当转速加到 2500r/min 并稳定后,CO 和 HC 数值应有缓慢下降,并且稳定在低于或接近于怠速时的排放水平,否则怀疑是 TWC 损坏。这种方法不但能够对 TWC 是否有故障做出判断,还能有效地综合分析 TWC 在车辆行驶中的实际效能。此外,在具体检测中,还需要注意 TWC 的空燃比特性。TWC 在过量空气系数为 1 的附近时,转换效率最高,实际使用中就需要闭环电子控制燃油供给系统和氧传感器的配合。开环时候由于无法给予精确的空燃比,转换效率仅仅有 60% 左右,而闭环时平均转换效率可达 95%,因此,在对 TWC 进行怀疑的时候,也应该对电控系统和氧传感器进行相应检测。

4)红外温度计测量法

这是一种比较简单的测量方法。TWC 在实际使用过程中,其出口管道温度比进口管道温度至少高出 38℃,在怠速时,其温度也相差 10%。但是若出口与入口处的温度没有差别或出口温度低于入口温度,则说明 TWC 没有氧化反应,此时应该检查二次空气喷射泵是否有故障,若没有故障,就说明 TWC 已经损坏。

5)利用双氧传感器信号电压波形分析

目前,许多发动机燃油反馈控制系统中,都安装两个氧传感器。分别装载 TWC 的反应前、后两端。这种结构在装有 OBD - Ⅱ代系统的汽车上,可以有效地检测 TWC 的性能。

OBD－Ⅱ诊断系统改进了TWC的随车监视系统，安装在TWC后端的氧传感器电压波动要比安装在TWC前端的氧传感器电压波动少得多。这是因为运行正常的TWC转化CO和HC时消耗氧气。当TWC损坏时，其转换效率基本丧失，使前、后端的氧气值接近，此时氧传感器信号的电压波形和波动范围均趋于一致，因此，需要更换TWC。

3. TWC常见故障及原因

三元催化转化器的常见故障有：三元催化转化器性能恶化；三元催化转化器芯子堵塞后排气不畅；产生过高的排气背压，使废气倒流到发动机内。包括如下现象：

（1）炭灰积聚、污染。含铅汽油燃烧后会使三元催化转化器很快受到损害。机油窜入汽缸燃烧后机油中的磷和锌等物质也会污染三元催化转化器。

（2）陶瓷芯子破损。热循环的长期作用、外部碰撞和挤压，都有可能使陶瓷芯子破损。

（3）陶瓷芯子熔化。三元催化转化器正常工作时，三元催化转化器内的温度一般可达500～800℃，出口处温度比进口处温度高30～100℃。但是，混合气浓或燃烧不完全时会使排气中的CO、HC浓度过高，这将加重三元催化转化器的负担，使温度升高过多，时间长后，会使三元催化转化器的性能恶化，甚至熔化载体。

（4）三元催化转化器上一般还装有排气温度传感器，当温度不定期高时，电控单元会切断二次空气供给，中断催化转化反应。

（三）废气再循环控制系统的检测

废气再循环EGR（Exhaust Gas Recirculation）系统是目前用于降低发动机NO_x排放的一种有效措施。它将一部分排气引入进气管与新混合气混合后进入汽缸燃烧，从而实现再循环，并对进入进气系统的排气进行最佳控制。工作正常的EGR系统对发动机性能的不良影响很小，但如EGR系统出现异常，将会造成发动机怠速运转粗暴、熄火，燃油经济性变差，加速不良和严重爆震。如果故障长期存在，最后会导致发动机损坏。

废气再循环系统由EGR阀、空气电磁阀、EGR温度传感器和连接管道及软管等组成，通过对空气电磁阀的占空比控制，释放作用在EGR阀膜片上方的真空，达到控制EGR阀的目的。

1. 初步检查

检查的一般方法如下：

（1）检查进气歧管、EGR控制阀、真空放大器、EGR延迟电磁开关、温度阀等零部件之间的全部软管和接头，更换硬化、有裂纹的软管或有缺陷的接头。当要更换一个装置上的几条软管时，最好一次脱开一条，换上新管后再脱开另一条，以防接错。

（2）检查所有阀门和垫是否合适、有无损坏，如有必要，修理或更换损坏的零部件。

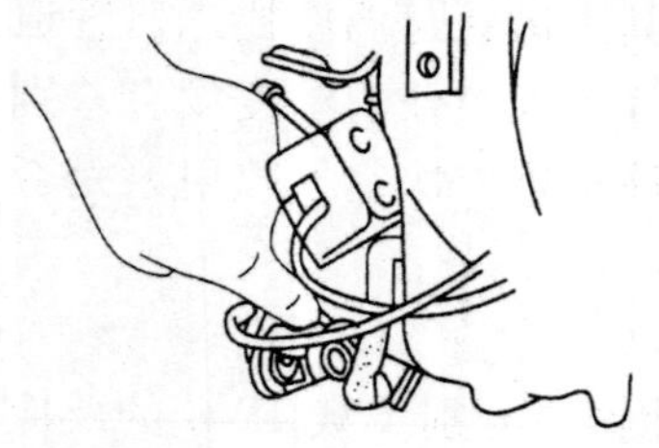

图2-26　就车检查EGR控制系统

2. 就车检查

（1）起动发动机，使发动机怠速运转。

（2）将手指按在废气再循环阀上（图2-26），检查废气再循环阀有无动作。

（3）在冷车状态下踩下加速踏板，使发动机转速上升至2000 r/min左右，此时手指上应感觉不到废气再循环阀膜片动作（排气再循环阀不工作）。

(4)在发动机热车(冷却液温度高于50℃)后再踩下加速踏板,使发动机转速上升至2000r/min左右,此时手指应能感觉到废气再循环阀膜片的动作(废气再循环阀开启)。

3. 废气再循环控制电磁阀的检查

(1)将点火开关置于"OFF"位置,拔下废气再循环控制电磁阀线束连接器,用万用表电阻挡测量电磁阀电磁线圈的电阻,其电阻值应符合规定(一般为20~500Ω);否则,应更换废气再循环控制电磁阀。

(2)拔下与废气再循环控制电磁阀相连的各真空软管,从发动机上拆下废气再循环控制电磁阀。

(3)在废气再循环控制电磁阀的电磁线圈不接电源时[图2-27a)],检查各管口之间是否通气。此时,电磁阀上的管接口A与B、A与C之间应不通气,但管接口B与C之间应通气,否则电磁阀损坏,应更换。

(4)给废气再循环控制电磁阀线圈接上电源[图2-27b)]。此时,电磁阀管接口A与B之间应通气,而管接口A与C、B与C之间应不通气:否则废气再循环控制电磁阀损坏,应更换。

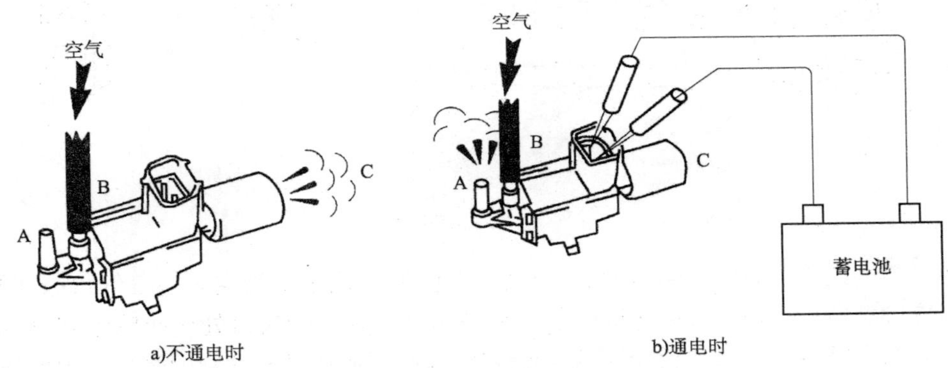

图2-27 废气再循环控制电磁阀的检查

4. 废气再循环阀(EGR阀)的检查

(1)起动发动机,使发动机怠速运转。

(2)拔下连接废气再循环阀与废气调整阀的真空软管。

(3)用手动真空泵对排气再循环阀真空室施加19.95kPa的真空度,如图2-28所示。若此时发动机怠速运转情况变坏甚至熄火,说明废气再循环阀工作正常;若发动机运转情况无变化,则是废气再循环阀损坏,应更换。

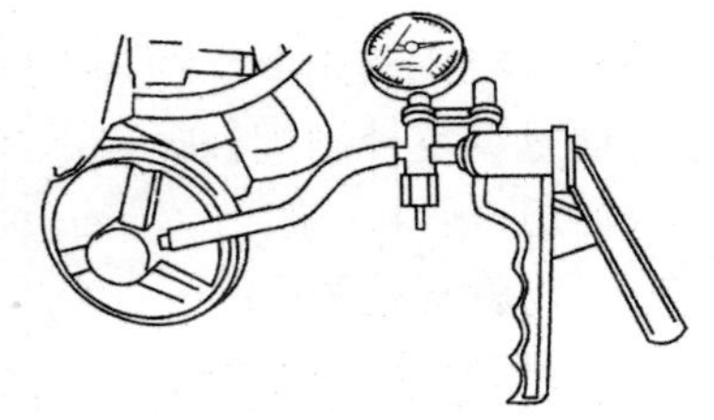

图2-28 EGR阀的检查

(4)对设有位置传感器的废气再循环阀,可在发动机停机情况下拔下废气再循环阀位置传感器的导线连接器,用万用表电阻挡测量连接器端子B与C间的电阻,其电阻值应符合规定。然后,拔下连接废气再循环阀与废气调整阀的真空软管,并在用手动真空泵对废气再循环阀真空室施加真空的同时用万用表电阻挡测量废气再循环阀位置传感器连接器端子A与C之间的电阻值。电阻值应随着真空度的增大而连续增大,允许有间断现象(电阻值突然变为∞后又回落）；否则，废气再循环阀损坏，应更换。

5. 废气调整阀的检查

（1）起动发动机，并将其预热至正常工作温度。

（2）拔下连接废气调整阀与废气再循环阀的真空软管，用手指按住真空管接口，然后检查管接口内是否有真空吸力，如图 2-29a）所示。在发动机怠速运转时，管接口内应无真空吸力，当踩下加速踏板使发动机转速上升至 2000 r/min 左右时，管接口内应有真空吸力，如废气调整阀的状态与上述情况不符，则为废气调整阀工作不正常，应拆下该阀作进一步检查。

（3）拆下废气调整阀，在连接废气再循环控制电磁阀的接口处接上手动真空泵，再用手指堵住连接废气再循环阀真空管的接口，如图 2-29b）所示。

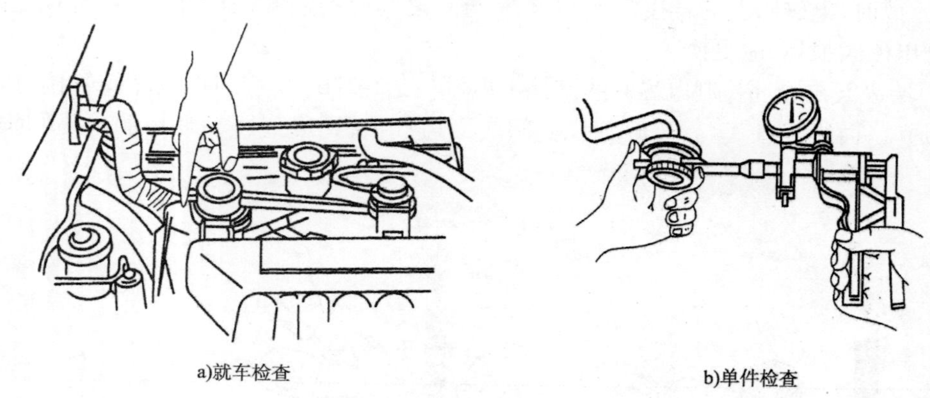

图 2-29　废气调整阀的检查

（4）向连接排气管的管接口内泵入空气，与此同时，用手动真空泵向废气再循环控制电磁阀的接口内抽真空，此时，在连接废气再循环阀真空管的管接口处应能感到有真空吸力；在停止抽真空后，真空吸力应能保持住，无明显下降；释放连接排气管的管接口内的压力后，真空吸力也应随之消失。如废气调整阀的状态与所述情况不符，应更换。

（四）汽油蒸发排放控制系统检测

汽油蒸发排放（EVAP）控制系统的功能是收集汽油箱内蒸发的汽油蒸气，并将汽油蒸气导入汽缸参加燃烧，从而防止汽油蒸气直接排入大气而造成污染。同时，还须根据发动机工况，控制进入汽缸参加燃烧的汽油蒸气量。EVAP 控制系统主要由蒸气回收罐（又称活性炭罐）、控制电磁阀、蒸气分离阀及相应的蒸气管道和真空软管等组成。

发动机工作时，ECU 根据发动机转速、温度、空气流量等信号，控制炭罐电磁阀的开闭来控制真空控制阀上部的真空度，从而控制真空控制阀的开度。当真空控制阀打开时，燃油蒸气通过真空控制阀被吸入进气歧管。发动机怠速或温度较低时，ECU 使电磁阀断电，关闭吸气通道，活性炭罐内的燃油蒸气不能被吸入进气歧管。

1. 就车检测

（1）将发动机预热至正常工作温度，并使之怠速运转。

（2）拔下活性炭罐上的真空软管，检查软管内有无真空吸力。若 EVAP 控制系统工作正常，在发动机怠速运转中电磁阀应关闭、真空软管内无真空，如图 2-30a）所示。如果此时真空软管内有真空,则用万用表电压挡检查电磁阀插接器端子上是否有电压。若电磁阀插接器端子上有电压,说明微机有故障;若无电压,则说明电磁阀有故障(卡死在开启位置)。

(3)踩下加速踏板,当发动机转速大于 2000r/min 时,检查上述真空软管内有无真空。若真空软管内有真空,则说明该系统工作正常;若真空软管内无真空,则用万用表电压挡检查电磁阀插接器端子上是否有电压。若电压正常,说明电磁阀有故障;若电压异常,则说明微机或控制线路有故障。

2. 电磁阀的单件检测

1)检查电磁阀电磁线圈的电阻值

拔下电磁阀插接器,用万用表电阻挡测量电磁阀电磁线圈的电阻值。电阻值应符合维修资料规定,否则应更换电磁阀。

2)检查电磁阀的工作情况

拆下电磁阀,首先向电磁阀内吹气,电磁阀应不通气;然后将蓄电池电压加到电磁阀插接器的两端子上[图 2-30b)],并同时向电磁阀内吹气,此时电磁阀应通气。若电磁阀的状态与上述情况不符,则电磁阀有故障,应更换。

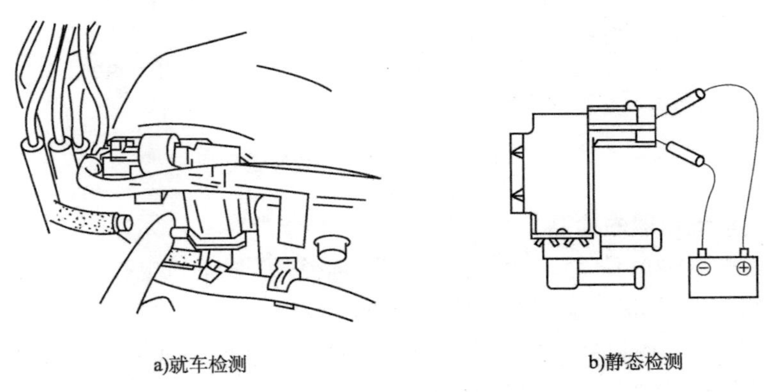

a)就车检测　　b)静态检测

图 2-30　控制电磁阀检测

(五)二次空气喷射系统检测

二次空气喷射系统的功能是在一定工况下,将新鲜空气送入排气管,促使废气中的 CO 和 HC 进一步氧化,从而降低 CO 和 HC 的排放量,同时加快三元催化转化器的升温。二次空气喷射系统的组成如图 2-31 所示。

下面以奥迪 A6 为例介绍二次空气喷射系统的检测。

1. 二次空气进气阀的检测

(1)连接检测仪 V. A. G1551,打开点火开关。

(2)进行执行元件诊断并触发二次空气进气阀,二次空气进气阀应发出“咔嗒”声。

(3)如果二次空气进气阀没有发出“咔嗒”声,则拔下二次空气进气阀的插头,用接线将二极管电笔连接到拔下的插头上,再次进行执行元件诊断。

(4)如果在进行执行元件诊断时,二极管电笔闪亮,则应更换二次空气进气阀。

(5)如果二极管电笔仍不闪亮,则关闭点火开关,将检测盒 V. A. G1598/31 连接到发动机电控单元的线束上(不连接发动机电控单元),检查二次空气进气阀插接器的 2 号端子与检测盒 V. A. G1598/31 的 44 号端子之间的连接导线是否断路,该导线电阻最大为 1.5Ω。如果导线断路则修理该导线;如果导线无故障,则应按电路图检查二次空气进气阀的供电是否正常。

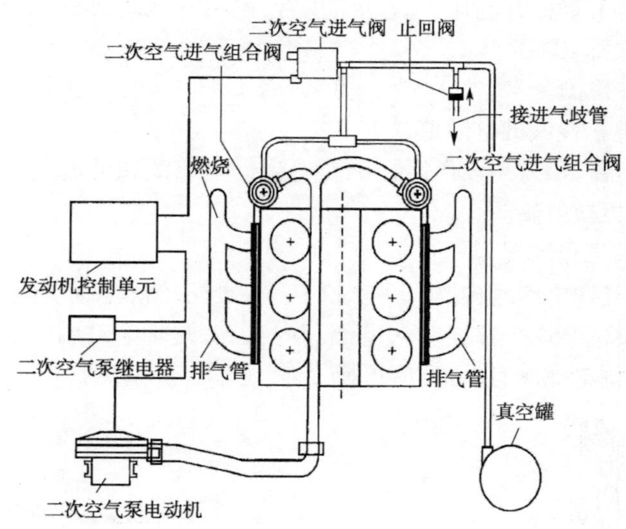

图 2-31　二次空气喷射系统的组成

2. 二次空气泵继电器的检测

(1)连接检测仪 V. A. G1551,打开点火开关,选择"01 发动机电控单元"。

(2)进行执行元件诊断并触发二次空气泵继电器。

(3)二次空气泵电动机在二次空气泵继电器的控制下,应间歇运转,直到按下 V. A. G1551 上的"→"键中止执行元件诊断为止。

(4)如果二次空气泵电动机在二次空气泵继电器的控制下,没有间歇运转。则拔下二次空气泵电动机的 2 针插头,用接线将二极管电笔连接到拔下的插头上,再次进行执行元件诊断。如果二极管电笔闪亮,则更换二次空气泵电动机;如果二极管电笔仍不闪亮,二次空气进气阀没有发出"咔嗒"声,则应进行步骤(6)的检查。如果二极管电笔仍不闪亮,二次空气进气阀发出"咔嗒"声,则应进行步骤(5)的检查。

(5)检查二次空气泵熔断丝。如果熔断丝正常,则从继电器盒内拔下二次空气泵继电器,检查二次空气泵继电器的供电。如果供电正常,则更换二次空气泵继电器。

(6)关闭点火开关,将检测盒 V. A. G1598/31 连接到发动机电控单元的线束上(不连接发动机电控单元),从继电器盒内拔下二次空气泵继电器,检查二次空气泵继电器插头的 6/85 端子与检测盒 V. A. G1598/31 的 46 号端子之间的连接导线是否断路,该导线电阻最大为 1.5Ω。如果导线断路则修理该导线,如果导线无故障,则更换发动机电控单元。

(六)曲轴箱强制通风装置的检测

在发动机工作时,总有一部分可燃混合气和废气经活塞环窜到曲轴箱内,窜到曲轴箱内的蒸气凝结后将使机油变稀，性能变坏。废气内含有水蒸气和二氧化硫，水蒸气凝结在机油中形成泡沫，破坏机油供给，这种现象在冬季尤为严重。由于可燃混合气和废气窜到曲轴箱内，曲轴箱内的压力将增大，机油会从曲轴油封、曲轴箱衬垫等处渗出而流失。流失到大气中的机油蒸气会加大发动机对大气的污染。

曲轴箱强制通风(PCV)装置采用封闭式通风，防止曲轴箱中的可燃废气排入大气中造成污染，并让其进入燃烧室进行燃烧。PCV 装置由 PCV 阀及管路组成。

(1)检查曲轴箱通风管是否漏气或阻塞。

(2)检查 PVC 阀。

在发动机正常怠速运转时(暖机后)，用手指或鲤鱼钳轻夹住 PVC 阀至进气歧管间的 PVC 管，PVC 阀有“咔嗒”响声为正常。若无响声，拆下 PVC 阀检查，如果 PVC 阀外表受损或有裂痕、柱塞被卡住，应更换。

(七)排放控制系统故障诊断案例

【案例 2-1】 车型：奥迪 A6

故障现象：驾驶员反映，几天来车辆在行驶过程中无论低速、中速还是高速工作都正常，但一旦松开加速踏板后，发动机易熄火。在怠速时，发动机也易出现熄火现象。

故障诊断：起动发动机，感觉发动机明显工作不稳，且发动机抖动较严重。上路试车，确实有驾驶员所说的症状存在。使用 V. A. G1551 读取电控部分的故障码、测量发动机怠速转速。无故障码显示，怠速转速在 500 ~ 650r/min 之间波动。

(1)首先对点火系统进行检查。

①拔掉分缸高压线起动试火，火花很强。

②拆下各缸火花塞观察，燃烧情况很好。

③用断缸法进行试验时，各缸反应都一致。

④用发动机正时灯测量点火提的角，点火提前角符合规定。

(2)检查供油系统。在燃油分配管的检查接头上安装燃油压力表、测得燃油压力为正常值。拆下喷油器，进行解体后并用超声波清洗。装车后故障依旧。

(3)检查供气系统。

①空气滤清器较清洁。

②测量进气管真空度，正常。

③检测各汽缸的压缩压力，正常；检测 MAP 传感器及反馈电压，正常。

④拆卸怠速控制阀，清除积炭，故障依旧。

(4)检查排放控制系统。

①将燃油蒸气通道阻断使其暂停工作，故障存在。

②将废气再循环(EGR)系统中的废气通道阻断使其暂停工作时，故障消失。由此判断，是 EGR 系统故障造成怠速易熄火。

③拆下发动机上电磁阀和 EGR 阀进行检查，是 EGR 阀关闭不严，阀门漏气。对 EGR 阀解体检查，发现阀门和阀座上均结有积炭，是积炭导致阀门关闭不严而漏气。

排除故障：

(1)将 EGR 阀门和阀座上的积炭清除，并用细研磨膏研磨阀门和阀座的接合面。

(2)经测试不漏气后装复试车,发动机怠速运转平稳,再用 V. A. G1551 检测,发动机怠速转速为 800r/min,发动机怠速不熄火。故障排除!

案例分析:

奥迪 A6 轿车 EGR 系统的工作原理是:发动机控制系统 ECU 根据发动机的转速、负荷(节气门开度)、进气温度、进气流量和排气温度来控制电磁阀适时地打开,进气管真空度经电磁阀进入 EGR 阀真空膜片室,膜片拉杆将 EGR 阀门打开,排气中的少部分废气经过 EGR 阀进入进气系统,与混合气混合后进入汽缸参与燃烧。少部分废气进入汽缸参与混合气的燃烧,降低了燃烧时汽缸中的温度,故抑制了有害气体氮氧化合物的生成(因氮氧化合物是在高温富氧的条件下生成的)。而废气参与再循环,将会影响混合气的着火性能、从而影响发动机的动力性,特别是在发动机怠速、低速、小负荷及冷机时,ECU 控制废气不参与再循环,避免发动机性能受到影响;当发动机超过一定的转速、负荷及达到一定的温度时、ECU 控制少部分废气参与再循环,以使废气中的有害气体氮氧化合物含量最低。

根据上述 EGR 系统的工作原理分析,造成该车故障的原因有两个:一个是 EGR 系统的电磁阀关闭不严,使进气管中的真空度不受电磁阀控制而进入 EGR 阀真空膜片室,将 EGR 阀打开,废气进入汽缸参与燃烧,影响了混合气的着火性能,造成怠速熄火;另一个是 EGR 阀关闭不严,废气不受 EGR 阀的控制直接进入汽缸参与燃烧,影响了混合气的着火性能,造成怠速熄火。

【案例 2-2】 车型:奥迪 A6 2.8L 轿车

故障现象:发动机故障灯亮,加速时发闷,怠速时严重发抖,加速无力。

故障诊断:首先调取故障码,读出两个故障码,分别表明空气流量计故障和氧传感器信号无变化。检查空气流量计,其线路及信号均正常。检查氧传感器信号,发现其中一边氧传感器信号一直在 0.02V 左右不变,另一边的氧传感器信号变化也非常缓慢,做急加油动作,氧传感器信号依然没有变化,说明氧传感器损坏。

更换氧传感器,清除故障码,试车。故障现象及故障码依然存在。

再检查氧传感器信号,发现一边信号正常,另一边不正常。测试喷油器及点火均正常。经分析认为,是三元催化转化器堵塞了。把三元催化转化器拆下检查,发现一边三元催化转化器堵死了。把三元催化转化器触媒捅掉。装好后,清除故障码,再起动发动机,怠速正常。至热车后,故障灯也不亮了。进行路试,发动机工作正常。

排除故障:

由于三元催化转化器内的触媒被捅掉了,因此排气管噪声特别响,特别是冷车时更为明显。另外,气味也较难闻。更换三元催化转化器,故障彻底排除。

案例分析:

由于三元催化转化器堵塞了,造成发动机排气不畅,致使氧传感器长期在恶劣条件下工作,加速了氧传感器损坏,造成发动机警告灯亮。

同时由于排气不畅,间接造成进气也不顺畅,致使汽缸工作性能差,造成怠速发抖、ECU 记忆不准等故障。

四、排气污染物维护治理方法

汽车排气污染物维护治理通常采用两种方法，一是以系统故障检查为依据进行治理；二是以尾气检测结果分析为依据进行治理，可根据车辆不同技术状况选择相应的治理方法。

1. 以系统故障检查为依据，进行维护治理

汽车经过一段时间使用后，汽车的某些系统功能缺失或者某些部件损坏而引起尾气排放超标。这些部件基本上都是与发动机燃烧有关的，包括线路管路部分、电控系统、发动机供气系统、燃油系统、点火系统、燃烧环境和机外尾气处理设备等。因此，在进行尾气治理时，要对这些系统和部件进行检查，使其功能恢复到或接近于汽车出厂时的要求。

在车辆二级维护之前，首先要做车辆外观检查，检查内容包括各种真空管路、线路、接头是否完好。然后对电控系统进行检查，利用故障诊断仪等检测设备读取系统故障码，读取数据流，有针对性地进行故障排除。接下来，针对故障码和数据流有目的地对发动机各大系统进行排查。检查内容如下。

1）发动机供气系统检查

一是空气流量计性能检查；二是配气相位准确性检查；三是燃烧室气密性检查，包括气门密封性、活塞与缸筒的配合间隙和汽缸压力的检查。

2）燃油系统检查

一是进行燃油压力和流量检测，其值应达到汽车制造厂给定系统压力规范值和流量值；二是进行喷油嘴性能检测，主要检查动态的响应特性、流量、雾化状态（包括喷出的锥角和方向）是否滴漏，以及各个喷油器在相同控制脉宽下喷出的燃油流量是否均匀；三是进行燃油滤芯检查，观察是否有堵塞并判断燃油系统清洁状况。

3）燃油喷射系统喷油器故障引起的排放超标

多点式燃油喷射系统喷油器是一种高精度电磁阀，电磁阀使用球形或锥形阀芯关闭，为了保证电磁阀喷油精度，喷油孔的加工精度要求很高，电磁阀的升程要求很小（通常只有0.1mm 左右），一旦发动机控制单元发出喷油信号，喷油器的线圈与系统形成回路，产生一定的电流，形成磁场。在磁场力的作用下，柱塞克服弹簧阻力而升起，由于阀芯与柱塞固定在一体，于是阀芯离开阀座，燃油从喷孔中喷出。喷油器前油路的供油压力为200～300kPa（与系统的设计制造有关），后面是进气管，其压力小于98kPa。由于压力调节器的作用，两者之间保持196～294kPa 的稳定压差，燃油就是靠此压力喷出的。在正常工作状态下喷油量取决于喷油时间。因此，发动机计算机管理系统只要控制喷油时间就可以控制喷油量。

在实际控制过程中，喷油时间取决于发动机的工况及大气压力、蓄电池电压等修正参数。当喷油器故障时，就可能引起常数项改变，从而影响喷油量的精确控制。研究统计表明，在车辆维护中由于喷油器故障引起的排放超标在电控发动机排放超标中占有较大比例。

由于喷油器的安装位置距离进气门和燃烧室十分近，造成喷油器头部的温度比较高。喷油器喷孔内汽油中含有的胶质在高温作用下会慢慢沉积在喷油器密封锥面的前面以及喷油器内部的细小油路内壁中。当胶质逐渐积累到一定程度时，便影响了喷油器内尤其是喷孔处油路的有效供油截面积。这样，当发动机计算机管理系统仍然按原来的脉冲时间控制喷油器时，其喷油量却达不到发动机该工况的工作要求。

在喷油器喷孔外，由于温度较高，部分还被炭化，阻碍了喷孔，影响了燃油的流量。在这种情况下，由于喷油量降低使发动机汽缸内的混合气变稀，使汽缸内燃烧变得不稳定，混合气甚至不能被点燃。这样使得排气中 HC 浓度上升，有时 CO 也有一定上升，最终导致汽车排放超标。这种故障常常伴有怠速不稳、急加速不良等现象发生。

有些喷油器的密封面由于长期磨损而密封不严，使喷油器在关闭时段仍然有燃油渗出。这样，就会使该喷油器对应的汽缸混合气过浓。排气中 CO 升高可以达 5% 以上。发动机怠速不稳，排气中的 HC 的浓度往往也不正常。当遇到此类故障时，通常需要更换喷油器。

4）点火系统故障引起的排放超标

（1）点火正时不正确引起的排放超标。

进行点火正时检查。现代发动机管理系统中，点火时间通常是由 ECU 根据各传感器的信号和发动机的具体工况进行控制的，实际点火角是由两个部分构成，即基本点火角和控制角，基本点火角通常是由电子元器件的安装保证。

点火时刻是燃烧过程的起点，在火花塞电极间隙处的混合气内形成火焰核心。点火过早，由于混合气的压力尚未充分上升，使着火延迟期增加。点火时间过晚，由于混合气紊流减弱，使火焰的传播速度降低。过早点火导致活塞的压缩功增加，不规则的燃烧废气在汽缸内的滞留时间加长，热损失增大，同时由于汽缸内的最高压力增加，燃烧废气的最高温度上升，导致氮氧化合物的生成量增加。适当推迟点火，HC 的生成量也可以减少。这是因为推迟点火会使燃烧废气的有效膨胀率降低，在膨胀行程后期气体温度升高的缘故。燃烧结束后，膨胀后期残留在汽缸壁面激冷边界层的未燃混合气被加热，温度升高，导致激冷边界层内的混合气继续燃烧，并从汽缸壁面上剥离下来，排出汽缸外，使排气中的 HC 降低。但是，过度推迟点火会造成发动机输出功率下降，所以，应定期检查发动机点火提前角是非常必要的。

（2）点火系统器件故障导致排放超标。

点火系统器件故障导致排放超标在车辆维护中经常遇到，在众多点火器件中，火花塞是最易发生故障而影响排放的器件，也是在车辆维护中需要重点检查的部分，尤其是在现在高能点火系统和电控点火系统被广泛应用在汽车上。

首先，在维护中应检查火花塞的型号。传统冷型、热型的火花塞不能互换，随着高能点火系统的应用，很多火花塞内部都带有电阻。阻值不同的火花塞也不能互换，否则将会引起点火系统的故障。

其次，在维护中要按照标准调整火花塞间隙。采用高能点火的车辆，其火花塞间隙通常要大于一般点火系统的火花塞间隙。当点火间隙过小时，点火能量不足，火花塞在汽缸内混合气中形成的火焰过小，燃烧很不稳定，很容易被汽缸内的气体流动所吹灭。反之，当火花塞的间隙过大时，整个点火系统的电压就会相应提高，这有可能导致高压线等零件的绝缘部分被击穿而产生断火。

（3）进行点火能量检查。

利用示波器或发动机故障电脑诊断仪读取点火波形，根据点火波形进行点火电压（击穿电压）、跳火电压（燃烧电压）和燃烧时间三个特征值的检查，一般火花塞的故障主要影响尾气中 HC 的浓度。

5)氧传感器故障引起的排放超标

氧传感器是电子控制燃油喷射发动机进行闭环控制空燃比的关键部件。它通过监测尾气中的氧含量来反映混合气的空燃比。当排气中的氧含量高时,则说明混合气过稀。当排气中的氧含量低时,则说明混合气过浓。当混合气浓时,氧传感器将这一信号告知发动机电控单元,发动机电控单元控制喷油器减少喷油量;反之,当混合气稀时,氧传感器同样将这一信号告知发动机电控单元,发动机电控单元控制喷油器增加喷油量。发动机处于闭环控制时,混合气的空燃比将接近理想状态。

以氧化锆式传感器为例,其信号电压在0~1V之间变化,当过量空气系数λ大于1时,传感器信号电压为0V。当过量空气系数小于1时,传感器输出信号电压为1V,如图2-32所示。

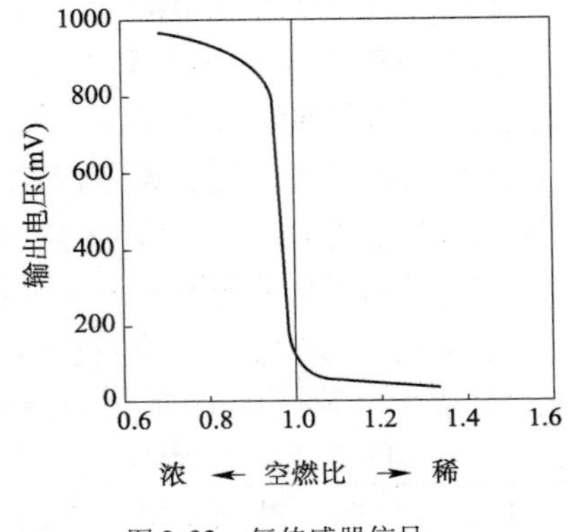

图2-32 氧传感器信号

氧传感器的寿命一般为8万~10万km。氧传感器损坏后,发动机电控单元的空燃比修正值很快达到极限。发动机尾气超标,同时发动机故障灯点亮。

有些时候传感器的状态处于临界状态。这时,故障灯并不点亮,由于传感器的响应时间变慢,或信号变化一定程度的偏向一方,这样,发动机电控单元接收到传感器的错误信号,使得空燃比的控制出现偏差,造成尾气中CO和HC的超标。这种故障,通常需要用灵敏的电压表直接检查氧传感器的信号电压才能发现,正常的传感器的信号电压每秒变化4次以上。如果少于这一数值,传感器就可能发生故障。

6)三元催化装置引起的排放超标

三元催化装置必须装在闭环电喷车辆的排气系统上,其内部是一个具有蜂窝状结构的陶瓷载体,载体上附有稀土元素作为催化剂。当汽车尾气流过蜂窝状结构时,其中的NO_x被还原为N_2和O_2,CO和HC被氧化成H_2O和CO_2。通常三元催化装置的正常工作温度在300~600℃。当温度低于此温度时NO_x有明显上升,三元催化器损坏严重的车辆上还会出现起动困难、加速不良等故障。当车辆出现故障特别是点火、喷油系统的故障时要及时检修,避免三元催化器的损坏。

7)废气再循环装置故障引起的排放超标

废气再循环装置(EGR)是车辆上用于控制NO_x排放的装置。该装置是将一部分排出的废气引入进气管后再被汽缸吸入,这样废气再循环系统增加了单位燃料内的惰性气体量,能有效抑制最高燃烧温度,使得排气中的NO_x浓度下降,废气再循环的流量越大排气中NO_x浓度越低,但燃烧若恶化,排气中的HC也会增加。

由于废气再循环控制阀处于汽车排气的冲刷之下,工作条件极为恶劣。控制阀非常容易卡死。由于复位弹簧的作用,阀门一般卡死在轻度开启的位置。这时,当发动机处于冷车怠速时,混合气中废气再循环的流量过大,燃烧不良,造成发动机工作不稳,尾气中HC上升,这时通常需要更换废气再循环控制阀。

8)其他系统故障造成的排放超标

汽车上的其他系统也有可能造成汽车尾气的超标。如充电系统发生故障后对发动机控制系统的干扰；进气系统的积炭、配气相位故障、排气歧管的泄漏等，都有可能造成尾气超标。

在汽车排气污染物治理时，要注意对车辆原发故障进行维护和调整。车辆出现排放超标的现象一般都是因为车辆的某一个或几个系统出现故障和调整不当，只要适当对故障系统加以检查维护可以使尾气达标。

电喷系统加上三元催化装置通常是通过改善发动机的燃烧和对尾气进行催化转化来起到净化作用，其对发动机本身的状况依赖很大。如当发动机排气歧管系统泄漏时，空气会进入排气系统，这时氧传感器会发出混合汽稀的信号，控制单元就会对混合气进行加浓，CO 就会上升。对车辆加装电控补气和三元催化装置时，如果供油系统故障造成混合气偏浓，这时如不加调整，当 CO 小于 3% 时，加装三元催化装置后虽然可以使车辆达标，但是，三元催化装置的寿命可能会大大缩短。所以，在尾气治理过程中，不能仅仅以降低尾气排放为目的，而要针对汽车的原发故障进行维护和调整，同时还要兼顾车辆的其他性能。只有进行系统性的综合维护和调整，车辆才能良好运转，也才能达到长期治理的效果。

2. 以尾气检测结果分析为依据，进行维护治理

这种治理方法一般要先进行排气污染物测量，根据测量结果，分析排气污染物不达标的原因，缩小故障产生范围，进行故障排除，从而达到排气污染物治理目标。

表 2-11 列出了利用四组分气体分析仪进行检测后，不同排放物可能产生的原因，根据这些原因准确地进行治理。例如，当测量的 HC 含量很高，CO 含量低，CO_2 含量低，而 O_2 含量高时，说明燃烧不完全，有大量的汽油（主要含量为 HC）和 O_2 一起被排出来，而燃烧不完全的原因很可能就是由于间歇性点火引起的，从而缩小了故障产生范围，为排气污染物治理带来了方便。

排气污染物排放量与故障产生原因对照表　　表 2-11

污染物 / 故障原因	HC	CO	CO_2	O_2
间歇式失火	很高	低	低	高
汽缸压缩不足	很高	低	低	高
混合气浓	高	很高	低	高
混合气稀	高	很低	低	高
点火过迟	低	低	正常	正常
点火过早	高	低	正常	正常
EGR 阀漏气	波动	波动	低	正常
排气管漏气	低	低	低	高

第三章 汽车维护工艺

为了充分发挥汽车维护企业资源、提高维护作业效率，防止维护作业项目遗漏，有必要对汽车二级维护工艺组织、工艺方法进行优化。本章介绍了汽车维护工艺组织及先进的维护作业方法。

第一节 汽车维护工艺基础

一、汽车维护工艺

"工艺"的概念有狭义和广义的两种理解。狭义上是把工艺等同于加工方法；广义上则是把工艺理解为工艺技术，泛指制造技术、维修技术以及服务技术等与生产和服务有关的各种方法。所以，工艺实际上是利用生产工具对各种原材料、半成品进行加工或处理以及实现服务需求，使之成为实物型产品或形成过程型产品的方法。因此，工艺可以解释为：利用劳动工具改变劳动对象的状态（如形状、尺寸、成分、性质、位置以及表面状况等）或实现服务需求（运输、维修、清洗、润滑以及检测等），使其变成预期的实物型产品和过程型产品的各种方法和过程。

汽车维护工艺（maintenance technology of motor vehicle）是利用生产工具按一定技术要求维护汽车的方法。按作业特点和执行条件不同，汽车维护有如下不同的作业方法：清洁、检查、补给、润滑、紧固、调整和更换等。

清洁主要是清洗车辆外部污垢，打扫驾驶室和车身内部，保持发动机、底盘各部位外表无污垢，保持燃油、机油、空气滤清器和蓄电池清洁，清理外胎嵌入物。

检查的主要内容是检视汽车各总成、机构的外表，检查各机件外部连接螺栓的松紧度，检查电气、照明、信号、仪表设备的技术状况，检查轮胎气压及外胎损伤情况。

补给主要是检视燃油、润滑油、冷却液、制动液、蓄电池的电解液和空调装置的工质，视情添加，按规定的压力给轮胎充气。

润滑是按照汽车润滑图表用规定牌号的润滑油（脂）定期进行润滑，各润滑油嘴和通气塞必须配齐并保持畅通。

紧固是对汽车各总成、机构外露部分的紧固点，按规定予以紧固，并更换失落或损坏的紧固件。

调整是按规定对汽车各总成、机构和电气设备等进行必要的调整，使其符合技术要求。

更换是按照需要或规定更换燃油滤清器、机油滤清器、空气滤清器，更换润滑油，给轮胎换位以及更换轮胎，配换损坏的电气元件及导线等。

维护作业是将维护工艺按一定方式和顺序组合进行的。由于维护作业方式不同，维护工艺流程也有所不同。维护作业方式有两种：定位作业法和流水作业法。

定位作业法指维护的汽车在一个工位上，执行不同工艺的工人轮流在工位上对汽车进行作业。流水作业法指不同的维护工艺按一定的顺序排列在生产线的两侧,汽车沿生产线流动,并按每个工艺的作业时间在相应的工位停歇。

二、汽车维护工艺过程

就实物型产品生产来讲,工艺过程一般是指通过利用各种设备直接改变材料的形状、尺寸或性质,将原材料加工成符合技术要求的产品的一系列工作的组合。工艺过程是生产过程的一个组成部分,是完成生产过程的基本部分,也是最主要的部分。

工艺过程是广义的工序组合。产品一般是需要经过许多工序才能形成,每道工序是由若干动作组成的。产品从原材料、中间产品到成品,这个生产过程就是工艺过程。工艺过程可以用工艺流程图来表示。

工序是一个或一组工人,在一个工作地对一个或同时对几个工件所连续完成的那一部分工艺过程。划分工序的依据是工作地点是否变化和工作是否连续,也就是说要完成某个工艺过程要分成几步做,每个步骤就是一道工序。

汽车维护工艺过程指为恢复和保持车辆技术状态所应用和采取的各种符合技术标准和生产要求的维护或修理活动顺序组合。在汽车维护工作中,为保持车辆的技术状态,需要及时采取清洁、润滑、检测或调整等维护性操作行为。

汽车维护工艺过程是在维护生产实践的基础上,对维护生产活动过程的理论化和系统化的总结与综合,是一种物化了的科技成果,也是生产力水平的一种表现。通过科学的组织与全面的管理,可以使维护工艺过程在维护生产和维护服务中得到合理的运用与系统的实施,并成为保持和恢复车辆的技术状态和满足维护服务要求的技术前提。

三、汽车维护工艺规程

工艺规程是规定工艺过程和操作方法等内容的技术文件。它是在具体的生产条件下,将最合理或较合理的工艺过程和操作方法,按规定的形式制成文本,经审批后用来指导生产并应严格贯彻执行的指导性文件。

1. 内容与作用

工艺规程包括以下内容:工艺流程及所经过的车间和工段;各个工序的内容及采用的工艺装备;检验项目及检验方法;作业技术要求;工时定额及工人的技术等级等。

工艺规程有以下几方面的作用:

(1)工艺规程是指导生产过程的技术依据。合理的工艺规程是在总结生产实践经验的基础上,依据工艺理论和工艺实验结果制定的技术性文件。因此,严格按工艺规程组织生产是保证产品质量、提高生产效率的前提。实践证明,不按科学的工艺进行生产,往往会引起产品质量的严重下降,生产效率显著降低,甚至使生产陷入混乱。

(2)工艺规程是生产计划组织的管理依据。在生产管理中,涉及生产前原材料的购置、工艺装备的准备与调整、专用工艺装备的设计与制造、作业计划的编排、劳动力的组织以及生产成本的核算等内容,这些都以工艺规程作为依据。

(3)工艺规程是新建改建企业的规划依据。在新建、扩建或改造企业或车间时,只有依所需要的设备种类、规格和数量;确定车间面积、工位布置、生产工人的工种、等级和数量及辅助部门的安排等。

2. 类型与格式

根据国家推荐标准《工艺管理导则—工艺规程设计》(GB/T 24737.5—2009)中的规定，工艺规程的类型有：

(1)专用工艺规程。专用工艺规程针对每一个产品和零件所设计的工艺规程。对于汽车维护这种服务性过程型产品来说，专用工艺规程是指对具体品牌，规定型号车辆或总成、系统的维护工艺规程。例如，某型捷达轿车发动机总成维护工艺规范。

(2)通用工艺规程。通用工艺规程包括：

①典型工艺规程，即为一组结构相似的设备、总成或零部件所设计的通用工艺规程。

②成组工艺规程，按成组技术原理将零件分组，针对每一组零件所设计的通用工艺规程。

③标准工艺规程，即已纳入国家标准或工厂标准的工艺规程。

例如，在汽车维修中，空调充冷、蓄电池充电以及轮胎充气等的工艺规程具有典型性；而某型汽车发动机汽缸的修理工艺规程具有成组性；汽车维护技术规范具有标准性。

将工艺文件的内容填入一定格式的卡片，即成为生产准备和施工依据的工艺文件。常用的工艺文件的格式有下列几种：

(1)工艺过程卡片。这种卡片以工序为单位，简要地列出整个生产过程所经过的工艺路线。例如，对于汽车的大修工艺过程除了拆解清洗、检验分类、零件修复、装配检验以及性能试验外，还可能包括修复件的机械加工和表面处理(喷涂、刷镀)等工艺过程。工艺过程是制订其他工艺文件的基础，也是生产准备、编排作业计划和组织生产的依据。在这种卡片中，由于各工序的说明不够具体，故一般不直接指导工人操作，而作为生产管理使用。但是，在单件小批生产中，由于通常不编制其他较详细的工艺文件，而就以工艺过程卡片指导生产。

(2)工艺卡片。工艺卡片也是以工序为单位，是详细地说明整个工艺过程的一种工艺文件。工艺卡片是用来指导工人生产和帮助车间管理人员和技术人员掌握整个生产工艺过程的一种主要技术文件，广泛用于成批量生产和重要的小批量生产中。工艺卡片内容包括工序号、工序名称、工序内容、工艺参数、操作要求以及采用的设备和工艺装备等。对于汽车维修生产来讲，特约维修服务和4S店都应制订相应车型的维修工艺卡片，以保证进行大量维修同类型、同系列车型的维修质量。

(3)工序卡片。工序卡片是根据工艺卡片为具体工序制订的工艺文件。工序卡片更详细地说明了各个工序的具体生产要求，是用来具体指导工人操作的工艺文件。在这种卡片上画有工序简图，以及说明每个步骤项目、操作要求、工艺参数、检测仪器和工艺装备等内容，一般用于大批量生产。在汽车维护生产过程中，对于涉及行车安全、环境污染和燃料消耗等方面的系统、总成、机构或装置的维护或修理操作，应制订工序卡片，以保证维护过程操作的规范性和安全性。

第二节 汽车维护工艺规程

一、汽车维护工艺规程编制原则

维护工艺规程的编制应遵循在一定的生产条件下，使维护生产能严格地达到技术规范、

全面地保证服务质量和积极地促进作业效率提高,并能有效地获得最佳的经济效益的原则制订维护工艺规程时,应注意以下几个方面:

(1)技术上的先进性。所谓技术上的先进性是指高质量、高效益的获得不是建立在提高工人劳动强度和操作手艺的基础上,而是依靠采用相应的技术措施。因此,在制订维护工艺规程时,要了解国内外相关工艺技术的发展,通过必要的工艺试验,尽可能采用先进的工艺和装备。

(2)经济上的合理性。在一定的生产条件下,可能会有几个都能满足产品质量要求的工艺方案,此时应通过成本核算或评价,选择经济上最合理的方案,使生产成本最低。

(3)作业环境的安全性。在制订维护工艺规程时,要注意保证有良好而安全的作业环境,防止伤亡事故和避免火灾的发生;采用先进技术,使工人从繁杂、笨重、脏污的作业环境中摆脱出来。

(4)维护过程的环保性。维护生产要符合国家环境保护法的有关规定,避免环境污染。应选择绿色环保型生产工艺,保证水、空气和土壤等环境不遭到破坏,实现清洁生产。生产工艺也应是资源节约型的先进技术,应尽量减少生产过程的废弃物等。

(5)文件表述的规范性。由于工艺规程是直接指导生产和操作的技术文件,因此,工艺规程还应做到清晰、正确、完整和统一,所用术语、符号、编码、计量单位等都必须符合相关标准。

二、汽车维护工艺规程编制依据

制订维护工艺规程时,必须具备下列原始资料:

(1)汽车使用和维护相关的法规、标准。如交通运输部《机动车维修管理规定》(交通运输部令2016年第37号,2016年修正)、《汽车维护、检测、诊断技术规范》(GB/T 18344—2016)和《机动车安全运行技术条件》(GB 7258—2012)等。

(2)汽车用户手册和维修手册。可以了解车辆的使用要求,掌握拆装规范(拆卸顺序、拧紧力矩和配合尺寸等)、调校参数(标准、许用和极限数值等)、检验方法和安全事项等内容。

(3)汽车维护企业实际生产条件。全面掌握企业现有的生产条件,如设备的规格、仪器的性能、工具的精度、工人的水平、作业区面积、配件的供应能力和流动资金规模等技术经济条件,只有深入进行调查研究,掌握上述各方面的第一手资料,才能使制订出符合企业的生产实际的工艺规程。此外,维护工艺规程必须考虑到维护企业的实际生产能力,以确保维护服务质量为前提,达到生产纲领要求。

(4)国内外先进的汽车维护工艺。制订汽车维护工艺规程时,还需掌握国内外汽车维护的先进工艺技术发展情况,以便结合企业的生产实际加以应用,使制订出的工艺规程具有先进性,并能获得最佳的经济效益。

三、汽车维护工艺过程卡编制

汽车维护作业法(Method of vehicle maintenance)是进行汽车维护作业的工艺和组织规则的总和。汽车维护作业方法分为流水作业法(Flow method of vehicle maintenance)和定位作业法(Method of vehicle maintenance on universal post)。流水作业法是指汽车在维护生产线的各个工位上按确定的工艺顺序和节拍进行作业的方法。定位作业法是指汽车在全能工位上进行维护作业的方法。汽车维护作业工艺过程的特点是：

(1)多个工位，并行作业。大部分企业都采用汽车维护定位作业法。因此，当以专业分工形式进行劳动组织时，应统筹安排作业流程。

(2)项目繁多，部位分散。一级维护基本作业有16项作业，二级维护基本作业项目达到30项。因此，为提高作业效率，可以根据作业的内容，同时进行不同作业。应尽量避免交叉干涉，遗漏作业项目。

(3)先内后外，先上后下。维护作业项目、部位遍及整车，避免涂漆表面的擦划、座椅装饰的脏污，应做好防护。同时，按照先内后外与先上后下的顺序，安排作业项目。

(4)先难后易，重点突出。尽量将工艺复杂，要求较高的作业先进行，然后安排作业量小和容易操作的项目。

二级维护工艺过程卡片格式和主要内容，见表3-1。基于工艺过程卡片内容，可以进行作业的前期准备，包括技术准备、物质准备、费用计划、安全措施和人员要求等。

二级维护工艺过程卡片 表3-1

(企业名称)				捷达		实施日期		
(文件编号)				(系列型号)		共 张		第 张
序号	项目	项数	要求	工种	设备	时间	地点	附注
1	进厂接待	1	查、建档案	接待员	计算机	0.15h	接待室	
2	车况调查	1	定检测项目	技术员	计算机	0.15h	接待室	车况录入
3	维护前检测	1	确定附加作业并填写进厂记录单	检验员	检测设备	0.30h	检测间	视检测项目
4	维护作业							
4-1	发动机	13	按照GB/T 18344有关技术要求规定进行操作，并填写过程检验记录单	发动机	换油机	0.30h	维护车间	
4-2	制动系	10		底盘		0.50h		
4-3	转向系	4						
4-4	行驶系	5						
4-5	传动系	4						
4-6	整车润滑	1			加注机			
4-7	车架车身	2						
4-8	灯光导线	2		电器	万用表	0.10h		
4-9	整车密封	1		检验员		0.10h		
4-10	照明、信号指示装置及仪表系统	4		电器	万用表	0.10h		
5	附加作业	0		维修工				视作业项目
6	竣工检验	24	依据技术标准	检验员		0.40h	检测间	
7	填合格证书	1	按规定颁发	检验员		0.15h	接待室	
8	填写维护档案	1	录入技术状态	技术员		0.20h	技术室	档案整理
9	合计	—	—	—	—	2.55h	—	—

四、汽车维护作业工艺卡编制

在工艺规范的基础上,按清洁、检查、紧固、润滑、调整和补给等作业项目分别编制作业工艺卡。若车型有特殊要求,则应单独编制作业项目工艺卡片。维护作业工艺卡片应包括以下内容:

(1)作业部位,即对车辆进行维修作业的位置。

(2)作业内容,是指完成作业所进行的操作。

(3)作业标准,是指作业应达到的质量要求以及调整、检查及校核数据等,如标准值、许用值和极限值等。

(4)作业要点,是指对同品牌、同类型车辆进行不同要求、应引起注意的关键作业项目。

(5)作业人员,包括工种、等级和数量等。

(6)作业装备,是指所用设备、使用量具和检测仪器等。

(7)作业工时,是指完成作业项目规定的时间。

(8)作业材料,是指完成作业所需要消耗的材规格、配件型号等。

(9)作业检验,是指对检验人员的要求及其方式,如签字、权限、仲裁及调解的说明。

(10)附注,包括安全事项及其他要求。

二级维护作业工艺卡片,见表3-2。点燃式发动机汽车排放性能检测工艺卡片,见表3-3。

二级维护作业工艺卡片 表3-2

<table>
<tr><td colspan="12">二级维护作业工艺卡片</td></tr>
<tr><td colspan="3" rowspan="2">(企业名称)
(文件编号)</td><td colspan="2">作业名称:整车检查</td><td>品牌</td><td>解放</td><td colspan="2">实施日期</td><td colspan="3"></td></tr>
<tr><td colspan="2">作业编号:工艺卡序号</td><td>型号</td><td>轻型车</td><td colspan="2">共 张</td><td colspan="3">第 张</td></tr>
<tr><td rowspan="2">序号</td><td rowspan="2">部位</td><td rowspan="2">内容</td><td rowspan="2">要求</td><td rowspan="2">标准</td><td colspan="7">条件</td></tr>
<tr><td>工种</td><td>等级</td><td>人数</td><td>仪器</td><td>时间</td><td>材料</td><td>检验</td></tr>
<tr><td>1</td><td>车架</td><td>检查</td><td rowspan="4">车架无变形;纵横梁无裂纹;铆接无松动;各部螺栓及拖(挂)钩、备胎架紧固可靠,无裂损、无窜动、齐全有效</td><td rowspan="7">相关项目符合GB/T 18344规定</td><td rowspan="7">检验员</td><td rowspan="7">初级</td><td rowspan="7">1</td><td rowspan="7">—</td><td rowspan="7">0.3h</td><td rowspan="7">—</td><td rowspan="7">按照要求进行过程检验并签字</td></tr>
<tr><td>2</td><td>车身</td><td>检查</td></tr>
<tr><td>3</td><td>驾驶室</td><td>检查</td></tr>
<tr><td>4</td><td>拖、挂钩</td><td>检查</td></tr>
<tr><td>5</td><td>照明信号指示装置及仪表系统</td><td>检视</td><td>齐全有效安装牢固</td></tr>
<tr><td>6</td><td>整车润滑</td><td>润滑检视</td><td>润滑良好</td></tr>
<tr><td>7</td><td>全车密封</td><td>检查</td><td>不漏油、水、气、电及尘</td></tr>
</table>

点燃式发动机汽车排放性能检测工艺卡片 表3-3

汽车排放性能检测工艺卡片							
(企业名称) (文件编号)		作业名称:定期检测	品牌	解放	实施日期		
		作业编号:工艺卡序号	型号	轻型车	共 张		第 张
序号	检测项目	检测内容	检测要求	设备	仪器	时间	附注
1	排放控制系统的外观检验	检查曲轴箱通风系统连接管是否连接正确、通畅和完好	如果有老化、龟裂、破损或堵塞则应要求车主进行维修或更换	—	—	0.2h	
		检查燃油蒸发控制系统连接管是否连接正确、通畅和完好	如果有老化、龟裂、破损或堵塞则应要求车主进行维修或更换。对于不需装备燃油蒸发控制系统的燃气汽车和替代燃料汽车,不进行此项检验				
		检查排气管、排气消声器和排气后处理装置的外观是否完好	如有腐蚀、漏气、破损,则应要求车主进行维修或更换				
2	车载诊断装置OBD的检查	对于满足国Ⅲ以上标准的装有车载诊断装置OBD的轻型车辆,读取OBD故障记录,确认OBD系统功能完好,排放控制系统工作正常	如果发现不正常,应要求车主进行维修,必要时再进行排气污染物排放检测	—	故障诊断仪	0.2h	
3	排气污染物排放量检测	检测车辆怠速和高怠速时排放的CO、HC;对于闭环电喷并装有催化转化器的车辆,还应按照标准要求检测过量空气系数λ	检测按照《点燃式发动机汽车排气污染物排放限值及测量方法工况法(双怠速法及简易工况法)》(GB 18285—2005)进行	—	废气分析仪	0.1h	

五、汽车维护作业工序卡编制

工序卡片是根据工艺卡片为一道工序制订的工艺文件。它更详细地说明整个操作过程,是用来具体指导工人操作的工艺文件。在这种卡片上要画工序简图,说明该工序每步的作业内容、工艺参数、操作要求、所用设备及测量仪器。

在汽车维护中,维护人员一定要按照技术规范和工艺要求进行操作,只有这样才能保证维护质量和安全生产,并防止违反汽车维护工艺规程的错误做法出现。

第三节 汽车维护工艺组织

一、汽车维护过程工艺组织

汽车维护企业只有根据自己的生产纲领、设备条件、人员素质及外部环境等因素,合理地组织生产才能获得良好的经济效益。汽车维护作业的组织形式有两种,既全能工段法和专业工段法。

1. 全能工段法

工段是工厂的一个车间按照作业过程划分的基层生产组织，如铸工车间里分为熔化工段和造型工段。汽车维护全能工段法是把除外表养护作业以外的其他规定作业组织在一个工段上，并把执行各工艺作业的工作人员编成一组，在定额的时间内，分部位和有顺序地完成各自的作业。全能工段法按作业方式又可分为固定工位作业法与平行交叉作业法两种。

(1)固定工位作业法。固定工位作业法是以技术水平较高的全能工人对汽车的固定部位完成其维护作业。

(2)平行交叉作业法。平行交叉作业法是以专业工种的工人在不同部位进行专业作业。

2. 专业工段法

专业工段法是把规定的各项维护作业，按其工艺特点分配在一个工段或几个工段上，各专业工人在指定工段完成各自工作，工段上配备专门设备。当专业工段按照维护作业顺序排列时，则可组织成流水线生产。

如果企业生产规模大，汽车类型单一，且企业的维护场地允许，则可用专业工段和流水作业法。若企业的汽车数量较少，车辆类型和工作制度又显著不同，则维护作业组织宜采用全能工段法。

汽车维护工艺的组织形式还涉及到企业厂房内维护工作的地点和布置的可能性，常用的有尽头式工段布置和直通式工段布置，如图 3-1 和图 3-2 所示。

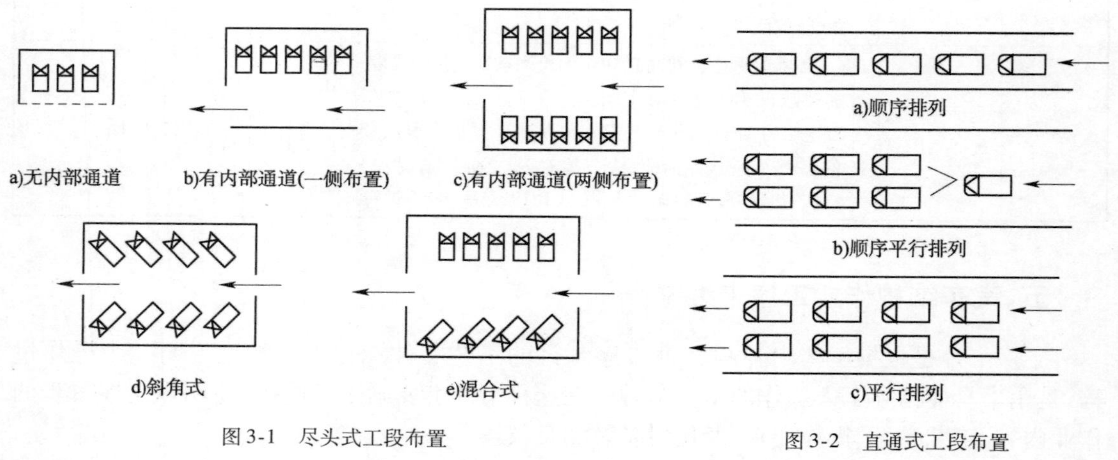

图 3-1　尽头式工段布置

图 3-2　直通式工段布置

二、二级维护工艺过程优化方法

1. 二级维护工艺过程优化方法——统筹法

统筹法是一种广泛应用在各种工程计划和实施过程中的数学方法。诸如，卫星上天计划，铁路工程计划，水电站工程计划，汽车维护及大修计划等。将统筹法应用在汽车维护工艺流程中，可缩短整个维护时间，降低费用消耗，提高利润。

统筹法是用网络图的形式把一项任务的有关项目有机地组成一个整体，合理地安排人力、物力、财力等资源，以求多快好省地完成任务的一种计划管理方法。统筹法的基本思路:

(1)运用网络形式来表示一项计划的各种工作的先后次序和相互关系。

(2)通过计算找出计划中的关键工作和关键线路;

(3)通过不断改善网络计划,选择最优方案,并付诸实施。

(4)在计划执行过程中,进行有效的控制监督,保证合理地使用人力、物力、财力,多快好省地完成任务。

汽车维护工艺过程的统筹法是利用统筹图来进行网络分析的。分析前应先将汽车维护工艺过程分成若干个工序,分析和确定各工序间的工艺性和组织性的相互联系和制约关系,确定工序间的先后顺序,并按先后顺序的联系汇编成表,按表绘制统筹图。汽车维护工艺过程的统筹图,如图3-3所示。

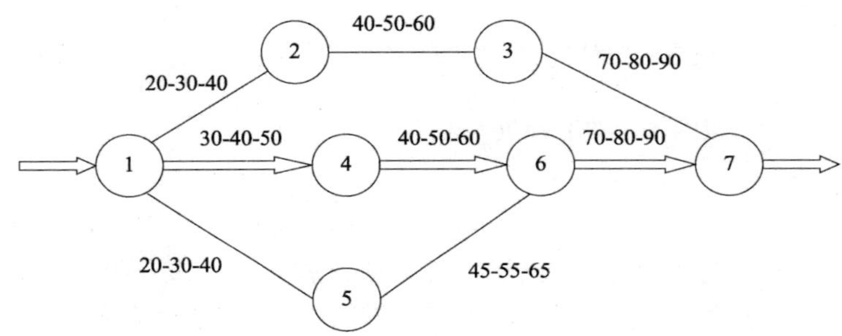

图3-3 汽车维护工艺过程统筹法简图

汽车维护工艺过程的统筹图中,圆圈代表节点,带直线代表工序,一个工序连接两个节点。从始点到终点,所有线路中所需工时最长的路线称为关键路线,用双实线标出,关键路线上的工序称为关键工序。图中有各种工序①②③④⑤⑥⑦,由①至⑦有3条线路,即①②③⑦,①④⑥⑦,①⑤⑥⑦。最关键线路是哪条呢?即最长的是哪条线路。如果我们知道是哪条,我们就会想方设法去缩短这条线路的完工时间,即缩短了总体维护工作时间。缩短关键线路办法有二,一是将人力、物力、资金用来解决关键线路。二是尽力实施平行交叉作业。关键线路解决后又可能出现新的关键线路,我们再去解决,这样整体工程计划和实施就会越来越完美。

2.统筹法的计算

华罗庚统筹方法证明,每个工序完成的时间符合正态分布。实际工作中可以统计出三个工作时间,既最短工作时间 a、最长工作时间 b 和平均工作时间 m。每一项工序工作时间均服从正态分布,分布如图3-4所示。

用它们平均时间作为该项目的完工时间,其等于各关键工序的平均时间之和。则工程平均时间:

$$T_E = \sum_{i=1}^{s} \frac{a_i + 4m_i + b_i}{6}$$

式中:T_E——整个工程平均时间;

a_i——某工序最短工作时间;

m_i——某工序最可能完成工作时间;

b_i——某工序最长工作时间;

s——工序个数。

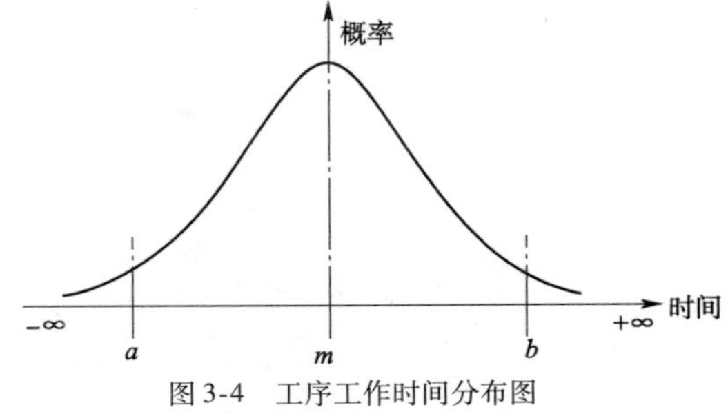

图3-4 工序工作时间分布图

工程实践标准差为：

$$\sigma_{\mathrm{E}}^{2}=\sum_{i=1}^{s}\left(\frac{b_{\mathrm{i}}-a_{\mathrm{i}}}{6}\right)$$

根据图3-3所示，①～②工序的时间 a 为20min，m 为30min，b 为40min，即20－30－40，其他类同。这样就可以计算出三条线路的各自平均值：

①②③⑦线路

$$T_{\mathrm{E}}=\frac{20+4\times30+40}{6}+\frac{40+4\times50+60}{6}+\frac{70+4\times80+90}{6}$$
$$=30+50+80=160(\mathrm{min})$$

①④⑥⑦线路

$$T_{\mathrm{E}}=\frac{30+4\times40+50}{6}+\frac{40+4\times50+60}{6}+\frac{70+4\times80+90}{6}$$
$$=40+50+80=170(\mathrm{min})$$

①⑤⑥⑦线路

$$T_{\mathrm{E}}=30+55+80=165(\mathrm{min})$$

计算结果①④⑥⑦为关键路线，也就是说完成这种工作需要170min。为使该工程缩短工作时间，一是将人力、物力、财力用在该工程关键路线上，二是尽力实施平行交叉作业。

第四节　汽车维护双人作业法

随着汽车工业的发展，新技术、新工艺、新材料被广泛地应用到汽车产品中，传统维护工艺难以适应汽车新技术的发展，汽车维护企业应该根据车型不同制订相应的维护作业工艺，提高汽车维护作业质量和效率。积极采用高效、先进的汽车维护作业方法。

汽车维护作业方法是根据同时参与维护技师人数不同分为单人作业法、双人作业法和多人作业法，如图3-5所示。传统的单人作业法和多人作业法逐步被双人作业法取代。

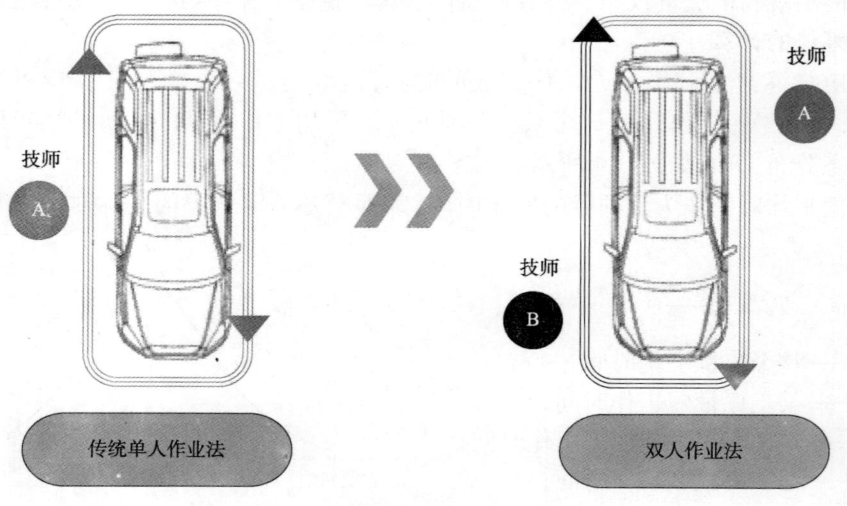

图3-5　汽车维护作业方法

一、汽车维护双人作业法优点

汽车维护双人作业法是汽车维护行业普遍认可的先进的车辆维护作业方法，它是在汽车4S店双人标准维护服务基础上，结合汽车维护作业项目及操作流程形成的作业方法。两名技工同时操作，各司其职、默契配合、高效快捷、在最短时间内按标准流程完成汽车的维护、检测作业。双人作业法有以下优点：

(1)双人维护最大的特点是高效快捷。双人维护把传统的一名技师的维护检测工作变成由两名技师共同承担。通过双人配合，缩短作业时间，提高工作效率，提高工位和设备的使用率.缩短顾客等待时间。

(2)执行合理的流程设计及严格的操作规范。双人维护根据各种车型的不同特点，依托标准要求为每款车型量身设计标准化的操作流程，并严格执行操作流程及操作规范，减少操作人员维护过程中的随意性。

(3)科学。两个人共同完成维护作业更科学。一是部分汽车维护项目需要两个人配合才能完成，比如更换制动液、拆卸大车轮胎等。二是两人相互对作业项目及作业过程进行监督，能够实现互检，有效避免维护不到位情况发生。

(4)专业维护。一方面，双人维护人员都是经过严格的培训，达到标准要求的专业人员。另一方面，采用专用维护检测工具设备，保证维护质量和检测结果的准确，提高维护效率并保护车辆的相关部件。

(5)全程记录维护作业数据：维护技师在车辆维护过程中必须按照要求填写过程检验记录单。记录维护作业数据不但能够保证维护质量，而且能够有效防止维护过程中漏项情况的产生。

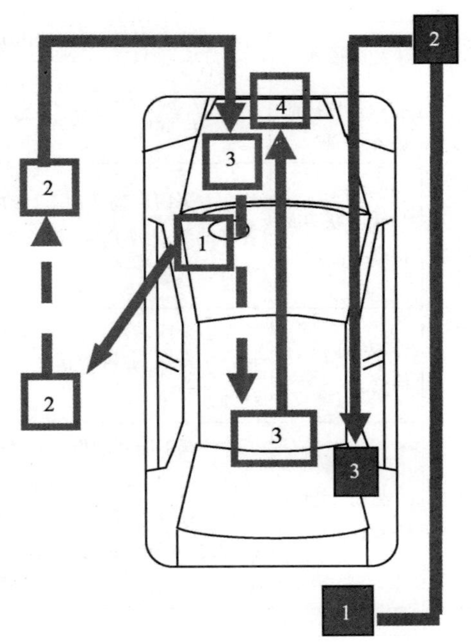

图3-6　二级维护前的检测诊断流程

二、汽车维护双人作业流程

1. 诊断检验作业流程

诊断检验的目的是确认维护作业项目和附加作业项目，主要是针对驾驶员的反映和车辆的功能检查，检查方式主要以人工检查为主，必要时辅以仪器、设备检查。诊断作业要求技师之间有充分的工作配合和信息交流。诊断作业流程如图3-6所示，作业步骤及内容见表3-4。要求右侧技师按照检查结果认真填写进厂检验单。按照GB/T 18344—2016的要求，涉及到整车性能参数检测的(如制动性能、排气污染物)和系统工作状态参数的检测(如汽缸压力、供油提前角和车轮定位角等)等需要检测的可以根据情况借助必要的设备进行检测、诊断。

二级维护前检测诊断操作步骤及内容　　表 3-4

<table>
<tr><td colspan="3">（左侧）技师</td><td colspan="3">（右侧）技师</td></tr>
<tr><td colspan="6">★左右侧技师进行维护前检测项目的检测（包括规定项目的检测及根据驾驶员反映的车辆技术状况确定的检测项目的检测），首先进行静态检测，后进行路试检测。按照以下程序进行静态检查。</td></tr>
<tr><td>步骤</td><td>作业内容</td><td>作 业 方 法</td><td>步骤</td><td>作业内容</td><td>作 业 方 法</td></tr>
<tr><td rowspan="9">1</td><td>把车辆开到工位</td><td>把车辆正确地开到工位，确认周围安全</td><td rowspan="3">1</td><td>引导车辆到工位</td><td>先在前方引导，然后移动到车辆后部</td></tr>
<tr><td>后部信号灯检查，同步确认仪表各指示灯的作用</td><td>检查信号灯开关及仪表指示是否正常，按照右侧技师的指令开启各信号灯开关，（踩下离合器踏板，挂入倒挡检查倒车灯功能）</td><td>检查后部信号灯</td><td>向左侧技师发出指令，观察示宽灯、转向信号灯、紧急信号灯、制动灯、倒车灯功能是否有效，然后移动到车前部，并作记录</td></tr>
<tr><td>排放</td><td>按照操作规程测量排气污染物</td><td>记录</td><td>操作尾气排放测试设备，记录排气污染物测量数值</td></tr>
<tr><td>前部信号灯检查，同步确认仪表各指示灯的作用</td><td>检查信号灯开关及仪表指示是否正常，按照右侧技师的指令开启各信号灯开关</td><td rowspan="6">2</td><td>检查前部信号灯</td><td>向左侧技师发出指令，观察示宽灯、转向信号灯、紧急信号灯功能是否有效，并作记录</td></tr>
<tr><td>前照灯检查</td><td>开启前照灯，并进行远近光切换</td><td>前照灯检查</td><td>检查灯罩是否齐全完好，远近光功能是否有效。记录检查结果</td></tr>
<tr><td>故障诊断</td><td>读取车载诊断系统（OBD）的故障信息</td><td>记录</td><td>记录左侧技师反馈信息</td></tr>
<tr><td>刮水器性能检查</td><td>慢，快，间隙</td><td>记录</td><td>记录左侧技师反馈信息</td></tr>
<tr><td>转向器功能检查</td><td>左右来回转动转向盘，转向器是否有发卡、阻滞现象，并将信息反馈给右侧技师</td><td>转向器功能及外观检查</td><td>移位到地沟，配合左侧技师检查转向器摇臂是否松旷，观察转向器密封是否良好，壳体有无损伤等，转向器工作是否有异响，记录检测结果</td></tr>
<tr><td>转向拉杆检查</td><td>左右来回转动转向盘，转向盘行程是否超标，并将信息反馈给右侧技师</td><td>转向拉杆检查</td><td>检查转向横直拉杆是否有裂纹、弯曲现象；检查球销是否松旷，记录检测结果</td></tr>
<tr><td>制动气（油）路检查</td><td>连续踩下制动踏板检查踏板灵敏度，用直尺测量制动踏板高度、自由行程，然后踩下制动踏板至最大行程，保持 1min，踏板是否有下移现象，并将信息反馈给右侧技师</td><td rowspan="3">3</td><td>制动管路密封性检查</td><td>先检查前部制动管路、阀、泵是否有漏气、漏油现象，然后移位到车辆后部检查制动系密封性，记录检测结果</td></tr>
<tr><td>2</td><td>轮胎检查</td><td>检查轮胎花纹深度、轮胎气压，观察轮胎表面有无破损、鼓包现象，将信息反馈给右侧技师</td><td>轮胎检查</td><td>检查轮胎花纹深度、轮胎气压，轮胎有无破损、鼓包现象，记录轮胎检测结果（先检查后轮，然后移位到前轮处）</td></tr>
<tr><td>3</td><td>底盘检测</td><td>地沟检查传动轴、车桥、变速器有无异常，将信息反馈给右侧技师</td><td>记录</td><td>记录左侧技师反馈信息</td></tr>
</table>

续上表

步骤	作业内容	作业方法	步骤	作业内容	作业方法
4	打开发动机罩	发动机罩能正常打开。检查发动机装备是否齐全	4	记录	记录左侧技师反馈信息
	空气滤清器检查	检查空气滤清器是否清洁,滤芯是否需要更换。同时将信息反馈给右侧技师		记录	记录左侧技师反馈信息
	润滑油检查	检查发动机各种区域的接触面、油封、排放塞等处是否有漏油现象;拔出机油尺,查看机油深度、油质,决定是否更换、加注机油。同时将信息反馈给右侧技师		记录	记录左侧技师反馈信息
	机油滤清器及滤芯	检查机油滤清器密封性,滤芯是否需要更换,同时将信息反馈给右侧技师		记录	记录左侧技师反馈信息
★静态作业完毕后,左右侧技师共同对车辆进行路试检验或制动性能台架检测,左侧技师操作车辆,右侧技师记录检测数据; ★制动性能检验选择“台架”或“路试”。路试制动性能采用“制动距离”或“充分发出的平均减速度 MFDD”评价; ★根据检查结果,左右技师共同确定基本作业项目和附加作业项目,确定维护所需要的零部件、材料,制定维护方案。					

2. 二级维护作业流程

二级维护作业是维护作业项目的具体实施,必须保证作业项目的完整性和维护作业的深度满足标准规定的要求,二级维护作业过程同样需要左右侧技师的通力协作。二级维护过程的作业流程如图 3-7 所示,二级维护作业步骤、内容见表 3-5。

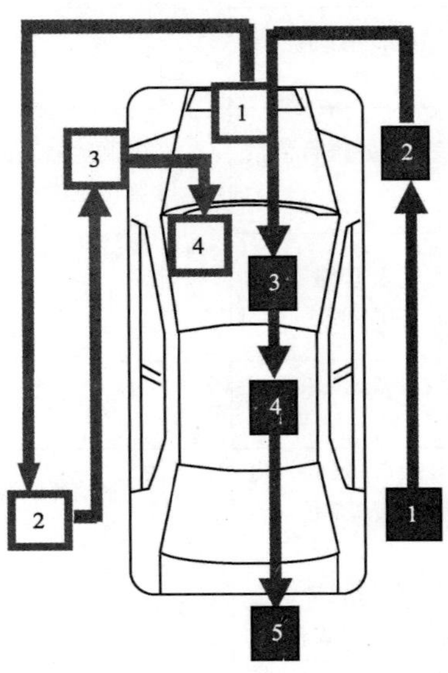

图 3-7　二级维护作业流程

二级维护过程操作步骤、内容 表3-5

（左侧）技师			（右侧）技师		
★根据所确定的维护项目及附加作业项目，由右侧技师拿着派工单到零部件部门领取零部件（桶装机油、机油滤清器、空气过滤器、放油螺塞垫片等）。					
步骤	作业内容	作业方法	步骤	作业内容	作业方法
1	更换润滑油	移位至地沟或车下，拧开放油螺塞，将废旧机油放入指定的容器内。确认废旧机油放净后拧紧放油螺塞，按照加注要求，加注润滑油，检查液面高度在合理位置，拧紧机油盖。观察各部有无漏油现象	1	拆卸右后轮制动器	按照拆卸要求拆下轮胎、制动鼓
	清洁进气管路、滤清器、滤芯	将进气管路的灰尘、杂物清除干净；取出滤芯，用高压气体设备清洁空气滤芯（若需要更换滤芯，则按要求更换滤芯），清洁完成后，按照要求安装滤芯		制动鼓/盘检查	检查制动鼓/盘有无凹槽、划痕，并清除表面油污
				制动摩擦片检查	检查制动摩擦片厚度、铆钉沉入深度（并视情更换摩擦片），清除摩擦片油污，保证摩擦片无裂纹、油污，铆接可靠
	清洁机油滤清器	拆下机油滤清器，清除杂质（若需要更换滤芯，则按照要求更换滤芯）		制动蹄检查	检查制动蹄油污裂纹和明显变形，检查支承销磨损情况，检测支承销与制动蹄孔、衬套的配合间隙是否符合原设计规定（如超标，应予以更换或调整）
	清洁燃油滤清器	拆下燃油滤清器，清除杂质，并视情更换		制动轮缸检查	对于液压制动轮缸：检查油缸密封圈有无老化和密封性能，检查活塞及轮缸缸体有无锈蚀； 对于气压制动轮缸：检查轮缸缸体有无凹陷、裂纹、变形等，并检查轮缸密封性。撬动制动推杆，推杆应动作良好，无卡滞现象
	检查增压器、中冷器	检查、清洁中冷器和增压器			
	线束及导线	检查发动机舱及其他可视的线束及导线			
	检查清洁曲轴箱通风装置	检查曲轴通风装置，并进行清洁处理		制动器复位弹簧	检查制动器复位弹簧有无明显变形（视情更换），保证复位弹簧自由长度、拉力符合原设计要求
	检查冷却装置	检查散热器、水箱及管路密封。检查水泵和节温器工作状况		半轴检查	检查半轴油封密封性，并按照要求加注润滑油，同时按照规定力矩紧固半轴螺栓
	紧固进排气歧管	检查进排气歧管外观，按照要求紧固进排气歧管		装复制动鼓	按照要求装复制动毂，并检视观察孔是否良好
	发电机、发电机调节器、起动机	清洁表面灰尘、杂质，紧固发电机、起动机，并按照要求调整传动带松紧度		制动器间隙调整	测量制动器间隙，并按照规定要求调整制动器间隙至原设计要求
	检查火花塞、高压线	检查火花塞间隙、积炭和烧蚀情况，按规定里程或时间更换火花塞。检查高压线外观及连接情况，按规定里程或时间更换高压线		轮胎装复	装上轮胎，并按照规定力矩拧紧轮胎螺栓，检查轮胎胎面，视情轮胎换位或更换轮胎，检查轮胎气压，视情补气。移位至右前轮位置

续上表

步骤	作业内容	作业方法
1	空气压缩机清洁、检查	清洁表面灰尘、油污，检查压缩机密封性能，并按照要求调整传动带松紧度
	制动助力装置	检查制动主缸及助力系统密封性，若密封圈老化、裂损应及时更换，并按照规定加注制动液
	转向助力装置	检查制动主缸及助力系统密封性，若密封圈老化、裂损应及时更换，并按照规定加注转向助力液
	离合器助力装置	检查制动主缸及助力系统密封性，若密封圈老化、裂损应及时更换，并按照规定加注离合器助力液（制动液）。发动机维护完毕，关闭发动机罩，移位至后轮制动器检查
	蓄电池检查、补给	清洁蓄电池灰尘、油污及电解杂质，按照规定补给电解液
	发动机总成	清洁发动机外部，检查隔热层。检查、校紧连接螺栓、螺母
	发动机排放机外净化装置	检查发动机排放机外净化装置
	燃油蒸发控制装置	检查外观，检查装置是否畅通，视情更换
	发动机传动带（链）	检查空气压缩机、水泵、发电机、空调机组和正时传动带（链）磨损及老化程度，视情调整传动带（链）松紧度
	发动机工作状况	检查发动机起动性能和柴油发动机停机装置。检查发动机运转情况
2	拆卸左后轮制动器	按照拆卸要求拆下轮胎、制动鼓
	制动鼓/盘检查	检查制动鼓/盘有无凹槽、划痕，并清除表面油污
2	拆卸右前轮制动器	按照拆卸要求拆下轮胎、制动鼓
	制动鼓/盘检查	检查制动鼓/盘有无凹槽、划痕，并清除表面油污
	制动摩擦片检查	检查制动摩擦片厚度、铆钉沉入深度（并视情更换摩擦片），清除摩擦片油污，保证摩擦片无裂纹、油污，铆接可靠
	制动蹄检查	检查制动蹄油污裂纹和明显变形，检查支承销磨损情况，检测支承销与制动蹄孔、衬套的配合间隙是否符合原设计规定（如超标，应予以更换或调整）
	制动轮缸检查	对于液压制动轮缸：检查油缸密封圈有无老化和密封性能，检查活塞及轮缸缸体有无锈蚀；对于气压制动轮缸：检查轮缸缸体有无凹陷、裂纹、变形等，并检查轮缸密封性。撬动制动推杆，推杆应动作良好，无卡滞现象，并测量推杆工作行程是否符合原设计要求
	制动器复位弹簧	检查制动器复位弹簧有无明显变形（视情更换），保证复位弹簧自由长度、拉力符合原设计要求
	装复制动鼓	按照要求装复制动毂，并检视观察孔是否良好
	制动器间隙调整	测量制动器间隙，并按照规定要求调整制动器间隙至原设计要求
	轮胎装复	装上轮胎，并按照规定力矩拧紧轮胎螺栓，检查轮胎胎面，视情轮胎换位或更换轮胎，检查轮胎气压，视情补气。右侧制动系维护完毕，移位至地沟或车下

续上表

步骤	作业内容	作业方法	步骤	作业内容	作业方法
2	制动摩擦片检查	检查制动摩擦片厚度、铆钉沉入深度（并视情更换摩擦片），清除摩擦片油污，保证摩擦片无裂纹、油污，铆接可靠	3	检查传动轴及传动轴中间支承	检查、润滑传动轴万向节十字轴、中间轴承；检查、调整中间支承间隙至规定值范围内；校紧各部连接螺栓
	制动蹄检查	检查制动蹄油污裂纹和明显变形，检查支承销磨损情况，检测支承销与制动蹄孔、衬套的配合间隙是否符合原设计规定（如超标，应予以更换或调整）		校紧传动轴承支架	查看连接部位松紧程度，适当调校，保证支架无松动。移位至右后轮悬架系统位置处
	制动轮缸	对于液压制动轮缸：检查油缸密封圈有无老化和密封性能，检查活塞及轮缸缸体有无锈蚀； 对于气压制动轮缸：检查轮缸缸体有无凹陷、裂纹、变形等，并检查轮缸密封性。撬动制动推杆，推杆应动作良好，无卡滞现象		检查、紧固悬架系统（包括弹性元件、减振器检查）	弹性元件应完好，无裂纹、破损等现象，并按照规定力矩紧固各部连接螺栓，查看减振系统密封性（视情更换密封元件），然后按照左后⇒左前⇒右前的顺序检查、紧固悬架系统
	制动器复位弹簧	检查制动器复位弹簧有无明显变形（视情更换），保证复位弹簧自由长度、拉力符合原设计要求	4	变速器检查	变速器壳应无凹陷、裂纹等损伤，油底壳处无漏油现象，并紧固变速器固定螺栓
	半轴检查	检查半轴油封密封性，并按照要求加注润滑油，同时按照规定力矩紧固半轴螺栓		离合器及操纵机构	离合器外观完好，操纵机构连接可靠
	装复制动鼓	按照要求装复制动毂，并检视观察孔是否良好		转向器及传动机构	确认转向器外观完好，无裂纹、凹陷等损伤，确认转向拉杆无裂纹、弯曲现象，紧固转向器及传动机构各部螺栓
	制动器间隙调整	测量制动器间隙，并按照规定要求调整制动器间隙至原设计要求		车架检查	检查车架无裂纹、变形，紧固车身与车架、发动机与车架、变速器与车架连接部位螺栓
	轮胎装复	装上轮胎，并按照规定力矩拧紧轮胎螺栓，检查轮胎胎面，视情轮胎换位或更换轮胎，检查轮胎气压，视情补气。移位至左前轮位置		车桥检查	检查车桥无裂纹和过度变形，桥壳无破损、漏油现象
3	拆卸右前轮制动器	按照拆卸要求拆下轮胎、制动鼓		排气管、消声器检查	检查、紧固排气管、消声器固定螺栓，检查排气管、消声器表面无破损
	制动鼓/盘检查	检查制动鼓/盘有无凹槽、划痕，并清除表面油污		行李舱检查	确认行李舱周围无人，开启行李舱盖，行李舱盖应开启灵活，锁止可靠。底盘作业项目维护完毕，移位至车前

续上表

步骤	作业内容	作 业 方 法	步骤	作业内容	作 业 方 法
3	制动摩擦片检查	检查制动摩擦片厚度、铆钉沉入深度(并视情更换摩擦片),清除摩擦片油污,保证摩擦片无裂纹、油污,铆接可靠	5	检查备用轮胎	把行李舱内物品移走,拆卸备用轮胎,检查轮毂和轮胎表面,确认无裂纹,无变形等异常情况,检查备胎气压
	制动蹄检查	检查制动蹄油污裂纹和明显变形,检查支承销磨损情况,检测支承销与制动蹄孔、衬套的配合间隙是否符合原设计规定(如超标,应予以更换或调整)		安装备胎	返回原来状态
	制动轮缸	对于液压制动轮缸:检查油缸密封圈有无老化和密封性能,检查活塞及轮缸缸体有无锈蚀; 对于气压制动轮缸:检查轮缸缸体有无凹陷、裂纹、变形等,并检查分泵密封性。撬动制动推杆,推杆应动作良好,无卡滞现象		检查随车工具和行李舱照明灯	是否缺少和损坏
	制动器复位弹簧	检查制动器复位弹簧有无明显变形(视情更换),保证复位弹簧自由长度、拉力符合原设计要求		把行李舱内的物品放回	摆放到原来的位置
	装复制动鼓	按照要求装复制动毂,并检视观察孔是否良好		关闭行李舱盖	轻轻的关到位
	制动器间隙调整	测量制动器间隙,并按照规定要求调整制动器间隙至原设计要求			
	轮胎装复	装上轮胎,并按照规定力矩拧紧轮胎螺栓,检查轮胎胎面,视情轮胎换位或更换轮胎,检查轮胎气压,视情补气。左侧制动系维护完毕,移位至车内			
4	座椅检查	座椅完好,连接可靠,位置调整自如			
	安全带检查	检查安全带功能是否有效,固定是否良好			
	转向盘最大自由转动量	使用转向力一角测量仪测量转向盘最大自由转动量			
	检查仪表	工作正常			
	转向、制动、离合器效能测试	确认右侧技师制动系维护完毕后,转动转向盘,踩下制动踏板、离合器踏板,确认系统工作稳定			

★该二级维护作业过程步骤和内容主要针对乘用车,客车、货车参照执行。

★作业完毕后,左侧技师对车辆进行路试检验;右侧技师收拾工具、废旧零部件。

第四章　汽车维护质量检查评定与监督

汽车维护质量评定包含汽车维护竣工质量检验和维修企业维护质量检查评定两个方面。在技术规范层面主要体现为对汽车维护质量特性的检验和评价;在管理层面主要体现为对维护质量的事中事后监管。本章分析影响汽车维护质量的因素,提出了提高汽车维护质量措施方法。并根据我国汽车维护质量的实际情况,建立了汽车维护质量检查评定评价指标及方法。

第一节　汽车维修质量管理

一、汽车维修质量的定义

质量是产品或服务满足规定和隐含需要能力的特性综合。

对汽车维修企业来说,产品是提供汽车维修服务及维修竣工出厂的车辆,而规定的需要则是指车辆维修应符合的相应竣工出厂技术条件,隐含需要则是指车主的实际要求,含对提供维修服务实际技术上达到的要求和在其他方面提出的服务要求,如维护时间、维护收费等。

由此可知,汽车维修质量从技术角度来讲,汽车经过维护与修理作业后,汽车的实际技术状况或工作能力、寿命等满足客户要求的程度。也就是汽车各项性能指标和执行功能能力的保持或恢复的程度。可用汽车动力性、经济性、安全性、环保性、可操纵性、外观等项指标来表示,并通过下列具体的参数进一步显示:功率、转矩、油耗,排放、制动力、侧滑量、操纵力、最大自由转动量、灯光强度及光束照射位置、外形尺寸、信号标志等技术指标来表达。

现行汽车维修检测标准中应用的检测评价汽车技术状况的主要参数见表4-1。可以看出,汽车维护中主要考虑的技术指标包括发动机功率、整车加速性能、驱动轮输出功率、等速百公里油耗、排放性能等。

现行汽车维修标准及评价汽车技术状况的主要参数　　表4-1

序号	标准名称(号)	主要汽车技术状况参数
1	《汽车大修竣工出厂技术条件》(GB/T 3798)	制动力、制动力平衡、制动距离、直接挡加速时间、百公里油耗、排放、噪声等
2	《汽车发动机大修竣工技术条件》(GB/T 3799)	最大功率、最大转矩、最低燃料消耗率、排放、进气管真空度、汽缸压缩压力等
3	《汽车修理质量检查评定标准—整车大修》(GB/T 15746.1)	底盘输出功率、加速时间(台试/路试)、等速百公里油耗(底盘测功机、油耗计)、定型试验规程要求的油耗参数(路试)、排放、噪声等

续上表

序号	标准名称(号)	主要汽车技术状况参数
4	《汽车修理质量检查评定标准—发动机大修》(GB/T 15746)	最大功率、最大转矩、最低燃料消耗率、进气管真空度、汽缸压缩压力、排放等
5	《汽车维护、检测、诊断工艺规范》(GB/T 18344)	制动力、制动力平衡、制动距离、灯光、排放等
6	《汽车动力性台架试验方法和评价指标》(GB/T 18276)	驱动轮轮边稳定车速
7	《道路运输车辆综合性能要求和检验方法》(GB 18565)	驱动轮轮边稳定车速、百公里油耗(台试)、制动性能、转向操纵性能、排放、噪声等
8	《道路运输车辆技术等级划分和评定要求》(JT/T 198)	驱动轮轮边稳定车速、制动性能、等速百公里油耗、排放等

二、汽车维修质量的主要影响因素

影响汽车维修质量的因素是多方面的,受人员素质、维修工艺、维修配件和维修装备质量及相关行业的发展等因素的制约。最直接影响汽车维修质量的因素主要来自于维修工艺、维修配件及物料质量、维修装备、从业人员的技能水平等方面,如图4-1所示。

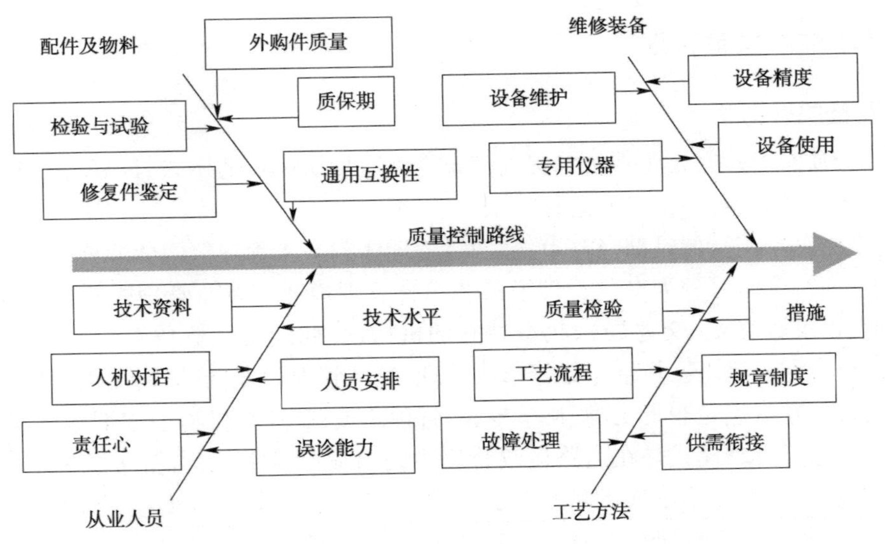

图4-1　影响汽车维修质量的主要因素

(1)传统的工艺无法满足现代汽车的维修需求。传统的汽车维修是以机械修理为核心的手工操作技艺,主要强调修理工艺并以零部件修复为手段,是总成拆装调整工艺与零件修复工艺的组合,故障检查以定性分析为基础,主要采用直观检查和少量仪表测量的方法来完成。现代汽车维修是以光、机、电、液一体化系统诊断为核心的维修调整、修理方式,以定量分析为基础，并以准确诊断故障点为目标，突出故障诊断技术。新旧维修理念和作业方式的转变，需要对维修工艺进行必要的调整及相应技术标准的更新。

（2）从业人员素质和技能水平不能适应现代汽车技术的发展，汽车维修质量的好坏关键在于维修人员的技术水平和业务素质。据调查，在广大从业人员中，多数技工未经过正规的培训，真正具备汽车故障诊断能力的技术工人还不足20%，而日本的这一比例达到40%，美国高达80%，数据表明，由于缺乏高素质的复合人才和故障诊断人才，束缚着汽车维修质量的提高和行业的技术进步。

（3）缺乏维修配件质量安全管理制度。配件质量的优劣直接影响汽车维修质量和车辆安全运行。随着现代汽车维修理念和维修方式的转变，汽车维修对配件的需求呈线性增长趋势。《机动车维修管理规定》要求汽车维修经营者不得使用假冒伪劣配件维修汽车，维修经营者应当建立采购配件登记制度，但由于缺乏与《机动车维修管理规定》配套实施的管理制度，使得配件质量难于保障，价格与价值（质量）相对背离。

（4）维修装备使用率低，智能化维修技术发展较慢在现代汽车维修中，故障诊断、质量检验评定已经成为了现代汽车维修工艺中不可缺少的环节，特别是随着现代汽车技术的发展，汽车故障的诊断、车身的矫正修复都必须借助先进的辅助设备才能保证车辆维修的顺利实施和设备的使用，有助于节约成本、提高效率，对维修质量具有一定的控制作用。虽然《汽车维修业开业条件》对维修装备作了专门的要求，但有的企业也只是出于开业查验而购买，设备质量难于得到保证（示值误差和重复性误差大）、使用率低，不能有效地满足维修需求。

三、汽车维修质量管理

（一）维修质量管理

汽车维修质量管理是指为保证和提高汽车维修质量所进行的调查、计划、协调、控制、检验、处理及信息反馈等各项活动的总称。

目前，全国基本实行的是部、省、市、县四级管理体制。从管理部门的职能、隶属关系、机构编制等情况看，全国可分为专业管理模式和综合管理模式。专业管理模式是成立专门的管理机构，直接隶属交委（交通局），具有独立的机构编制、配备专业技术人员、行政管理人员，专门负责车辆技术管理、机动车维修市场管理、配件管理、驾驶员培训学校管理等业务的行业管理模式。其优点是职责明确，科学专业，管理高效；难点是机构编制不易批准，人员配备要求较高。综合管理模式是在道路运政管理机构内编设科室，由科室来承担车辆技术管理、机动车维修市场管理等职能的管理模式。其优点是各业务科室衔接紧密，便于相互协调；缺点是力量薄弱，一岗多职，管理中易存在不到位、不规范现象。

目前，道路运输管理机构对机动车维修市场的管理主要是通过行政许可、维修质量监督、维修经营行为监管以及人员培训等方式进行。行政许可、市场监督管理工作主要由市、县级道路运输管理机构负责组织实施，道路运输管理机构采取一是引导扶持符合经济社会发展趋势的经营模式和新技术应用，二是打击违法违规经营行为，三是加强行业的学习交流等措施，达到保护正常市场经营秩序，促进管理理念转变，提高管理水平的目标。

(二)维修质量管理制度及法规体系

目前,我国主要实行"预防为主、定期检测、周期维护、视情修理"的汽车维修质量管理制度,以"企业自律"、"行业监管"、"社会监督"等多种方式加强维修质量管理。行业管理部门通过发布部门规章、技术标准以及必要的行政许可和市场监管手段,加强维修市场经营活动管理和维修质量控制管理,在行业内全面推行维修"三检"制度、维修质量保证期制度、维修档案管理制度以及维修合同管理制度等,对加强行业规范化管理发挥了积极作用。维修企业建立了以完善维修工艺,提高维修技术水平,加强企业内部质量管理为基础的自我约束机制和"以检定修"的维修检验制度,开展了 ISO 9000 质量管理体系建设,建立了维修质量目标、方针,并按照部门要求,强化了制度建设和维修合同管理,承诺质保期服务,并采取了加大资金投入、设备投入、技术投入和管理等措施来加强车辆维修质量控制,以提高维修服务能力和维修质量保障水平。

为加强维修质量管理和规范维修企业经营行为,2004 年,国务院颁布实施了《中华人民共和国道路运输条例》,以行政法规的形式确立了维修行业管理的法律地位。2005 年,交通部颁布实施了《机动车维修管理规定》,对汽车维修质量管理提出了全面要求,要求机动车维修企业应建立维修质量管理制度,包括质量管理制度、安全生产管理制度、车辆维修档案管理制度、人员培训制度、设备管理制度、配件管理制度和维修质量保证期制度等。《道路运输车辆技术管理规定》(交通运输部令 2016 年第 1 号),确定了"择优选配、正确使用、周期维护、视情修理、定期检测和适时更新"的道路运输车辆技术管理制度。这些法规、规章的颁布实施,对促进行业管理和维修企业质量管理的创新和进步提出了新的要求。

(三)汽车维护质量控制

制订汽车维护质量管理措施是必要的。从宏观上看,提高汽车维护质量,确保车辆行驶安全节能减排,延长车辆使用寿命,避免重特大事故的发生。从微观看,一旦发生责任事故时,能够找到造成事故的原因和责任。实践表明,采用有效方法能够提高车辆维护质量,关键是结合本地区本单位汽车维护管理和作业实际情况,将这些方法加以落实,并有效实施。

1. 建立健全汽车维护质量监管体系

汽车维护质量的提高,除了企业自律和市场调节外,行业管理部门有效监管是提高汽车维护质量重要手段。完善汽车维护质量监管体系包括三个方面的内容。第一,完善道路运输车辆维护过程监管体系;对维护企业作业的车辆、作业过程、出厂合格证的签发均可通过网络,由管理部门实施网上视频监控。实践证明该方法能够避免汽车维护企业弄虚作假,维护作业减项、漏项情况发生。第二,完善道路运输车辆维护质量检验评价体系。通过科学的方法对汽车维护质量进行评价. 能够发现汽车维护质量存在的问题. 有针对性制定改进措施。第三、加快机动车维修市场诚信体系建设,实施维修企业质量信誉考核制度,加强对维护企业质量信息的宣传工作,引导车主用户优先选择信誉等级高的维护企业,运用市场机制提高维护企业质量信誉等级。

2. 规范道路运输车辆维护市场秩序

为了规范道路运输车辆维护市场秩序，保障道路运输车辆维护市场健康发展，汽车维修行业管理部门按照有关规定实施道路运输车辆维护准入制度。行业管理部门应按照有关规定严格维护企业资质审查，对于取得维护资质的单位，实施定期监督检查制度。汽车维护行业管理部门监督指导汽车维护企业按照有关规定，健全并认真执行业务规程、服务规范、质量保证期等规章制度，强化车辆维护技术规范的执行力，规范维护企业经营行为。对车辆维护企业的经营行为和维护质量，由行业管理部门每季度至少抽查 1 次。对于发现的问题必须出示文字的整改意见，限期整改。对于不合格维护企业，严格执行汽车维护退出制度。

3. 严格执行维护"三单一证"制度

《机动车维修管理规定》(交通运输部令 2016 年第 37 号，2016 年修正)要求，机动车维修经营者对机动车进行维护、总成修理、整车修理的，应当执行维修前诊断检测、维修过程检验和竣工质量检验制度。因此，承担车辆维护的企业应严格接照该规章要求，全面落实。"三单一证"制度，即进厂检验记录单、维护过程检验记录单、竣工检验记录单和维修竣工出厂合格证。实践证明.实施汽车维护"三单一证"制度能够最大限度上防止汽车维护减项、漏项情况的发生，保障汽车维护质量。"三单一证"制度的实施能够保证维护企业的利益，一旦被维护的车辆发生事故，实施事故原因倒查时能够找到相应的原始资料，免除维护企业的责任。

4. 提高汽车维护、检验及管理人员的法律意识

国家法律层面上规定了二级维护制度具有强制性。《中华人民共和国道路运输条例》第三十一条"客运经营者、货运经营者应当加强对车辆的维护和检测，确保车辆符合国家规定的技术标准"。交通运输部发布实施了相关规定，要求道路运输车辆到具有相应资质的汽车维护企业按照制定的维护周期和维护内容进行周期维护。维护企业按标准实施竣工检验，并出具竣工出厂合格证。因此，承担汽车维护、检验人员必须具有法律意识，严格按照有关标准规范进行车辆维护作业，按照有关标准进行检测，并对维护作业及检测结累承担法律责任，工作中玩忽职守、弄虚作假必须受到相应的行政处理和法律制裁。

5. 加强从业人员技术培训，提高汽车维护人员技术能力

随着汽车工业的发展，新技术、新工艺、新材料被广泛地应用到汽车制造业中，汽车维修行业已发展成为技术密集型行业，汽车维护人员技术能力不适应现代汽车维护能力的需要，特别在经济欠发达地区，这个问题尤为突出。维护企业须采取有效措施加强从业人员技术培训，提高维护从业人员的素质。一是执行汽车维护技术人员从业资格制度，汽车维护企业依据《道路运输业从业人员管理规定》(交通部令 2006 年第 7 号)要求，对汽车维护从业人员进行岗前培训，持证上岗。二是对从业人员的再培训。对上岗人员定期进行车辆新结构、新技术以及执行的标准培训，包括为他们订阅相关技术管理杂志，参加技术培训班等，使在岗人员的知识得到必要的更新。三是汽车维护企业应该制订留住优秀人才的方法，包括提高薪酬待遇、解决这些人在工作、生活中实际问题等。

6. 严格的执行维护工艺规范

《汽车维护、检测、诊断技术规范》(GB/T 18344—2016)规定了汽车维护的分级和周期、维护作业要求以及质量保证。核心是汽车各级维护作业项目、作业内容和技术要求。GB/18344—2016 是保证维护质量最重要的技术文件，广大用户及维护企业应严格执行，避免出现维护作业深度不够及维护作业漏项现象。

第二节 影响汽车维护质量评价因素

一、国内外汽车维护质量的评价方法

以美国、英国为代表的西方国家在服务质量问题上已经进行了多年的研究，如质量评价方法、评价指标、评价模型等理论研究，取得了众多的成果。

一方面是建立质量评价模型。1985 年，PZB(A. Parasuraman, Zeithaml, V. and L Berry)组合提出"服务质量差距模型"，目的是分析服务质量问题产生的原因，并帮助管理者了解应如何改进服务质量。这里的差距特指广大消费者对服务的期望值与服务供给者实际提供的服务之间差距。

另一方面是数学理论的研究成果应用于质量评价。如层次分析法是美国运筹学家于 20 世纪 80 年代提出的一种实用的多方案或多目标的决策方法。其主要特征是，它合理地将定性与定量的决策结合起来，按照思维、心理的规律把决策过程层次化、数量化。综合评价法以模糊数学理论为基础，是模糊数学中的"模糊综合评判模型"。该综合评价法根据模糊数学的隶属度理论把定性评价转化为定量评价，即用模糊数学对受到多种因素制约的事物或对象做出一个总体的评价。

随着对维修质量评价研究的深入，顾客满意度评价在维修质量评价中的作用越来越重要。如 J. D. Power 公司在质量评价中充分考虑客户的评价，再如德国大众"Audit Ⅱ"评价标准。这些评价虽然是针对汽车售后服务质量，但是涵盖汽车维修质量评价的内容，对研究汽车维护质量评价有很好的借鉴作用。

J. D. Power Asia Pacific 自 2001 年开始独立开展年度中国汽车售后服务满意度调研(CSI)，以衡量顾客对中国市场授权经销商提供的保养和维修服务的满意度。评价指标采用 CSI 指数，CSI 分数越高，表明顾客对保养和维修服务越满意。

德国大众"Audit Ⅱ"评价标准，这是大众公司编制并在全球推广的专门针对汽车服务业、符合其经营理念和产品定位的汽车销售、配件销售和售后服务过程的管理体系，融国际通行标准与欧洲专业标准于一体，用全新的服务理念和管理手段最大限度地满足用户的要求，并不断超越顾客的期望。

国内在借鉴国外质量评价研究的成果上，开展了汽车维修质量评价的研究工作，完善了汽车维修质量评价指标体系。如采用模糊数学为基础的综合评定法对汽车大修质量整体指标进行评估，采用维修车辆分指标和整体指标，使用软件进行汽车维修质量评价。我国已经颁布实施《汽车修理质量检查评定方法》(GB/T 15746—2011)，该标准规定了汽车整车修理质量的评定要求及评定规则，但尚未建立汽车维护质量评定要求及评定规则。

二、影响汽车维护质量评价的因素

(一)评价指标

评价指标是评价维护质量的尺度和标准，是保证评价结果客观、全面、科学的前提和基

础。汽车维护质量评价指标的选择随着汽车技术的进步、维护质量的提高存在差异性。现代维护质量评价指标选择不仅仅是汽车竣工质量，而且包含汽车维护档案、汽车维护服务、顾客满意度等综合指标。

（二）评价指标权重

由于每项评价指标对维护质量评价影响的程度不同，因此在评价时要赋于每项评价指标不同的权重系数。现代数学有多种方法可以用来确定指标的权重，如直接评价法、相关分析法、回归分析法、专家测评法以及层次分析法等。这些方法具有不同的适用范围，必须选择合适的方法确定评价指标的权重。

（三）维护企业质量管理水平

汽车维护质量评价是建立在良好的维修企业管理基础之上的，没有良好的质量管理基础做支持，很难保证维护质量评价的准确性。严格执行相关法规文件和维护标准，提高维护企业质量管理水平，才能够采集质量评价所需要的维护质量信息。

（四）评价方法的选择

汽车维护质量的评价方法服务于质量评价的全过程，它指导质量评价如何进行，其本身的科学性与汽车维修质量水平结论的可靠性，即汽车维护质量的真实性直接关联。常用的评价方法一般可分为三类:定性评价法、定量评价法及定性和定量相结合的综合评价法。由于各种评价方法具有各自的特征，适用范围有一定的差异，因此，必须结合汽车维护质量评价的特点选择不同的评价方法。

1. 定性评价法

定性评价法主要依靠评价人员的洞察力和分析能力，借助于经验和逻辑判断能力来进行评价，如专家评议法、德尔菲法等。使用这种方法，要求评价人员有较高的专业知识和丰富的实践经验，并且具有从不完整的数据资料中找出事物本质的能力。定性评价法的优点是不受统计数据的限制，可以发挥人的智慧和经验的作用，避免和减少因统计数据不足或不精确而产生的片面性和局限性。缺点是评价中随机影响因素较多，评价结果易受评价人员主观意识、经验和知识的局限的影响，易带有个人偏见和片面性。

2. 定量评价法

定量评价法是按照评价指标体系来建立数学模型，用数学手段和计算机求得评价结果，并用数量表示一类方法。如数学分析法和主成分分析法等。其优点是完全以客观定量数据为依据，并以科学的计算方法来评价，消除许多不确定因素、个人主观意识和经验的片面性影响，具有较大的科学性和可靠性。缺点是在评价内容和表现情况比较复杂的情况下，有些评价内容很难用确切的数量表示，同时也不能解决评价人员可能背离标准打分的问题。

3. 综合评价法

综合评价法是定性和定量相结合的评价方法，有层次分析法、模糊综合评价法及神经网络法等。

层次分析法是一种定量和定性相结合的方法，能有效处理那些难于用定量分析法解决的复杂问题，将复杂问题分解为若干层次，以简单的形式逐步分析，可以将人的主观判断用数量形式表达和处理。运用层次分析法的关键在于确立较好的指标体系，而权重的判断方法有一定的主观性，在确定权重的方法上采取更加令人信服的比较客观的方法，提高评价结果的准确性、客观性。

模糊综合评价法是将模糊信息处理的理论应用于综合评价的方法。模糊综合评价法可在全面、综合考虑被评对象各项影响因素的前提下，对一个既包含了各种定量因素，又包括了各种非定量模糊因素和模糊关系的被评对象给出合理的评价值，适用于需要同时考虑多个评价因素的综合评价问题。数学计算比较简单，隶属度函数的建立在很大程度上是经验性的，需要在实践中反复修正，才能得出适合具体问题的隶属函数。模糊综合评价法具有以下特点：

(1)可以较好地解决某些只能用自然语言形式给出评价，而难以精确定量表述的评价因素的评价问题。

(2)能将定性和定量有机融合，其评判结果包含更多的评判信息。

神经网络方法模拟专家评价之全过程，有机结合知识获取、专家系统和模糊推理功能，因而具有运算速度快、容错能力强等特点。模糊神经网络通过对已知样本的分析，获得评价专家的经验、知识、主观判断及目标重要性的权重协调能力，再现专家的经验、知识和直觉思维，从而降低评价过程中的人为因素影响，保证评价结果的客观性。

第三节　汽车维护质量评价指标及方法

目前，我国已经颁布实施《汽车修理质量检查评定方法》(GB/T 15746—2011)，该标准规定了汽车整车修理质量的评定要求及评定规则，但尚未建立针对汽车维护质量评定要求及评定规则。本节参照《汽车修理质量检查评定方法》(GB/T 15746—2011)，根据我国汽车维护质量的实际情况，建立汽车维护质量检查评定评价指标及方法。

一、汽车维护质量检查评定指标

根据 PZB(A. Parasuraman, Zeithaml, V. and L Berry)提出的“服务质量差距模型”，通过对影响汽车维护质量的因素进行分析，结合我国汽车维护质量具体情况，建立汽车维护质量评价指标体系(图 4-2)。汽车维护质量评价指标体系以汽车维护竣工质量为核心，将汽车维护档案管理及汽车维护服务质量指标纳入汽车维护质量评价考核内容。汽车维护质量评价指标包括汽车维护档案、汽车维护服务质量、竣工检查(人工检查)和竣工检测(主要性能)等 4 个一级评价指标，以及 34 个二级评价指标。

1. 汽车维护档案

《机动车维修管理规定》(交通运输部令 2016 年第 37 号，2016 年修正)第三十四条规定，“对机动车进行二级维护、总成修理、整车修理的，应当建立机动车维修档案”。建立健全汽车维护档案，有利于规范汽车维护经营者的管理、保证维护质量，并可以作为分析质量事故原因、调解维护纠纷的重要依据之一。同时，也是为提高汽车维护质量需要进行的基础工作，包括汽车维护“三单一证”、维护合同、结算清单等内容。因此，评价指标设置“汽车维修档案管理”。

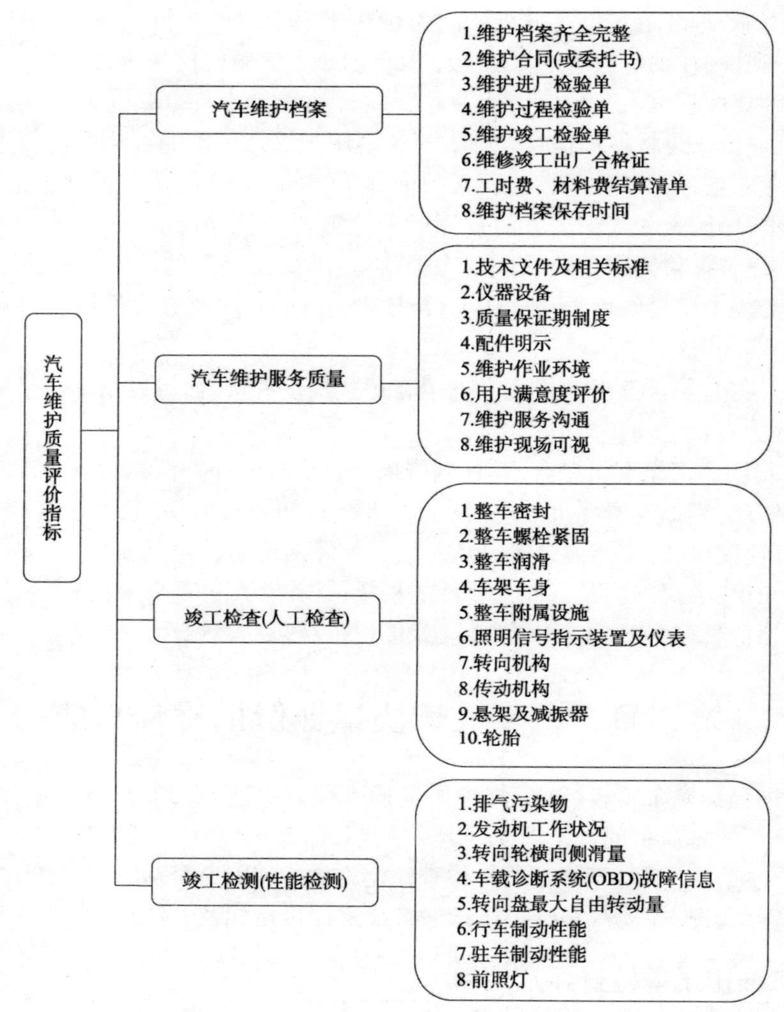

图4-2　汽车维护质量评价指标体系

汽车维修档案评价指标要求见表4-2。

汽车维护档案评价指标要求　　表4-2

序号	项　目	要　求
1	维护档案齐全完整	档案填写应清晰工整、记录真实准确、计量单位正确；档案内容齐全完整，应包括：维护合同、检验单、竣工出厂合格证（副本）及结算清单等技术文件
*2	维护合同（或委托书）	应符合相关法律、法规的规定；应明确维护项目（含附加作业项目）、维护价格和维护时间；应由托、承修双方签字确认
3	维护进厂检验单	应包括：进厂日期、维护合同编号（进厂编号）、厂牌车型、托修单位、送修车辆状态、里程表记录、整车装备及附属设施情况、外观、检验日期、承修方处理意见等。在检验单的相关位置应有检验员、送修人签字
4	维护过程检验单	检验单填写应清晰工整，过程检验项目应与合同要求检验项目对应；检验结果记录应真实准确，在检验单的相关位置应有主修人员、检验员签字

续上表

序号	项　目	要　求
5	维护竣工检验单	检验单填写应清晰工整,检验项目应符合 GB/T 18344 的相关规定,在检验单的相关位置应有质量检验员签字
*6	维修竣工出厂合格证	应使用由省级道路运输管理机构统一印制的机动车维修竣工出厂合格证;合格证填写字迹清晰工整,在合格证的相关位置应有质量检验员签字
7	工时费、材料费结算清单	结算清单应列出维护工时费明细及维护材料费明细,并注明所更换配件类别(原厂配件、副厂配件、修复件)
8	维护档案保存时间	建立车辆维护档案并保存2年以上

注:1. 带*号的项目为关键项,其余为一般项。

2. 表中的每一条目,为一个检查项次。

3. 本表中的所有评定项均为应检查的项目。

2. 汽车维护服务质量

设置“汽车维护服务质量”评价指标主要考虑两个方面:一方面,机动车维修行业是向客户提供汽车维护服务的行业,行业的属性和特性,决定了这个行业的服务功能需要不断开发和拓展。维护企业不但需要为车主(用户)提供高质量的维护服务,而且需要提供如服务人员的友好程度、预约维护时间、环境整洁等扩展服务。另一方面,汽车维护服务质量与维护质量关系密切,如维护企业使用的仪器设备是否合格、维护企业是否配备相关技术文件及标准、维护配件质量是否合格等。

汽车维护服务质量评价指标要求见表4-3。

汽车维护服务质量评价指标要求　　表4-3

序号	项　目	要　求
1	技术文件及相关标准	具有质量保证体系文件并有效运行;具有相关的法规、标准包括《机动车维修管理规定》、GB/T 7258、GB 18565、GB/T 16739. 1、GB/T 16739. 2、GB/T18344;具有维护车型相应的技术资料和工艺文件,并确保有效和及时更新
2	仪器设备	设备的配备满足有关规定,设备处于良好状态
*3	质量保证期制度	实行国家规定的质量保证期制度,企业自行规定的质量保证期不得低于国家相关规定,并予以公示
4	配件明示	具有配件库;配件摆放整齐有序;原厂配件、副厂配件和修复配件分别标识;铭牌标注配件名称、规格型号、生产企业等;明码标价
5	维护作业环境	车辆维护作业环境整洁干净;服务客户接待处环境整洁;代维护车位、接车预检区等车辆维护作业外部环境整洁
6	用户满意度评价	客户的主观综合评价包括服务人员的友好程度、回答问题是否耐心等。按约定时间交付车辆;向托修方交付结算清单,清单中工时费及材料费分项计算;使用规范票据;电话跟踪服务;车辆维修免费咨询服务
7	维护服务沟通	有规范的派工程序,派工内容完整,清晰准确;变更修理项目必须与客户沟通并确认
8	维护现场可视	维护现场可视

注:1. 带*号的项目为关键项,其余为一般项。

2. 表中的每一条目,为一个检查项次。

3. 本表中的所有评定项均为应检查的项目。

3. 竣工检查(人工检查)

汽车维护竣工后,必须对维护的车辆进行竣工检验。汽车维护竣工质量指标为评价维护质量提供基础数据,是评价维护质量重要指标。汽车维护竣工检验项目分为两部分,一部分人工检查项目,竣工检查(人工检查)项目主要是竣工车辆的外检项目。另一部分性能检测项目,主要使用仪器设备对汽车维护后的性能进行检测。这两部分指标设置多少不同,对评价维护质量重要性也不同,应该分别设置为两个一级评价指标,并赋予不同的权重系数。

竣工检验(人工检验)质量评价指标要求见表4-4。

竣工检验(人工检验)质量评价指标要求 表4-4

序号	评定项目	要　求
1	整车密封	全车密封良好,不漏油、不漏水、不漏气、不漏电
2	整车螺栓紧固	各总成外部螺栓、螺母紧固,锁销齐全有效
3	整车润滑	发动机、变速器、转向器、减速器润滑符合规定,各通气孔畅通。润滑点润滑脂加注符合要求,润滑脂嘴齐全有效
4	车架、车身	车架和车身无明显变形、断裂及开焊现象,连接可靠,车身周正。发动机罩锁扣锁紧有效。车厢铰链完好,锁扣锁紧可靠,固定集装箱箱体、货物的锁止机构工作正常。 车门和车窗应启闭轻便,不得有自行开启现象,锁止可靠;门窗应密封良好,无漏水现象;自动门窗防夹装置有效、可靠
5	整车附属设施	应齐全、完好、有效
6	照明信号指示装置及仪表	转向灯、制动灯、示廓灯、危险报警灯、雾灯、喇叭、标志灯及反射器等信号指示装置完好有效。各类仪表工作正常
*7	转向机构	转向节及臂、转向横直拉杆、球销应无裂纹和损伤,球销不松旷,各部件连接可靠
8	传动机构	变速器操纵灵活、不跳挡。变速器传动轴、主减速器无异响。离合器接合平稳,分离彻底,操作轻便,无异响、打滑、抖动和沉重等现象
9	悬架及减振器	(1)减振器稳固有效,无漏油现象; (2)悬架中的弹性元件、导向元件、支撑元件、传动元件的连接、配合无松旷、无变形; (3)钢板弹簧无断裂、移位、缺片,U形螺栓紧固,前后钢板支架无裂纹及变形
*10	轮胎	轮胎磨损在规定范围内,同轴轮胎应为相同的规格和花纹,转向轮不得使用翻新轮胎,轮胎气压符合规定,后轮辋孔与制动鼓观察孔对齐

注:1. 带*号的项目为关键项,其余为一般项。
2. 表中的每一条目,为一个检查项次。
3. 本表中的所有评定项均为应检查项目。

4. 竣工检测(性能检测)

汽车维护竣工检测(性能检测)项目主要考核汽车维护后的制动、排放、安全等主要性能的恢复情况,是评价汽车维护质量的重要指标,并赋予较大的权重系数。竣工检验(性能测试)质量评价指标要求见表4-5。

竣工检验(性能测试)质量评价指标要求 表4-5

序号	评定项目	要求
*1	排放污染物限值	汽油车采用双怠速法,应符合 GB 18285 规定。柴油车采用自由加速法,应符合 GB 3847 规定
2	发动机工作状况	在正常工作温度状态下,发动机起动三次,成功起动次数不少于两次,柴油机三次停机均应有效,发动机低、中、高速运转稳定、无异响。发动机装备齐全有效
3	转向轮横向侧滑量	符合 GB 7258 规定,道路运输车辆符合 GB 18565 规定
4	车载诊断系统(OBD)故障信息	装有车载诊断系统(OBD)的车辆,无故障信息
5	转向盘最大自由转动量	最高设计车速不小于 100km/h 的车辆,其转向盘的最大自由转动量不大于 15°,其他车辆不大于 25°
*6	行车制动性能	符合 GB 7258 规定,道路运输车辆符合 GB 18565 规定
*7	驻车制动性能	应符合 GB 7258 中有关条款的规定
8	前照灯	光束发光强度和照射位置应符合 GB 7258 中有关条款的规定

注:1. 带*号的项目为关键项,其余为一般项。
2. 表中的每一条目,为一个检查项次。
3. 本表中的所有评定项均为应检查项目。

二、应用 AHP 法和 Delphi 法确定各级指标权重

在汽车维护评价指标中,各指标对汽车维护质量的影响程度不同,用权重来表示它们在评价体系中的重要性。因此,各指标权重的合理性,决定了评价结果的真实性和可靠性。确定指标权重的方法很多,如熵值法、环比评分法等。针对汽车维护质量评价指标设计特点,采用层次分析法(AHP 法)与专家组决策法(Delphi 法)相结合的方法确定各指标的权重。

采用层次分析法(AHP 法)与专家组决策法(Delphi 法)相结合的方法确定各指标的权重,通过四个步骤实施:

(1)分析汽车维护质量评价系统中各评价指标之间的关系,建立系统递阶层次结构模型。

(2)对专家的意见,采用几何平均法进行归类处理。对同一级的各指标关于上一级中某一准则的重要性行两两比较,构造两两比较的判断矩阵。

(3)由判断矩阵计算被比较评价指标对于该准则的相对权重。

(4)计算各层评价指标对系统目标的合成权重,并进行排序。

(一)计算一级评价指标的权重系数

该评价指标包括汽车维护档案、汽车维护服务质量、竣工检验(人工检验)、竣工检测(性能检测)等4个一级评价指标。为了获得计算一级指标权重系数的原始数据,向行业管理者、汽车维修企业、高等院校等从事汽车维护的20位专家发出问卷。问卷调查内容是汽车维护档案、汽车维护服务质量、竣工检查(人工检查)、竣工检测(性能检测)等4个一级评价指标汽车维护质量评价影响的相对重要性,目的是为使用层次分析法(AHP)构造两两比较的判断矩阵。

计算一级指标权重系数的具体步骤如下:

(1)采用 Delphi 法让多位专家同时确定两两指标间的相对重要程度。指标间的相对重要程度按美国运筹学家萨提(Satyr)根据心理学原理提出的 1 ~9 标度赋值法(标度值 1、3、5、7、9 分别表示甲相对乙同等、稍微、明显、强烈、极端重要)。由此构造出第 $r(r=1,2,\cdots,s)$位专家的两两比较判断矩阵:

$$C_r=(c_{ij}^r)_{n\times n}$$

式中,c_{ij}^r表示指标 i 相对于指标 j 的重要程度。

(2)对于不同专家的意见,采用几何平均法进行归类处理。选择 s 位专家参与汽车维护质量评价指标权重的确定工作,则反应 s 位专家认为指标 i 比指标 j 重要的综合值为:

$$a_{ij}=(\prod_{r=1}^{s}c_{ij}^r)^{1/s}$$

由此得出综合判断矩阵

$$a=(a_{ij})_{4\times4}$$

以一级评价指标为例,征求 20 位专家对汽车维护质量评价指标权重意见并采用以上方法处理后得出其评价矩阵 A 见表 4-6。

(3)计算单一因素下各个指标的相对权重。求出判断矩阵的最大特征根对应的特征向量,即为评价指标的重要性(权重)排序。在此采用模型 $M(\cdot,+)$的方法计算,求取步骤如下:

①将判断矩阵每一列进行归一化处理:

$$\overline{a}_{ij}=\frac{a_{ij}}{\sum_{k=1}^{n}a_{kj}}\qquad(i,j=1,2,\cdots,n)$$

②将归一化后的矩阵按行相加得:

$$\overline{w}_i=\sum_{j=1}^{n}\overline{a}_{ij}\qquad(j=1,2,\cdots,n)$$

③再将列向量$\overline{w}=[w_1,w_2,w_3,w_4]^T$ 按正规化处理:

$$w_i=\frac{\overline{w}_i}{\sum_{j=1}^{n}\overline{w}_j}\qquad(i=1,2,\cdots,n)$$

可以得到 4 个一级评价指标的权重系数,具体权重系数值见表 4-6。

一级评价指标评价矩阵 A 表 4-6

A	汽车维护档案(u_1)	汽车维护服务质量(u_2)	竣工检查(人工检查)(u_3)	竣工检测(性能检测)(u_4)	权重系数(W_i)
汽车维护档案(u_1)	1	1/3	1/5	1/6	0.06
汽车维护服务质量(u_2)	3	1	1/3	1/2	0.17
竣工检查(人工检查(u_3)	5	3	1	1/5	0.27
竣工检测(性能检测(u_4)	6	2	5	1	0.51

(二)计算二级评价指标权重系数

汽车维护档案管理包括维护档案齐全完整等8个二级评价指标,汽车维护档案所属的二级评价指标评价矩阵 B 见表4-7。指标权重系数的计算方法与一级指标权重计算方法相同,可以得到汽车维护档案所属的二级指标权重系数见表4-8。同样计算方法,可以得到汽车维护服务质量等二级指标权重系数见表4-8。

汽车维护档案所属的二级评价指标评价矩阵 *B* 表4-7

B	u_{11}	u_{12}	u_{13}	u_{14}	u_{15}	u_{16}	u_{17}	u_{18}	权重系数(W_{ij})
维护档案齐全完整(u_{11})	1	4	2	3	4	2	2	3	0.26
维护合同(或委托书)(u_{12})	0.25	1	2	3	3	3	2	4	0.18
维护进厂检验单(u_{13})	0.5	0.5	1	2	4	4	4	3	0.17
维护过程检验单(u_{14})	0.33	0.33	0.5	1	1	3	5	2	0.11
维护竣工检验单(u_{15})	0.25	0.33	0.25	1	1	2	3	3	0.09
修竣工出厂合格证(u_{16})	0.5	0.33	0.25	0.33	0.5	1	4	2	0.08
工时费、材料费结算清单(u_{17})	0.5	0.5	0.25	0.2	0.33	0.25	1	3	0.06
维护档案保存时间(u_{18})	0.33	0.25	0.33	0.5	0.33	0.5	0.33	1	0.04

汽车维护质量二级指标权重系数 表4-8

一级指标	权重系数(W_i)	二级指标	权重系数(W_{ij})
汽车维护档案(u_1)	0.06	维护档案齐全完整(u_{11})	0.26
		维护合同(或委托书)(u_{12})	0.18
		维护进厂检验单(u_{13})	0.17
		维护过程检验单(u_{14})	0.11
		维护竣工检验单(u_{15})	0.09
		维修竣工出厂合格证(u_{16})	0.08
		工时费、材料费结算清单(u_{17})	0.06
		维护档案保存时间(u_{18})	0.04

续上表

一级指标	权重系数(W_i)	二级指标	权重系数(W_{ij})
汽车维护服务质量(u_2)	0.17	技术文件及相关标准(u_{21})	0.10
		仪器设备(u_{22})	0.20
		质量保证期制度(u_{23})	0.04
		配件明示(u_{24})	0.15
		车辆维护作业环境(u_{25})	0.10
		用户满意度评价(u_{26})	0.21
		维护服务沟通(u_{27})	0.11
		维护现场可视(u_{28})	0.09
竣工检查(人工检查)(u_3)	0.27	整车密封(u_{31})	0.11
		整车螺栓紧固(u_{32})	0.16
		整车润滑(u_{33})	0.10
		车架、车身(u_{34})	0.08
		整车附属设施(u_{35})	0.04
		照明信号指示装置及仪表(u_{36})	0.08
		转向机构(u_{37})	0.14
		传动机构(u_{38})	0.07
		悬架及减振器(u_{39})	0.10
		轮胎(u_{310})	0.12
竣工检测(性能测试)(u_4)	0.51	排气污染物(u_{41})	0.15
		发动机工作状况(u_{42})	0.09
		转向轮横向侧滑量(u_{43})	0.09
		车载诊断系统(OBD)故障信息(u_{44})	0.12
		转向盘最大自由转动量(u_{45})	0.08
		行车制动性能(u_{46})	0.20
		驻车制动性能(u_{47})	0.13
		前照灯(u_{48})	0.14

三、汽车维护质量评价结果

(一)确定评语集

评语集是评判者对评判对象可能做出的各种评价结果所组成的集合：$V_i=[V_1,V_2,\cdots,V_n]$。确定了评定因素后，还要把每个因素分成等级。根据我国汽车维护质量的实际情况，结合汽车维护质量评价方法，将汽车维护质量评语集分成4级，评语集采用模糊集合来表示 $V=$[优良，合格，基本合格，不合格]$=[V_1,V_2,V_3,V_4]$。

(二)指标因素隶属度函数及评价集的建立

根据汽车维护质量评价指标系统构成，确定评价指标集合中各个指标 $U_i(i=1,2,\cdots,$

p)评价等级 V_i($i=1,2,\cdots,m$)的隶属度 r_{ij},得到第 i 个评价指标 u_i 的单因素模糊评判向量 $R_i=(r_{i1},r_{i2},\cdots,r_{ip})$。所在 m 个评价指标的评价集就构成一个总的评价指标模糊评判矩阵 R:

$$R=\begin{bmatrix} r_{11} & r_{12} & \cdots & r_{1m} \\ r_{21} & r_{21} & \cdots & r_{2m} \\ \cdot & \cdot & \cdot & \cdot \\ r_{p1} & r_{p2} & \cdots & r_{pm} \end{bmatrix}$$

根据汽车维护质量评价指标体系可知,评价指标既有定性指标又包含定量指标,这些评价指标不宜采用简单的合格与不合格判定,应该根据汽车维护实际情况和竣工质量检测结果细分。例如,评价指标中"汽车维护档案齐全完整"应该根据档案完整情况细分,不能简单判断合格和不合格,根据档案完整齐全情况评价为Ⅰ、Ⅱ、Ⅲ、Ⅳ,即优良选:(1,0,0,0),合格选:(0,0.7,0.3,0),基本合格选:(0,0.2,0.6,0.2),不合格选:(0,0,0,1)。

汽车维护质量各项评价指标单因素评价集确定原则:

(1)根据评价指标特点,把定性的指标转变成定量的评价指标,以便采用数学的方法统计计算,使评价结果反映评价指标的真实情况。

(2)根据评价指标检测结果,根据相关标准要求,把定量的指标分级,对评价指标进行评价。

(3)对汽车维护档案的检查以查阅历史资料为主。

(4)对汽车维护服务质量核查——查阅档案和现场察看相结合的方式。

(5)对汽车维护竣工质量核查以抽查竣工检验记录单和现场选定车辆进行竣工检验相结合的方式,抽查竣工的车辆到有资质的检查机构进行竣工检验,察看检查报告单。

(6)检查评定项目按其重要程度分为"关键项"和"一般项","关键项"中有一项不合格,则判为维护质量等级不合格。

汽车维护质量评价指标体系包括汽车维护档案(u_1)等 4 个一级评价指标,以及汽车维护档案齐全完整(u_{11})等 34 个二级评价指标。汽车维护质量评价专家根据汽车维护的实际情况和汽车维护竣工检测结果,将 34 个二级评价指标评价结果分为 4 类,建立评价指标的单因素评价集见表 4-9。同理,将第二级评价结果作为汽车维护档案管理(u_1)、汽车维护服务质量(u_2)、竣工检查(人工检查)(u_3)、竣工检测(性能检测)(u_4)等第一级评价指标评价集。

汽车维护质量评价指标单因素评价集分类 表 4-9

评价因素类别	Ⅰ(优良)	Ⅱ(合格)	Ⅲ(基本合格)	Ⅳ(不合格)
单因素评价集	(1,0,0,0)	(0,0.7,0.3,0)	(0,0.2,0.6,0.2)	(0,0,0,1)

(三)评价模型

把汽车维护质量评价矩阵 R 与汽车维护质量评价指标的权重 W 进行模糊运算,得到综合评价指标 B。因此,根据综合评价指标的计算方法,建立了汽车维护质量综合指标评价模型：

$$B_i = W_i \cdot R_i = (b_{i1}, b_{i2}, b_{i3}, \cdots, b_{im})$$

$$b_{ik} = \sum_{j=1}^{m} w_{ij} r_{ijk} \qquad (i = 1,2,\cdots,n; k = 1,2,\cdots,p)$$

$$R = \begin{bmatrix} r_{11} & r_{12} & \cdots & r_{1m} \\ r_{21} & r_{21} & \cdots & r_{2m} \\ \cdot & \cdot & \cdot & \cdot \\ r_{p1} & r_{p2} & \cdots & r_{pm} \end{bmatrix}$$

$$W_i = (W_{i1}, W_{i2}, \cdots, W_{iP})$$

$$W_{iP} \in (0,1)$$

式中：B_i——汽车维护质量综合评价指标；

W_i——汽车维护质量各个评价指标所占的权重；

R_i——汽车维护质量评价矩阵。

（四）计算评分 D

为了使评估结果直观，便于比较，我们给运算结果 $B=(b_1,b_2,b_3,b_4)$ 赋予分值。设评语分为4级：优良赋予90分；合格赋予80分；基本合格赋予70分；不合格赋予0分。那么汽车维护质量评价最终计算评分为：

$$D = 90b_1 + 80b_2 + 70b_3 + 0$$

（五）评价结果判定

汽车维修企业汽车维护质量评价结果的分析，综合考虑全国同行业汽车维护质量的实际状况，征求政府行业管理部门、维护企业、高等院校专家们的意见后，制定了汽车维护质量等级评定标准，见表4-10。

汽车维护质量等级评定标准 表4-10

等级	要求		等级	要求	
	关键项次合格率	综合评价指标（分）		关键项次合格率	综合评价指标（分）
优良	$D=100\%$	$80 \leqslant D < 100$	基本合格	$D=100\%$	$60 \leqslant D < 70$
合格	$D=100\%$	$70 \leqslant D < 80$	不合格	$D<100\%$	$D<60$

四、成果应用案例

以西安市某汽车修理厂二级维护的汽车为例，采用本文建立的汽车维护指标及模糊综合评价方法对该汽车维护质量进行评价。汽车基本信息：江淮客车，柴油车，核定31人，发动机号G02B0300028，车架号：LJ18NT5E330302019。

根据维护质量评价指标权重系数，汽车维护档案（u_1）等4个第一级评价指标权重（W）

及维护档案齐全完整等 34 个第二级评价指标权重系数(W_i),具体权重系数如下。

$$W=(0.06\quad 0.17\quad 0.27\quad 0.51)$$

$$W_1=(0.26\quad 0.18\quad 0.17\quad 0.11\quad 0.09\quad 0.08\quad 0.06\quad 0.04)$$

$$W_2=(0.10\quad 0.20\quad 0.04\quad 0.15\quad 0.10\quad 0.21\quad 0.11\quad 0.09)$$

$$W_3=(0.11\quad 0.16\quad 0.10\quad 0.08\quad 0.04\quad 0.08\quad 0.14\quad 0.07\quad 0.10\quad 0.12)$$

$$W_4=(0.15\quad 0.09\quad 0.09\quad 0.12\quad 0.08\quad 0.20\quad 0.13\quad 0.14)$$

随机选择 3 名专家组成汽车维护质量检查组,各项评价指标的单因素评价集由专家根据维护实际情况和竣工检验结果,依据汽车维护评价指标要求确定,优良选:(1,0,0,0),合格选:(0,0.7,0.3,0),基本合格选:(0,0.2,0.6,0.2),不合格选:(0,0,0,1)。3 名专家根据检查结果给出以下评价值,见 $R_1\sim R_4$。将二级评价矩阵 R_i 与二级评价指标权重矩阵 W_i 进行模糊运算,得到二级汽车维护质量综合评价矩阵 B_i。

于是由

$$\begin{aligned} B_i &= W_i \cdot R_i \\ &= (b_{i1}, b_{i2}, \cdots, b_{ip}) \qquad (i=1,2,\cdots,n) \end{aligned}$$

得到:

$$B_1=(0.13\quad 0.51\quad 0.31\quad 0.05)$$

$$B_2=(0.36\quad 0.28\quad 0.23\quad 0.13)$$

$$B_3=(0.70\quad 0.17\quad 0.11\quad 0.02)$$

$$B_4=(0.58\quad 0.29\quad 0.13\quad 0)$$

$$\begin{aligned} \mathrm{B} &= W\cdot R \\ &= W_{1\times 4}\cdot R_{4\times 4} \\ &= \begin{bmatrix} 0.06 \\ 0.17 \\ 0.27 \\ 0.51 \end{bmatrix}^T \times \begin{bmatrix} 0.13 & 0.51 & 0.31 & 0.05 \\ 0.36 & 0.28 & 0.23 & 0.13 \\ 0.70 & 0.17 & 0.11 & 0.02 \\ 0.58 & 0.29 & 0.13 & 0 \end{bmatrix} \\ &= (0.55\quad 0.27\ 0.15\quad 0.03) \end{aligned}$$

$$R_1=\begin{bmatrix} 0 & 0.7 & 0.3 & 0 \\ 0 & 0.7 & 0.3 & 0 \\ 0 & 0.7 & 0.3 & 0 \\ 0 & 0.2 & 0.6 & 0.2 \\ 0 & 0.7 & 0.3 & 0 \\ 1 & 0 & 0 & 0 \\ 0 & 0.2 & 0.6 & 0.2 \\ 1 & 0 & 0 & 0 \end{bmatrix} \qquad R_2=\begin{bmatrix} 1 & 0 & 0 & 0 \\ 0 & 0.7 & 0.3 & 0 \\ 0 & 0.7 & 0.3 & 0 \\ 1 & 0 & 0 & 0 \\ 0 & 0.7 & 0.3 & 0 \\ 0 & 0.2 & 0.6 & 0.2 \\ 1 & 0 & 0 & 0 \\ 0 & 0 & 0 & 1 \end{bmatrix}$$

$$R_3 = \begin{bmatrix} 1 & 0 & 0 & 0 \\ 1 & 0 & 0 & 0 \\ 0 & 0.7 & 0.3 & 0 \\ 1 & 0 & 0 & 0 \\ 0 & 0.7 & 0.3 & 0 \\ 0 & 0.7 & 0.3 & 0 \\ 1 & 0 & 0 & 0 \\ 0 & 0.2 & 0.6 & 0.2 \\ 1 & 0 & 0 & 0 \\ 1 & 0 & 0 & 0 \end{bmatrix} \quad R_4 = \begin{bmatrix} 1 & 0 & 0 & 0 \\ 1 & 0 & 0 & 0 \\ 0 & 0.7 & 0.3 & 0 \\ 1 & 0 & 0 & 0 \\ 1 & 0 & 0 & 0 \\ 0 & 0.7 & 0.3 & 0 \\ 0 & 0.7 & 0.3 & 0 \\ 1 & 0 & 0 & 0 \end{bmatrix}$$

根据汽车维护质量综合评价结果矩阵：

$$B = (0.55 \quad 0.27 \quad 0.15 \quad 0.03)$$

根据本文确定的汽车维护质量评分标准，该车维护质量评分为82分，关键项次合格率100%。因此，该车维护质量综合评价结果为优良。

五、汽车维护质量评价管理系统

通过该系统，能够对汽车维护质量原始数据进行录入、实现自动完成汽车维护质量评价。该系统的应用提高了汽车维护质量评价的效率，通过对评价结果的技术分析能有效提高维护作业质量，为车辆安全运行技术提供了可靠保障。行业主管部门可以通过对评价结果宣传，引导广大车主用户选择质优价廉的汽车维护企业。

（一）系统基本要求

汽车维护质量评价系统是依据汽车维护质量评价描述的功能需求和数据需求编写，内容包括系统结构设计、主要功能等。

（二）汽车维护质量评价管理系统主要功能

汽车维护质量评价系统是为汽车维护质量信息的采集、处理、查询需求而开发的应用软件系统，包括评价信息录入子系统、统计分析子系统、信息查询及打印子系统、系统管理子系统。系统结构如图4-3所示。

1. 评价信息录入子系统

该模块主要完成汽车维护质量检查结果相关信息和数据录入功能。

输入：汽车维护质量档案记录内容（表4-11）。根据汽车维护质量考核记分标准，将表中各项内容的考核打分结果录入。

输出：录入完毕，提示是否继续，继续则重新转至录入界面。录入完毕，返回待打分企业列表。

2. 评价统计子系统

该子系统提供面向对象的统计分析工具，包括每个汽车维护企业维修车辆的评价等级及其所占比重，指定地区汽车维护质量评价总体情况等。便于汽车维护企业掌握本企业维护质量总体情况，也便于行业管理者有针对性的对维护企业维护质量进行监管。

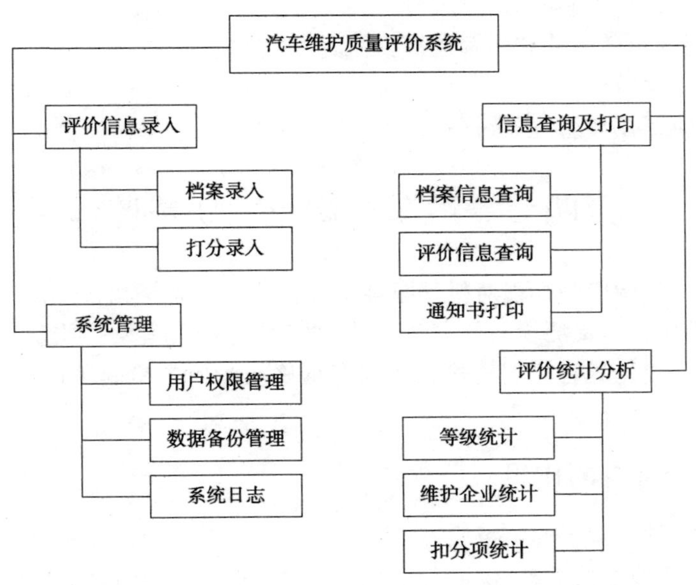

图 4-3　汽车维护质量评价系统软件主要功能

汽车维护质量档案　　　　表 4-11

<table>
<tr><td rowspan="3">维护企业信息</td><td>维修企业名称</td><td></td><td>地址</td><td></td><td>邮政编码</td><td></td></tr>
<tr><td>法人代表</td><td></td><td>电话</td><td></td><td>传真</td><td></td></tr>
<tr><td>经营许可证号</td><td></td><td>工商执照号</td><td></td><td>质量信誉等级</td><td></td></tr>
<tr><td rowspan="9">维护车辆信息</td><td>托修方</td><td></td><td>联系人</td><td></td><td>电话</td><td></td></tr>
<tr><td>车牌号</td><td></td><td>底盘号</td><td></td><td>发动机号</td><td></td></tr>
<tr><td>行驶里程</td><td></td><td>车型号</td><td></td><td></td><td></td></tr>
<tr><td>合同编号</td><td></td><td>维护项目</td><td></td><td>维护人员</td><td></td></tr>
<tr><td rowspan="5">车型分类</td><td rowspan="5">客车</td><td>小型客车（含乘用车）（$L \leqslant 6$m）</td><td rowspan="5">货车</td><td>轻型货车（$M \leqslant 3500$kg）</td><td></td></tr>
<tr><td>中型客车（6m < $L \leqslant 9$m）</td><td>大型货车（3500kg < $M \leqslant 12000$kg）</td><td></td></tr>
<tr><td>大型客车（9m < $L \leqslant 12$m）</td><td>重型货车（M > 12000kg）</td><td></td></tr>
<tr><td>特大型客车（12m < $L \leqslant 13.7$m）</td><td>低速货车、三轮汽车</td><td></td></tr>
<tr><td>—</td><td>危险货物运输车辆</td><td></td></tr>
</table>

3. 信息查询及打印子系统

该模块主要完成汽车维护质量评价结果查询及结果通知书打印功能。信息查询及打印功能是本系统基本功能，也是用户使用过程中使用频率最高的功能。从查询内容上，主要包括汽车维护质量评价考核结果。

输入:选择需要打印通知书的车牌号。

输出:按照通知书的格式和内容进行打印。

4. 系统管理子系统

该子系统提供了用户管理、数据备份等功能。

第四节 汽车维修行业质量监督

道路运输管理机构应当加强对机动车维修经营的质量监督和管理,加强事中事后监管,采用定期检查、随机抽样检测检验的方法,对机动车维修经营者维护质量进行监督。道路运输管理机构也可以委托具有法定资格的机动车维修质量监督检验单位,对机动车维护质量进行监督检验。

一、质量监督检查的作用

通过对汽车维护经营者的监督检查,可以保证国家有关方针、政策、法律、规章制度的正确贯彻执行,规范行业经营活动,保证公平竞争,促进汽车维修行业的健康发展。

(1)保护经营者的合法性。通过有关部门的监督,处罚和取缔无证无照经营业户,限制超范围经营,使合法经营者的权益得到保护。

(2)保障消费者的合法权益。通过监督检查,保证维护质量,使消费者的合法权利得到保障。

(3)开展企业间的公平竞争。通过监督检查,促进同行间的公平竞争,促进服务质量的提高。

(4)获取信息资料。通过监督检查,可以掌握企业的经营活动,了解行业发展动态,为制定相应的法规、政策,改善行业的经营服务,打下良好的基础。

二、质量监督检查的内容及方法

1. 质量监督检查的内容

(1)经营者资格监督。道路运输管理机构应当依法履行对维修经营者所取得维修经营许可的监管职责,定期核对许可登记事项和许可条件。对许可登记内容发生变化的,应当依法及时变更;对不符合法定条件的,应当责令限期改正。

按照新的《汽车维修业开业条件》监督维修企业和业户是否具备规定的经营条件;核查经营者是否具有、保持许可条件,是否保持维修业划分类等级、在经营范围内合法经营。

(2)市场行为的监督。

①维修企业是否公平竞争,有无采取不正当手段争揽维修业务的行为。

②有无违反国家财务规定,如乱收费等。

③维护质量是否合格,是否存在以旧替新、以次充好的问题。

④是否文明经营、优质服务、认真对待和解决用户投诉。

(3)承修方与托修方是否履行合同,并承担相应的责任与义务;维护结果是否有质量保证期。

(4)市场秩序的监督。市场秩序的监督主要是指维修管理部门对国家公布的相关法规、规范贯彻和执行情况的监督和检查。《道路运输车辆技术管理规定》等法律、规章规定车辆维护的具体要求,道路运输经营者应该严格执行。主要检查以下内容:

①道路运输企业应该根据车辆技术状况、运行条件,制订车辆维护计划并严格执行。

②建立机动车维修档案,维修档案齐全完整,包括“三单一证”,即进厂检验记录单、维护过程检验记录单、竣工检验记录单和维修竣工出厂合格证。

2. 质量监督检查方法

目前,各级道路运输管理机构根据自身职能,对汽车维修行业进行质量监督,主要采取以下方法:

(1)实施汽车维护质量抽检制度。各级道路运输管理机构定期对管辖区域内各汽车维修企业竣工车辆进行抽检,委托具有法定资格的汽车维修质量监督检验机构对维修质量进行检验,同时对汽车维护质量检验合格率进行统计分析和考核。

定期检查:根据管辖区域内的具体情况,政府监督部门形成的制度化检查。如对汽车维修行业进行的季检、年检。

非定期检查:政府监督部门对汽车维修行业进行的临时性抽查。如发现维修行业的某一问题时,组织有关专家进行的审查。

个别审查:政府监督部门在发生厂方与客户纠纷时,或接到群众举报或投诉,对个别厂家、个别事件进行的调查。

(2)道路运输管理机构在维修经营场所进行现场监督检查时,可采取以下措施:

①询问当事人或者有关人员,并要求其提供有关资料。

②查询、复制与违法行为有关的维修台账、票据、凭证、文件及其他资料,核对与违法行为有关的技术资料。

③在违法行为发现场所进行摄影、摄像取证。

④检查与违法行为有关的维修设备及相关机具的有关情况。

检查的情况和处理结果应当记录,并按照规定归档。当事人有权查阅监督检查记录。

(3)加强质量检验员考核。通过加强对汽车维修企业质量检验员年度审查,对检验员进行有关维修汽车送检记录及竣工出厂合格证发放台账记录等考核,以提高监督效果。

(4)开展维修质量创优活动。在行业内开展企业维修质量创优活动,对优质维修企业及个人给予表彰。

三、质量投诉处理

1. 汽车维护质量投诉处理程序

为了方便客户投诉,规范投诉处理程序,必须建立快捷、高效运行的汽车维护质量投诉处理流程。

汽车维护质量投诉工作关系到广大汽车维修消费者的切身利益,关系到社会的稳定。因此,汽车维修行业管理部门应该成立专门部门及专业人员负责客户投诉处理工作,这是适应政府职能转变,建设服务型政府和执政为民的需要,也是确保汽车维护质量投诉处理快捷、高效运行的需要,汽车维护质量投诉流程如图 4-4 所示。

首先,汽车维修行业管理部门根据客户投诉内容,进行调查并填写客户投诉调查表。如果投诉情况属实,投诉成立,分析确定维修双方责任;如果投诉不属实,向客户返回调查意见。其次,传递工作联系单。对于情况属实的投诉,填写客户投诉传递单,向责任维修企业传递。要求责任维修企业在一定时间内给与答复。最后,沟通客户意见。维修行业管理部门就责任维修企业的处理方案与客户沟通,填写客户意见表。如果同意,按照方案执行;如经调解不能达成协议或调解达成协议后,一方不履行协议,有关当事方可依法提请仲裁机构仲裁或向人民法院提起民事诉讼。

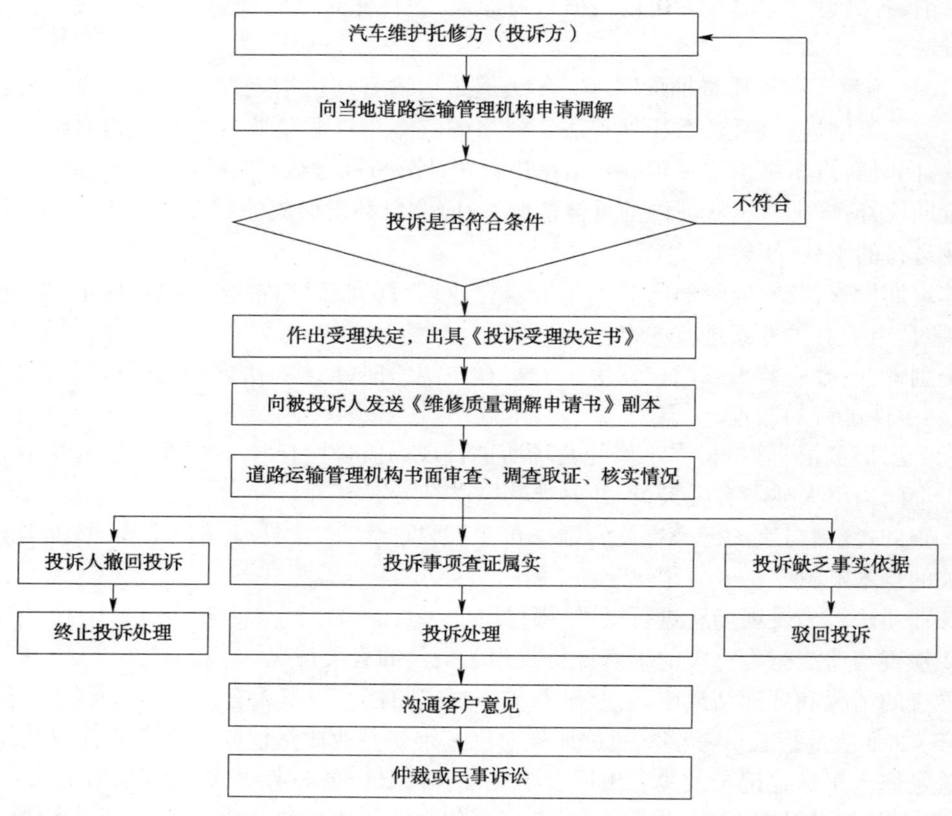

图4-4　汽车维护质量投诉流程

2. 汽车维护质量投诉处理

汽车维护质量纠纷调解系指在汽车维护质量保证期内或汽车维护合同约定期内,汽车维护业户与托修方因维护竣工出厂车辆的维护质量产生纠纷。道路运输管理机构应当受理机动车维修质量投诉,积极按照维修合同约定和相关规定调解维修质量纠纷。

(1)汽车维修的监督部门,应设置公开投诉电话、电子邮箱、通信地址,以确保投诉渠道通畅,进行投诉纠纷调解和处理。

(2)受理投诉时,应当登记投诉人姓名、单位、联系方式、被投诉人姓名或单位、地址、投诉内容、理由和有关材料。

(3)受理投诉后,应对相关证件进行保存,封存维修档案,应查清事实,分清责任,依法处理。

(4)维修质量纠纷双方当事人均有保护当事车辆原始状态的义务。必要时可拆检车辆有关部位,但双方当事人应同时在场,共同认可拆检情况。

(5)对维修质量的责任认定需要进行技术分析和鉴定,且承修方和托修方共同要求道路运输管理机构出面协调的,道路运输管理机构应当组织专家组或委托具有法定检测资格的检测机构作出技术分析和鉴定,鉴定费用由责任方承担。

(6)投诉处理应及时、公正完成;情况复杂的,经批准应在规定的时间内完成。

(7)投诉人对处理结果不服的,投诉调解未达成协议或某方不履行协议的,当事人可依法申请仲裁或向人民法院提起民事诉讼。

(8)有下列情况投诉,不属纠纷调解处理范围:

①仲裁机关或人民法院已经处理或受理该投诉事项的。

②其他行政管理部门或者消费者权益保护组织已经依法受理该投诉事项的。

③超越受理机构职权范围的。

④不提供与投诉内容相关材料的。

⑤法律、法规、规章规定不能受理的。

应　用　篇

第五章 《汽车维护、检测、诊断技术规范》(GB/T 18344—2016)释义

第一节 范 围

【条款1】 范围

本标准规定了汽车维护的分级和周期、维护作业要求以及质量保证。

本标准适用于以汽油或柴油为燃料的在用汽车,挂车可参照执行。

【释义】 本章是对《汽车维护、检测、诊断技术规范》(GB/T 18344—2016)(以下简称GB/T 18344—2016)技术内容以及适用范围的概括性说明。

GB/T 18344—2016 适用于以汽油或柴油为燃料的在用汽车,挂车可参照执行。因此,GB/T 18344—2016 是一个范围广、内容全面的汽车维护的基础性标准,适用于以汽油或柴油为燃料的在用汽车,对其他动力系统的在用汽车维护具有指导作用。

适用范围强调以汽油或柴油为燃料的在用汽车。随着汽车技术发展和环境保护的要求,燃气汽车、混合动力等新能源汽车获得了广泛的发展,这些新能源汽车的维护以 GB/T 18344—2016 为基础标准,通用部分采用该规范的要求,只是对动力装置等不同部分规定相应的维护作业要求。

挂车参照执行主要考虑两个方面的因素:一是甩挂运输是一种先进的运输组织方式,国家鼓励发展甩挂运输,使得挂车保有量获得了快速增长。随着甩挂运输的快速发展,汽车列车造成的重大事故呈现增长趋势,做好挂车的维护势在必行。二是按照国家的相关法律和规章的要求,虽然挂车没有动力系统,但由于主车和挂车都是道路货运车辆的组成部分,因此主车和挂车必须同时保持技术状况良好,必须按照《中华人民共和国道路运输条例》及《道路货物运输及站场管理规定》的规定进行定期维护。

【要点】

(1)GB/T 18344—2016 是强制性的推荐标准。

《标准化法条文解释》第十四条:“推荐性标准一旦纳入指令性文件,将具有相应的行政约束力”。GB/T 18344—2016 虽然是推荐标准,一旦经过国家法律、行政法规规定转化为强制性标准。《中华人民共和国道路运输条例》(国务院令第 666 号,2016 年修订)第三十一条“客运经营者、货运经营者应当加强对车辆的维护和检测,确保车辆符合国家规定的技术标准”。《道路运输车辆技术管理规定》(交通运输部令 2016 年第 1 号)第四条:提出了“定期检测、周期维护、视情修理”维修制度。第十六条:“道路运输经营者应当依据国家有关标准和车辆维修手册、使用说明书等,结合车辆类别、车辆运行状况、行驶里程、道路条件、使用年限等因素,自行确定车辆维护周期,确保车辆正常维护。车辆维护作业项目应当按照国家关

于汽车维护的技术规范要求确定。”

（2）GB/T 18344—2016 适用于所有在用汽车。

GB/T 18344—2016 是一个汽车维护基础性标准，适用于以汽油或柴油为燃料的所有在用汽车，对其他动力系统的在用汽车维护具有指导作用。该标准对道路运输车辆的维护具有强制性，对其他车辆的维护具有指导性。因此，GB/T 18344—2016 适用于所有在用汽车，不能误解为只是适用于道路运输车辆。

第二节　规范性引用文件

【条款 2】　规范性引用文件

下列文件对于本文件的应用是必不可少的。凡是注日期的引用文件，仅注日期的版本适用于本文件。凡是不注日期的引用文件，其最新版本（包括所有的修改单）适用于本文件。

GB 3847　车用压燃式发动机和压燃式发动机汽车排气烟度排放限值及测量方法

GB/T 5624—2005　汽车维修术语

GB 7258—2012　机动车运行安全技术条件

GB 18285　点燃式发动机汽车排气污染物排放限值及测量方法（双怠速法及简易工况法）

GB 18565　道路运输车辆综合性能要求和检验方法

【释义】　本章列出了 GB/T 18344—2016 引用标准的标准号及标准名称，共涉及 5 个标准。这些标准的内容对于本部分标准的应用必不可少，也是本标准的规范性技术内容。GB/T 5624—2005、GB 7258—2012 是注日期的引用文件，仅注日期的版本适用于本文件。GB 3847、GB 18285、GB 18565 是不注日期引用，意味着标准的最新版本（包括所有的修改单）适用于本文件。

近几年来，国家和交通行业相继颁布实施了新的标准，对汽车维护和检测工作提出了新的要求。GB/T 5624— 2005《汽车维修术语》于 2005 年 12 月 1 日实施，该标准规定了汽车维修领域中专用的或常用的术语及其定义，GB 7258—2012 是我国机动车安全技术管理最基本的技术标准，本标准将 GB 7258《机动车运行安全技术条件》列为规范性引用文件。随着我国在用车排放标准的颁布实施，维护后的车辆排放应该满足标准要求，柴油车满足 GB 3847《车用压燃式发动机和压燃式发动机汽车排气烟度排放限值及测量方法》、汽油车满足 GB 18285《点燃式发动机汽车排气污染物排放限值及测量方法（双怠速法及简易工况法）》。因此，将这两个标准作为规范性引用文件。

GB 18565《道路运输车辆综合性能要求和检验方法》规定了道路运输车辆综合性能的技术要求和检验方法。该标准适用于拟进入道路运输市场车辆（申请从事道路运输的车辆）燃料消耗量型式核准后的生产一致性核查和性能审验，同时适用于在用道路运输车辆的技术性能检验。道路运输车辆除满足 GB 7258 规定外，还应满足 GB 18565 的规定。因此，引用标准增加了 GB 18565《道路运输车辆综合性能要求和检验方法》。

【要点】　为了更好地理解执行 GB/T 18344—2016，汽车维护、检验人员应掌握规范性引用文件相关技术要求,对车辆进行科学维护和检测。

第三节 术语和定义

【条款3】 下列术语和定义适用于本文件

(1)汽车 motor vehicle

由动力驱动,具有四个或四个以上车轮的非轨道承载的车辆,主要用于:

——载运人员和/或货物(物品);

——牵引载运货物(物品)的车辆或特殊用途的车辆;

——专项作业。

(2)挂车 trailer

设计和制造上需由汽车或拖拉机牵引,才能在道路上正常使用的无动力道路车辆,包括牵引杆挂车、中置轴挂车和半挂车,用于:

——载运货物;

——专项作业。

(3)日常维护 daily maintenance

以清洁、补给和安全性能检视为中心内容的维护作业。

(4)一级维护 elementary maintenance

除日常维护作业外,以润滑、紧固为作业中心内容,并检查有关制动、操纵等系统中的安全部件的维护作业。

(5)二级维护 complete maintenance

除一级维护作业外,以检查、调整制动系、转向操纵系、悬架等安全部件,并拆检轮胎,进行轮胎换位,检查调整发动机工作状况和汽车排放相关系统等为主的维护作业。

【释义】 本章是对GB/T 18344—2016的相关术语做出的定义,共5条。其中,“日常维护”、“一级维护”和“二级维护”的定义是对GB/T 5624界定的术语和定义的重复;“汽车”和“挂车”的定义是对GB 7258中界定的术语和定义的重复。目的是方便标准使用者查询和使用。

【要点】 为了更好地理解执行GB/T 18344—2016,道路运输经营者、广大车主用户及维护人员应理解掌握上述术语及其定义,根据各级维护内容及技术要求对车辆进行周期维护。

第四节 汽车维护的分级和周期

【条款4.1】 维护分级

汽车维护分为日常维护、一级维护和二级维护。

【释义】 汽车维护分级是按汽车行驶里程间隔(或时间间隔)、维护作业内容划分的不同的等级。根据汽车磨损规律和汽车可靠性理论,考虑国外汽车维护分级,结合我国汽车产品可靠性现状及使用特征,GB/T 18344—2016延续了GB/T 18344—2001汽车维护的分级,汽车维护分为三级:日常维护、一级维护和二级维护。《汽车维修术语》(GB/T 5624—2005)给出了这三级维护的术语和定义。

日常维护:以清洁、补给和安全性能检视为中心内容的维护作业。

一级维护:除日常维护作业外,以润滑、紧固为作业中心内容,并检查有关制动、操纵等系统中的安全部件的维护作业。

二级维护:除一级维护作业外,以检查、调整制动系、转向操纵系、悬架等安全部件,并拆检轮胎,进行轮胎换位,检查调整发动机工作状况和汽车排放相关系统等为主的维护作业。

1. 基于磨损理论和可靠性理论的汽车维护分级

汽车维护分级的理论基础是磨损理论和可靠性理论。根据汽车磨损理论,有形磨损通过相应的维护措施可以周期性地消除。汽车经过一段时间使用而产生故障或使技术性能下降,这些故障往往是可以看到或者通过仪器测量的,如汽车安全性下降、动力性下降、油耗增加、振动加大等。汽车有形磨损主要发生在使用过程中,它产生的原因主要是机件配合副的机械磨损、基础零件的变形、零件的疲劳破坏等。汽车在闲置过程中也发生有形磨损,如长期不用而生锈,日晒、雨淋使车身漆面及轮胎等橡胶件老化,或因其他管理不善和缺乏正确的管理而引起的其他损失。

根据汽车可靠性理论,汽车在全寿命周期内,故障率或技术性能随着时间呈现规律性变化,这就是故障率函数曲线。从故障率函数曲线的变化趋势来看,故障率随时间的变化规律,分为早期故障、偶然故障、耗损故障三种类型。通过各级维护作业消除因各种失调或损伤而造成的车辆故障,恢复车辆的技术性能。

2. 汽车维护分级作用

根据汽车零部件的磨损规律,把磨损、松动、脏污和易于发生故障部位等项目集中起来,在达到允许工作极限之前,分级分期强制进行相应的清洁、检查、补给、润滑、紧固和调整。因此,汽车维护分级对于延长汽车的使用寿命和保持车辆技术状态具有重要作用。

1)汽车维护分级遵循了事物内在的客观规律

由于零件在汽车中所处的位置及摩擦工况不同,以及制造质量和功能等原因,并不是所有零部件磨损曲线都相同。如密封件(油封)、燃油泵的精密偶件等,它们失效的原因,并不是因为在它们使用末期出现极限磨损,而是由于它们的磨损量已影响不能完成自身功能的限度。其他一些元件,例如电器导线、蓄电池、各种油管、油箱等,它们实际上没有初始工作磨损较快阶段。因此,必须根据汽车零部件的磨损情况,制定相应维护周期和维护内容。

2)汽车及零部件的结构设计、使用材料不同决定了汽车维护分级

随着新技术、新材料在汽车产品中的应用,对汽车零部件及总成的维护提出了新的要求。如广泛采用免维护结构设计,美驰车桥一体式轮端润滑油润滑,这种结构的轴承经密封并保持永久性润滑,其后不再需要进行润滑、拆卸和维护。如现代大吨位车桥盘式制动器轮毂轴承采用润滑油润滑,相对于润滑脂润滑换油周期长,相应轮毂轴承不需要维护。而鼓式制动器一般采用润滑脂润滑,由于润滑脂寿命短,相应轮毂轴承需要维护。如使用发动机润滑油质量等级不同,相应的换油周期也存在差异。

3)汽车使用条件、驾驶习惯不同决定了汽车维护分级

汽车在使用过程中,受各种因素的影响,其零部件必然产生不同程度的磨损、损伤、变形和松动等。如有的汽车长期在山区或泥泞道路行驶,导致悬架系统橡胶件早期损坏;有的汽车长期在城市道路中行驶,发动机很少高速运转,导致燃烧室和进气管道内积炭严重,使得发动机工作抖动,甚至自动熄火等。大气条件因素,如长期在沿海城市中使用的车辆,因长期受海风潮湿空气的影响,导致漆面及底盘早期损坏,使得底盘上的金属过早被腐蚀等。如驾驶员由于驾驶习惯的不合理,通常会导致部分零部件早期磨损;再如有的汽车驾驶员对离合器使用方法不当,使得离合器摩擦片及离合器压盘、分离轴承过早损坏等。针对磨损情况对汽车维护进行分级,采取相应维护措施,避免零部件的早期损坏,延长汽车的使用寿命。

4)汽车维护分级也是国际上通行的做法

美国的汽车维修制度亦采用计划预防维修制度。它将维修工作分为五级,其中维护工作三级(A、B、C),相当于日常维护、一级维护、二级维护,修理分为二级(D,E)美国军队和大型运输企业均采用这种制度。其维护间隔里程较长,例如C级周期值为20000km以上。

日本的维修制度大体和美国的维修制度相同。在2000年修订实施《道路运输车辆法》规定,营运汽车出车前必须进行例行维护,营运汽车每隔3个月、12个月必须按各个机构和装置的维护部位分别实施内容不同的预防性维护。另外,在飞机维护、病人护理等其他领域的维护作业,一般也按照三级维护进行分级。

【要点】

1. 磨损理论

磨损是伴随摩擦而产生的必然结果,它是相互接触的物体在相对运动时,表层材料不断发生损耗的过程。磨损过程大致可分为“跑合”阶段、“稳定”磨损阶段和“剧烈”磨损阶段三个阶段,典型的磨损特性曲线为浴盆曲线。图5-1所示为典型的磨损特性曲线(浴盆曲线)。

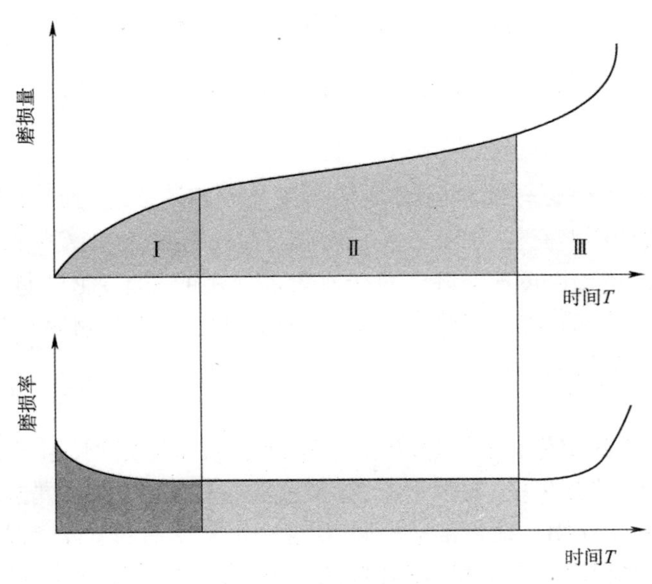

图5-1 典型的磨损特性曲线(浴盆曲线)

图中的纵坐标表示单位时间的磨损量,称磨损率。通常在磨合期内,磨损率比较大,并是递降的。然后进入一个较长时间的稳定期,磨损率较小并保持不变。直至某一点,斜率陡升,这预兆着磨损急剧增大,失效即将发生。对于一些磨损过程,例如滚动轴承或齿轮中发生的表面疲劳磨损,开始时磨损率可能为零,当工作时间达到一定数值后,点蚀开始出现并迅速扩展,磨损率迅速上升,很快发展为大面积剥落和完全失效。

掌握汽车有形磨损规律,可以研究如何使初期磨损阶段缩短,正常磨损阶段增长,避免出现剧烈磨损的问题。初期磨损阶段缩短,说明设备的零件、部件加工制造的精度高、质量好。正常磨损阶段长,说明了零部件的磨损速度低,使用寿命长,可以减少更换或修复的次数和停机时间,可提高汽车的利用率。如果能控制零部件的磨损在未进入剧烈磨损阶段时,就采取相应的维护措施,以保持汽车良好的技术状况。

2. 可靠性理论

可靠性指产品在规定的使用条件下和规定的时间内完成规定功能的能力。汽车的可靠性取决于汽车本身的固有可靠性以及汽车的使用、维修水平,并与汽车的使用条件有关。可靠性衡量指标采用故障率函数曲线,如图 5-2 所示,故障率函数曲线描述了失效率随时间而变化的规律。从曲线的变化趋势来看,故障率随时间的变化规律,分为早期故障、偶然故障、耗损故障三种类型,同时也分别对应着三个故障期。

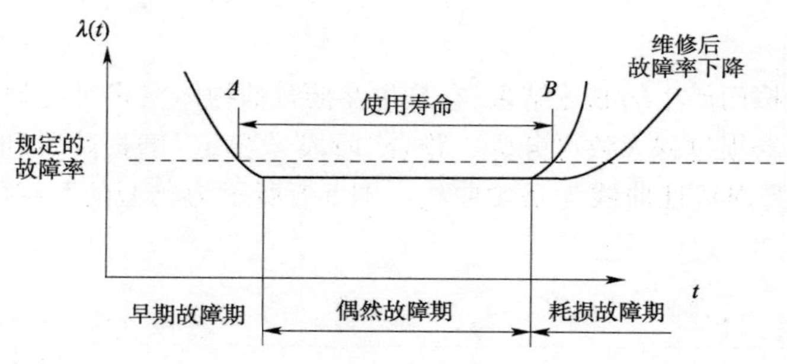

图 5-2　产品典型的故障率曲线

1)早期故障期

产品本身存在着某种缺陷,如各摩擦副间的配合间隙不得当、加工精度不符合要求、材料存在内部缺陷、设计不够完善、加工工艺不当等。在此期间,汽车发生故障的可能性很大,但故障率随着时间的增加而迅速下降。对于刚投入使用的新车,使早期故障减少的有效途径是加强走合期的维护和管理。实验表明:汽车的使用寿命、工作可靠性和经济性在很大程度上取决于汽车使用的初期走合。

2)偶然故障期

在此期间,故障率的变化趋于稳定,接近常数,属故障率恒定型,相当于正常使用期。此类故障多由操作不当、装配失控、润滑不良、维护欠佳、材料及隐患等偶然因素而引发,没有一种特定的原因起主导作用。在正常使用期内,应在正常使用的基础上,执行“预防为主、定期检测、强制维护、视情修理”的方针,以降低故障率,维持并保证汽车的完好技术状况和工作能力。

3)耗损故障期

故障率随着时间的增加而迅速增加,属故障率递增型。由于汽车产品的老化、磨损和疲劳,引起其油耗增大,性能下降,维修费用增加,汽车运用成本升高;但汽车属于可维修性产品,在损耗期即将来临之前,通过对发动机工作状态的调整,对整车零部件的维护和更换,可以延长汽车的有效寿命,推迟耗损期的出现。

【条款4.2】 维护周期

【条款4.2.1】 日常维护周期

日常维护周期为出车前、行车中和收车后。

【释义】 以上条款给出了汽车日常维护周期。汽车日常维护周期是每日出车前,行车中和收车后,由驾驶员负责执行的车辆维护作业,其中心内容是清洁,补给和安全检视。

【要点】 理论和实践证明,汽车故障可以通过驾驶员的日常维护发现和解决,日常维护是保持车辆良好技术状况的基础。日常维护对于保障行车安全,保证运输的经济性,提高车辆完好率具有重要作用。

【条款4.2.2】 一级维护周期和二级维护周期

【条款4.2.2.1】 汽车一级维护、二级维护周期的确定应以行驶里程间隔为基本依据,行驶里程间隔执行车辆维修资料等有关技术文件的规定。

【条款4.2.2.2】 对于不使用行驶里程间隔统计、考核的汽车,可用行驶时间间隔确定一级维护、二级维护周期。

【释义】 以上条款给出了制定维护周期的基本原则。

汽车维护周期指汽车进行同级维护之间的间隔期,以汽车行驶里程为基本依据,考虑汽车车型不同,以及汽车使用条件不同,参照汽车使用说明书、维修手册的有关规定,按照车型进行分类。同时,对于不使用行驶里程间隔统计、考核的汽车,可用行驶时间间隔确定一级维护、二级维护周期。具体理解如下:

(1)汽车维护周期的确定以行驶里程间隔为基本依据。制定车辆维护周期的理论依据是磨损理论和可靠性理论。汽车零部件及电器元件都会随着使用时间的延长而发生性能衰减,磨损量随着时间的不断延长而逐渐增大,可靠性必然会随着使用时间的不断延长而逐渐降低,这种性能衰减是有着其固有规律的。依据长期实践和理论分析找出相关零部件和润滑材料的使用寿命和失效时限规律特征,并根据其规律特征在适当的时机予以维护,确保车辆处于良好的技术状态。

(2)对于不使用行驶里程间隔统计、考核的汽车,可用行驶时间间隔确定维护周期。如使用说明书或维修手册未明确规定行驶里程周期或虽已规定但不易执行的。如车辆长时间不用或是行驶里程很少,无法使用行驶里程间隔确定的。使用频率低的车辆,表面上看各部件基本没有磨损,而实际上,这种工作方式对车辆的损害更大。长期停放会使机油、制动液、防冻液、电解液氧化变质,轮胎及轮辋变形。

(3)汽车维护周期执行汽车使用说明书或维修手册规定的维护周期。一是汽车制造企业在大量试验基础上,规定零部件及润滑材料的维护周期。二是随着汽车制造新技术和新材料的广泛应用,车辆维修资料中对某些系统、总成和装置规定特定的维护周期,如免维护轮毂等。

【要点】 汽车使用说明书或维修手册规定的维护周期是汽车制造企业在大量试验和理论分析基础上提出的,具有科学性和可操作性。因此,汽车维护周期执行汽车使用说明书或维修手册的规定。

【条款4.2.2.3】 道路运输车辆一级维护、二级维护推荐周期参见附录A.1。

道路运输车辆一级维护、二级维护推荐周期 表A.1

适用车型		维护周期	
		一级维护行驶里程间隔上限值或行驶时间间隔上限值	二级维护行驶里程间隔上限值或行驶时间间隔上限值
客车	小型客车(含乘用车)(车长≤6m)	10000km或30日	40000km或120日
	中型及以上客车(车长>6m)	15000km或30日	50000km或120日
货车	轻型货车(最大设计总质量≤3500kg)	10000km或30日	40000km或120日
	轻型以上货车(最大设计总质量>3500kg)	15000km或30日	50000km或120日
挂车		15000km或30日	50000km或120日
注:对于以山区、沙漠、炎热、寒冷等特殊运行环境为主的道路运输车辆,可适当缩短维护周期。			

【释义】 以上条款给出了道路运输车辆一级维护、二级维护推荐周期。

道路运输车辆维护推荐周期说明如下:

1. 车型分类

维护周期主要按照道路运输车辆的用途对车型进行分类。车型分类参考了日本、德国和美国确定的道路运输车辆车型分类。国外车型分类有两个特点,一是主要按照车辆的用途分类,二是车型划分简单。

客车分类参照《营运客车类型划分及等级评定》(JT/T 325—2013),JT/T 325—2013客车类型划分具体见表5-1。货车分类参照《机动车辆和挂车分类》(GB/T 15089—2001),GB/T 15089—2001货车类型划分具体见表5-2。

GB/T 18344—2016将客车分为乘用车和客车,乘用车不再分类,客车按照用途分为2类,即小型客车(含乘用车)(车长≤6m)、中型及以上客车(车长>6m)。GB/T 18344—2016将货车分为轻型货车(最大设计总质量≤3500kg)、轻型以上货车(最大设计总质量>3500kg)。

客车类型划分 表5-1

类型	特大型[a,b]	大型	中型	小型
车长(L)	$13.7 \geq L > 12$	$12 \geq L > 9$	$9 \geq L > 6$	$6 \geq L > 3.5$

注:a 三轴客车。

b 包括双层客车。

汽车及挂车分类 表 5-2

<table>
<tr><th colspan="3">车辆类型</th><th>座位数</th><th>最大设计总质量(kg)</th><th>说 明</th></tr>
<tr><td rowspan="3">M类</td><td rowspan="3">至少有四个车轮并且用于载客的机动车辆</td><td>M_1类</td><td>≤9</td><td>—</td><td>包括驾驶员座位在内,座位数不超过9座的载客车辆</td></tr>
<tr><td>M_2类</td><td rowspan="2">>9</td><td>≤5000</td><td>包括驾驶员座位在内,座位数超过9个,且最大设计总质量不超过5000kg的载客车辆</td></tr>
<tr><td>M_3类</td><td>>5000</td><td>包括驾驶员座位在内,座位数超过9个,且最大设计总质量超过5000kg的载客车辆</td></tr>
<tr><td rowspan="3">N类</td><td rowspan="3">至少有四个车轮并且用于载货的机动车辆</td><td>N_1类</td><td>—</td><td>≤3500</td><td>最大设计总质量不超过3500kg的载货车辆</td></tr>
<tr><td>N_2类</td><td>—</td><td>>3500~12000</td><td>最大设计总质量超过3500kg,但不超过12000kg的载货车辆</td></tr>
<tr><td>N_3类</td><td>—</td><td>>12000</td><td>最大设计总质量超过12000kg的载货车辆</td></tr>
<tr><td rowspan="4">O类</td><td rowspan="4">挂车(包括半挂车)</td><td>O_1类</td><td>—</td><td>≤750</td><td>最大设计总质量不超过750kg的挂车</td></tr>
<tr><td>O_2类</td><td>—</td><td>>750~3500</td><td>最大设计总质量超过750kg,但不超过3500kg的挂车</td></tr>
<tr><td>O_3类</td><td>—</td><td>>3500~10000</td><td>最大设计总质量超过3500kg,但不超过10000kg的挂车</td></tr>
<tr><td>O_4类</td><td>—</td><td>>10000</td><td>最大设计总质量超过10000kg的挂车</td></tr>
</table>

注:1. 座位数是指包括驾驶员在内的座位。

2. GB/T 15089—2001 的分类还包括G类,即满足一定要求的M类、N类越野车。

2. 现代汽车故障规律及特征

为了掌握现代汽车整车及总成故障规律及特征,标准修订课题组分别对合肥、郑州、成都、哈尔滨等4城市道路运输车辆展开调研工作,调研单位包括安徽省合肥汽车客运有限公司、郑州交通运输集团、成都长途运输集团、成都成宇运业有限公司、四川省成都运输公司高速客运分公司、成都运输公司崇州分公司、四川省汽车运输成都公司第一分公司,调研过程中搜集、统计分析了道路运输车辆故障数据,得到了现代汽车基本的故障规律及特征:

(1)不同车辆的瞬时平均故障间隔大小有别,但变化趋势大致相同。

(2)新车投入使用的0~40万km,瞬时平均故障间隔里程较大且有变化,故障不服从指数分布,可以采取较长维护周期;进入有效寿命期,瞬时平均故障间隔里程较前期小且趋于恒定,故障服从指数分布,有效寿命期维护周期应小于新车投入使用初期的。

(3)通过分析计算大型和中型车的平均首次故障里程可以发现,首次故障的平均水平都在7000km以上,均为三级故障,且大、中型汽车基本没有差别。

(4)汽车当量故障率统计计算结果见表5-3。

汽车当量故障率 表 5-3

系统名称	发动机	制动系	转向系	行驶系	传动系	电气系统
当量故障率(次/万km)	0.84	0.21	0.24	0.04	0.43	0.52

(5)调研结果表明,我国客运车辆单车平均年行驶里程10.36万km,货运车辆单车平均年行驶里程8.06万km,从事长途运营的客、货车辆单车年行驶里程在15万~20万km,短途及城市物流、配送车辆的单车年行驶里程在3万~5万km。

按10个月计算(扣除维修、维护时间及节假日),客车月平均行驶里程约为1.1万km,货车月平均行驶里程约为0.8万km,长途运营的客、货车辆单车月平均行驶里程在1.5万~2.0万km,短途及城市物流、配送车辆的单车年行驶里程在0.3万~0.5万km。

(6)确定二级维护周期。确定汽车二级维护周期应该综合考虑汽车维护周期的影响因素,重点是汽车安全零部件、总成失效的周期。根据"汽车当量故障率计算结果"(表5-4),依据与行车安全具有强相关性的制动系当量故障率为二级维护周期的确定依据,要求在二级维护周期内制动系当量故障率不能大于1次,即汽车的二级维护里程不宜超过50000km。

制动系、转向系、行驶系当量故障率计算 表5-4

系统 / 分类	制动系	转向系	行驶系
当量故障率	0.21次/万km	0.24次/万km	0.04次/万km
规定当量故障率	1.05次/5万km	1.08次/4万km	0.18次/4万km

①客车维护周期。

小型客车(含乘用车)(车长≤6m)主要运行在城市道路及城乡之间道路,道路条件相对好,年行驶里程相对较少,维护周期相应延长,二级维护周期定为40000km或120日。

大型及以上客车月平均行驶里程约为1.1万km,按4个月计算,为4.4万km,理论维护周期为4个月,定为50000km或120日。一方面,考虑到车长>6m的客车主要运行在高等级公路,年行驶里程不断增加趋势,道路条件相对较好。另一方面,在高等级公路运行的车辆等级较高,汽车可靠性提高。

②货车维护周期。

轻型货车(最大设计总质量≤3500kg)以短途或城市配送为主,主要运行在城市道路、城乡道路的短途运行,年行驶里程相对较少,使用条件复杂,二级维护周期为40000km或120日。

轻型以上货车(最大设计总质量>3500kg)主要用于中长途运输,月平均行驶里程约为0.8万km,按4个月计算,为3.2万km,理论维护周期为4个月,定为50000km或120日。一方面,考虑到轻型以上货车(最大设计总质量>3500kg)主要运行在高等级公路,年行驶里程不断增加趋势,道路条件相对较好。另一方面,随着汽车技术的提高,汽车可靠性提高,故障率降低,特别是合资技术生产或者从国外进口的道路运输车辆。

3. 参考了汽车制造厂制定的汽车维护周期

汽车品牌型号不同,汽车制造企业给出的维护周期也不同。例如:桑塔纳普通轿车规定为日常维护、7500km首次维护、15000km维护、30000km维护四种级别;桑塔纳Vista规定为日常维护、7500km首次维护、15000km维护、30000km维护与60000km维护五种级别;一汽丰田卡罗拉轿车规定为日常维护、5000km首次维护、20000km维护、40000km维护四种级别。江淮格尔发L系列载货定期维护里程5000km,定期维护周期的一个完整循环40000km。我们采用的制定周期思路,一级维护周期相当于汽车整车企业的定期维护的首次维护周期,二级维护周期相当于汽车整车企业的定期维护周期的一个完整循环。对相同类型的车型的维护周期进行加权平均得到汽车一级、二级维护周期。比如,丰田车4万km清零,到4万km就是一次大维护,之后重新开始周期。部分车型汽车制造企业给出汽车维护周期(表5-5)。

部分车型汽车制造企业给出汽车维护周期 表5-5

车型	维护周期	
	一级维护行驶里程间隔或行驶时间间隔	二级维护行驶里程间隔或行驶时间间隔
德系、日系轿车	5000~10000km(定期维护周期)	20000~40000km(一个定期维护循环周期)
青年客车、安凯客车	15000km或30日	45000km或90日
金龙XMQ6115、宇通ZK6122	7500km或30日	20000km或90日
北京奥凌、北京福田	7500km或30日	30000km或120日
福田欧曼	10000km或30日	40000km或120日
法国车(世嘉/标志/雪铁龙)	15000km	40000km
丰田卡罗拉	5000km	40000km
索纳塔领翔、中兴旗舰皮卡	5000km	—

4. 建立汽车维护周期行驶里程间隔与行驶时间间隔的对应关系

按照车型分类统计了汽车月平均行驶里程,建立汽车维护周期的行驶里程间隔与行驶时间间隔的对应关系,确定了维护周期的两个限制条件即行驶里程间隔与行驶时间间隔。使用行驶时间间隔作为维护周期是美国、日本等汽车工业发达国家制定汽车维护、检测标准通行的做法。

5. 参考了美国、日本和德国检测/维护周期

参考了美国、日本和德国汽车检测/维护周期。日本车辆类型及检修周期见表5-6,德国汽车检测/维护周期与适用车型见表5-7。

日本车辆类型及检修周期 表5-6

汽车类型(定期检修标准)	定期检修项目变化			
	检验时间	1995年修改前	1995年修改后	2000年修改后
商业用汽车等	1月	42	25	废止
	3月	94	65	47
	12月	149	127	96

续上表

汽车类型 (定期检修标准)	定期检修项目变化			
	检验时间	1995 年修改前	1995 年修改后	2000 年修改后
家用载货车等	6 月 12 月	41 120	27 99	21 77
家用轿车	6 月 12 月 24 月	16 60 102	废止 26 60	— 26 56

德国汽车检测/维护周期与适用车型 表 5-7

适用车型		检测/维护周期	
		使用年限≤3 年	使用年限>3 年
客车类	轿车	1 次/3 年	1 次/2 年
	出租车	1 次/3 年	1 次/1 年
	客车	1 次/3 年	4 次/1 年
货车类	轻型货车(最大设计总质量≤3500kg)	1 次/3 年	1 次/2 年
	其他货车(最大设计总质量>3500kg)	1 次/3 年	1 次/1 年

【要点】 制定维护周期必须科学合理。过短的维护周期不经济,造成资源浪费。过长的维护周期既不经济也不合理,达不到制定维护周期的目的。因此,制定维护周期考虑以下两个因素。

1. 不能强行制定统一的维护周期

道路运输经营者及广大车主用户依据给出的推荐性道路运输车辆维护周期,根据车辆技术状况及使用条件自行制定维护周期。一是汽车制造水平、工艺、使用材料差别较大,燃(润)品种各异,使用要求及设计寿命不同。二是我国汽车技术状况和使用特征复杂,强制统一的汽车维护周期不符合汽车技术状况和使用特征。

2. 制定维护周期依据汽车维修资料等相关规定

车辆维护周期以车辆维修资料等有关技术文件规定为依据,参照本标准推荐的维护周期确定。随着汽车制造新技术和新材料的广泛应用,车辆维修资料中可能对某些系统、总成和装置规定特定的维护周期。因此,维护周期应该执行车辆维修资料规定。

第五节 汽车维护作业要求

【条款 5】 汽车维护作业要求

【条款 5.1】 日常维护

日常维护作业项目及技术要求见表 1。

日常维护作业项目及技术要求　　表 1

序号	作业项目	作业内容	技术要求	维护周期
1	车辆外观及附属设施	检查、清洁车身	车身外观及客车车厢内部整洁,车窗玻璃齐全、完好	出车前或收车后
		检查后视镜,调整后视镜角度	后视镜完好、无损毁,视野良好	出车前
		检查灭火器、客车安全锤	灭火器配备数量及放置位置符合规定,且在有效期内。客车安全锤配备数量及放置位置符合规定	出车前或收车后
		检查安全带	安全带固定可靠、功能有效	出车前或收车后
		检查风窗玻璃刮水器	刮水器各挡位工作正常	出车前
2	发动机	检查发动机润滑油、冷却液液面高度,视情补给	油(液)面高度符合规定	出车前
3	制动	制动系统自检	自检正常,无制动报警灯闪亮	出车前
		检查制动液液面高度,视情补给	液面高度符合规定	出车前
		检查行车制动、驻车制动	行车制动、驻车制动功能正常	出车前
4	车轮及轮胎	检查轮胎外观、气压	轮胎表面无破裂、凸起、异物刺入及异常磨损,轮胎气压符合规定	出车前、行车中
		检查车轮螺栓、螺母	齐全完好,无松动	
5	照明、信号指示装置及仪表	检查前照灯	前照灯完好、有效,表面清洁,远近光变换正常	出车前
		检查信号指示装置	转向灯、制动灯、示廓灯、危险报警灯、雾灯、喇叭、标志灯及反射器等信号指示装置完好有效,表面清洁	
		检查仪表	工作正常	出车前、行车中

注:“符合规定”指符合车辆维修资料等有关技术文件的规定。

【释义】 日常维护

日常维护(daily maintenance)是以清洁、补给和安全性能检视为中心内容的维护作业。具体作业内容是:坚持“三检”,即出车前、行车中和收车后检视车辆的安全机构及各部件连接的紧固情况;保持“四清”,即保持机油滤清器、空气滤清器、燃油滤清器和蓄电池的清洁;防止“四漏”,即防止漏水、漏油、漏气和漏电。

日常维护作业流程图如图 5-3 所示。

作为驾驶员,除了安全谨慎地驾驶车辆,还需做好车辆的日常维护工作。

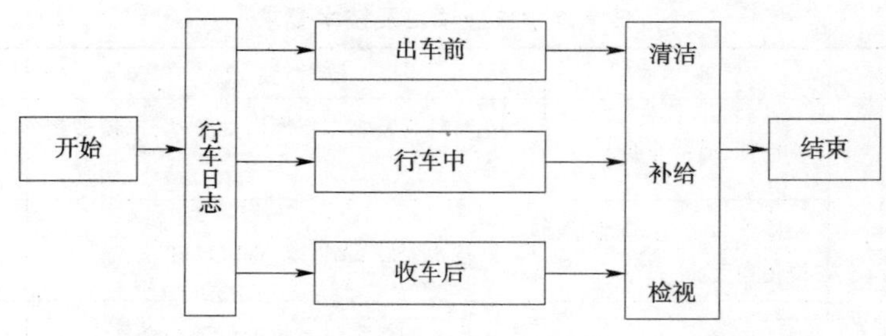

图5-3 日常维护作业流程图

日常维护作业详见第六章第一节。

【要点】 日常维护是驾驶员每日出车前、行车中和收车后所执行的维护作业，它是维护作业的基础。汽车在使用时，驾驶员必须坚持进行日常维护，随时了解和掌握汽车的技术状况。日常维护的好坏，直接影响到行车的安全。

【条款5.2】 一级维护

一级维护作业项目及技术要求见表1及表2，一级维护基本作业项目及技术要求见表2。

一级维护基本作业项目及技术要求　　表2

序号	作业项目		作业内容	技术要求
1	发动机	空气滤清器、机油滤清器和燃油滤清器	清洁或更换	按规定的里程或时间清洁或更换滤清器。滤清器应清洁，衬垫无残缺，滤芯无破损。滤清器安装牢固，密封良好
2		发动机润滑油及冷却液	检查油（液）面高度，视情更换	按规定的里程或时间更换润滑油、冷却液，油（液）面高度符合规定
3	转向系	部件连接	检查、校紧万向节、横直拉杆、球头销和转向节等部位连接螺栓、螺母	各部件连接可靠
4		转向器润滑油及转向助力油	检查油面高度，视情更换	按规定的里程或时间更换转向器润滑油及转向助力油，油面高度符合规定
5	制动系	制动管路、制动阀及接头	检查制动管路、制动阀及接头，校紧接头	制动管路、制动阀固定可靠，接头紧固，无漏气（油）现象
6		缓速器	检查、校紧缓速器连接螺栓、螺母，检查定子与转子间隙，清洁缓速器	缓速器连接紧固，定子与转子间隙符合规定，缓速器外表、定子与转子间清洁，各插接件与接头连接可靠
7		储气筒	检查储气筒	无积水及油污
8		制动液	检查液面高度，视情更换	按规定的里程或时间更换制动液，液面高度符合规定

续上表

序号	作业项目		作业内容	技术要求
9	传动系	各连接部位	检查、校紧变速器、传动轴、驱动桥壳、传动轴支撑等部位连接螺栓、螺母	各部位连接可靠，密封良好
10		变速器、主减速器和差速器	清洁通气孔	通气孔通畅
11	车轮	车轮及半轴的螺栓、螺母	校紧车轮及半轴的螺栓、螺母	扭紧力矩符合规定
12		轮辋及压条挡圈	检查轮辋及压条挡圈	轮辋及压条挡圈无裂损及变形
13	其他	蓄电池	检查蓄电池	液面高度符合规定，通气孔畅通，电桩、夹头清洁、牢固，免维护蓄电池电量状况指示正常
14		防护装置	检查侧防护装置及后防护装置，校紧螺栓、螺母	完好有效，安装牢固
15		全车润滑	检查、润滑各润滑点	润滑嘴齐全有效，润滑良好。各润滑点防尘罩齐全完好。集中润滑装置工作正常，密封良好
16		整车密封	检查泄漏情况	全车不漏油、不漏液、不漏气

【释义】 一级维护

一级维护是确保车辆正常技术状况为目的作业，其中心作业内容是清洁、润滑和紧固，并检查有关制动、操纵等系统中安全部件的维护作业。一级维护由维修企业专业维修人员负责执行。

(1)一级维护作业流程图如图 5-4 所示。

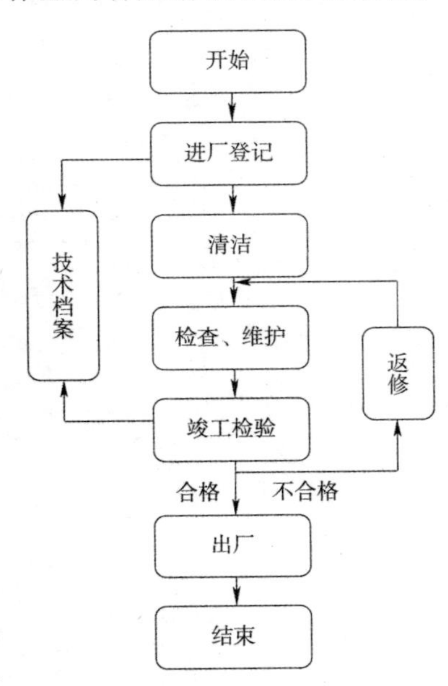

图 5-4 一级维护作业流程图

(2)一级维护的理解。一级维护主要作业内容是检查，其次是润滑、紧固，含有清洁、补给等日常维护作业内容。

①检查作业。一级维护主要作业内容是检查。检查有关制动、操纵等系统中安全部件，以及检查全车密封性能、检查轮胎外观及气压、检查油液液面位置、检查侧防护装置及后防护装置等。从检查项目的技术要求来看，大部分是人工检查，维修技工使用简单的工具即可完成，且对检查出的问题应做相应小修处理。

②紧固作业。在一级维护作业中，除检查作业外，润滑和紧固是中心作业内容。对行驶系车轮及半轴的螺栓、螺母，对转向系部件连接状况，对传动系缓速器连接紧固及部件的连接状况，有检查、紧固要求，其拧紧力矩应符合维修资料规定。

③清洁作业。一级维护的清洁作业较日常维护以车身外观及客车车厢内部清洁为主的要求有了进一步提高，清洁或更换发动机空气滤清器、燃油滤清器、机油滤清器等滤芯，要求滤芯应清洁无破损，上下衬垫无残缺，密封良好，安装牢固；清洁畅通变速器、差速器齿轮箱和蓄电池通气孔。

④润滑作业。一级维护在润滑方面对底盘转向和传动部件及全车各润滑点有润滑的要求，主要作用对象是万向节十字轴、横直拉杆、球头销、转向节、传动轴万向轴十字节、中间轴承等部位。现代轿车为了保证其润滑效果，将有些运动副设计成封闭式的、无需润滑，如上海桑塔纳轿车的前轮驱动等速万向节传动轴，为了保证两端等速万向节的清洁和润滑，用橡胶护套将其密封起来，在进行维护作业时一般无需拆下来润滑，主要应检查橡胶护套的完好状况和管箍的紧固情况。

一级维护作业详见第六章第二节。

【要点】 一级维护使汽车在二级维护周期内能始终保持良好的技术状态。因此，一级维护与二级维护同样重要，不能忽视一级维护的重要性。

【条款5.3】 二级维护

【条款5.3.1】 二级维护基本要求

【条款5.3.1.1】 二级维护作业流程参见附录B。

附录B 二级维护作业流程图B.1

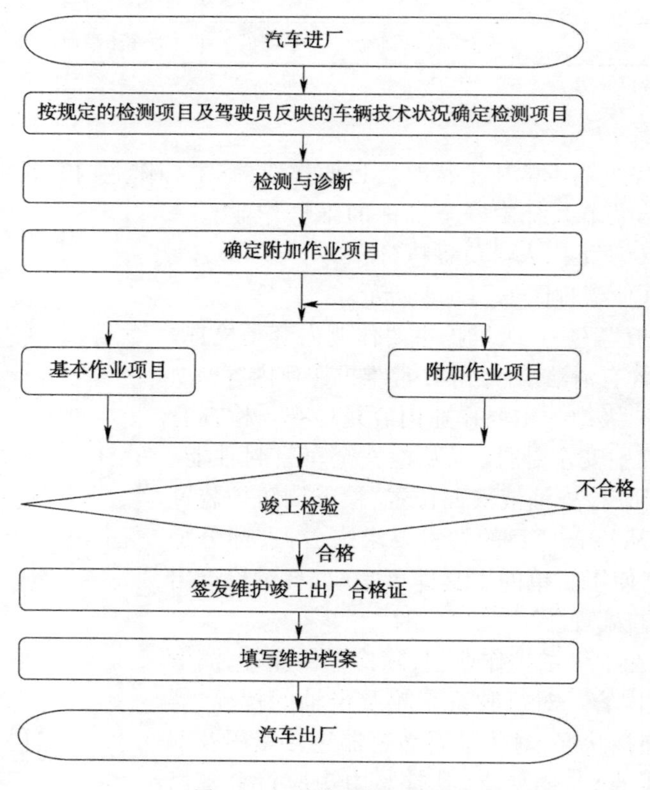

图B.1 二级维护作业流程图

【释义】 以上条款给出了汽车二级维护作业流程。

二级维护作业流程图是利用一定的符号将二级维护作业流程图示出来,说明二级维护作业全过程。标准使用者可以对二级维护作业过程有一个全面的、系统的了解。

二级维护作业流程如下:

(1)车辆技术状况故障诊断。汽车进厂后,进行规定的检测项目检测以及根据驾驶员反映的车辆技术状况(包括汽车动力性、异响、转向、制动及燃、润料消耗等)和汽车技术档案的记录资料(包括车辆运行记录,维修记录,检测记录,总成修理记录等)确定的检测项目检测,依据检测结果及车辆实际技术状况进行故障诊断,从而确定附加作业项目。

(2)二级维护作业。附加作业项目确定后与基本作业项目一并进行二级维护作业,二级维护作业过程中发现的维修项目也应作为附加作业项目。

(3)竣工检验。二级维护作业完成后,应经维修企业进行竣工检验,竣工检验合格的车辆,由维修企业填写《汽车维修竣工出厂合格证》,并填写车辆维护档案,竣工检验合格的车辆才能出厂。竣工检验不合格的车辆,由维修企业重新进行维护作业。

(4)检验记录。进厂检验、过程检验和竣工检验需要填写检验记录,记录检验结果或作业过程,检验依据技术标准和车辆维修资料等相关技术文件规定。

【要点】 二级维护作业流程图贯彻了《道路运输车辆技术管理规定》《机动车维修管理规定》等规章的相关要求。一是强调实施在汽车维护前实施维护前检测诊断、维护过程检验和竣工质量检验制度。二是强调“二级维护作业项目包括基本作业项目和附加作业项目,二级维护作业时一并进行”。三是强调了汽车维护经营者完成维护作业后,经竣工检验合格,签发《汽车维修竣工出厂合格证》,才能出厂。

【条款5.3.1.2】 二级维护作业项目包括基本作业项目和附加作业项目,二级维护作业时一并进行。

【释义】 以上条款明确了汽车二级维护作业项目。

(1)二级维护作业项目。

二级维护作业项目包括基本作业项目和附加作业项目,二级维护作业时发现的维修项目也列入附加作业项目。基本作业项目是标准中规定的项目,附加作业项目确定有两个方面:一是依据进厂检测结果进行故障诊断并确定附加作业项目,二是在二级维护作业过程中发现的维修项目也作为附加作业项目。

(2)二级维护作业项目的实施。

在汽车二级维护具体实施过程中,汽车二级维护基本作业项目与附加作业项目结合起来一并进行,需要解决好附加作业如何安排的问题。因此,需要优化维护作业工艺,此部分内容详见第三章汽车维护工艺。

二级维护基本作业和附加作业“一并进行”有些项目是可行的,如更换零部件和局部检查等,可以通过适当延长维护作业时间的办法,将附加作业穿插在基本作业过程中进行。如桑塔纳轿车,经检查发现驱动轴、防尘罩损坏,内外万向节球笼松旷,就需要更换球笼和防尘罩,由于该项附加作业不是很费时,可以在二级维护过程中结合维护作业项目“一并进行”。

诸如拆检变速器总成、换活塞环和研磨气门等主要总成拆检的附加作业，要安排在基本作业项目进行过程中“一并进行”就不太现实了。况且这些总成件拆下以后，会使其他部分的维护作业无法进行。因此，在安排维护作业时，应将总成拆修和基本维护作业的内容合理安排好，尤其是相互关联的作业项目。

(3)附加作业项目是二级维护作业项目不可分割的一部分。在实施过程中，应通过维修合同、维修作业单、过程检验及竣工检验等充分体现，以确保二级维护基本作业项目和附加作业项目全面落实，保证维护质量。同时，由于附加作业是检修或总成修理、部件更换，因此附加作业应严格按有关车型维修手册的要求进行。

【要点】

(1)二级维护基本作业项目应按照本标准规定执行，而二级维护附加作业项目依据进厂检测结果确定。

(2)附加作业项目应通过维修合同确定，以避免维修企业与托修方产生纠纷。

【条款5.3.1.3】 二级维护前应进行进厂检测，依据进厂检测结果进行故障诊断并确定附加作业项目。二级维护作业过程中发现的维修项目也应作为附加作业项目。

【条款5.3.1.4】 二级维护过程中应进行过程检验。

【条款5.3.1.5】 二级维护作业完成后应进行竣工检验，竣工检验合格的车辆，由维护企业签发维护竣工出厂合格证。

【释义】 以上条款提出二级维护进厂检验、过程检验及竣工检验的要求。

进厂检验为掌握汽车二级维护作业前汽车技术状况及确定附加作业项目，对汽车所进行的检查诊断工作。车辆进厂后应对其进行二级维护进厂检验，并填写二级维护进厂检验记录单。二级维护前应进行进厂检测，依据进厂检测结果进行故障诊断并确定附加作业项目。

过程检验是二级维护作业实施过程中，为控制汽车维护作业质量而进行的检验工作。二级维护过程中，要始终贯穿过程检验，并做好检验记录，特别是对有配合间隙、调整数据或拧紧力矩等技术参数要求的作业项目，要有检验数据的记录，作为作业过程质量监督的证据，也可为车辆竣工出厂检验提供依据和参照。过程检验中各维护项目的技术要求，需满足相应的技术标准或使用说明书的规定。实践证明，维护过程检验是一项过程质量管理工作，只有加强对维护作业过程的检验，才能对汽车维护质量进行有效控制，以确保汽车二级维护达到应有的目的。

竣工检验是二级维护作业竣工后，为检验汽车二级维护作业质量，评定维护后的作业项目、参数是否符合相关标准、技术要求而进行的检验工作。二级维护作业竣工后，为检验汽车二级维护作业质量，评定维护后的作业项目、参数是否符合相关标准、技术要求而进行的检验工作，是保证汽车维护质量的关键。汽车维修企业进行二级维护后，必须进行竣工检验，并填写二级维护竣工检验记录单。各项目参数符合国家标准或行业标准，竣工检验合格的车辆填写维护竣工出厂合格证后方可出厂。

【要点】 二级维护进厂检验、过程检验及竣工检验制度的实施，贯彻了《道路运输车辆技术管理规定》《机动车维修管理规定》等规章的相关要求，维修企业应该高度重视。

【条款 5.3.1.6】 二级维护检测使用的仪器设备应符合相关国家标准和行业标准的规定,计量器具及设备应计量检定或校准合格并在有效期内。

【释义】 以上条款提出二级维护检测使用的仪器设备要求。

汽车维护检测、诊断设备质量直接影响到检测结果的准确性,因此,汽车维护企业选配的仪器设备应满足国家标准或行业标准的规定。

1. 二级维护企业设备配置

从二级维护作业项目及技术要求来看,二级维护企业应该由 GB/T 16739.1—2014 规定的汽车整车维修企业承担。仪器设备应满足 GB/T 16739.1—2014 第 9 条规定,即汽车整车维修企业应具备的设备条件为:

(1)应配备表 5-8 ~ 表 5-11 要求的仪表工具、专用设备、检测设备和通用设备,其规格和数量应与其生产规模和生产工艺相适应。

(2)从事营运车辆二级维护的企业,应配置满足 GB/T 18344 规定的所有出厂检验项目的检测设备,见表 5-12。

(3)各种设备应能满足加工、检测精度的要求和使用要求,并应符合相关国家标准和行业标准的要求。计量器具及表 5-10 所列检测设备应检定合格。

(4)汽车举升机、喷烤漆房及设备等涉及安全的产品应通过交通产品认证。

(5)允许外协的设备,应具有合法的合同书,并能证明其技术状况符合(3)和(4)的要求。

仪 表 工 具 表 5-8

序号	设 备 名 称
1	万用表
2	汽缸压力表
3	燃油压力表
4	液压油压力表
5	真空表
6	空调检漏设备
7	轮胎气压表
8	外径千分尺
9	内径千分尺
10	量缸表
11	游标卡尺
12	扭力扳手
13	气体压力及流量检测仪(针对燃气汽车维修企业)
14	便携式气体检漏仪(针对燃气汽车维修企业)

专用设备
表 5-9

<table>
<tr><th>序号</th><th>设备名称</th><th>大中型客车[a]</th><th>大型货车[b]</th><th>小型车[c]</th><th>附加说明</th></tr>
<tr><td>1</td><td>废油收集设备</td><td colspan="3">√[d]</td><td></td></tr>
<tr><td>2</td><td>齿轮油加注设备</td><td colspan="3">√</td><td></td></tr>
<tr><td>3</td><td>液压油加注设备</td><td colspan="3">√</td><td></td></tr>
<tr><td>4</td><td>制动液更换加注器</td><td colspan="3">√</td><td></td></tr>
<tr><td>5</td><td>脂类加注器</td><td colspan="3">√</td><td></td></tr>
<tr><td>6</td><td>轮胎轮辋拆装设备</td><td colspan="3">√</td><td></td></tr>
<tr><td>7</td><td>轮胎螺母拆装机</td><td>√</td><td>√</td><td>—</td><td></td></tr>
<tr><td>8</td><td>车轮动平衡机</td><td colspan="3"></td><td></td></tr>
<tr><td>9</td><td>四轮定位仪</td><td>—</td><td>—</td><td>√</td><td>二类允许外协</td></tr>
<tr><td>10</td><td>四轮定位仪或转向轮定位仪</td><td>√</td><td>√</td><td>—</td><td>二类允许外协</td></tr>
<tr><td>11</td><td>制动鼓和制动盘维修设备</td><td>√</td><td>√</td><td>—</td><td></td></tr>
<tr><td>12</td><td>汽车空调制冷剂回收净化加注设备</td><td colspan="3">√</td><td>大型货车允许外协</td></tr>
<tr><td>13</td><td>总成吊装设备或变速器等总成顶举设备</td><td colspan="3">√</td><td></td></tr>
<tr><td>14</td><td>汽车举升设备</td><td colspan="3">√</td><td>一类应不少于 5 个,二类应不少于 2 个。汽车举升机或具有安全逃生通道的地沟</td></tr>
<tr><td>15</td><td>汽车故障电脑诊断仪</td><td colspan="3">√</td><td></td></tr>
<tr><td>16</td><td>制冷剂鉴别仪</td><td colspan="3">√</td><td></td></tr>
<tr><td>17</td><td>蓄电池检查、充电设备</td><td colspan="3">√</td><td></td></tr>
<tr><td>18</td><td>无损探伤设备</td><td>√</td><td>—</td><td>—</td><td></td></tr>
<tr><td>19</td><td>车身清洗设备</td><td colspan="3">√</td><td></td></tr>
<tr><td>20</td><td>打磨抛光设备</td><td>√</td><td>—</td><td>√</td><td></td></tr>
<tr><td>21</td><td>除尘除垢设备</td><td>√</td><td>—</td><td>√</td><td></td></tr>
<tr><td>22</td><td>车身整形设备</td><td colspan="3">√</td><td></td></tr>
<tr><td>23</td><td>车身校正设备</td><td>—</td><td>—</td><td>√</td><td>二类允许外协</td></tr>
<tr><td>24</td><td>车架校正设备</td><td>√</td><td>√</td><td>—</td><td>二类允许外协</td></tr>
<tr><td>25</td><td>悬架试验台</td><td>—</td><td>—</td><td>√</td><td>允许外协</td></tr>
<tr><td>26</td><td>喷烤漆房及设备</td><td>√</td><td>—</td><td>√</td><td>大中型客车允许外协</td></tr>
<tr><td>27</td><td>喷油泵试验设备(针对柴油车)</td><td colspan="3">√</td><td>允许外协</td></tr>
<tr><td>28</td><td>喷油器试验设备</td><td colspan="3">√</td><td></td></tr>
<tr><td>29</td><td>调漆设备</td><td>√</td><td>—</td><td>√</td><td>允许外协</td></tr>
<tr><td>30</td><td>自动变速器维修设备(见 GB/T 16739.2—2014 中 5.5.4)</td><td colspan="3">√</td><td>允许外协</td></tr>
</table>

续上表

序号	设备名称	大中型客车[a]	大型货车[b]	小型车[c]	附加说明
31	氦气置换装置(针对燃气汽车维修企业)	√	—	√	
32	气瓶支架强度校验装置(针对燃气汽车维修企业)	√	—	√	允许外协

注:a 大型货车最大设计总质量超过3500kg的载货车辆、挂车及专用汽车的车辆部分。

b 大中型客车车身总长超过6m的载客车辆。

c 小型车车身总长不超过6m的载客车辆和最大设计总质量不超过3500kg的载货车辆。

d√ ——要求具备,— ——不要求具备。

检测设备 表5-10

序号	设备名称	附加说明
1	尾气分析仪或不透光烟度计	
2	汽车前照灯检测设备	可用手动灯光仪或投影板检测
3	侧滑试验台	可用单板侧滑台
4	制动性能检验设备	可用制动力、制动距离、制动减速度的检验设备之一

通用设备 表5-11

序号	设备名称	序号	设备名称
1	计算机	5	气体保护焊设备
2	砂轮机	6	压床
3	台钻(含台钳)	7	空气压缩机
4	电焊设备(大中型客车、大型货车维修)	8	抢修服务车

二级维护企业应配备检测设备 表5-12

序号	设备名称	附加说明
1	汽车故障电脑诊断仪	通用型,符合JT/T 632的规定
2	轮胎花纹深度尺	
3	轮胎气压表	
4	转向盘转向力/角测量仪	
5	双怠速工况法尾气分析仪、自由加速法不透光烟度计	
6	汽车前照灯检测设备	
7	侧滑检验台	可用单板侧滑检验台,检验双转向轴的车辆应采用具有双转向桥检验功能的侧滑检验台
8	制动性能检验设备	可用制动力、制动距离、制动减速度的检验设备之一

2. 仪器设备要求

二级维护检测设备满足汽车维护检测精度要求和使用要求，同时按照《中华人民共和国标准化法》的规定，还应该符合相关的国家标准和行业标准的要求。另外，按照《中华人民共和国计量法》的规定，计量器具及检测设备应按照规定周期进行检定和校准。

1）仪器设备满足应符合相关国家标准和行业标准的规定

我国对汽车维护、检测设备实施标准化管理。为在一定的范围内获得最佳秩序，对实际的或潜在的问题制定共同的和重复使用的规则的活动，即制定、发布及实施标准的过程，称为标准化。以设备的选择、评价、使用、维修和更新等管理事项为对象而制定的标准，称为设备管理标准。设备管理标准主要包括：

（1）设备选择与评价标准，包括设备寿命标准、设备经济使用标准、设备投资回收标准、设备租赁标准等。

（2）设备分类及编号标准，包括设备分类标准、设备代号标准、设备编码标准及设备技术档案标准等。

（3）设备使用与维修标准，包括设备利用指标、设备维护规程、设备检查规程、设备维修规程等。

汽车维护、检测设备技术性强，并且涉及安全、节能和环保，因此，汽车维护检验设备必须符合国家标准、行业标准、地方标准。目前在用的机动车维护、检测设备涉及的标准主要有：

GB 3847《车用压燃式发动机和压燃式发动机汽车排气烟度排放限值及测量方法》

GB/T 13563《滚筒式汽车车速表检验台》

GB/T 13564《滚筒反力式汽车制动检验台》

GB 18285《点燃式发动机汽车排气污染物排放限值及测量方法（双怠速法及简易工况法）》

GB 18565《道路运输车辆综合性能要求和检验方法》

GB/T 28529《平板式制动检验台》

GB/T 28945《便携式制动性能测试仪》

JT/T 386《汽车排气分析仪》

JT/T 448《汽车悬架装置检测台》

JT/T 506《不透光烟度计》

JT/T 507《汽车侧滑检验台》

JT/T 508《机动车前照灯检测仪》

JT/T 632《汽车故障电脑诊断仪》

JT/T 633《汽车悬架转向系间隙检查仪》

HJ/T 289《汽油车双怠速法排气污染物测量设备技术要求》

HJ/T 290《汽油车简易瞬态工况法排气污染物测量设备技术要求》

HJ/T 395《压燃式发动机汽车自由加速法排气烟度测量设备技术要求》

2）计量器具及设备应计量检定或校准合格

对于汽车维护企业，无论是从执行国家法律角度，还是从保持仪器使用精度的角度来看,所用的计量器具及检测设备均应定期检定或校准。

《中华人民共和国计量法》第九条规定:“县级以上人民政府计量行政部门对社会公用计量标准器具,部门和企业、事业单位使用的最高计量标准器具,以及用于贸易结算、安全防护、医疗卫生、环境监测方面的列入强制检定目录的工作计量器具,实行强制检定。未按照规定申请检定或者检定不合格的,不得使用……对前款规定以外的其他计量标准器具和工作计量器具,使用单位应当自行定期检定或者送其他计量检定机构检定,县级以上人民政府计量行政部门应当进行监督检查。”

第十条规定:“……计量检定必须执行计量检定规程”。

汽车维护企业使用了比较多的计量器具及检测设备,国家已经颁布实施了以下汽车维护、检测设备的检定规程:

(1)JJG 688 汽车排放气体测试仪检定规程;

(2)JJG 745 机动车前照灯检测仪检定规程;

(3)JJG 847 滤纸式烟度计检定规程;

(4)JJG 865 汽车底盘测功机检定规程;

(5)JJG 906 滚筒反力式汽车制动检验台检定规程;

(6)JJG 907 汽车轴重动态检测仪检定规程;

(7)JJG 908 滑板式汽车侧滑检验台检定规程;

(8)JJG 909 滚筒式汽车车速表检验台检定规程;

(9)JJG(交通)007 汽车转向盘转向力—转向角检测仪检定规程;

(10)JJG(交通)008 汽车制动踏板力计检定规程;

(11)JJG(交通)0O9 四活塞联动式油耗仪检定规程(试行);

(12)JJG(交通)010 车轮动平衡机检定规程;

(13)JJG(交通)011 就车式车轮动平衡仪检定规程;

(14)JJG(交通)012 汽车发动机曲轴箱窜气量测量仪检定规程;

(15)JJG(交通)013 汽车发动机检测仪检定规程;

(16)JJG(交通)061 车轮定位检测仪检定规程;

(17)JJG(交通)062 汽车悬架装置检测仪检定规程;

(18)JJF 1168 便携式制动性能测试仪校准规范;

(19)JJF 1193 非接触式汽车速度计校准规范;

(20)JJF 1196 机动车转向盘转向力—转向角检测仪校准规范。

【要点】 为确保检测结果的科学、准确,防止不符合标准的仪器设备进入汽车维护检测领域,依据《中华人民共和国计量法》以及[交通运输部(厅科技字〔2013〕258号)]《交通运输部办公厅关于发布〈交通运输行业重点监督管理产品目录(2013年版)〉的通知》精神,中国汽车维修行业协会汽车维修检测工作委员会定期发布标准符合性检验合格产品公告(推荐目录),推荐设备生产企业及其相应型号的产品。

【条款5.3.2】 二级维护进厂检测

【条款5.3.2.1】 进厂检测包括规定的检测项目以及根据驾驶员反映的车辆技术状况确定的检测项目,二级维护规定的进厂检测项目见表3。

二级维护规定的进厂检测项目

表3

序号	检测项目	检测内容	技术要求
1	故障诊断	车载诊断系统(OBD)的故障信息	装有车载诊断系统(OBD)的车辆,不应有故障信息
2	行车制动性能	检查行车制动性能	采用台架检验或路试检验,应符合GB 7258相关规定
3	排放	排气污染物	汽油车采用双怠速法,应符合GB 18285相关规定。柴油车采用自由加速法,应符合GB 3847相关规定

【释义】 以上条款是提出了二级维护进厂检测项目及技术要求。

1. 二级维护前检测项目确定

原标准汽车二级维护检测项目的确定具有选择性的,是根据汽车技术档案的记录资料(包括车辆运行记录,维修记录,检测记录,总成修理记录等)和驾驶员反映的车辆使用技术状况(包括汽车动力性,异响,转向,制动及燃、润料消耗等)确定检测项目。这种二级维护前检测项目的确定不具有强制性,检测项目也不统一,各地执行、操作困难,造成二级维护前进厂检验执行困难。为了解决这个问题,修订后的检测项目包括规定的检测项目和根据驾驶员反映的车辆使用技术状况(包括汽车动力性,异响,转向,制动及燃、润料消耗等)确定的检测项目两个部分,二级维护规定的检测项目见表3。

2. 二级维护前检测项目的技术要求及检测方法

二级维护规定的进厂检测项目包括故障诊断、行车制动性能和排放,检测方法及技术要求见"第七章第二节汽车二级维护竣工检验"的相关内容。

【要点】 维护前检测诊断并确定附加维护作业项目,是现代汽车维护的重要标志。体现了按需维护的要求,增加了维护的目的性,减少了维护的盲目性。一是汽车制造水平、工艺、使用材料差别较大,燃(润)品种各异,使用要求及设计寿命不同。二是汽车技术状况和使用特征复杂差别较大,维护周期及维护项目也存在差异。

【条款5.3.2.2】 检测项目的技术要求应符合国家有关的技术标准和车辆维修资料等相关规定。

【释义】 以上条款提出了二级维护进厂检测依据的技术要求。

进厂检测技术要求应符合国家有关的技术标准和车辆维修资料等相关规定。《机动车维修管理规定》第三十条:机动车维修经营者应当按照国家、行业或者地方的维修标准和规范进行维修。尚无标准或规范的,可参照机动车生产企业提供的维修手册、使用说明书和有关技术资料进行维修。

首先,机动车维护检验技术性强,涉及安全、节能和环保等标准。因此,进厂检测项目应该满足国家、行业或者地方的维修标准和规范。其次,由于汽车类型不同,汽车技术状况及可靠性不同,以及汽车使用条件和环境的不同,汽车制造企业在大量的试验和理论分析基础上,通过汽车使用说明书、维修手册等技术资料,给出了检测项目的技术要求。因此,机动车维护检验技术要求应符合汽车使用说明书、维修手册等技术资料的要求。

目前,机动车维护检验项目涉及的主要标准有:

(1)《汽车大修竣工出厂技术条件 第1部分:载客汽车》(GB/T 3739.1—2005)。

(2)《汽车大修竣工出厂技术条件 第2部分:载货汽车》(GB/T 33739.2—2005)。

(3)《商用汽车发动机大修竣工出厂技术条件 第1部分:汽油发动机》(GB/T 3799.1—2005)。

(4)《商用汽车发动机大修竣工出厂技术条件 第2部分:柴油发动机》(GB/T 3799.2—2005)。

(5)《汽车维修术语》(GB 5624—2005)。

(6)《汽车修理质量检查评定方法》(GB/T 15746—2011)。

(7)《汽车维修业开业条件 第1部分:汽车整车维修企业》(GB/T 16739.1—2014)。

(8)《汽车维修业开业条件 第2部分:汽车综合小修及专项维修业户》(GB/T16739.2—2014)。

(9)《点燃式发动机汽车排气污染物排放限值及测量方法(双怠速法及简易工况法)》(GB 18285—2005)。

(10)《汽车盘式制动器修理技术条件》(GB/T18343—2001)。

(11)《汽车维护、检测、诊断技术规范》(GB/T 18344—2016)。

(12)《轻型汽车污染物排放限值及测量方法(中国Ⅲ、Ⅳ阶段)》(GB 1852.3—2005)。

(13)《道路运输车辆综合性能要求和检验方法》(GB 18565—2016)。

(14)《汽车发动机电子控制系统修理技术要求》(GB/T 19910—2005)。

(15)《机动车维修从业人员从业资格条件》(GB/T 21338—2008)。

(16)《汽车自动变速器维修通用技术条件》(JT/T 720—2008)。

(17)《汽车空调制冷剂回收、净化、加注工艺规范》(JT/T 774—2010)。

(18)《事故汽车修复技术规范》(JT/T 795—2011)。

(19)《轻型汽车车载诊断(OBD)系统管理技术规范》(HJ 500—2009)。

【要点】 为使二级维护前检测诊断科学准确,为确定附加作业项目提供正确的依据,汽车维护、检测人员应掌握相关标准、规范及使用说明书、维修手册等技术文件要求。

【条款5.3.2.3】 进厂检测时应记录检测数据或结果,并据此进行车辆故障诊断。

【释义】 以上条款提出了维护前检测诊断检验记录要求,并依据检测诊断结果确定附加作业项目。

1. 二级维护进厂检验记录

为了准确地确定车辆的技术状况,对车辆进行检测的同时,还要做好检验记录,记录检测数据或结果。二级维护进厂检验记录单见表5-13。

2. 确定汽车二级维护附加作业项目的原则

(1)依据检测结果确定汽车二级维护附加作业项目。通过仪器设备检测诊断或观察路试所得到的结果,是汽车各部运行技术状况的真实表现,应作为确定附加作业项目主要依据。驾驶员反映受本人技术素质和判断能力的限制,有时不甚准确,应作为确定附加作业项目的参考依据。

(2)把恢复汽车的正常技术状况作为附加作业深度的原则标准。若附加作业项目及作业内容超范围,不仅违背二级维护的宗旨,而且违背了“技术与经济相结合”的汽车维修技术管理的基本原则。

二级维护进厂检验记录单　　表5-13

<table>
<tr><td>托修方</td><td></td><td>车牌号</td><td></td><td>车型</td><td></td></tr>
<tr><td>合同编号</td><td></td><td>发动机号</td><td></td><td>底盘号</td><td></td></tr>
<tr><td>进厂日期</td><td>年　月　日</td><td>行驶里程(km)</td><td></td><td>上次维护时间</td><td>年　月　日</td></tr>
<tr><td rowspan="6">进厂检验记录</td><td colspan="2">检验内容</td><td colspan="3">检测结果</td></tr>
<tr><td colspan="2">整车故障诊断中，车载诊断系统(OBD)的故障信息</td><td colspan="3">是否有故障码：□有　□无
故障码描述________</td></tr>
<tr><td colspan="2">行车制动性能</td><td colspan="3">制动效能：□ 整车制动率　○　×
□ 制动距离　○　×
□ MFDD　○　×
制动稳定性：□不平衡率　○　×
□ 路试　○　×</td></tr>
<tr><td colspan="2" rowspan="2">汽车排气污染物</td><td>怠速</td><td colspan="2">CO(%)：
HC($\times10^{-6}$)：
λ：</td></tr>
<tr><td>自由加速</td><td>光吸收系数(m^{-1})：
①：
②：
③：
平均：</td><td>烟度值(BSU)：
①：
②：
③：
平均：
判定：○　×</td></tr>
<tr><td colspan="5"></td></tr>
<tr><td>驾驶员反映的汽车故障</td><td colspan="5"></td></tr>
<tr><td>附加作业项目</td><td colspan="5"></td></tr>
<tr><td colspan="4">检验结论：

质量检验员签字：
承修方：(章)　年　月　日</td><td colspan="2">托修方意见：

签字：　年　月　日</td></tr>
</table>

注：检验结果合格，在“○”位置划“√”，不合格，在“×”位置划“√”，故障现象应具体説明，无此项目填“—”。

3. 附加作业项目确定依据

通过维护前不解体检测准确评定汽车技术状况，确定合理的附加作业项目，是一项技术难度较大的工作。应根据检测结果，结合汽车运行等信息(驾驶员反映、性能检查结果和车辆技术档案等)，对汽车技术状况进行综合评价。根据汽车使用情况、汽车技术档案和汽车进厂检验结果等确定附加作业项目。确定二级维护附加作业项目参见表5-14。

确定二级维护附加作业项目 表 5-14

序号	项目	技术标准	相关故障诊断	附加作业项目
1	发动机功率	发动机功率应大于或等于标牌标明功率的75%	(1)气门与气门座密封性差; (2)汽缸垫、进排气歧管垫漏气; (3)汽缸与活塞磨损,配合间隙过大; (4)活塞环磨损、黏结、断裂; (5)正时齿轮、凸轮轴磨损; (6)输油泵及管路故障; (7)气门弹簧断或推杆损坏; (8)喷油泵供油压力低、供油量少; (9)增压器转子转速太低; (10)排气制动控制阀漏气; (11)排气制动阀门卡死	(1)研磨气门与气门座; (2)更换损坏衬垫; (3)更换活塞或视情镗缸; (4)更换活塞环; (5)更换正时齿轮或凸轮轴; (6)检修输油泵及管路; (7)更换气门弹簧或推杆; (8)调校喷油泵; (9)查出原因并处理; (10)更换排气制动控制阀; (11)检修排气制动阀
2	汽缸压力	汽缸压力不低于规定值的85%,而且各缸压力差不大于各缸规定值的10%	(1)气门与气门座密封性差; (2)汽缸垫破裂; (3)汽缸与活塞配合间隙过大; (4)活塞环磨损或断裂; (5)正时齿轮、凸轮轴磨损; (6)配气正时失准; (7)气门弹簧断或气门推杆损坏; (8)排气制动控制阀漏气; (9)排气制动阀门卡死	(1)研磨气门与气门座; (2)更换汽缸垫; (3)视情镗缸或更换活塞; (4)更换活塞环; (5)更换正时齿轮或凸轮轴; (6)修理或调整配气正时; (7)更换气门弹簧或推杆; (8)更换排气制动控制阀; (9)检修排气制动阀
3	曲轴箱窜气量	发动机转速为1000r/min时,曲轴箱窜气量小于40L/min	(1)汽缸与活塞磨损,配合间隙过大; (2)活塞环磨损、黏结、断裂; (3)汽缸拉缸	(1)视情镗缸或更换活塞; (2)更换活塞环; (3)视情镗缸
4	汽缸漏气量	测量表压力值在该缸压缩上止点时大于250kPa	(1)汽缸与活塞磨损,配合间隙过大; (2)活塞环磨损、黏结、断裂; (3)汽缸拉缸; (4)气门与气门座密封性差; (5)汽缸垫漏气	(1)视情镗缸或更换活塞; (2)更换活塞环; (3)视情镗缸; (4)研磨气门与气门座; (5)更换损坏的汽缸垫
5	机油压力	机油压力正常值为200~400kPa,怠速时不低于100kPa	(1)机油泵磨损; (2)各轴承配合间隙大; (3)油道漏油; (4)限压阀失准或发卡; (5)仪表或传感器不正常	(1)拆检机油泵; (2)更换有关轴承; (3)检修、更换密封件; (4)调整或更换限压阀; (5)检修、更换仪表或传感器

续上表

序号	项目	技术标准	相关故障诊断	附加作业项目
6	机油品质	污染指数、斑痕图谱或理化性能指标正常	(1)机油质量差; (2)机油温度太高; (3)机油中进入燃油或其他油液; (4)汽缸工作不良; (5)曲轴箱通风装置失效	查明原因并更换润滑油
7	喷油提前角	喷油提前角符合原厂说明书规定	(1)喷油泵传动齿轮磨损; (2)万向节或键松动; (3)喷油泵凸轮、柱塞等机件磨损	(1)更换传动齿轮; (2)更换、紧固万向节或键; (3)调校或更换喷油泵
8	喷油压力	喷油压力符合原厂说明书规定,一般不低于19MPa	(1)调压螺钉松动或弹簧变形; (2)针阀卡滞或磨损; (3)喷孔堵塞; (4)喷油泵柱塞严重磨损	(1)调整到规定压力或更换弹簧; (2)修理、更换零件; (3)疏通清洗; (4)更换偶件
9	尾气排放(柴油)	烟度值小于3Rb、光吸收系数小于$1.39m^{-1}$	(1)汽缸与活塞磨损,配合间隙过大; (2)活塞环磨损、黏结、断裂; (3)气门杆油封损坏; (4)增压器油封或止推片损坏或磨损; (5)喷油器喷雾不良,有滴漏现象; (6)供油过迟,后燃过多; (7)气门脚间隙不正确; (8)机外净化装置故障; (9)ECU故障; (10)EGR阀开度过大; (11)窜机油; (12)喷油量过大	(1)视情镗缸或更换活塞; (2)更换活塞环; (3)更换气门杆油封; (4)检修、更换增压器; (5)调整喷油压力,检查偶件; (6)检查、调整燃料供给系统; (7)调整气门脚间隙; (8)检查、调整机外净化装置; (9)检测ECU; (10)检查或更换EGR阀; (11)检查机油加注量、汽缸及活塞磨损;气门及导管间隙过大;曲轴箱通风不良; (12)检查共轨压力传感器、流量控制阀、流量控制阀电路及ECU
10	尾气排放(汽油)	CO排放量过大	(1)燃油压力过高(燃油压力调节器故障或真空管漏气); (2)喷油器及其控制电路故障; (3)输入传感器故障; (4)燃油蒸气回收系统故障; (5)进气系统漏气; (6)空气滤清器脏污或涡轮增压器不良; (7)排气系统阻塞(排气不畅引起燃烧室残余废气过多); (8)压缩压力不足; (9)催化转化器有故障; (10)ECU故障	(1)测试油压; (2)检查喷油器电路,清洗、检测喷油器(含喷油量、各缸均匀性及密封性等); (3)测试相关传感器数据; (4)检查燃油蒸气回收系统; (5)检查进气系统是否漏气; (6)检查空气滤清器及涡轮增压器,必要时更换; (7)检查、清洁排气系统; (8)检查缸压; (9)监测催化转化器的性能; (10)检测ECU

续上表

序号	项目	技术标准	相关故障诊断	附加作业项目
10	尾气排放(汽油)	HC 排放量过大	(1)点火系统缺火; (2)点火提前角调整不当; (3)混合气过稀、过浓,或混合气严重不均匀; (4)汽缸压力偏低; (5)残余废气过多; (6)机油进入汽缸; (7)催化转化器有故障; (8)ECU 故障	(1)检查火花塞、高压线及点火线圈; (2)推迟点火时间; (3)检查喷油器喷雾情况、各缸喷油的均匀性及喷油器滴漏情况; (4)汽缸垫漏气、气门密封不严、活塞和汽缸壁的间隙过大以及活塞环的磨损等; (5)检查排气系统是否阻塞、配气正时是否正确; (6)检查曲轴箱通风系统是否阻塞,检查活塞环; (7)检查或更换催化转化器; (8)检测 ECU
		NO_x 排放量过大	(1)EGR 系统工作不正常; (2)发动机工作时发生爆震现象; (3)压缩比过高(燃烧室积炭过多); (4)发动机冷却液温度过高; (5)催化转化器失效; (6)混合气偏浓,喷油量偏大; (7)涡轮增压器不良	(1)检查 EGR 系统; (2)降低点火提前角、使用高标号汽油、爆震传感器故障; (3)清除燃烧室积炭过多; (4)检查冷却系统、排气系统; (5)检查催化转化器; (6)油压过高、喷油器滴漏、检查相关传感器信号; (7)检查涡轮增压器增压压力
11	发动机异响	发动机无异响	(1)轴承与轴颈磨损、烧蚀; (2)活塞与汽缸磨损、间隙增大; (3)连杆变形; (4)活塞销与活塞、衬套间隙过大; (5)气门脚间隙调整不当; (6)摇臂与轴、挺杆与凸轮轴磨损; (7)气门座圈脱落; (8)气门弹簧折断; (9)正时齿轮损坏; (10)喷油时间过早; (11)增压器喘振	(1)更换轴承、视情修磨轴颈; (2)视情镗缸或更换活塞; (3)校正连杆; (4)更换活塞销或连杆衬套; (5)调整气门脚间隙; (6)检修气门传动组机件; (7)更换气门座圈; (8)更换气门弹簧; (9)更换正时齿轮; (10)调整喷油时间; (11)视情排除故障
12	燃油消耗率	百公里燃油消耗量不大于原厂规定的 110%	(1)喷油器喷雾不良; (2)供油提前角不正确; (3)活塞、汽缸或活塞环磨损; (4)气门密封不严; (5)喷油泵供油量太多; (6)增压器工作不良; (7)排气制动控制阀漏气; (8)排气制动阀门卡死	(1)检查喷油器的喷雾状况; (2)重新调整供油提前角; (3)视情镗缸或更换活塞、活塞环; (4)研磨气门与气门座; (5)调校喷油泵; (6)视情排除故障; (7)更换排气制动控制阀; (8)检修排气制动阀

续上表

序号	项目	技术标准	相关故障诊断	附加作业项目
13	噪声	90~115dB(A)	(1)转动机件不平衡; (2)各配合间隙太大; (3)机件固定不牢靠	视情检修
14	稳定怠速	怠速稳定在(800±50)r/min	(1)调速器工作不正常; (2)气门脚间隙不正确; (3)汽缸窜气; (4)喷油泵各缸供油不均; (5)喷油器喷油不良或偶件发卡	(1)调校或更换喷油泵; (2)调整气门脚间隙; (3)视情检修; (4)调校喷油泵; (5)调校喷油器
15	最高转速	最高转速为(3000±200)r/min	(1)气门与气门座密封性差; (2)汽缸与活塞配合间隙过大; (3)活塞环磨损或断裂; (4)正时齿轮、凸轮轴磨损; (5)配气正时失准; (6)气门弹簧断或气门推杆损坏; (7)调速器工作不正常; (8)喷油泵供油量不正确; (9)喷油器喷油不良或偶件发卡	(1)研磨气门与气门座; (2)视情镗缸或更换活塞; (3)更换活塞环; (4)更换正时齿轮或凸轮轴; (5)修理或调整配气正时; (6)更换气门弹簧或推杆; (7)调校或更换调速器; (8)调校喷油泵; (9)调校喷油器
16	蓄电池电压、起动电压与电流	每个蓄电池电压不低于12V,起动电压能稳定在12V以上,起动电流稳定在100~150A	(1)蓄电池放电过多; (2)蓄电池电解液不足; (3)蓄电池内部有故障; (4)蓄电池电缆连接不牢; (5)起动机有故障; (6)发电机与调节器有故障; (7)发动机转动阻力太大	(1)蓄电池充电; (2)添加蓄电池电解液; (3)更换蓄电池; (4)检修蓄电池电缆; (5)检修起动机; (6)检修或更换发电机与调节器; (7)视情检修发动机
17	离合器	无打滑、分离不彻底、异响、发抖等现象	(1)摩擦片沾有油污; (2)摩擦片磨损、烧蚀、变形; (3)从动盘总成的减振弹簧损坏; (4)压盘或飞轮磨损、烧蚀或变形; (5)压盘弹簧过软、变形或断裂; (6)分离轴承或一轴前轴承烧蚀; (7)盘毂内花键槽磨损; (8)工作缸和主缸的活塞发卡; (9)离合器拨叉轴转动不灵活; (10)离合器助力器损坏	(1)清除摩擦片上的油污; (2)更换摩擦片; (3)更换减振弹簧; (4)更换压盘或飞轮; (5)更换压盘弹簧或压盘总成; (6)更换分离轴承或一轴前轴承; (7)更换摩擦片; (8)检修工作缸和主缸; (9)润滑离合器拨叉轴; (10)检修或更换离合器助力器

续上表

序号	项目	技术标准	相关故障诊断	附加作业项目
18	变速器	无异响、乱挡、跳挡、换挡困难及漏油等现象	(1)齿轮、轴、轴承磨损,间隙过大; (2)齿轮啮合不良或崩齿; (3)各轴承孔同轴度、平行度超限; (4)变速操纵机构失效; (5)同步器失效; (6)油封老化失效、衬垫损坏; (7)变速助力器失效	(1)拆检变速器、视情修理; (2)视情修理; (3)视情修理; (4)视情修理; (5)更换同步器; (6)更换油封、衬垫; (7)检修或更换变速助力器
19	传动轴	无异响、发抖、松旷现象	(1)中间轴承、万向节轴承松旷; (2)滑动叉与花键配合不当或松旷; (3)传动轴不平衡	(1)拆检、视情更换; (2)拆检、视情更换磨损零件; (3)视情修理
20	驱动挢	无异响、漏油及发热等现象	(1)齿轮崩齿、轴承损坏; (2)齿轮磨损、啮合间隙不当; (3)油封老化失效、衬垫损坏	更换损坏零件
21	前轮定位	前束值、前轮外倾、主销后倾、主销内倾符合规定值	(1)转向节主销及衬套磨损松旷; (2)车架、前轴变形; (3)悬架异常; (4)轮毂轴承松动或磨损; (5)转向梯形机构变形或调整异常	(1)更换磨损零件; (2)校正或更换车架、前轴; (3)视情修理; (4)检修轮毂轴承; (5)调校转向梯形机构
22	轮胎	轮胎磨损正常	(1)前轮定位不符合规定; (2)车架、车桥变形; (3)悬架机构异常; (4)差速器功能不良; (5)差速锁长期处于锁止状态	(1)视情调校前轮定位参数; (2)校正或更换车架、车桥; (3)视情修理; (4)检修差速器; (5)检修差速锁
23	车架/悬架	无裂纹、变形、铆钉无松动及磨损等现象	(1)钢板弹簧座孔磨损; (2)钢板弹簧错位、断裂; (3)钢板弹簧销、衬套磨损或断裂	视情修理或更换
24	转向盘最大自由转动量	最高设计车速不小于100km/h转动量不大于15°,其他车辆不大于25°	(1)转向器啮合间隙过大; (2)各配合副磨损; (3)转向传动机构调整不当; (4)轮毂轴承松动或磨损	(1)调整间隙; (2)拆检更换磨损零件; (3)调整转向传动机构; (4)检修轮毂轴承
25	制动性能	行车、驻车制动性能良好	(1)制动气压不足; (2)制动鼓、摩擦衬片磨损过大或油污; (3)制动器间隙调整不当; (4)驻车制动器摩擦片磨损或油污; (5)驻车制动器调整不当	(1)检修、调整空气压缩机、制动阀; (2)清洁、检修、更换制动鼓、制动蹄摩擦衬片; (3)调整制动器间隙; (4)清洁、检修、更换驻车制动器摩擦片; (5)调整驻车制动器间隙

续上表

序号	项目	技术标准	相关故障诊断	附加作业项目
26	操纵稳定性	无跑偏、发抖、摆头现象	(1)制动蹄片油污、蹄片间隙不一致； (2)制动鼓失圆、个别车轮发咬； (3)前轮定位参数不正确； (4)横拉杆、直拉杆的活动球头松动； (5)转向节、主销磨损； (6)前轮毂轴承松动	(1)清除油污、调整间隙； (2)视情镗鼓、调整发咬车轮； (3)调校前轮定位参数； (4)紧固横、直拉杆的活动球头； (5)更换主销及衬套； (6)紧固轮毂轴承
27	“四漏”	无“漏油、漏气、漏液、漏电”	(1)油封老化失效、衬垫损坏； (2)胶管破裂老化； (3)卡箍松动； (4)线缆绝缘层损坏	(1)更换油封、衬垫； (2)更换胶管； (3)拧紧卡箍； (4)包裹线缆或者更换线缆
28	灯光	符合 GB 7258—2012 规定	(1)灯泡发乌、不合格； (2)反光板生锈起皮； (3)固定螺母松动	(1)更换灯泡； (2)更换反光板； (3)调整后拧紧螺母
29	齿轮油	水分≤0.2%、含铁量≤200mg/kg、开口闪点≥150℃	(1)齿轮油质量差； (2)齿轮油温度太高； (3)齿轮油中进入水或异物； (4)通气器失效	更换齿轮油

【要点】 二级维护附加作业项目主要是维修项目，或者称作深度维护项目，具有以下特点：

(1)对发动机部分，二级维护附加作业大多是围绕恢复汽车的动力性、经济性和排放性进行的。如更换活塞环，可解决汽缸与活塞环磨损，导致汽缸压力达不到要求，影响动力性和燃烧质量的问题；又如拆检机油泵，可解决发动机润滑系统油压达不到要求，导致气门液压挺杆异响的问题。

(2)对底盘部分，二级维护附加作业大多是围绕拆检、更换汽车转向、制动等安全机构部件进行的。根据需要对部分总成附件进行解体维护，如拆检、更换制动主缸、轮缸、盘式制动器等，更换前驱动轿车的驱动轴、万向节球笼等。

(3)对车身、电器部分，二级维护附加作业一般是围绕发电机、起动机等电器附件的检修进行的。另外还进门窗摇机拆检、车身车架整形的检修等。

【条款 5.3.3】 二级维护基本作业项目

【条款 5.3.3.1】 二级维护作业项目及技术要求见表 1、表 2 及表 4。

【释义】 以上条款提出了二级维护作业项目及技术要求。

在 GB/T 18344—2016 中，采用各级维护基本作业项目描述方法与各级维护的定义相对应的描述方法，按照这种描述方法给出了日常维护、一级维护和二级维护基本作业项目及技术要求。二级维护作业项目及技术要求包括表 1 日常维护作业项目及技术要求、表 2 一级维护基本作业项目及技术要求及表4 二级维护基本作业项目及技术要求。二级维护作业项目统计见表5-15。

二级维护作业项目统计 表5-15

维护分类 \ 数量	总成数量	基本作业项目数量
日常维护	5	14
一级维护基本作业	6	16
二级维护基本作业	7	30

1. 二级维护作业内容及技术要求

二级维护作业内容,反映的是二级维护作业的深度要求。按照二级维护的定义,二级维护作业的中心内容以检查、调整为主,检查、调整制动系、转向操纵系、悬架等安全部件,并拆检轮胎,进行轮胎换位,检查调整发动机工作状况和汽车排放相关系统等为主的维护作业。即二级维护以不解体维护作业为中心,重点在检查、调整。

二级维护基本作业项目的技术要求,是维护作业的达到的质量要求。可以看到,在"技术要求"中凡涉及有检查、调整数据要求的,也包括一些部件工作状态检查的内容,都以"符合规定"作为标准,"符合规定"指符合使用说明书、车辆维修资料等有关技术文件的规定。这充分体现了"通过维护,保持原车应有技术状态"这一根本出发点。从另一个角度说明,该技术规范在具体执行过程中,应紧密结合具体车型数据,才能有效保障质量。

2. 二级维护基本作业项目的确定原则

二级维护基本作业项目的确定考虑三个方面:一是按照《汽车维修术语》(GB/T 5624—2005)确定的日常维护、一级维护、二级维护的内涵和外延,确定二级维护作业项目及技术要求。二级维护以检查、调整制动系、转向操纵系、悬架等安全部件,并拆检轮胎,进行轮胎换位,检查调整发动机技术状况和汽车排放相关系统等为主的维护作业。二级维护作业深度要适中,防止盲目扩大或缩小汽车维护项目,重点是影响安全、环保的系统及部件作为维护的基本作业项目。二是依据汽车制造企业提供的使用说明书、维修手册中提出的维护项目,把相似车型维护作业项目求公约数,形成二级维护作业项目。

3. 二级维护基本作业项目的设置

1)汽车维护作业项目的设置避免对汽车各部件的解体维护

随着汽车技术的发展,汽车的机电一体化程度越来越高,结构越来越复杂,再广泛性解体维护几乎不可能,许多结构是免维护;从另一方面看,盲目拆检维护既不科学更不经济。因此,二级维护作业项目以不解体维护为基本作业项目,与通过检查诊断所确定的附加作业项目相结合。

2)维护作业项目重点是影响安全、节能及环保的系统及部件

汽车维护项目的设置以汽车使用过程中各总成故障规律、使用维修手册为主要依据,把影响安全(制动系统、行驶系统和转向系统)、环保(燃油供给系统和净化处理系统)的部件作为维护的基本作业项目。

一是汽车排放控制装置的维护列入汽车二级维护基本作业项目，体现了 I/M 制度在汽车维护作业中的具体实施。二是保留了对安全部件的拆检维护，对前、后轮制动器有解体拆检维护的要求，这在以不解体维护为主的新的维护作业规范中仍保留了此部分内容，真正体现了对汽车安全性能的高度重视。

3）二级维护业项目覆盖面问题

在 GB/T 18344—2016 中虽然没有提到维护作业项目，如空调系统、安全气囊系统（SRS）、燃气装置及其他附加装置（如电动门窗、防盗装置等），是不是在维护时就不用作业了呢？不是的。应该认识到，GB/T 18344—2016 中的二级维护作业项目分为基本作业项目和附加作业项目，根据维护前检测诊断结果，可以将这些项目列为二级维护附加作业项目进行维护作业。汽车维护目的是排除故障与隐患，保持车辆技术性能，防止车辆“带病”运行。

4）维护作业项目的指导性

随着新技术、新材料、新结构在汽车上广泛应用，维护要求也不尽相同，而作为国家标准 GB/T 18344—2016 的篇幅有限，不可能对不同总成及结构的维护要求一一列举，在二级维护时，应依据标准 GB/T 18344—2016 规定的相关的内容举一反三，以此来体现 GB/T 18344—2016 的指导性。

如随着排放法规的不断完善，排放控制装置不断涌现，在 GB/T 18344—2016 未提及的各种机内或机外排放控制和净化装置，都应列为二级维护作业的基本范畴。如对制动器的维护，由于有的结构有拆检维护的具体要求；有的结构拆检周期较长或者免维护，就应该执行使用说明书、维修手册的相关要求。

【要点】 GB/T 18344—2016 规定的二级维护作业项目具有指导性，汽车维护、检测人员应依据标准要求，结合使用说明书、维修手册等技术文件要求，对汽车进行维护作业。

【条款 5.3.3.2】 车辆维修资料中与本标准规定的二级维护基本作业项目相同的部分，依据本标准中相对应的条款执行；车辆维修资料中与本标准规定的二级维护基本作业项目不同的部分，依据车辆维修资料的有关条款执行。车辆维修资料中有特殊维护要求的系统、总成和装置（如免维护蓄电池、免维护轮毂等），其维护作业项目执行车辆维修资料规定。

【释义】 以上条款提出了使用 GB/T 18344—2016 进行维护作业的说明。

由于 GB/T 18344—2016 版标准删去原标准 GB/T 18344—2001 附录 A（提示的附录）各类车型汽车维护、检测、诊断技术规范导则，因此，增加了条款 5.3.3.2。目的是强调，在执行 GB/T 18344—2016 的时候，要求充分考虑汽车结构、系统、总成和装置的特殊维护作业项目及技术要求，切记机械地执行本规范的作业项目及技术要求。

对于不同车型中汽车维护、检测、诊断技术规范相同作业内容部分，依据该规范中相关的条款执行。对于不同车型中汽车维护、检测、诊断技术规范不同作业内容部分，参照该规范中相对应的条款，依据车型的使用说明和维护手册中的有关条款执行。

【要点】 随着科学技术的进步，各种先进技术在汽车上获得广泛采用，使得汽车结构总成发生较大变化，该规范在维护作业项目设置上具有滞后性，也不能穷尽所有项目的维护作业。因此，在进行汽车二级维护时，依据汽车维修资料等相关技术文件规定，考虑汽车结构、系统、总成和装置的特殊维护作业项目及技术要求。

【条款 5.3.4】 二级维护过程检验

二级维护过程中应始终贯穿过程检验,并记录二级维护作业过程或检验结果,维护项目的技术要求应符合技术标准和车辆维修资料等相关技术文件规定。

【释义】 汽车二级维护过程检验的目的就是为了实现维护过程的质量控制,是维护作业过程中的质量管理工作,是确保汽车维护质量的重要环节。根据 GB/T 18344—2016 规定,过程检验贯穿于二级维护的全过程,并记录二级维护作业过程或检验结果。过程检验中各维护项目的技术要求,须满足相应的技术标准、使用说明书及车辆维修资料等相关技术文件规定。汽车二级维护过程检验应满足如下要求:

(1)严格实施跟踪检验,即在二级维护作业项目(含基本作业项目和附加作业项目)执行过程中全面地、自始至终地实施质量检验。

(2)及时做好检验记录,特别是对有配合间隙、调整数据或拧紧力矩等技术参数要求的作业项目,要记录检验数据,作为作业过程质量监督的依据,也可为汽车竣工出厂检验提供依据和参考。二级维护过程检验记录单(表 5-16),供使用者参考。

二级维护过程检验记录单 表 5-16

托修方		车牌号		车型	
合同编号		发动机号		底盘号	
部位	检验项目		技术状况		作业人员
发动机	发动机工作状况		停机装置:○ × 运转情况:○ ×		
	发动机排放机外净化装置		外观:○ × 安装牢固:○ ×		
	燃油蒸发控制装置		外观、无堵塞:○ × 视情更换:○ ×		
	曲轴箱通风装置		外观:○ × 无堵塞:○ ×		
	增压器、中冷器		增压器:○ × 中冷器:○ ×		
	发电机、起动机		发电机:○ × 起动机:○ ×		
	发动机润滑油及滤清器		液面高度:○ × 更换:○ ×		
	传动带(链)		外观:○ × 松紧度:○ ×		
	冷却装置		液面高度:○ × 技术状况:○ × 故障现象:________		
	火花塞、高压线		火花塞:○ × 高压线:○ × 火花塞更换:○ × 高压线更换:○ ×		
	空气滤清器		更换:○ × 清洁:○ ×		
	燃油滤清器		更换:○ × 清洁:○ ×		
	油(液)路和气路		密封性:○ ×		
	进、排气歧管、消声器、排气管		技术状况:○ × 故障现象:________		
	发动机总成		紧固:○ × 清洁:○ ×		

续上表

部位	检验项目	技术状况	作业人员
制动系	制动系自检	自检：○ ×	
	制动管路、制动阀及接头	固定：○ × 无损伤：○ × 密封性能：○ × 储气筒排污(水)阀畅通：○ ×	
	制动液液面高度	液面高度： ○ × 更换：○ ×	
	缓速器	连接螺栓：○ × 清洁：○ ×	
	储气筒、干燥器	储气筒：○ × 干燥器：○ ×	
	制动踏板	踏板行程(mm)：○ × 无破裂或损坏，防滑面无磨光：○ ×	
	驻车制动	拉杆支点、棘轮机构及拉杆：○ × 驻车制动性能：○ ×	
	防抱死制动装置	自检功能：○ × 连接线路：○ × 清洁车轮传感器头及齿圈：○ ×	
	鼓式制动器	制动鼓、制动蹄、支承销 (1)制动鼓、制动蹄无裂纹及明显变形：○ × (2)制动蹄支承销：○ ×	
		摩擦片无破裂：○ ×	
		摩擦片厚度(mm)：○ ×	
		制动鼓与制动蹄间隙(mm)：○ ×	
		制动鼓、制动蹄摩擦工作面：○ ×	
		制动底板、凸轮轴，校紧螺栓：○ × 故障现象：________	
		轮制动器调整臂作用：○ ×	
		内外轴承：○ × 故障现象：________	
		制动蹄复位弹簧：○ ×	
		各部件清洁，无油污：○ ×	
		轮毂：○ × 制动鼓：○ ×	
	盘式制动器	制动摩擦片磨损量(mm)：○ × 制动盘磨损量(mm)：○ × 工作面无油污：○ ×	
		间隙：○ ×	
		密封件：○ ×	
		制动钳及支架：○ × 促动装置：○ × 故障现象：________	

续上表

部位	检验项目	技术状况	作业人员
转向系	转向器、转向传动机构	(1)转向器传动机构工作状况：○ × 故障现象：__________ (2)各部螺栓紧固：○ × (3)润滑：○ × (4)转向器液压油液面高度：○ × (5)转向轻便性：○ ×	
	转向盘最大自由转动量	自由转动量(mm)：○ ×	
行驶系	车轮及轮胎	紧固轮胎螺栓：○ × 轮胎使用：○ × 轮胎外观：○ × 轮胎气压(kPa)：○ × 胎面花纹深度(mm)：○ × 是否轮胎换位：○ ×	
	车轮前束	前束(mm)：○ ×	
	悬架	悬架：○ × 故障现象：__________	
	车桥及车轴	车桥及车轴：○ × 拉杆和导杆：○ ×	
	半轴的螺栓、螺母	螺栓、螺母：○ ×	
	轮辋及压条挡圈	轮辋及压条挡圈：○ ×	
传动系	连接部位	传动机构连接状况：○ × 故障现象：__________	
	离合器	(1)工作情况：○ × 故障现象：__________ (2)离合器踏板自由行程(mm)：○ × (3)离合器助力油液面高度：○ ×	
	变速器、主减速器、差速器	密封：○ × 清洁通气孔：○ × 润滑油液面高度：○ ×	
	传动轴	防尘罩：○ × 万向节：○ × 传动轴：○ × 轴承及支架：○ × 润滑：○ × 螺栓紧固：○ ×	

续上表

部位	检验项目	技术状况	作业人员
灯光导线	灯光(前照灯、示廓灯、危险报警闪光灯、后雾灯、转向灯)、信号装置和标识	齐全有效:○ × 发光强度:○ × 照射位置:○ × 远、近光光束变换:○ × 喇叭:○ × 后反射器、侧反射器和侧标志灯:○ × 车身反光标识:○ ×	
	线束及导线	全车线束、导线:○ × 故障现象:________________	
	仪表	工作状况:○ × 故障现象:________________	
	蓄电池	工作状况:○ × 故障现象:________________	
车身及附属设备	整车清洗	外表、内部整洁:○ ×	
	整车密封	密封、无泄漏:○ ×	
	车架和车身	技术状况:○ × 故障现象:________________	
	刮水器	工作状况:○ ×	
	内、外视镜	技术状况:○ × 故障现象:________________	
	灭火器、客车安全锤	灭火器数量及放置位置:○ × 客车安全锤数量及放置位置:○ ×	
	安全带	技术状况:○ ×	
	防护装置	后防护装置:○ × 侧防护装置:○ ×	
	支撑装置	支撑装置:○ ×	
	牵引车与挂车连接装置	技术状况:○ × 故障现象:________________	

附加作业项目记录		更换主要零部件记录		
附加作业项目	修理情况摘要	名称	型号规格	数量

续上表

附加作业项目	修理情况摘要	名称	型号规格	数量
备注	检验结果合格,在"○"位置划"√",不合格,在"×"位置划"√",故障现象应具体说明。			

质量检验员(签字): 年 月 日

【要点】 为了贯彻交通运输部《机动车维修管理规定》的要求,确保汽车维护质量,应严格执行二级维护进厂检验、二级维护过程检验、二级维护竣工检验三检制度,并做好维护记录。

【条款 5.3.5】 二级维护竣工检验

二级维护竣工检验项目及技术要求见表 5,二级维护竣工检验应填写二级维护竣工检验记录单(参见附录 C)。

二级维护竣工检验项目及技术要求 表 5

序号	检验部位	检验项目	技术要求	检验方法
1	整车	清洁	全车外部、车厢内部及各总成外部清洁	检视
2		紧固	各总成外部螺栓、螺母紧固,锁销齐全有效	检查
3		润滑	全车各个润滑部位的润滑装置齐全,润滑良好	检视
4		密封	全车密封良好,无漏油、无漏液和无漏气现象	检视
5		故障诊断	装有车载诊断系统(OBD)的车辆,无故障信息	检测
6		附属设施	后视镜、灭火器、客车安全锤、安全带、刮水器等齐全完好、功能正常	检视
7	发动机及其附件	发动机工作状况	在正常工作温度状态下,发动机起动三次,成功起动次数不少于两次,柴油机三次停机均应有效,发动机低、中、高速运转稳定、无异响	路试或检视
8		发动机装备	齐全有效	检视
9	制动系	行车制动性能	符合 GB 7258 规定,道路运输车辆符合 GB 18565 规定	路试或检测
10		驻车制动性能	符合 GB 7258 规定	路试或检测
11	转向系	转向机构	转向机构各部件连接可靠,锁止、限位功能正常,转向时无运动干涉,转向轻便、灵活,转向无卡滞现象转向节臂、转向器摇臂及横直拉杆无变形、裂纹和拼焊现象,球销无裂纹、不松旷,转向器无裂损、无漏油现象	检视
12		转向盘最大自由转动量	最高设计车速不小于 100km/h 的车辆,其转向盘的最大自由转动量不大于 15°,其他车辆不大于 25°	检测

续上表

序号	检验部位	检验项目	技术要求	检验方法
13	行驶系	轮胎	同轴轮胎应为相同的规格和花纹，公路客车（客运班车）、旅游客车、校车和危险品运输车的所有车轮及其他机动车的转向轮不得装用翻新的轮胎，轮胎花纹深度及气压符合规定，轮胎的胎冠、胎壁不得有长度超过25mm或深度足以暴露出帘布层的破裂和割伤以及凸起、异物刺入等影响使用的缺陷	检查、检测
14		转向轮横向侧滑量	符合GB 7258规定，道路运输车辆符合GB 18565规定	检测
15		悬架	空气弹簧无泄漏、外观无损伤。钢板弹簧无断片、缺片、移位和变形，各部件连接可靠，U形螺栓螺母扭紧力矩符合规定	检查
16		减振器	减振器稳固有效，无漏油现象，橡胶垫无松动、变形及分层	检查
17		车桥	无变形、表面无裂痕，密封良好	检视
18	传动系	离合器	离合器接合平稳，分离彻底，操作轻便，无异响、打滑、抖动和沉重等现象	路试
19		变速器、传动轴、主减速器	变速器操纵轻便、挡位准确，无异响、打滑及乱挡等异常现象，传动轴、主减速器工作无异响	路试
20	牵引连接装置	牵引连接装置和锁止机构	汽车与挂车牵引连接装置连接可靠，锁止、释放机构工作可靠	检查
21	照明、信号指示装置和仪表	前照灯	完好有效，工作正常，性能符合GB 7258规定	检视、检测
22		信号指示装置	转向灯、制动灯、示廓灯、危险报警灯、雾灯、喇叭、标志灯及反射器等信号指示装置完好有效	检视
23		仪表	各类仪表工作正常	检视
24	排放	排气污染物	汽油车采用双怠速法，应符合GB 18285规定。柴油车采用自由加速法，应符合GB 3847规定	检测

【释义】 以上条款是对二级维护竣工检验提出的具体要求。

为检验汽车在二级维护作业后的效果，评定维护后各作业项目、参数是否符合相关标准而进行的检验工作，称为二级维护竣工检验。汽车二级维护竣工检验是控制车辆维护质量，杜绝不合格车辆出厂的一个重要环节。

主要依据《中华人民共和国道路运输条例》（国务院令第666号，2016年修订）第四十五条：机动车维修经营者对机动车进行二级维护、总成修理或者整车修理的，应当进行维修质量检验。检验合格的，维修质量检验人员应当签发机动车维修合格证。《机动车维修管理规定》（交通运输部令2016年第37号，2016年修正）第三十二条规定："机动车维修经营者对机动车进行二级维护、总成修理、整车修理的，应当实行维修前诊断检验、维修过程检验和竣工质量检验制度。2016年3月1日实施的《道路运输车辆技术管理规定》规定,机动车维修经营者完成二级维护作业后,按照《汽车维护、检测、诊断技术规范》(GB/T 18344—2016)的要求进行竣工出厂检验,无需再到汽车综合性能综合性能检测机构上线检测,同时机动车辆维修经营者应当向车辆维修委托方出具二级维护出厂合格证。

1. 二级维护竣工检验项目设置原则

(1)二级维护竣工检验项目应与二级维护作业项目相对应,对二级维护的作业项目(包括基本作业项目及附加作业项目)进行竣工检验。

(2)二级维护竣工检验主要对涉及安全、环保和节能的作业项目进行检验。

2. 二级维护竣工检验项目及技术要求

汽车二级维护作业完成后应进行竣工检验,竣工检验由外观技术状况检验和性能检验两部分组成。二级维护竣工检验的技术要求,须满足相应的技术标准和车辆维修资料等相关技术文件规定。汽车及列车应符合《机动车运行安全技术条件》(GB 7258)规定,道路运输车辆应符合《道路运输车辆综合性能要求和检验方法》(GB 18565)规定。

3. 二级维护竣工检验记录

汽车二级维护竣工检验后,应填写二级维护竣工检验单,并将二级维护竣工检验单放入汽车技术档案中。

二级维护竣工检验方法详见第七章。

【要点】

(1)二级维护竣工检验是维修企业签发《汽车维修竣工出厂合格证》依据,机动车辆维修经营者必须认真执行交通运输部相关规章的要求,向车辆维修委托方出具二级维护出厂合格证。只是无需再到汽车综合性能综合性能检测机构上线检测。

(2)机动车维修企业应当确保二级维护检测结果客观、公正、准确,对检测结果承担法律责任。

第六节 质量保证

【条款6】 质量保证

【条款6.1】 汽车维护企业对竣工检验合格的汽车签发维护竣工出厂合格证。

【释义】 以上条款提出了二级维护竣工检验合格的汽车签发维护竣工出厂合格证规定。

主要依据《中华人民共和国道路运输条例》(国务院令第666号,2016年修订)第四十五条:机动车维修经营者对机动车进行二级维护、总成修理或者整车修理的,应当进行维修质量检验。检验合格的,维修质量检验人员应当签发机动车维修合格证。机动车维修实行质量保证期制度。质量保证期内因维修质量原因造成机动车无法正常使用的,机动车维修经营者应当无偿返修。《机动车维修管理规定》(交通运输部令2016年第37号,2016年修正)第三十三条:机动车维修竣工质量检验合格的,维修质量检验人员应当签发《机动车维修竣工出厂合格证》;未签发机动车维修竣工出厂合格证的机动车,不得交付使用,车主可以拒绝交费或接车。第五十三条明确规定:对于伪造、转借、倒卖《机动车维修竣工出厂合格证》的企业，由县级以上道路运输管理机构责令限期改正；限期整改不合格的，予以通报。

《机动车维修竣工出厂合格证》应用范围包括：二级维护作业、总成修理（发动机、变速器、车身车架、转向操纵机构、前桥、后桥等），整车修理等作业必须签发《机动车维修竣工出厂合格证》。另外，对一些价格较高的小总成及车主索要竣工合格证的作业，维修企业也应该签发合格证。

《机动车维修竣工出厂合格证》样式如图 5-5 所示。

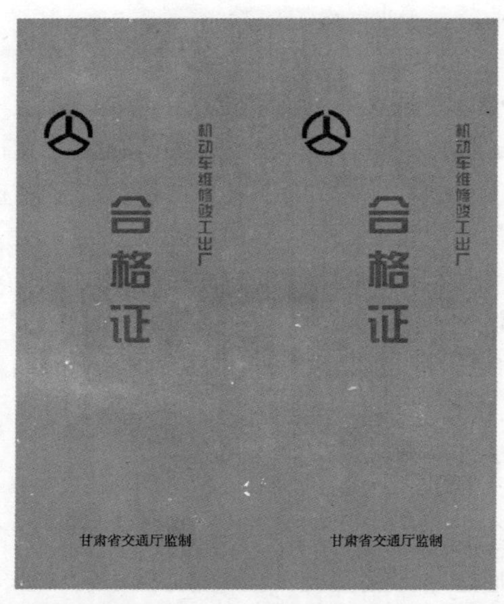

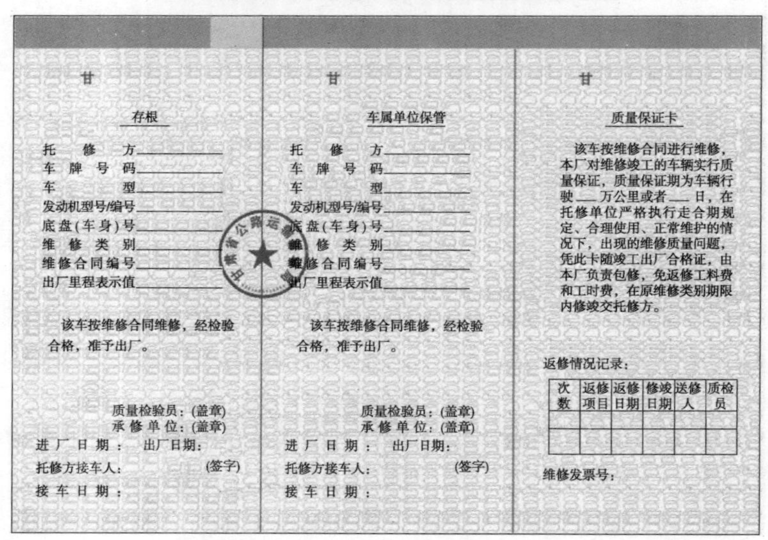

甘

存根

托　修　方______
车 牌 号 码______
车　　　型______
发动机型号/编号______
底盘（车身）号______
维 修 类 别______
维修合同编号______
出厂里程表示值______

该车按维修合同维修，经检验合格，准予出厂。

质量检验员：（盖章）
承 修 单 位：（盖章）
进 厂 日 期：　出厂日期：
托修方接车人：　（签字）
接 车 日 期：

甘

车属单位保管

托　修　方______
车 牌 号 码______
车　　　型______
发动机型号/编号______
底盘（车身）号______
维 修 类 别______
维修合同编号______
出厂里程表示值______

该车按维修合同维修，经检验合格，准予出厂。

质量检验员：（盖章）
承 修 单 位：（盖章）
进 厂 日 期：　出厂日期：
托修方接车人：　（签字）
接 车 日 期：

甘

质量保证卡

该车按维修合同进行维修，本厂对维修竣工的车辆实行质量保证，质量保证期为车辆行驶___万公里或者___日，在托修单位严格执行走合期规定、合理使用、正常维护的情况下，出现的维修质量问题，凭此卡随竣工出厂合格证，由本厂负责包修，免返修工料费和工时费，在原维修类别期限内修竣交托修方。

返修情况记录：

次数	返修项目	返修日期	修竣日期	送修人	质检员

维修发票号：

图 5-5 《机动车维修竣工出厂合格证》样式

《机动车维修竣工出厂合格证》的作用如下：

（1）是维修企业落实维修质量管理的一项重要手段。

（2）是维修车辆经竣工检验合格后出厂的唯一合法证明材料。

(3)是机动车维修档案的一项重要内容。

(4)合格证记录了维修车辆的维修项目、质量保证期、返修记录重要内容,一旦发生纠纷,是车主维权的重要凭证。

【要点】 二级维护竣工检验合格证制度的实施,贯彻了《中华人民共和国道路运输条例》《机动车维修管理规定》等法律、规章的相关规定,维修企业应该严格依法执行。

【条款6.2】 汽车维护质量保证期,自维护竣工出厂之日起计算,一级维护质量保证期为车辆行驶不少于2000km或者10日,二级维护质量保证期为车辆行驶不少于5000 km或者30日,以先达到者为准。

【释义】 以上条款提出二级维护质量保证期的要求。

承担运输车辆二级维护作业的经营者必须严格执行维修作业质量保证期制度,二级维护质量保证期自签发维修竣工出厂合格证之日起计算,为车辆行驶5000 km或者30日,以先达到者为准。该条款的质量保质期与《机动车维修管理规定》(交通运输部令2016年第37号,2016年修正)一致。

由于机动车维护的专业性以及关系行车安全,社会对机动车维护的质量越来越关注,道路运输经营者和广大车主用户希望在机动车维护的消费中能够有效地维护自身权益。为保证机动车维护质量,维护车主的合法权益,保障运输安全。《机动车维修管理规定》(交通运输部令2016年第37号,2016年修正)规定实施机动车维护质量保证期制度。

《机动车维修管理规定》(交通运输部令2016年第37号,2016年修正)第三十七条:机动车维修实行竣工出厂质量保证期制度。汽车和危险货物运输车辆整车修理或总成修理质量保证为车辆行驶20000公里或者100日;二级维护质量保证期为车辆行驶5000公里或者30日;一级维护、小修及专项修理质量保证期为车辆行驶2000公里或者10日。质量保证期中行驶里程和日期指标,以先达到者为准;机动车维修质量保证期,从维修竣工出厂之日起计算。

第三十八条:在质量保证期和承诺的质量保证期内,因维修质量原因造成机动车无法正常使用,且承修方在3日内不能或者无法提供因非维修原因而造成机动车无法使用的相关证据的,机动车维修经营者应当及时无偿返修,不得故意拖延或者无理拒绝。在质量保证期内,机动车因同一故障或维修项目经两次修理仍不能正常使用的,机动车维修经营者应当负责联系其他机动车维修经营者,并承担相应修理费用。

第三十九条:机动车维修经营者应当公示承诺的机动车维修质量保证期。所承诺的质量保证期不得低于第三十七条的规定。

在质量保证期内,托修方遇有汽车维护质量问题或者发生机件事件,应首先与承修方协商解决,这是处理汽车维修质量纠纷的最基本原则。不愿协商或协商不成的,当事人各方可向当地的道路运输管理机构申请调解。承修方不按技术标准、有关技术资料和维修操作工艺规程维护车辆或不按使用说明规定选用配件、油料所引起的质量责任由承修方负责;承修方因装配使用有质量问题的配件、油料或装配使用托修方自带配件、油料且未在维修合同中明确责任的,所引起的质量责任由承修方负责;承修方在进行总成大修、小修和二级维护作业时,未对所装(拆)配件进行鉴定或虽发现相关配件质量不符合技术要求但未与托修方签订责任协议,在质量保证期内确因该零部件质量引起的质量事故由承修方负责。汽车维修合同中另有约定的按合同规定的责任确定；因托修方违反驾驶操作规程和车辆使用、维护规定而引起的质量责任，由托修方负责。

【要点】 维护作业质量保证期制度是保护汽车维修企业和广大车主用户合法权益的重要措施，承担汽车二级维护作业的维修企业必须公示承诺的汽车维修质量保证期，质量保证期不得低于《机动车维修管理规定》（交通运输部令2016年第37号，2016年修正）规定。

第七节　附　　录

【条款】　附录A（资料性附录）道路运输车辆一级维护、二级维护推荐周期见表A.1。

道路运输车辆一级维护、二级维护推荐周期　　表A.1

适用车型		维护周期	
		一级维护行驶里程间隔上限值或行驶时间间隔上限值	二级维护行驶里程间隔上限值或行驶时间间隔上限值
客车	小型客车（含乘用车）（车长≤6m）	10000km或30日	40000km或120日
	中型及以上客车（车长>6m）	15000km或30日	50000km或120日
货车	轻型货车（最大设计总质量≤3500kg）	10000km或30日	40000km或120日
	轻型以上货车（最大设计总质量>3500kg）	15000km或30日	50000km或120日
挂车		15000km或30日	50000km或120日
注：对于以山区、沙漠、炎热、寒冷等特殊运行环境为主的道路运输车辆，可适当缩短维护周期。			

【释义】 以上条款给出了道路运输车辆一级维护、二级维护推荐周期。

依据道路运输车辆与其他车辆实行分类管理的原则，标准给出道路运输车辆推荐的维护周期，指导道路运输经营者、广大车主用户、行业管理部门及汽车制造企业参照执行。

1. 道路运输车辆维护周期的使用

道路运输车辆维护周期是编制车辆维护计划的重要依据。参照道路运输车辆一级维护、二级维护推荐周期编制车辆维护计划时，应该考虑以下问题：

（1）道路运输经营者依据给出的推荐性道路运输车辆维护周期，根据汽车技术状况和使用条件制定汽车维护周期。

（2）车辆维护周期以使用说明书、维修手册等有关技术文件规定为依据，参照本标准推荐的维护周期确定。随着汽车制造新技术和新材料的广泛应用，车辆维修资料中可能对某些系统、总成和装置规定特定的维护周期，其维护周期应该执行使用说明书、维修手册等有关技术文件规定。

2. 道路运输车辆维护计划

维护计划是车辆维护的时间依据，道路车辆企业应根据确定后的汽车维护周期，制订车辆维护计划。维护计划的编排应遵循“均衡生产、均匀路线”的原则，通常有车辆技术部门根据生产任务和维护周期要求编制。一般按周、旬或月编制，并提前3～5个工作日下达到维护企业和车队。

车辆维护计划一旦下达后,车辆所属单位及维护企业应严格执行。维护单位应严格执行维护技术要求和工艺规范,如遇特殊情况确需调整的,需要征得所在企业技术部门和车辆所属单位同意。

【要点】 在执行 GB/T 18344—2016 推荐的道路运输车辆维护周期时,应考虑汽车结构、系统、总成和装置的特殊维护周期要求,合理确定维护周期。

【条款】 附录 B(资料性附录)二级维护作业流程图见图 B.1。

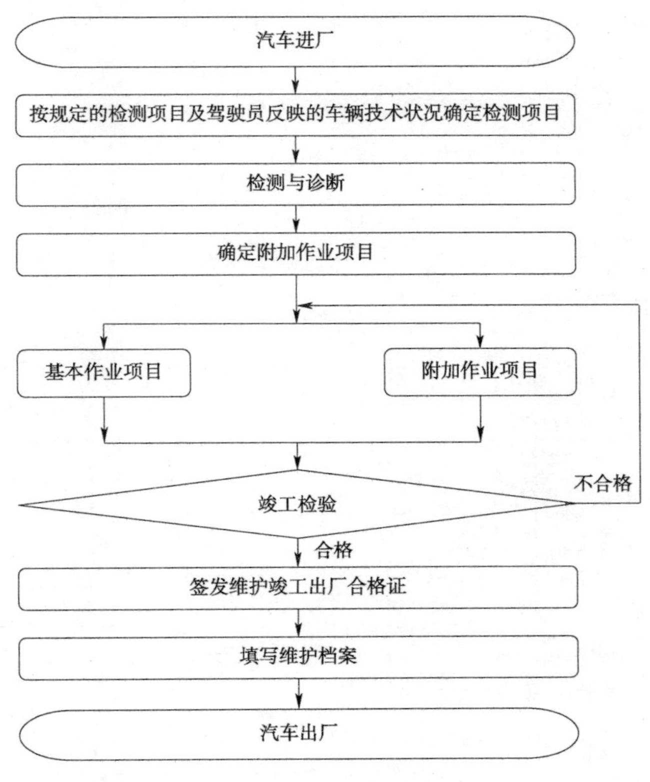

图 B.1 二级维护作业流程图

【释义】 以上条款给出了二级维护作业流程图。

二级维护作业流程图是利用一定的符号将二级维护作业流程图示出来,说明二级维护作业全过程。标准使用者可以对二级维护作业过程有一个全面的、系统的了解。

保留二级维护作业流程图基于两个方面的原因:一是标准最终目的落实到执行,特别是技术规范。因此,标准内容完整、结构清晰、内容无歧义。二是方便行业管理部门、维护企业以及广大车主用户使用,在一定程度上增加二级维护作业的透明度。GB/T 18344—2001 版本使用了文字描述和框图两种方法,我们认为,使用框图比较直观、清晰易懂。因此,GB/T 18344—2016 版本使用了框图表示二级维护作业流程图。

【要点】 二级维护作业流程图贯彻了《道路运输车辆技术管理规定》《机动车维修管理规定》等规章的相关要求,二级维护作业流程图必须严格执行。

【条款】 附录 C(资料性附录)二级维护竣工检验记录单见表 C.1。

二级维护竣工检验记录单　合同编号　　表 C.1

托修方			车牌号		车型	
外观状况	项　目	评价	项目	评价	项　目	评价
	清洁		发动机装备		离合器	
	紧固		转向机构		变速器、传动轴、主减速器	
	润滑		轮胎		牵引连接装置和锁止机构	
	密封		悬架		前照灯	
	附属设施		减振器		信号指示装置	
	发动机工作状况		车桥		仪表	

故障诊断	车载诊断系统（OBD）故障信息	□无　□有　故障信息描述：＿＿＿＿	评价：

性能检测							
转向盘最大自由转动量（°）		评价：	转向轮横向侧滑量（m/km）	第一转向轴：	评价：		
				第二转向轴：	评价：		
制动性能 台架	车轴		一轴	二轴	三轴	四轴	五轴	六轴
	轴制动率（%）	结果						
		评价						
	制动不平衡率（%）	结果						
		评价						
	整车参数	项目	整车制动率（%）			驻车制动率（%）		
		结果						
		评价						
制动性能 路试	初速度（km/h）	参数	制动距离（m）		MFDD（m/s^2）		制动稳定性	
		结果						
		评价						

前照灯性能	灯高（mm）	远光光强（cd）结果（cd）	远光光强（cd）评价	远光偏移（mm/10m）垂直（H）	远光偏移 评价	远光偏移 水平	远光偏移 评价	近光偏移（mm/10m）垂直（H）	近光偏移 评价	近光偏移 水平	近光偏移 评价
参数											
左外											
左内											
右外											
右内											

排气污染物					
汽油车	怠速	CO（%）：	HC（$\times10^{-6}$）：	评价：	
	高怠速	CO（%）：	HC（$\times10^{-6}$）：	评价：	
柴油车	自由加速	光吸收系数（m^{-1}）：①　②　③	平均（m^{-1}）：	评价：	
		烟度值（BSU）：①　②　③	平均（BSU）：	评价：	

检验结论：

检验员签字：　　　　年　　月　　日

注1：检验数据在“结果”栏填写。合格在“评价”栏划“○”，不合格在“评价”栏划“×”，无此项目填“—”。

注2：制动性能检验选择“台架”或“路试”。路试制动性能采用“制动距离”或“充分发出的平均减速度 MFDD”评价。

【释义】 以上条款给出了《二级维护竣工检验记录单》的式样以及填写说明,机动车维护企业应按照要求填写及输出。

为了确保汽车维护质量,修订后的标准强调严格执行汽车维护"三检"制度(即进厂检验、过程检验和竣工检验)。主要基于以下考虑:一是根据交通运输部《机动车维修管理规定》(交通运输部令 2016 年第 37 号,2016 年修正)第三十二条规定:机动车维修经营者对机动车进行二级维护、总成修理、整车修理的,应当实行维修前诊断检验、维修过程检验和竣工质量检验制度。二是加强行业管理的需要。尽管各地道路运输管理机构加强了对车辆二级维护的管理,但在二级维护过程中还存在一些问题,其中最突出的是没有按照汽车维护技术规范规定作业项目对车辆进行作业,存在减项、漏项作业现象。通过统一级、二级维护竣工质量检验记录单,能够对作业过程进行有效监督。

二级维护进厂检验记录单和二级维护过程检验记录单格式、内容不作统一要求,使用者根据所在地区行业管理部门具体要求自行制定。为了统一级、二级维护竣工检验记录单,作为资料性附录给出了二级维护竣工检验记录单式样,其格式可以自行调整,内容不得缺项(车辆结构差异产生的缺项除外)。

【要点】

(1)机动车维修企业依据技术规范要求,做好二级维护竣工检验,并填写输出记录单。

(2)机动车维修企业应当确保二级维护检测结果客观、公正、准确,对检测结果承担法律责任。

第六章 汽车维护作业方法

车辆在使用或持有过程中,各部机件必然会逐渐产生不同程度的老化、松动、磨损。为了恢复车辆的技术性能、保持车辆技术状况,必须依据标准《汽车维护、检测、诊断技术规范》(GB/T 18344—2016),结合车辆使用说明书及维修手册等技术资料按期执行各级维护作业。本章详细介绍了 GB/T 18344—2016 规定的汽车维护作业项目及技术要求。

第一节 日常维护作业方法

一、日常维护作业项目及技术要求

日常维护作业项目及技术要求见表 6-1。

日常维护作业项目及技术要求　　表 6-1

序号	作业项目	作业内容	技术要求	维护周期
1	车辆外观及附属设施	检查、清洁车身	车身外观及客车车厢内部整洁,车窗玻璃齐全、完好	出车前或收车后
		检查后视镜,调整后视镜角度	后视镜完好、无损毁,视野良好	出车前
		检查灭火器、客车安全锤	灭火器配备数量及放置位置符合规定,且在有效期内使用。客车安全锤配备数量及放置位置符合规定	出车前或收车后
		检查安全带	安全带固定可靠、功能有效	出车前或收车后
		检查风窗玻璃刮水器	刮水器各挡位工作正常	出车前
2	发动机	检查发动机润滑油、冷却液液面高度,视情补给	油(液)面高度符合车辆维修资料等有关技术文件的规定	出车前、行车中
3	制动	制动系统自检	自检正常,无制动报警灯闪亮	出车前
		检查制动液液面高度,视情补给	液面高度符合车辆维修资料等有关技术文件的规定	出车前
		检查行车制动、驻车制动	行车制动、驻车制动功能正常	出车前
4	车轮及轮胎	检查轮胎外观、气压	轮胎表面无破裂、凸起、异物刺入及异常磨损,轮胎气压符合车辆维修资料等有关技术文件的规定	出车前、行车中
		检查车轮螺栓、螺母	齐全完好,无松动	

续上表

序号	作业项目	作业内容	技术要求	维护周期
5	照明、信号指示装置及仪表	检查前照灯	前照灯完好、有效，表面清洁，远近光变换正常	出车前
		检查信号指示装置	转向灯、制动灯、示廓灯、危险报警灯、雾灯、喇叭、标志灯及反射器等信号指示装置完好有效，表面清洁	
		检查仪表	工作正常	出车前、行车中

二、日常维护作业方法

作为驾驶员，除了安全谨慎地驾驶车辆，还需做好车辆的日常维护工作。理论和实践证明，做好日常维护工作能够有效避免交通事故的发生，确保车辆安全运行。

（一）车辆外观及附属设施

1. 检查、清洁车身

使用汽车掸子等工具清洁车身外观，视情清洗汽车外表。使用汽车掸子等工具清除客车车厢内部的灰尘，清扫车厢地板。检视、试用车窗玻璃，确保车窗玻璃齐全、完好。

人工清洗汽车外表（图6-1）的操作步骤及要领如下：

（1）使用车身清洗机喷水清除车身外表灰尘、泥污等。清洗机喷水水压为600～800kPa为宜，不要淋湿发动机和电器部分。

（2）在车身外表喷洒中性清洗剂。

（3）稍等待片刻，使用海绵块等软性物质将清洗剂在车身上擦拭一遍。

（4）再用车身清洗机清洗一遍。

（5）再用半湿半干软布将车身上的水珠擦拭干净。

（6）用气枪将渗入到钥匙孔、门把手、灯罩以及后视镜等里面的水分吹净。

图6-1　清洗汽车

2. 检查后视镜，调整后视镜角度

左、右后视镜、内视镜（图6-2）和下视镜（图6-3）等与驾驶员的前后视野密切相关，驾驶员必须调整其角度，以保证其视野满足要求。不同车型装备的视镜种类有所不同，凡是装车视镜均应完好，无损毁，并能有效保持位置。

3. 检查灭火器、客车安全锤数量及放置位置

客车的客舱、货车的驾驶室应配备灭火器，灭火器应安装牢靠并便于取用。检查灭火器

配备数量以及放置位置情况，是否在有效期内，放置是否牢靠，是否便于取用。

图 6-2　内视镜

图 6-3　下视镜

检视客车的安全顶窗（图 6-4）是否易于开启。对于封闭式客车，检查车内玻璃破碎装置（包括安全手锤）的配备情况及放置位置（图 6-5）。

图 6-4　安全顶窗

图 6-5　安全手锤

4. 检查安全带

检视客车的所有座椅、货车驾驶员座椅和前排乘员座椅是否配备安全带，配件是否齐全有效，有无破损。

注意事项：客车、货车及乘用车的所有座椅均应配备安全带。

5. 检查风窗玻璃刮水器

开启风窗刮水器和洗涤器，检视刮水器、洗涤器能否正常工作。刮水器关闭时，刮水片是否自动返回初始位置。

注意事项：风窗刮水器和洗涤器的检查可同步进行，建议先检查洗涤器，并使风窗在湿态下，对刮水器进行检查，否则易刮坏风窗玻璃和刮水器橡胶条。

（二）发动机

检查发动机燃油、润滑油、冷却液等油（液）面高度是否符合车辆维修资料等有关技术文件的规定。

（1）检查发动机润滑油油面高度，不足时要及时补充。检查方法：车辆停在平坦路面，润滑油油面应保持在标尺两个标记之间（图 6-6），油面过低，及时添加。

（2）检查燃油是否充足，不足及时补充，如图 6-7 所示。

（3）检查冷却液液面高度，不足时要及时补充。

（4）起动发动机或在行驶中选择慢车道，放慢车速（怠速滑行，手动变速器车可放空挡）耳听发动机有无异响、鼻闻有无异味，并观察各仪表是否正常，如有下列情况之一者应立即停车检修或排除：

①发动机或底盘有特殊响声或异味。

②机油压力表读数显著降低或失效。

③发动机“开锅”或冷却液温度表读数上升至95℃以上。

④电流表充放电不正常或指示灯突然亮，有异响异味。

⑤各种报警指示灯亮或报警蜂鸣器鸣响。

图6-6　检查润滑油

图6-7　检查燃油

（三）制动

汽车的制动系统一旦出现问题，就会危害自己及他人的安全。但是，只要我们做好了制动系统日常维护，就能及时发现问题，消除行车安全隐患。

1. 制动系统自检

点火开关接到“ON”位置时，制动系统开始自检，制动液量警告灯、ABS指示灯、驻车制动指示灯等指示灯点亮，而在发动机起动并解除驻车制动后熄灭。如果制动系统报警灯亮起的时候就意味着制动系统出问题了，这时就需要做系统的检查，驻车制动是否放好、制动液是否足够、是否存在传感器故障。

2. 检查制动液液面高度，视情补给

制动液的储液量应在储液罐的上、下刻线之间。如果缺少制动液，应添加同品牌型号的制动液，不可添加其他种类的制动液或酒精代用品。同时，检查制动系统的技术状况，排除各连接部位的松动、漏油或漏气现象。

3. 检查行车制动、驻车制动

1）停车状态下的检查

检查制动系统密封性。起动发动机后，对于气压系统4min内气压升到400kPa。当气压升至600 kPa，空气压缩机停机3min，气压降不得超过10kPa 。对于液压（含真空助力类型）制动系统，若踏下制动踏板反应正常，则管路系统正常。

检查液压制动系统制动踏板的“脚感”。踩下制动踏板，首先应能感觉出制动踏板的微小自由行程。继续踩下制动踏板，制动踏板应有明显的阻力直至踩不动为止。如果制动踏板踩下去软绵绵的，没有明显的阻力，说明制动系统有故障应进行修理；如果踩下制动踏板时，第一脚制动踏板非常低，而第二脚却又恢复正常，但用力踩下制动踏板有微量的弹性，则表明制动管路里有空气，应排除制动液压管路中的空气。

图 6-8　检查制动鼓温度

2）行驶状态下的检查

起动发动机，松开驻车制动，使汽车以 10 ~ 20km/h 的速度行驶，在干燥平直的路面上采用慢制动或者点制动，汽车应迅速减速及停车，且无跑偏现象。汽车制动后，当松开制动踏板并继续行驶时，应能顺利起步和行驶。

汽车行驶一段时间后，用手摸轮毂、制动鼓等部位（图 6-8），以不烫手为合适。如果这些部位温度异常，表明工作异常，应及时查明原因。

（四）车轮及轮胎

1. 检查车轮螺栓和半轴螺栓

视检或者用手拧车轮螺栓、半轴螺栓的连接紧固情况，应齐全完好，无松动，如图 6-9 所示。

2. 检查轮胎外观及气压

在车辆行车前，视检或者使用轮胎气压表检查轮胎气压（图 6-10）、清洗并清除轮胎表面杂物。气压应符合规定、胎间及胎纹间无杂物。利用在高速公路生活区停车休息、加油停车以及车辆驶入停车场停放等机会，进行检查和清理。

注意事项：当车辆因轮胎气压过高或过低，胎间、胎纹中有杂物而导致车辆左右摇摆、上下颠簸难以操纵时，切不可随意停车，更不能紧急制动。一定要按交通规则的要求停放车辆后，再进行检查和清理。

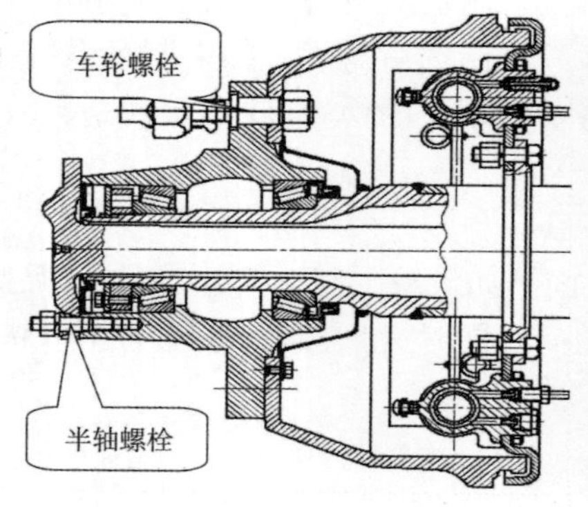

图 6-9　车轮螺栓与半轴螺栓

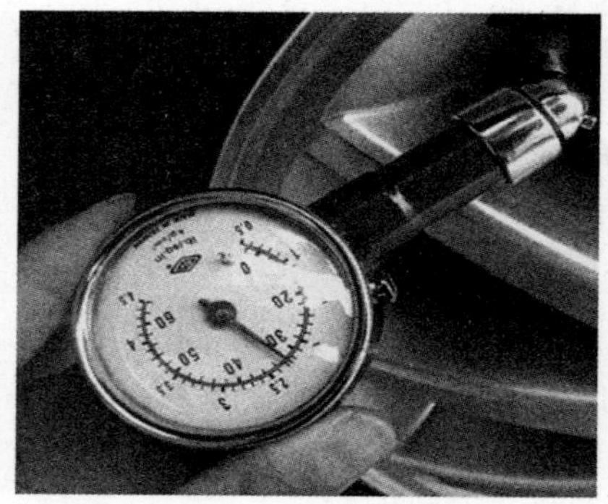

图 6-10　检查轮胎气压

（五）照明、信号指示装置及仪表

1. 检查前照灯

试用前照灯，要求前照灯完好、有效，表面清洁，远近光变换正常。

2. 检查信号指示装置

在车辆行车前，试用转向灯、制动灯、示廓灯、危险报警灯、雾灯、喇叭及标志灯等信号指示装置，如图6-11所示。信号指示装置完好有效，工作正常。在车辆行驶中，利用眼睛的余光扫描各个仪表的工作情况，从而监控车辆各系统的运行状况。夜间利用变更车道、超车或转弯等机会，进行灯光照明、转向信号的检查。

图6-11　灯光信号指示装置

3. 检查仪表

出车前和行车中，观察仪表和指示装置工作状态(图6-12)，仪表和指示装置显示正常。

图6-12　检查仪表

第二节　一级维护作业方法

一、一级维护作业项目及技术要求

一级维护作业项目包括日常维护的作业内容，一级维护基本作业项目及技术要求见表6-2。

一级维护基本作业项目及技术要求 表6-2

序号	作业项目		作业内容	技术要求
1	发动机	空气滤清器、机油滤清器和燃油滤清器	清洁或更换	按规定的里程或时间清洁或更换滤清器。滤清器应清洁，衬垫无残缺，滤芯无破损。滤清器安装牢固，密封良好
2		发动机润滑油及冷却液	检查油（液）面高度，视情更换	按规定的里程或时间更换润滑油、冷却液，油（液）面高度符合规定
3	转向系	部件连接	检查、校紧万向节、横直拉杆、球头销和转向节等部位连接螺栓、螺母	各部件连接可靠
4		转向器润滑油及转向助力油	检查油面高度，视情更换	按规定的里程或时间更换转向器润滑油及转向助力油，油面高度符合规定
5	制动系	制动管路、制动阀及接头	检查制动管路、制动阀及接头，校紧接头	制动管路、制动阀固定可靠，接头紧固，无漏气（油）现象
6		缓速器	检查、校紧缓速器连接螺栓、螺母，检查定子与转子间隙，清洁缓速器	缓速器连接紧固，定子与转子间隙符合规定，缓速器外表、定子与转子间清洁，各插接件与接头连接可靠
7		储气筒	检查储气筒	无积水及油污
8		制动液	检查液面高度，视情更换	按规定的里程或时间更换制动液，液面高度符合规定
9	传动系	各连接部位	检查、校紧变速器、传动轴、驱动桥壳、传动轴支撑等部位连接螺栓、螺母	各部位连接可靠，密封良好
10		变速器、主减速器和差速器	清洁通气孔	通气孔通畅
11	车轮	车轮及半轴的螺栓、螺母	校紧车轮及半轴的螺栓、螺母	拧紧力矩符合规定
12		轮辋及压条挡圈	检查轮辋及压条挡圈	轮辋及压条挡圈无裂损及变形
13	其他	蓄电池	检查蓄电池	液面高度符合规定，通气孔畅通，电桩、夹头清洁、牢固，免维护蓄电池电量状况指示正常
14		防护装置	检查侧防护装置及后防护装置，校紧螺栓、螺母	完好有效，安装牢固
15		全车润滑	检查、润滑各润滑点	润滑嘴齐全有效，润滑良好。各润滑点防尘罩齐全完好。集中润滑装置工作正常，密封良好
16		整车密封	检查泄漏情况	全车不漏油、不漏液、不漏气

二、一级维护作业方法

(一)发动机

1. 检查、更换发动机机油和机油滤清器

机油的更换周期执行汽车维修手册中规定,对于维修手册中无明确规定者也可以参照表 6-3 执行。如果汽车使用条件恶劣,相应缩短汽车换油周期。也可以根据机油质量情况更换机油。抽出机油尺,将油尺上的机油粘在白色的滤纸上,检查机油质量。如果机油发黑,或有明显沉淀物,说明机油已经变质,必须立即更换。

机油的更换周期 表 6-3

工作状态	普通机油	半合成	全合成
正常工作状态	5000km	7500km	10000km
	3 ~4 个月	5 ~6 个月	6 ~9 个月
跑长途车辆(不堵车,匀速跑)	5000km	7500 ~ 10000km	10000 ~ 15000km
天天堵车或风沙或高温或寒冷地区	4000km	6000km	8000km

更换机油时,应将汽车水平放置。在热车状态下,打开发动机加机油的盖子。拧下油底壳下部的放油螺塞,放出机油。更换机油时,同时更换机油滤清器。机油放净后,用滤清器扳手卸下机油滤清器,擦净滤清器座。准备好同样的机油滤清器,先在机油滤清器的 O 形圈上涂抹一层机油,用手将滤清器拧到拧不动为止。再用滤清器扳手拧紧。清除放油螺塞上和放油孔吸附的杂质,将螺塞拧回原位。从加油口加入规定量的机油。起动发动机,在怠速情况下,检查滤清器与发动机连接处有无机油泄漏。如有泄漏,应拆检 O 形圈,排除漏油现象。停机 30min 后,抽出标尺,检查油面。机油量应在标尺上、下刻线之间,如图 6-13 所示。

注意事项:更换发动机机油应在热车状态下放出机油;更换机油的同时更换机油滤清器;拧紧滤清器不可过分用力,防止损坏 O 形圈,造成漏油。

2. 检查、更换冷却液

普通冷却液应一年更换一次,长效防锈冷却液应两年更换一次。当发动机工作时,冷却液的液面会大大的提高。所以,检查冷却液的液面应在发动机冷却的情况下进行。观察膨胀水箱中冷却液面的高度,冷却液液位在“min”和“max”之间,如图 6-14 所示。如果冷却液在上、下标线之间,则冷却液量合适。如果低于下线,应补充冷却液。补充时,一定要等待发动机冷却。然后打开膨胀水箱盖,添加相同型号的冷却液至下标线。

更换冷却液时,拔下水箱下部的橡胶弯管,放掉全部冷却液。从膨胀水箱口加入清水,冲出冷却系统中的杂物,清洗冷却系统,装回橡胶弯管。然后添加冷却液至规定位置。起动发动机,排出冷却系统中的空气,再添加冷却液至规定位置。

注意事项:在发动机处于冷态时检查和补充冷却液,冷却液液面的高度应在上、下标线之间,加注补充同型号冷却液至下标线。

-F-不许添加机油。
-N-可以添加机油。
添加后油位可能进入到区域
-L-必须添加机油。
添加后机油油位进入测量区
如果机油油位在最大标记
-F-之上，会有损坏尾气

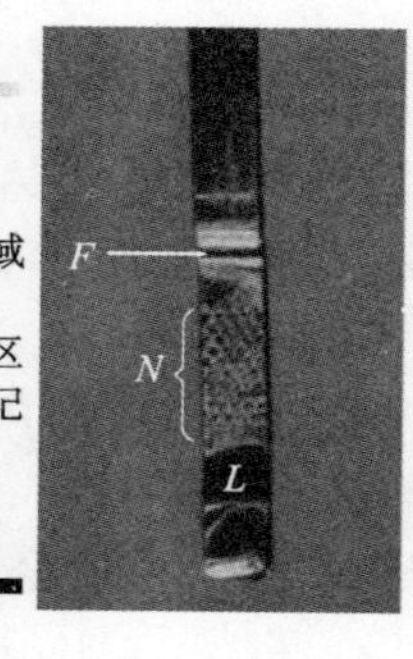

图6-13　发动机机油量

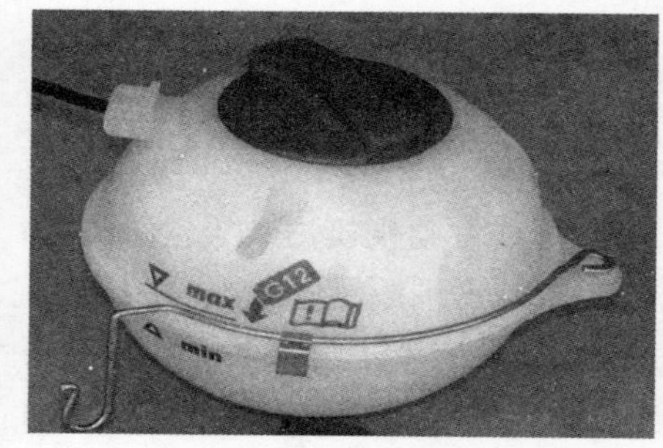

图6-14　发动机冷却液液面高度

3. 清洁、更换空气滤清器

空气滤清器更换周期执行汽车维修手册中规定的里程或时间，一般10000～15000km。也可以根据检测情况视情更换空气滤清器。使用空气滤清器检测仪检查空气滤清器清洁度时，先调整气压，使浮球到达顶部的红色区域，再将空气滤清器放置在仪器上。观察浮球升起的高度。浮球到达绿色区域，表示滤芯正常。浮球到达黄色区域，表示应该清洁滤芯。浮球到达底部红色区域，表示滤芯已损坏，应当更换。

清洁空气滤清器时，取出滤芯，防止杂质掉入滤清器内部。用抹布擦拭滤清器的外部，或使用压力不超过500kPa压缩空气，从滤芯内侧开始，上下均匀地沿斜角方向，吹净滤芯内外表面的灰尘。吹净后，再次放在检测仪上检测，浮球到达绿色区域即可。如果没有压缩空气，可用木棒轻轻敲打滤芯，再用毛刷刷净外部的污垢。注意不要用力敲打和碰撞滤芯。检查橡胶垫圈有无损伤，如有应更换垫圈。

注意事项：清洁、更换空气滤清器时，发动机必须熄火，拆下滤清器后，不要起动发动机。安装好的空气滤清器应密封良好，安装牢固。

4. 清洁、更换燃油滤清器

燃油滤清器（Fuel filter）有柴油滤清器（Diesel filter）、汽油滤清器（Fuel Filter）和天然气滤清器（Gas filter）三类。燃油滤清器的作用是阻止燃油中的颗粒物、水及不洁物，保证燃油系统精密部件免受磨损及其他损害。

对于不同的车辆，其燃油滤清器的更换周期是不同的，这主要取决于燃油滤清器的类型。如果是外置型燃油滤清器，一般1.5万km更换一次燃油滤清器；如果燃油滤清器是置于油箱内部的，一般是终生免维护零件。清洁更换燃油滤清器步骤如下：

（1）更换燃油滤清器之前，应该按照汽车制造商指定的操作规程释放燃油系统中的压力。释放燃油压力通常采用的办法是：拆开燃油泵熔断丝或者燃油泵继电器，并转动发动机，这样就可以释放大部分燃油压力。

（2）先拆下滤清器固定螺栓，再拆下滤清器两端的进油管和出油管。

（3）安装新滤清器时，注意箭头方向应指向油气流动的方向，用箭头来表明燃油经过燃油滤清器时的流向（图6-15）。一起更换两端的夹箍。更换安装后，保证接口的密封性，警惕漏油、漏气现象。

注意事项：

（1）更换滤清器时，绝对不能吸烟，也不能允许周围的任何人吸烟。如果在维护操作过程中需要使用照明灯，则一定要确保所使用的照明灯是符合职业安全标准的。

(2)更换燃油滤清器必须在发动机冷机的状态下进行，因为发动机热机时从排气管排出的高温废气也能够把燃油点燃。

(3)更换滤清器保证接口及整体的密封性，滤清器上箭头方向应指向油气流动的方向。

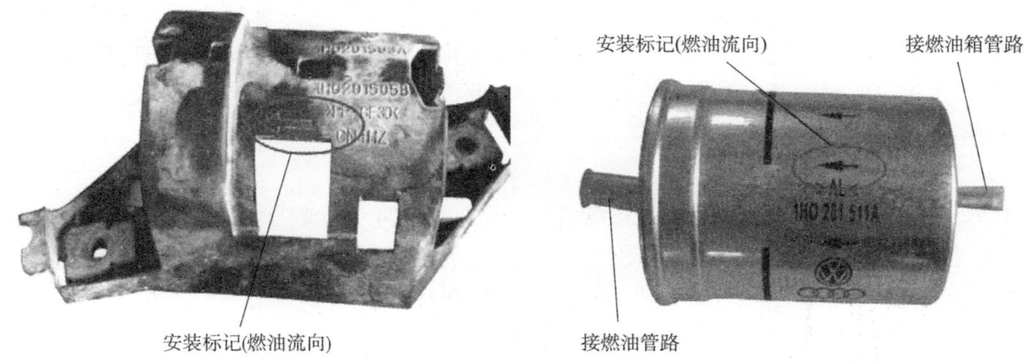

图 6-15　燃油滤清器

(二)转向系

1. 检查转向系部件连接

随着汽车行驶里程的增加，转向系各零部件会产生磨损、螺栓松动等现象，使转向系间隙变大，传动零部件松动，导致汽车转向沉重、行驶跑偏等，影响到行驶的安全性。同时，防尘罩、转向横拉杆及其球头是汽车转向系的重要组成部件，长时间使用后，防尘罩橡胶会老化、破裂，引起润滑脂流失与变质，影响转向器密封和润滑，加速转向器的磨损。转向横拉杆弯曲变形，使转向车轮定位角度发生变化，造成转向操纵不稳定及轮胎异常磨损等。检查转向系部件连接步骤如下：

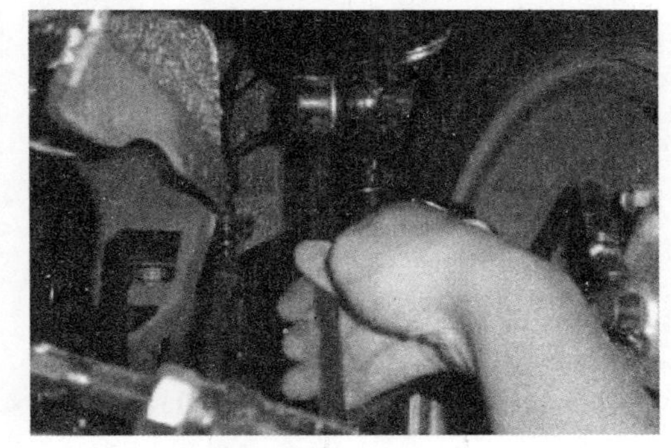

图 6-16　检查转向连接部件

(1)检查转向系各连接部位，用手摇晃转向连接机构是否松动或者摆动，如图 6-16 所示。如果有松动和间隙，应拧紧连接件螺栓、螺母。

(2)目视检查防尘罩是否有裂纹或破损，如图 6-17 所示。

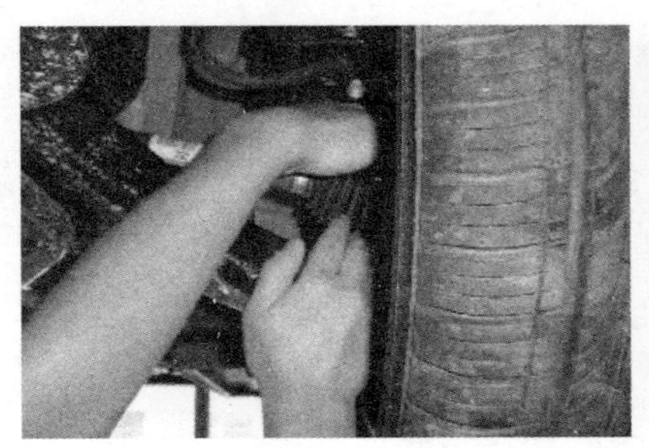

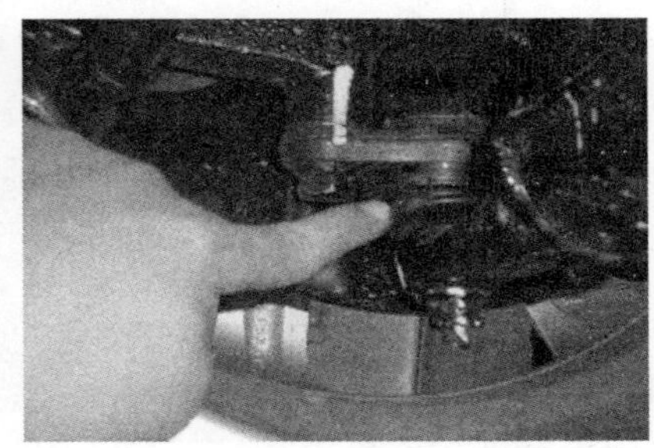

图 6-17　检查防尘罩

(3)目视检查转向连接机构是否弯曲或者损坏。检查连接支架、减振支架有无变形和断裂,如有应更换。检查液压助力转向器外壳有无磨损及破裂。

2. 检查、更换转向器齿轮油

拧下油位检查孔螺塞,检查油位是否距检查孔边 0～10mm,如果油量不足,应补充齿轮油,直到齿轮油从油位检查孔向外溢出为止。更换齿轮油,拧下放油螺塞,放出齿轮油。放净齿轮油后,将螺塞牢固拧回转向器壳。拧下油位检查孔螺塞,加入新齿轮油,直到齿轮油从油位检查孔向外溢出为止,最后装复检查孔螺塞。

3. 检查、更换助力转向油

1)检查助力转向油液面高度

将车辆停放在平坦地面,调整转向盘,使前车轮处于直线行驶状态。

(1)起动发动机,空挡状态下转动转向盘数次,使转向油温上升到 50～60℃。

(2)在发动机怠速状态下数次转动转向盘至左右极限位置。

(3)确认储油罐的转向油是否有泡沫或混浊。

(4)检查发动机起动后和停止后的储油罐液面之差,正常液位应处于上刻度线(MAX)与下标度线(MIN)之间。若液面高于 MAX 刻线时,应用吸管将多余油液吸出;若液面低于 MIN 刻线时,确认系统无泄漏时,应及时添加,助力转向油液面高度如图 6-18 所示。

图 6-18 动力转向油液面高度

2)更换助力转向油

按照规定的里程或时间更换助力转向油,建议 2 年或 3 万 km 更换一次转向助力油。如果发现油变稀或者油的颜色变得发黑,也要更换助力油。

更换助力转向油步骤:先起动发动机,用抽油器将旧油吸干净。将新的助力油注入油罐,然后来回转动转向盘,让新油渗透,起到清洗的作用。为了渗透得彻底,应大幅度地左右转转向盘,然后,再轻微地左右转动方向盘。来回打转向盘的目的是排出转向机里的旧油,但不要长时间打死转向盘,否则会导致油压过大,转向油会喷出。再次将助力罐中的油吸走,然后再注入新的助力油,随后再次转动转向盘。第三次将助力转向油吸走,旧油被完全清除干净,然后注入新油。

助力转向油系统排气操作步骤:使用动力转向油补充液位至储液罐 MAX 标记位置,将车举升至一定高度,通过快速将点火开关从“ON”位置转到“START”位置来转动发动机 1～2 次,但不起动发动机。从左极限位置到右极限位置转动转向盘 5～6 次持续 15s 左右。然后起动发动机并保持转向盘转动从锁止至锁止位置,直到发动机怠速状态下储液罐内停止出现气泡为止,排气过程结束。如果液位低于规定要求,则应添加动力转向油。

(三)制动系

1. 检查制动管路、制动阀及接头

制动管路、制动阀固定可靠,无漏气(油)现象。操作步骤如下:

(1)检查制动管是否裂开、损伤或漏气,如图 6-19 所示。

(2)检查制动软管连接螺母是否损伤或漏气。按规定拧矩拧紧制动管路、制动阀接头。

(3)检查管夹是否夹紧,接头有无泄漏。

(4)制动管路、制动阀固定可靠,工作正常。制动管不能与焊点或移动部件接触。

2. 储气筒

储气筒固定可靠,无泄漏。排污阀安装牢固,密封良好,作用有效。拉动储气筒下面的放水阀或储气筒框架下的钢丝拉钩,如发现有积水现象,则需要立即更换干燥器滤芯。如积水中有机油,则需检查干燥器排气口是否有机油排出,并检查空气压缩机是否窜油,并及时维修。

3. 检查、更换制动液

1)检查液面高度

检查制动液储液罐内的制动液数量。液面应在制动液储液罐侧面[MAX]与[MIN]标记之间,如图6-20所示。若液面低于[MIN]标记,需补充制动液。同时,检查制动主缸与储液箱周围有无泄漏,如发生泄漏,应立即维修。

补充制动液步骤如下:

(1)擦净制动液储液罐周围的污物后,打开制动液储液罐盖。

(2)慢慢倒入推荐的制动液,切勿超量倒入。

(3)拧紧制动液储液罐盖。

注意事项:使用汽车维修手册规定的制动液,不能使用过期的、用过的制动液,或未密封容器内的制动液。

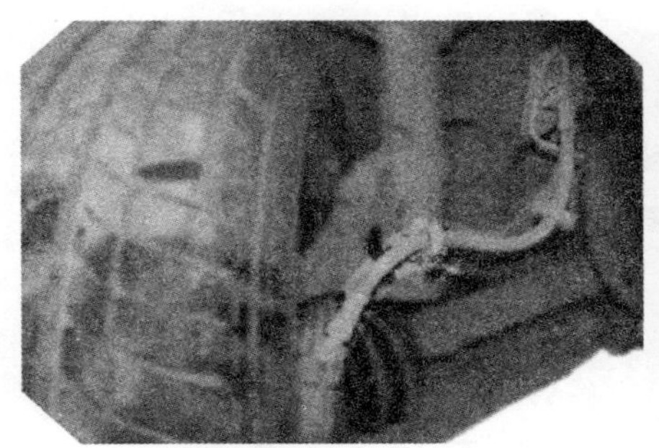

图6-19 检查制动管路

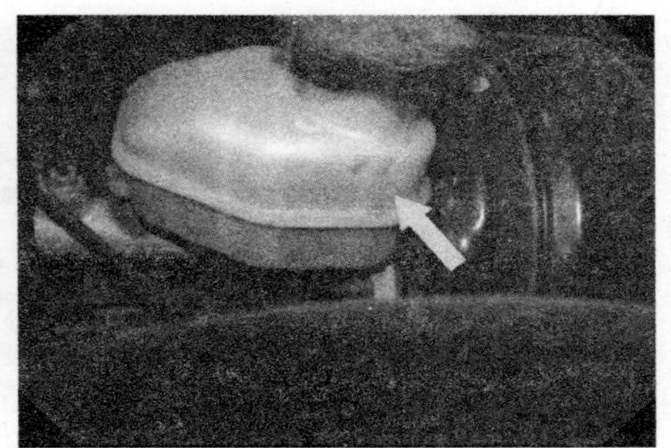

图6-20 检查制动液液面

2)更换制动液

采用液压制动的轿车,应该按照规定的里程或时间周期更换制动液,通常4万km或3年更换。更换时,拧松放气阀,为了便于观察,在放气阀处接一根透明的塑料管。放出旧制动液,同时连续踩下制动踏板,直到制动液不再流出为止,拧紧放气阀。向储液罐内加入适量、符合要求的制动液。加液后必须排出液压管路中的空气,排气应由两人操作,一人连续踩制动踏板,另一人松开放气阀,使管路中的空气被排出。当空气和制动液一同排出时,立即拧紧放气阀,排气操作一般要反复多次,直到管路中没有气泡排出为止。按同样的方法,依次对其他轮缸放气操作。

使用换油机更换制动液。换油压力一般为2kPa,将换油机软管插入储油瓶中。打开制动器的放气螺塞,起动换油机。换油机可自动顶出旧油和制动系中的气体,然后将新制动油加入系统。加油时,应检查液面高度,液面应保持在上、下标记之间。

4. 检查缓速器

汽车缓速器是一种新型动态安全装置,安装在汽车传动系中,用来提高车辆的制动性能。通过控制电路给定子总成的励磁线圈通电,产生磁场,转子总成随车辆传动部分高速旋转,切割磁力线,产生反向力矩,使车辆减速。

根据其工作原理的不同,汽车缓速器可分为发动机缓速装置、液力缓速器、电涡轮缓速器、电机缓速装置和空气动力缓速装置等典型结构形式。电涡流缓速器获得广泛应用。

电涡流缓速器是利用发电机反向电流原理,施加反向电压,产生强大的非接触式制动效能。它在汽车行驶过程中需要减速时接通电源,定子与转子之间形成电磁涡流,产生相反的转矩而达到减速的作用。广泛用于公交客车、豪华客车、载货汽车等商用汽车上。

电涡流缓速器组成如图 6-21 所示,包括:①控制器总成、②电源开关总成、③气压开关总成、④指示灯总成、⑤速度传感器总成、⑥指示灯线束总成、⑦制动线束总成、⑧驱动线束总成、⑨电源线束、⑩电池组、⑪定子总成。

电涡流缓速器工作原理:当气压开关采集到驾驶员脚踩制动踏板信号并将信号传给控制器,控制器使定子总成中的线圈通电而产生磁场,转子随传动轴在磁场中旋转,定子与转子构成磁场回路,产生电磁涡流,从而形成与转子转向相反的阻力矩作用于转子上,并通过转子传递到传动轴上,再通过差速器总成平均分配到两个后轮上,从而达到使车辆减速的目的。由于电信号传递速度远高于机械传递速度,从而实现提前减速的目的。

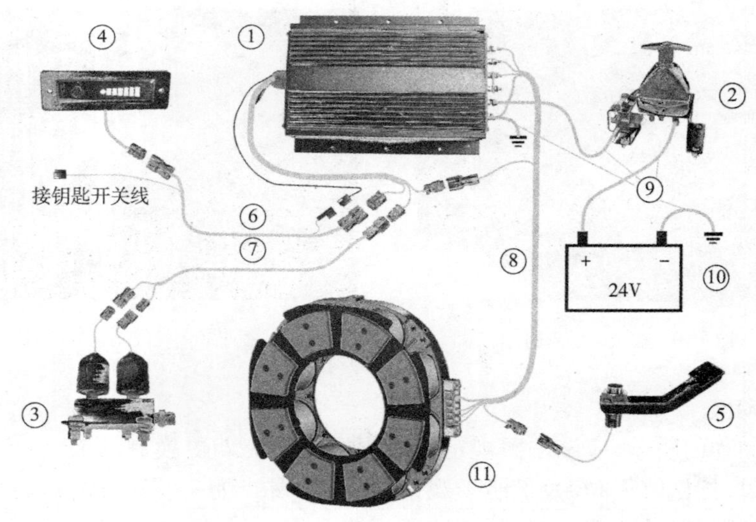

图 6-21　电涡流缓速器组成

电涡流缓速器检查、维护项目如下:

(1) 清洗:缓速器工作时将车辆行驶的动能转化为热能,通过转子盘散发热量。因此,保持转子表面及散热通道的清洁是缓速器维护的一个重要工作。同时,缓速器在工作时励磁线圈本身也会产生热量,若线圈表面的泥污较多则会影响线圈的散热,可能使线圈烧坏。

在泥泞道路、冬季撒盐的道路或粉尘较多的地方行驶后应及时清洗缓速器。清洗缓速器时首先要关闭缓速器电源总开关，同时应在缓速器转子温度冷却以后进行，否则在转子高温时清洗，会导致转子变型等损坏。缓速器转子可用高压水枪冲洗，而线圈及电器接头只能用低压水枪清洗。在清洗时不能使用腐蚀性清洗剂。

（2）检查缓速器安装螺栓是否松动，若松动，应及时按规定力矩重新拧紧，否则可能造成缓速器转子和定子摩擦。

（3）检查缓速器转子的轴向窜动。由于缓速器转子和定子之间只有 1.5mm 左右的气隙，若安装缓速器的变速器或后桥窜动量过大，很容易造成转子和定子之间的摩擦，使缓速器损坏。缓速器轴向窜动的检查方法是用螺丝刀或撬棍插入缓速器转子和定子之间的气隙中，并用力撬动，如果感觉缓速器轴向窜动较大，要尽快维修变速器或后桥。

（4）检查缓速器线束接头是否接触良好，若松动应重新插接或拧紧螺栓。

（5）检查缓速器线束绝缘及缓速器周围的线束隔热防护是否破坏。

（四）传动系

汽车发动机与驱动轮之间的动力传递装置称为汽车的传动系。传动系主要功能是把发动机的动力传输给驱动轮，因此它直接关系到汽车能否安全行驶。传动系主要由离合器、变速器、传动轴、主减速器、差速器及半轴组成。

1. 检查传动系部件连接

检查、校紧变速器、传动轴、驱动桥壳、传动轴支撑等部位连接螺栓、螺母。检查后桥壳是否有裂纹及渗漏。检查轮胎和半轴上的外露螺栓、螺母，不得松动。

2. 检查传动轴

传动轴中部支撑橡胶件弹性良好，对两根传动轴以相反方向来回转动，不能有松旷现象，如图 6-22 所示。检查传动轴总成花键副的配合间隙，以手感无间隙为好，否则应予以更换，如图 6-23 所示。对传动轴总成各润滑部位加注润滑脂，以十字轴总成油封、传动轴总成护套处溢出洁净的润滑脂（排出废油）为注油完成，如图 6-24 所示。

3. 清洁变速器、主减速器和差速器的通气孔

检查变速器、桥壳体内润滑油量是否合适。驱动桥加油口或放油口螺塞、油封处及各结合面是否有明显的泄漏痕迹。检查清洁变速器、后桥的通气孔，确保变速器、后桥的通气孔通畅，如图 6-25 所示。

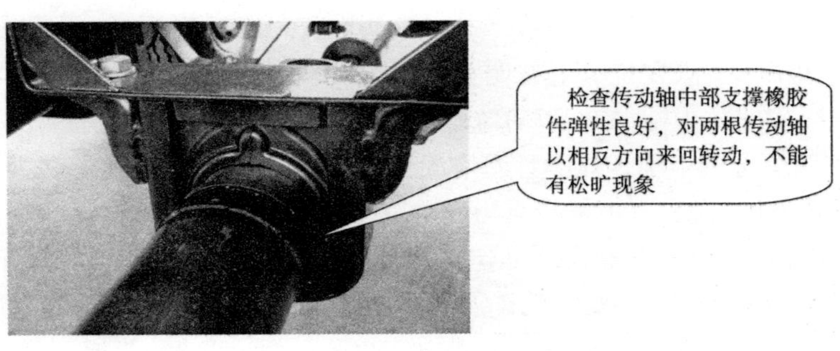

图 6-22　检查传动轴中部支撑橡胶件

图 6-23　检查传动轴花键副的配合间隙

图 6-24　花键副的配合间隙

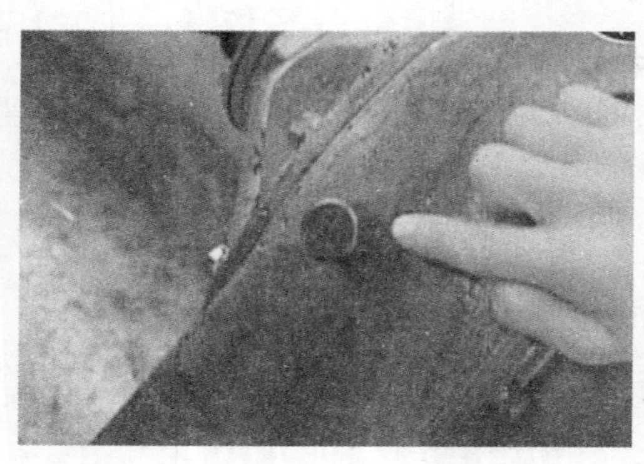
图 6-25　后桥通气孔

(五)车轮

(1)检查轮胎外表及气压,轮胎气压符合标准,气门嘴不漏气。过高的气压容易发生爆胎事故及延长制动距离。轮胎气压检查步骤如下:

①拧下轮胎气嘴防尘帽,用轮胎气压表测量轮胎气压。轮胎气压应符合轮胎上标注的规定值,轮胎气压通常标注在轮胎的侧壁上。气压不足,应进行补充。气压过高,应放出部分气体。良好的轮胎气压示意如图 6-26 所示。

②检查完轮胎气压后,用唾液涂在气嘴上,查看是否漏气,如果唾液涂在气嘴上有明显的气泡或抖动,表示气嘴漏气,应拧紧或更换气嘴芯。最后,将气嘴的防尘帽拧上,以防脏物和水汽进入气嘴。

(2)检查轮胎螺母及半轴螺栓的紧固情况。对重要紧固件的松紧度和紧固顺序都严格要求,不能过紧也不能过松,否则都会成为威胁汽车安全行驶的严重隐患。检查轮胎及半轴螺栓、螺母的紧固情况,防止发生螺栓、螺母丢失、车轮飞出的事故。

(3)检查轮辋及压条挡圈,要求轮辋及压条挡圈无裂损及变形。轮辋及压条挡圈裂损及变形,造成轮胎的气密性没法保证。轮辋如图 6-27 所示变形,造成车轮滚动必然产生摇摆。

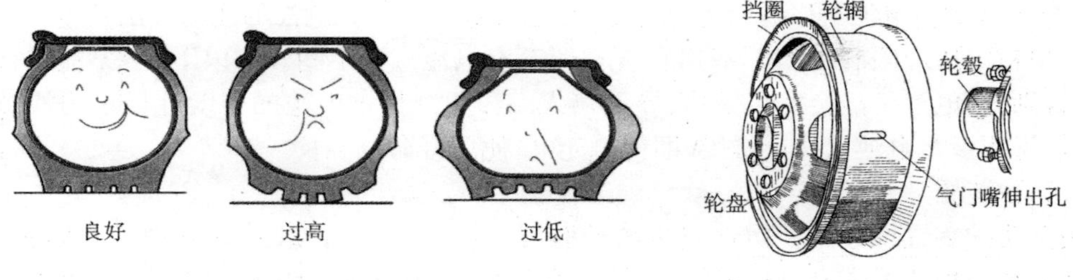

图 6-26 良好的轮胎气压

图 6-27 轮辋

(六)其他

1. 蓄电池

蓄电池为汽车提供能源,并在汽车运行中储存能源。蓄电池分为普通蓄电池和免维护蓄电池。

1)普通蓄电池维护

用抹布擦净蓄电池外部的灰尘及有电解液溢出的表面,擦净极柱桩头的氧化物,疏通加液口盖的通气孔。蓄电池各桩柱应无烧蚀或松动,壳体应无裂纹和损坏,无电解液渗出。蓄电池液面高度应在上、下标线之间。如果标线看不清时,用一根长约 15cm 的细玻璃管,垂直插入加液口,触到极板边缘为止。用拇指压住玻璃管的上口,抽出玻璃管。管中电解液的高度即为电解液高出极板的高度,应为 10~15mm。如果电解液面过低,应及时补充蒸馏水,不可加入自来水或井水。也不可添加电解液,否则会缩短蓄电池的寿命。

2)免维护蓄电池维护

免维护蓄电池,一是指在通常使用情况下,不用添加蓄电池水(电解液或者蒸馏水),二是指在连续使用,蓄电池电量充足的情况下长期不用充电。但不是绝对的免维护,在非正常使用的情况下,如蓄电池过度放电、车辆长期停驶造成的蓄电池亏电等情况,应当对免维护蓄电池进行充电等维护。

免维护蓄电池除完成普通蓄电池常规维护外,还应进行以下维护项目。

(1)检查电解液的密度。大多数免维护蓄电池在盖上设有一个孔形液体(温度补偿型)密度计,它会根据电解液密度的变化而改变颜色,并指示蓄电池的存放电状态,如图 6-28 所示。当密度计的指示呈绿色时,表明充电已足,蓄电池正常;当指示眼绿点很少或为黑色,表明蓄电池需要充电;当指示显示淡黄色或无色,表明蓄电池内部有故障,需要修理或进行更换。

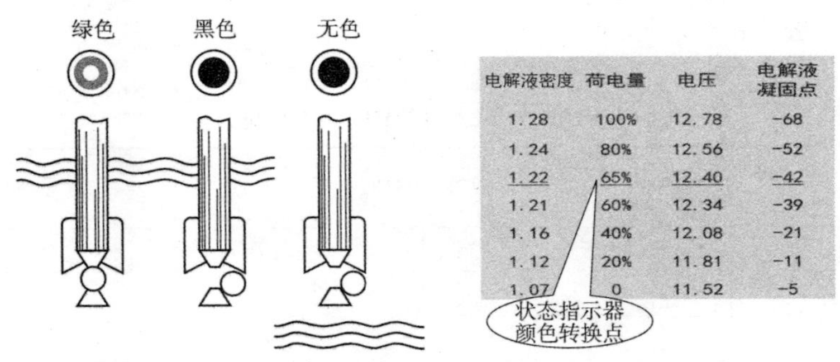

电解液密度	荷电量	电压	电解液凝固点
1.28	100%	12.78	-68
1.24	80%	12.56	-52
1.22	65%	12.40	-42
1.21	60%	12.34	-39
1.16	40%	12.08	-21
1.12	20%	11.81	-11
1.07	0	11.52	-5

图 6-28 蓄电池状态指示器

(2)免维护蓄电池可以进行补充充电,充电方式与普通蓄电池的充电方法基本一样。充电时每单格电压应限制在2.3~2.4V,充电时充电电流应稍小些(5A以下)。不能进行快速充电,否则,蓄电池可能会发生爆炸,导致伤人。当免维护蓄电池的密度计显示为淡黄色或无色时,说明该蓄电池已接近报废,即使再充电,使用寿命也不长。

2. 防护装置

安全防护装置可分为预防性安全防护装置、乘员安全防护装置和其他安全防护装置。预防性安全防护装置主要包括车外后视镜、前下视镜、遮阳板、风窗玻璃刮水器、防雾除霜装置、牵引连接装置及侧面、后面防护装置等。乘员安全防护装置主要指安全带、安全出口、安全架、灭火器等。这些装置都应符合有关标准要求,起到保护乘员和货物安全的作用。其他防护装置有燃油系统防护,易燃、易爆、有毒物专用车的防护装置,以及保险杠等。主要介绍汽车和挂车侧面及后下部防护装置维护作业。

1)汽车和挂车侧面及后下部防护装置的相关要求

汽车和挂车侧面及后下部防护装置。总质量大于3.5t的载货汽车和挂车两侧必须装备侧面防护装置,结构已能防止行人或骑车人等卷入的汽车和挂车除外。除牵引车和长货挂车以外的汽车和挂车,空载状态下其车身或无车身底盘总成的后端离地间隙大于700 mm时,必须装备能有效防止其他机动车和非机动车等从车辆后下方嵌入的防护装置。载货汽车车厢前部应安装比驾驶室高70~100mm的安全架(载质量1t以下的载货汽车除外)。驾驶员和货物同在一个车厢内的厢式车前排座椅的后方应安装安全架。汽车和挂车前后都应设置保险杠。座位数小于或等于20或车长小于或等于6m的载客汽车前后都应设置保险杠,载货汽车应设置前保险杠。

2)汽车和挂车侧面及后下部防护装置维护

汽车和挂车侧面及后下部防护装置应完好、稳固、有效。防护装置结构尺寸、下缘离地高度、横向构件横向、纵向安装位置满足标准要求。用脚猛踩防护装置,不能有明显晃动或变形、移位、脱落现象。采用校紧螺栓、螺母以及焊接等方法,确保防护装置完好有效,安装牢固。

3. 整车润滑

整车润滑包括发动机、底盘和车身等各润滑点的润滑。如果润滑不良,导致机械损失和零件磨损,造成汽车动力性和经济性下降。

随着汽车制造技术的提高,汽车上润滑点数量呈现减少的趋势。例如轿车除发动机外基本没有单独润滑点,客车和货车润滑点在30~50点之间,表6-4列出了YCK6129HG和YCK6139HG润滑点位置及数量。汽车一级维护应对发动机、变速器、转向器、减速器等总成件的润滑油(脂)进行检查、补充或更换。

YCK6129HG和YCK6139HG润滑点位及数量 表6-4

车型 / 名称	YCK6129HG		YCK6139HG
悬架类型	板簧	空气悬架	空气悬架
直拉杆	2	2	2×2
转向横拉杆	1×2	1×2	0
主销	2×2	2×2	2×2

续上表

名称＼车型	YCK6129HG		YCK6139HG
前凸轮轴	1×2	1×2	0
前调整臂	1×2	1×2	0
后凸轮轴	2×2	2×2	2×2
后调整臂	1×2	1×2	1×2
变速器	1	1	1
传动轴	3	3	3
前钢板销	6	0	0
后钢板销	6	0	0
转向管柱	2	2	2
风扇过渡轮	2	2	2
角转向传动轴	2	2	2
离合器踏板轴	1	1	1
备注	—	—	随动桥：主销2×2，横拉杆1×2
总计	41	29	31

1)独立润滑点维护

依据汽车的使用手册要求，选择规定的润滑油脂，杜绝使用假冒伪劣的油脂。

(1)检查、润滑各润滑点。润滑油脂嘴齐全有效，润滑良好，各润滑点防尘罩齐全完好。

(2)检查润滑油脂数量。检查各润滑点是否存在润滑不足或润滑油过量的现象。观察汽车润滑油液数量，不足时按需要添加。

2)集中润滑系统维护

集中润滑系统是指从一个润滑油供给源通过一些分配器分送管道和油量计量件，按照一定的时间把需要的润滑油、脂准确地供往多个润滑点的系统。包括输送、分配、调节、冷却、加热和净化润滑剂，以及指示和监测油压、油位、压差、流量和油温等参数和故障的整套系统。车辆集中润滑系统是依据车辆在运行条件下各润滑点油脂润滑需要而设计的，实现了车辆在行进中适时加脂润滑和对润滑状态的实时监控。

集中润滑系统主要由电动润滑泵、分配器、连接管路、车载程控器等组成，如图6-29所示。电动润滑泵的主要功能是存储润滑脂，并将润滑脂输送到各润滑点；分配器的主要功能是保证各润滑点都能得到充足的润滑脂；连接管路的主要功能是连接电动润滑泵与分配器、分配器与润滑点；车载程控器的功能是通过设定工作时间和休止时间控制电动润滑泵工作。

集中润滑系统的维护主要是外观检视和功能测试，如管路接头紧固、管线连接布排情况，测试运行是否正常。具体包括以下维护内容：

(1)检查电动润滑泵外表有无破裂、漏油。观察油箱油面高度，如低于油箱的最低刻度，应及时添加油脂到最高刻度。

(2)检查车载程控器的工作情况，故障灯应不亮。

(3)检查电动润滑泵的工作情况。利用手动按钮起动,检查电动润滑泵电动机工作是否正常。

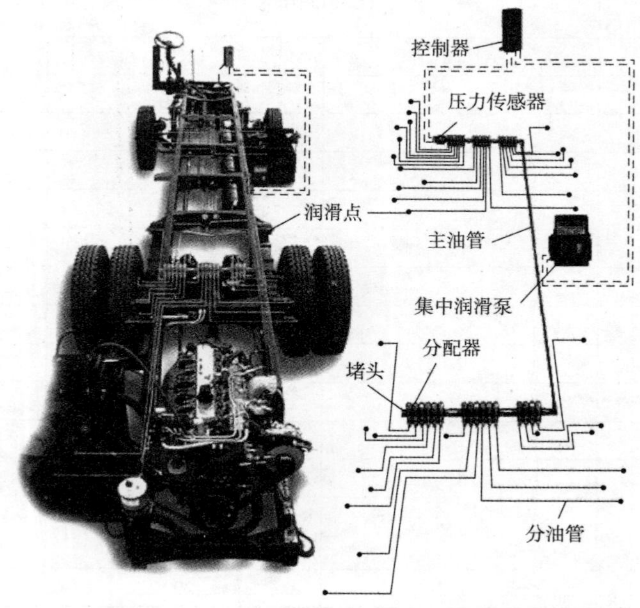

图 6-29 集中润滑系统组成

(4)检查油管、电动润滑泵电源线、压力传感器线路及护套(波纹管)等有无老化及破损。

(5)检查主、次油管工作情况及在底盘上的固定情况,有无脱落、断裂、折叠现象。

(6)检查各润滑点周围是否湿润,出油情况是否良好。如出现干燥现象,应拧下接头通过手动按钮起动 2min 左右,然后放开按钮观察是否出油。若不出油则应检查油管并及时修复。

注意事项:

(1)确保使用符合质量标准的润滑脂,杜绝假冒伪劣油脂,严禁加入不同型号或其他混合油脂。

(2)车辆清洁工作中禁用高压水直射电控器及润滑泵所有接线。

(3)确有必要拆捡分配器时,要特别注意拆装顺序。更换高压油管或接头时,要用质量好的正品配件。

4. 整车密封

整车密封性能影响整车的乘坐舒适感和空调性能。

1)整车密封性的相关要求

整车密封性主要包括油液密封性、防雨密封性和整车气密性。油液密封性是防止汽车用油、水和其他液体等泄漏的能力;防雨密封性是指汽车在雨天环境下行驶,关闭全部门、窗、孔、口和盖时,防止雨水进入车厢的能力;整车气密性又称车室气体密封性,是防止车外有害气体、外部灰尘和湿气等进入车内的能力。对隔声降噪效果、暖风与空调效果也会产生影响。

(1)油液密封性。油液密封性的标准是依照《机动车运行安全技术条件》(GB 7258—

2012)、《道路运输车辆综合性能要求和检验方法》(GB 18565—2016)等标准规定。漏水检查要求:在发动机运转及停车时,散热器、水泵、缸体、缸盖、暖风装置及所有连接部位均不应有明显渗漏现象。漏油检查要求:机动车连续行驶距离不小于10km,停车5min后观察,不应有明显渗漏现象。

(2)防雨密封性。防雨密封性目前只有关于客车的检测要求和检测方法。《营运车辆综合性能要求和检验方法》(GB 18565—2004)提出了客车防雨密封性检测的要求,该标准引用《客车防雨密封性试验方法》(QC/T 476—2007)进行客车防雨密封性检测。其方法是:把汽车停放在淋雨场地上,用相应降雨强度的人工水雾喷射车身前部、后部、侧部及底部受雨部位15min。事先进入车厢的观察记录人员,在试验开始5min后开始检查车厢内的渗漏水情况,并填写原始记录表,根据统一的评分标准,得到车身防雨密封性评分,判断该车是否符合防雨密封性的要求。《道路运输车辆综合性能要求和检验方法》(GB 18565—2016)已经取消了防雨密封性要求。

(3)整车气密性。整车气密性目前没有法规要求,所以还没有具体的试验标准和车室泄漏量限值。国内一些汽车研究机构引进了整车气密性试验设备,可以对整车进行车室泄漏量测试。

2)整车密封性维护

(1)检查整车油液泄漏。在车辆的使用中,往往会出现泄漏故障。常见车辆泄漏的主要原因有:产品质量、材质或工艺不佳;拧紧螺母力矩不均、滑丝断扣或松旷脱落等导致工作失效;密封材料长期使用后磨损过限,老化变质、变形失效;润滑油添加过多、油面过高或加错油品;通气塞、止回阀堵塞后,由于箱壳内外气压差的作用,往往会引起密封薄弱处漏油、漏气。当发现泄漏故障时,采取以下相应的维护措施:

①检查拧紧螺母力矩是否符合规定。过松压不紧衬垫会渗漏,过紧又会使螺孔周围金属凸起或将丝扣拧滑而引起漏油。

②及时更换失效油封。

③避免止回阀、通气阀堵死。由此引起箱壳内温度升高,油气充满整个空间、排放不出去,使箱内压力升高润滑油消耗增加和更换周期缩短。发动机通气系统堵塞后,增加了活塞的运动阻力,使油耗增加。由于箱内外气压差的作用,往往会引起密封薄弱处漏油。

④重视衬垫作用。汽车静置部位零部件之间的衬垫起着防漏密封作用。若在材料、制作质量及安装上不符合技术规范,就起不到密封防漏作用,甚至发生事故。

(2)检查整车气体密封性。

①检查所有车身孔、洞处穿线束的密封圈,因为这些密封圈不仅起密封作用,而且还起保护线束的作用。如果密封圈已经损坏或线束能在密封圈中转动或窜动,应更换密封圈,并将它与车身孔、洞装配牢固,将线束稳固好。

②检查玻璃导槽及密封条有无损伤。除了要保证能轻松拉动或升降车窗玻璃外,还要检查在车窗关闭后车窗玻璃四周的密封性。

③检查修复受损的车门密封凸缘,准确地恢复原凸缘的形状。在修复车门后要进行密封性检查,检查方法是:把一块硬纸片放在密封位置上,关上门,再拉动纸片,根据拉力的大小来判断密封是否良好。如果拉动纸片所需的力过大说明密封过紧,这会影响车门的正常

关闭，并且还会使密封件因变形过大影响密封性能。如果拉动纸片所需的力过小，说明密封不良，往往会出现车门挡风不挡雨的现象。

第三节　二级维护作业方法

一、二级维护作业项目及技术要求

二级维护作业项目包括日常维护的作业内容(表6-1)、一级维护基本作业项目及技术要求(表6-2)以及二级维护基本作业项目及技术要求见表6-5。

二级维护基本作业项目及技术要求　　表6-5

作业项目			作业内容	技术要求
发动机	1	发动机工作状况	检查发动机起动性能和柴油发动机停机装置	起动性能良好，停机装置功能有效
			检查发动机运转情况	低、中、高速运转稳定，无异响
	2	发动机排放机外净化装置	检查发动机排放机外净化装置	外观无损坏、安装牢固
	3	燃油蒸发控制装置	检查外观，检查装置是否畅通，视情更换	炭罐及管路外观无损坏、密封良好、连接可靠，装置畅通无堵塞
	4	曲轴箱通风装置	检查外观，检查装置是否畅通，视情更换	管路及阀体外观无损坏、密封良好、连接可靠，装置畅通无堵塞
	5	增压器、中冷器	检查、清洁中冷器和增压器	中冷器散热片清洁，管路无老化，连接可靠，密封良好。增压器运转正常，无异响，无渗漏
	6	发电机、起动机	检查、清洁发电机和起动机	发电机和起动机外表清洁，导线接头无松动，运转无异响，工作正常
	7	发动机传动带(链)	检查空气压缩机、水泵、发电机、空调机组和正时传动带(链)磨损及老化程度，视情调整传动带(链)松紧度	按规定里程或时间更换传动带(链)。传动带(链)无裂痕和过量磨损，表面无油污，松紧度符合规定
	8	冷却装置	检查散热器、水箱及管路密封	散热器、水箱及管路固定可靠，无变形、堵塞、破损及渗漏。箱盖接合表面良好，胶垫不老化
			检查水泵和节温器工作状况	水泵不漏水、无异响，节温器工作正常
	9	火花塞、高压线	检查火花塞间隙、积炭和烧蚀情况，按规定里程或时间更换火花塞	无积炭，无严重烧蚀现象，电极间隙符合规定
			检查高压线外观及连接情况，按规定里程或时间更换高压线	高压线外观无破损、连接可靠

续上表

作业项目			作业内容	技术要求
发动机	10	进、排气歧管、消声器、排气管	检查进、排气歧管、消声器、排气管	外观无破损，无裂痕，消声器功能良好
	11	发动机总成	清洁发动机外部，检查隔热层	无油污、无灰尘，隔热层密封良好
			检查、校紧连接螺栓、螺母	油底壳、发动机支撑、水泵、空气压缩机、涡轮增压器、进排气歧管、消声器、排气管、输油泵和喷油泵等部位连接可靠
制动系	12	储气筒、干燥器	检查、紧固储气筒，检查干燥器功能，按规定里程或时间更换干燥剂	储气筒安装牢固，密封良好。干燥器功能正常，排水阀通畅
	13	制动踏板	检查、调整制动踏板自由行程	制动踏板自由行程符合规定
	14	驻车制动	检查驻车制动性能，调整操纵机构	功能正常，操纵机构齐全完好、灵活有效
	15	防抱死制动装置	检查连接线路，清洁轮速传感器	各连接线及插接件无松动，轮速传感器清洁
	16	鼓式制动器	检查制动间隙调整装置	功能正常
			拆卸制动鼓、轮毂、制动蹄，清洁轴承位、轴承、支承销和制动底板等零件	清洁，无油污，轮毂通气孔畅通
			检查制动底板、制动凸轮轴	制动底板安装牢固、无变形、无裂损。凸轮轴转动灵活，无卡滞和松旷现象
			检查轮毂内外轴承	滚柱保持架无断裂，滚柱无缺损、脱落，轴承内外圈无裂损和烧蚀
			检查制动摩擦片、制动蹄及支承销	摩擦片表面无油污、裂损，厚度符合规定。制动蹄无裂纹及明显变形，铆接可靠，铆钉沉入深度符合规定。支承销无过量摩损，与制动蹄轴承孔衬套配合无明显松旷
			检查制动蹄复位弹簧	复位弹簧不得有扭曲、钩环损坏、弹性损失和自由长度改变等现象
			检查轮毂、制动鼓	轮毂无裂损，制动鼓无裂痕、沟槽、油污及明显变形
			装复制动鼓、轮毂、制动蹄，调整轴承松紧度、调整制动间隙	润滑轴承，轴承位涂抹润滑脂后再装轴承。装复制动蹄时，轴承孔均应涂抹润滑脂，开口销或卡簧固定可靠。制动摩擦片与制动鼓摩擦面应清洁，无油污

续上表

作业项目			作业内容	技术要求
制动系	16	鼓式制动器	装复制动鼓、轮毂、制动蹄，调整轴承松紧度、调整制动间隙	制动摩擦片与制动鼓配合间隙符合规定。轮毂转动灵活且无轴向间隙。锁紧螺母、半轴螺母及车轮螺母齐全，拧紧力矩符合规定
	17	盘式制动器	检查制动摩擦片和制动盘磨损量	制动摩擦片和制动盘磨损量应在标记规定或制造商要求的范围内，其磨擦工作面不得有油污、裂纹、失圆和沟槽等损伤
			检查制动摩擦片与制动盘间的间隙	制动摩擦片与制动盘之间的转动间隙符合规定
			检查密封件	密封件无裂纹或损坏
			检查制动钳	制动钳安装牢固、无油液泄漏。制动钳导向销无裂纹或损坏
转向系	18	转向器和转向传动机构	检查转向器和转向传动机构	转向轻便、灵活，转向无卡滞现象，锁止、限位功能正常
			检查部件技术状况	转向节臂、转向器摇臂及横直拉杆无变形、裂纹和拼焊现象，球销无裂纹、不松旷，转向器无裂损、无漏油现象
	19	转向盘最大自由转动量	检查、调整转向盘最大自由转动量	最高设计车速不小于100km/h的车辆，其转向盘的最大自由转动量不大于15°，其他车辆不大于25°
行驶系	20	车轮及轮胎	检查轮胎规格型号	轮胎规格型号符合规定，同轴轮胎的规格和花纹应相同，公路客车（客运班车）、旅游客车、校车和危险货物运输车的所有车轮及其他车辆的转向轮不得装用翻新的轮胎
			检查轮胎外观	轮胎的胎冠、胎壁不得有长度超过25mm或深度足以暴露出帘布层的破裂和割伤以及凸起、异物刺入等影响使用的缺陷。具有磨损标志的轮胎，胎冠的磨损不得触及磨损标志；无磨损标志或标志不清的轮胎，乘用车和挂车胎冠花纹深度应不小于1.6mm；其他车辆的转向轮的胎冠花纹深度应不小于3.2mm，其余轮胎胎冠花纹深度应不小于1.6mm
			轮胎换位	根据轮胎磨损情况或相关规定，视情进行轮胎换位

续上表

作业项目			作业内容	技术要求
行驶系	20	车轮及轮胎	检查、调整车轮前束	车轮前束值符合规定
	21	悬架	检查悬架弹性元件,校紧连接螺栓、螺母	空气弹簧无泄漏、外观无损伤。钢板弹簧无断片、缺片、移位和变形,各部件连接可靠,U形螺栓螺母拧紧力矩符合规定
			减振器	减振器稳固有效,无漏油现象,橡胶垫无松动、变形及分层
	22	车桥	检查车桥、车桥与悬架之间的拉杆和导杆	车桥无变形、表面无裂痕、油脂无泄漏,车桥与悬架之间的拉杆和导杆无松旷、移位和变形
传动系	23	离合器	检查离合器工作状况	离合器接合平稳,分离彻底,操作轻便,无异响、打滑、抖动及沉重等现象
			检查、调整离合器踏板自由行程	离合器踏板自由行程符合规定
	24	变速器、主减速器、差速器	检查、调整变速器	变速器操纵轻便、挡位准确,无异响、打滑及乱挡等异常现象,主减速器、差速器工作无异响
			检查变速器、主减速器、差速器润滑油液面高度,视情更换	按规定的里程或时间更换润滑油,液面高度符合规定
	25	传动轴	检查防尘罩	防尘罩无裂痕、损坏,卡箍连接可靠,支架无松动
			检查传动轴及万向节	传动轴无弯曲,运转无异响。传动轴及万向节无裂损、不松旷
			检查传动轴承及支架	轴承无松旷,支架无缺损和变形
灯光导线	26	前照灯	检查远光灯发光强度,检查、调整前照灯光束照射位置	符合GB 7258规定
	27	线束及导线	检查发动机舱及其他可视的线束及导线	插接件无松动、接触良好。导线布置整齐、固定牢靠,绝缘层无老化、破损,导线无外露。导线与蓄电池桩头连接牢固,并有绝缘套
车架车身	28	车架和车身	检查车架和车身	车架和车身无变形、断裂及开焊现象,连接可靠,车身周正。发动机罩锁扣锁紧有效。车厢铰链完好,锁扣锁紧可靠,固定集装箱箱体、货物的锁止机构工作正常
			检查车门、车窗启闭和锁止	车门和车窗应启闭正常,锁止可靠。客车动力启闭车门的车内应急开关及安全顶窗机件齐全、完好有效

续上表

作业项目			作业内容	技术要求
车架车身	29	支撑装置	检查、润滑支撑装置,校紧连接螺栓、螺母	完好有效,润滑良好,安装牢固
	30	牵引车与挂车连接装置	检查牵引销及其连接装置	牵引销安装牢固,无损伤、裂纹等缺陷,牵引销颈部磨损量符合规定
			检查、润滑牵引座及牵引销锁止、释放机构,校紧连接螺栓、螺母	牵引座表面油脂均匀,安装牢固,牵引销锁止、释放机构工作可靠
			检查转盘与转盘架	转盘与转盘架贴合面无松旷、偏歪。转盘与牵引连接部件连接牢靠,转盘连接螺栓应紧固,定位销无松旷、无磨损,转盘润滑
			检查牵引钩	牵引钩无裂纹及损伤,锁止、释放机构工作可靠

二、二级维护作业方法

(一)发动机

1. 发动机工作状况

发动机是汽车的核心组成部分,其性能的好坏直接关系到车辆的动力性、经济性和使用性,因此对发动机技术状况进行适时的检查和维护,并及时地发现和排除故障,对于确保发动机良好的技术状态是十分必要的。发动机工作状态检验包括发动机起动性能、怠速、加速性能和发动机异响等

1)检查发动机起动性能

发动机起动性能良好,柴油发动机熄火装置功能有效。在正常工作温度状态下,发动机起动/熄火 3 次,成功起动次数不少于 2 次,3 次熄火均应有效。

2)检查发动机运转情况

怠速为发动机最低稳定转速,转速值应符合原厂的技术要求。当发动机工作温度正常后,怠速运转应平稳无抖动现象。在运行中,发动机从怠速向中速、高速变换时,转速应能随节气门开度的增大而升高,各工况之间应平滑过渡。急加速时,发动机转速应提升迅速,不得有“回火”“放炮”“断火”及“爆震”现象。

3)发动机异响的检查

当发动机温度正常、运转稳定后,应该在不同的路况和工况下都不得有任何异常响声。发动机异响种类有机械异响、燃烧异响、空气动力异响和电磁振动异响等。

(1)机械异响。机械异响是指发动机运动摩擦副的配合间隙过大或损坏造成的。常见的部位有轴瓦间隙、销孔间隙、配缸间隙、齿轮间隙和气门间隙等。发动机机械异响的检查,可用发动机异响诊断仪来检查,或人工借助于发动机的转速、负荷、温度、润滑油压力的变化

和短路点火电压来诊断。发动机常见异响及听诊方法见表6-6。

发动机常见异响及听诊方法 表6-6

异响种类＼发动机工况	转速上升	负荷增大	温度升高	高压短路	润滑油压力变化
曲轴主连杆	突然加速时响声明显	响声增大	响声基本不变化	响声无明显变化	降低
连杆轴承响	突然加速时响声明显	响声增大	响声基本不变化	响声明显减弱	降低
活塞销异响	低速抖加速时响声明显	响声增大	有时响声加重	响声明显减弱或消失	不变
活塞敲缸异响	慢速汽缸上部响声明显，中高速时减弱或消失	响声增大	响声稍有减弱	响声明显减弱或消失	不变
气门异响	怠速时发出有节奏的金属敲击声，转速升高响声增大	负荷变化响声不变	温度变化响声不变化	不变	变
正时齿轮异响	在前部有一节奏明显的响声，转速越高响声越大	—	不变	不变	—

(2)燃烧异响。燃烧异响是指可燃混合气在发动机燃烧室内的不正常燃烧造成的，常见的现象有“回火”、“放炮”或“爆震”等。燃烧异响常伴随着发动机转速突然升高而增大，主要原因是点火时间过早、过迟和可燃混合气过稀、过浓及燃油品质较差等。适当改变点火提前角或混合气浓度时异响有所减弱或消失。因燃油品质较差而引起的“爆震”，应选用正确的燃油牌号。

(3)空气动力异响。空气动力异响是指发动机进、排气口和运转中的风扇气流运动造成或由于汽缸磨损、燃气泄漏在曲轴箱内形成的窜气响声。

(4)电磁振动异响。电磁振动异响是指发动机附件上某些电磁元件，在磁场的交替变化下造成的，常发生在发电机、起动机或各种继电器上。主要原因有电磁元件老化或磁极、线圈松动等。

2. 发动机排放机外净化装置

随着排放法规日益严格，汽车发动机上采取了许多新装置来消减发动机的排气污染。这些净化装置大致分两类，一类是机内净化。它是从有害排放物的生成机理出发，对发动机的燃烧方式本身进行改造，抑制有害气体的产生。例如采用汽油喷射，分层燃烧、进气温度随工况变化的调节及采用新燃料和新结构燃烧室等。另一类机外净化。它是用附加装置把废气净化后排出，如热反应器、三元催化器、废气再循环系统和颗粒捕集器等。

热反应器及二次空气喷射是将新鲜空气通过空气泵加压，输送到发动机汽缸的排气门附近，利用排气高温，使废气中残留的HC、CO再燃烧，以达到净化目的。三元催化器是利用化学催化剂对排气进行净化处理，各类排放后处理技术中应用最广泛的一种技术。废气再循环系统是针对消减NO_x而设计的，它是通过将燃烧后的废气再进入混合气中进行燃烧，降低了混合气中氧的浓度,稀释了混合气,使混合气燃烧速度减小,燃烧温度降低,从而减小燃烧过程中 NO_x 的生成量。

1)三元催化器

三元催化器是安装在汽车排气系统中最重要的机外净化装置(图 6-30),它可将汽车尾气排出的一氧化碳、碳氢化合物和氮氧化物等有害气体通过氧化和还原作用转变为无害的二氧化碳、水和氮气。维护项目如下:

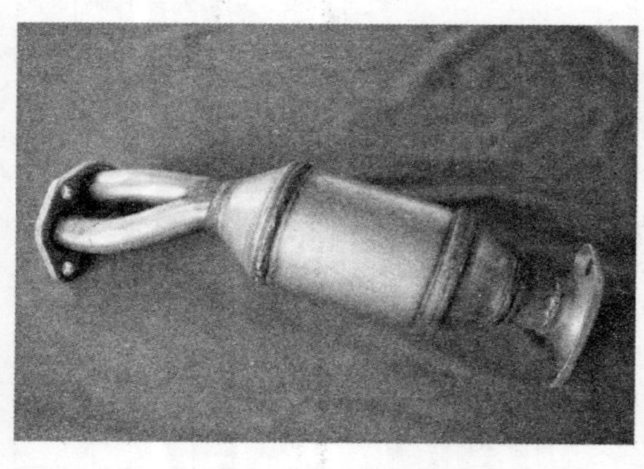

图 6-30　三元催化器外观

(1)检查三元催化器外观。排气管有无异响,这种异响通常由排气管接头松动、三元催化器损坏、催化剂更换塞松动等原因造成;排气管有无开裂或外壳压扁的外观损坏;排气尾管有无催化剂颗粒排出。如果三元催化器外壳损坏或排气尾管排出颗粒,均需更换。

(2)检查氧传感器外观。氧传感损坏也是尾气超标一个重要的的原因。在使用三元催化转换器以减少排气污染的发动机上,氧传感器是必备元件。由于混合气的空燃比一旦偏离理论空气燃烧比例,三元催化剂的净化能力将急剧下降,故在排气管中安装氧传感器,用以检测排气中氧的浓度,并向汽车电控单元发出反馈信号,再由汽车电控单元控制喷油器喷油量的增减,从而将混合气的空燃比控制在理论值附近。由于氧传感器由陶瓷制成,比较容易损坏的,损坏严重时一般可以通过电脑检测出来,但损坏不严重时电脑无法检测出来就需要专业人员的判断了。

(3)检查功能。对于失效的三元催化器,要及时进行更换,保证车辆尾气净化装置的正常使用。定期进行三元催化器免拆清洗,从根本上提高和改善尾气排放,恢复发动机的动力性,降低油耗。

2)废气再循环系统

废气再循环 EGR(Exhaust Gas Recirculation)系统是指把发动机排出的部分废气回送到进气管,并与新鲜混合气一起再次进入汽缸。由于废气中含有大量的 CO_2,而 CO_2 不能燃烧却吸收大量的热,使汽缸中混合气的燃烧温度降低,从而抑制 NO_x 的生成量,用于降低发动机 NO_x 排放的一种有效措施。

废气再循环 EGR 系统如图 6-31 所示,EGR 阀安装在废气再循环通道上,废气再循环通道的一端连接排气管,另一端与进气歧管相连接。当 EGR 阀开启时,部分废气将从排气管经排气再循环通道进入进气管。ECU 根据发动机的转速、负荷(节气门开度)、温度、进气流量、排气温度控制电磁阀适时地打开,进气管真空度经电磁阀进入 EGR 阀真空膜室,膜片拉杆将 EGR 阀门打开,排气中的少部分废气经 EGR 阀进入进气系统,与混合气混合后进入汽缸参与燃烧。少部分废气进入汽缸参与混合气的燃烧,降低了燃烧时汽缸中的温度,因 NO_x 是在高温富氧的条件下生成的,故抑制了 NO_x 的生成,从而降低了废气中的 NO_x 的含量。

当发动机处于以下工况时取消废气再循环:起动状态;发动机冷却液温度低于 50℃;节

气门位置传感器的怠速触点接通；发动机低速、小负荷运转（转速低于1000r/min左右）；发动机高速运转（转速高于4500r/min）；突然加速或减速。

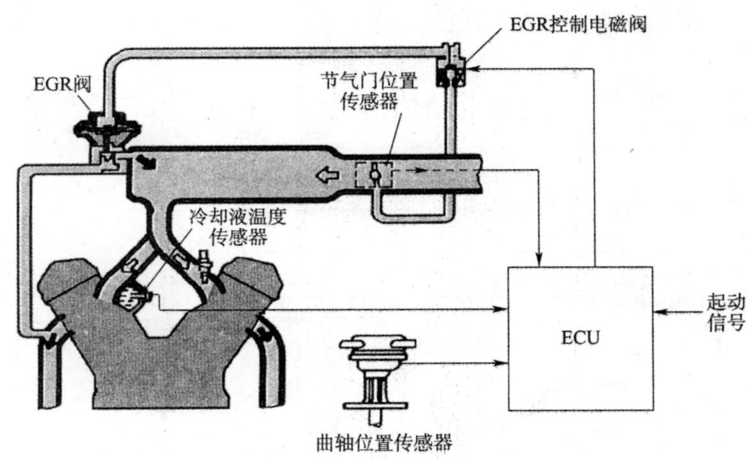

图6-31 EGR阀系统

工作正常的EGR系统对发动机性能的不良影响很小，但如EGR系统出现异常，将会造成发动机怠速运转粗暴、熄火，燃油经济性变差，加速不良和严重爆震。如果故障长期存在，最后会导致发动机损坏。定期对EGR系统进行维护，以保证系统功能正常。维护方法如下：

（1）检查进气歧管、EGR控制阀、真空放大器、EGR延迟电磁开关、温度阀等零部件之间的全部软管和接头，软管有无破损，接头处有无松动、漏气等。更换硬化、有裂纹的软管或有缺陷的接头。当更换一个装置上的几条软管时，最好一次脱开一条，换上新管后再脱开另一条，以防接错。

（2）检查所有阀门和垫是否合适、有无损坏，如有必要，修理或更换损坏的零部件。

（3）就车检查：起动发动机，使发动机怠速运转。在冷车状态下踩下加速踏板，使发动机转速上升至2000r/min左右，此时手指上应感觉不到EGR阀膜片动作（EGR阀不工作）。在发动机热车（冷却液温度高于50℃）后再踩下加速踏板，使发动机转速上升至2000r/min左右，此时手指应能感觉到EGR阀膜片的动作（EGR阀开启）。

3）SCR技术

SCR（选择性催化还原）技术路线，通过优化喷油和燃烧过程，尽量在机内控制微粒的产生，在机外后处理过程，采用尿素溶液对NO_x进行选择性催化还原，SCR系统的组成和总体布置如图6-32所示。采用该技术路线的主要有康明斯、马克、底特律柴油发动机、戴姆勒克莱斯勒、沃尔沃和依维柯等。

SCR喷射系统是将尿素溶液喷射到尾管中，在尾管高温气体作用下，把尿素与水分解为NH_3，然后NH_3与NO在催化器中的催化剂作用下，生成N_2和H_2O。将氮氧化物转成氮分子的过程需要对氨喷射量和喷射位置进行控制，因为氨的数量取决于当前氮氧化物的数量以及发动机的运行工况。如果喷射氨的数量过多，将穿过催化器直接进入大气中。因此需要安装一个反馈装置监控（NO_x传感器）氨不要多，控制尿素的喷入量。

定量喷射控制 SCR 控制器根据发动机工况变化和转速、转矩，NO_x 传感器、催化器进口温度及出口温度的变化按照添蓝喷射策略（催化器温度窗口，稳态喷射量，添蓝密度修正，催化器储氨修正）以精确控制向排气管喷射。

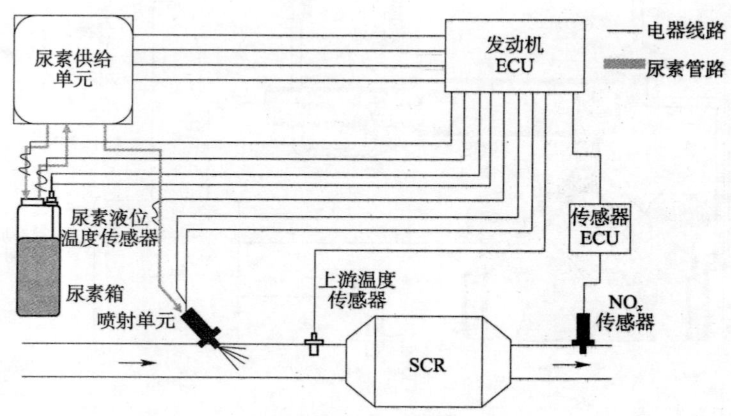

图 6-32　SCR 系统的组成和总体布置

SCR 系统是一个自动控制的系统，当车辆的钥匙开关处于 ON 挡，车辆电压正常，相关管路连接正确，系统将在控制器的指挥下自动排空、自动化冰、自动喷射，不需要人为干预。为了确保 SCR 系统正常工作，需要做好下列维护：

（1）装置外观无损坏、安装牢固，各连接导管连接完好，无泄漏，插接件无松动，导线连接可靠。

（2）保持 SCR 系统外表干净，电器接头干燥。

（3）尿素系统管路畅通，无断裂、泄漏现象，尿素喷射泵上的尿素滤清器无堵塞、旁通，定期更换添蓝泵内置主滤芯。添蓝喷嘴无堵塞，添蓝喷嘴附近排气管内不能有尿素结晶现象。

（4）注意仪表显示屏上尿素溶液的液面高度，若低于 20% 时应及时添加，禁止在尿素不足的情况下行驶。

4）EGR + POC/DPF 技术

EGR + POC/DPF 技术通过 EGR 废气再循环技术降低排气中的 NO_x（通过控制燃烧在发动机内减少 NO_x 的产生），再用颗粒捕集器（POC/DPF 后处理技术）捕集因使用 EGR 策略而增加的颗粒物，从而实现排放的达标。机内控制燃烧降氮氧，尾气捕集去颗粒。采用该技术路线的发动机主要有康明斯、卡特彼勒、万国、斯堪尼亚和曼等。

EGR + POC/DPF 系统组成如图 6-33 所示，主要包括 EGR 阀（ECU H 桥直接驱动或 CAN 总线驱动）、EGR 冷却器、空气质量流量传感器、压差传感器和后处理器。后处理器组成：DOC（柴油氧化型催化器）+ POC（颗粒氧化型催化器）/DPF（柴油机颗粒捕集器）。

为了确保 EGR + POC/DPF 系统正常工作，需要做好下列维护：

（1）各装置外观无损坏、安装牢固，各连接导管连接完好，无泄漏，插接件无松动，导线连接可靠。

（2）定期检查 MAF 传感器状态，确定 MAF 是否需要清洗，同时检查 EGR 冷却器状态，确定 EGR 冷却器是否清洗或更换。

(3)定期检查颗粒捕集器工作状态,确定是否需要清洗。

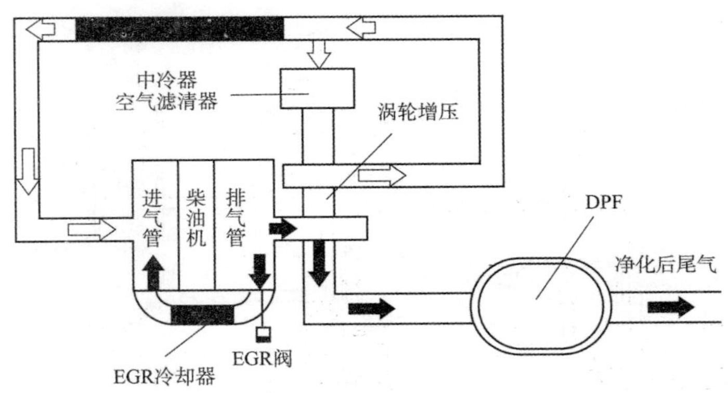

图 6-33　EGR + POC/DPF 系统组成

3. 燃油蒸发控制装置

燃油蒸发排放控制系统(EVAP)的功能是将燃油箱内蒸发的汽油蒸气收集和储存在活性炭罐内,在发动机工作时再将其送入汽缸燃烧,从而防止汽油蒸气直接排入大气而造成污染。同时,还能根据发动机工况,控制导入汽缸参加燃烧的汽油蒸气量。

EVAP 控制系统的结构如图 6-34 所示。它由蒸气回收罐(活性炭罐)、控制电磁阀、蒸气分离阀(止回阀)及相应的蒸气管道和真空软管等组成。蒸气分离阀安装在油箱的顶部,油箱内的汽油蒸气超过一定压力时,顶开蒸气分离阀经管道进入蒸气回收罐。该阀的作用是防止汽车倾翻时油箱内的燃油从蒸气管道中漏出。蒸气回收罐内充满了活性炭颗粒,故又称为活性炭罐,活性炭可以吸附汽油蒸气中的汽油分子。蒸气回收罐上方的另一个出口经真空软管与发动机进气歧管相通。软管中部有一个电磁阀控制管路的通断。当发动机运转时,如果电磁阀开启,则在进气歧管真空吸力的作用下,新鲜空气将从蒸气回收罐下方进入,通过活性炭后从蒸气回收罐的出口经软管进入发动机进气歧管,把吸附在活性炭上的汽油分子送入发动机燃烧,使之得到充分利用;蒸气回收罐内的活性炭则随之恢复吸附能力,不会因使用太久而失效。EVAP 系统维护项目如下:

(1)检查外观,若发现炭罐及软管严重损坏应立即更换。

(2)检查各接头紧固件及炭罐安装支架紧固螺栓。

(3)排除通气孔里的杂物。

(4)拔掉吸附软管,清除管内积存的液体或异物。拔掉吸附软管往炭罐里吹气,检查是否通畅,若不通畅或阻力特别大,更换炭罐总成。

4. 曲轴箱通风装置

曲轴箱通风装置(图 6-35)工作原理:发动机工作时,燃烧室内未燃烧完的混合气和废气,会从活塞与汽缸间隙处窜入曲轴箱内。为了降低排气污染,发动机设有曲轴箱强制通风装置,将窜入曲轴箱的气体经过废气通风管引入进气歧管或空气滤清器内,使废气重新吸入汽缸进行再燃烧。这样不仅能提高发动机的经济性、减少排气污染,而且能使发动机曲轴箱内气压保持相对稳定。如果曲轴箱通风不良，废气压力过高，不仅会影响发动机进气量，降低功率，而且废气会从发动机密封薄弱处窜出，增加漏油因素。

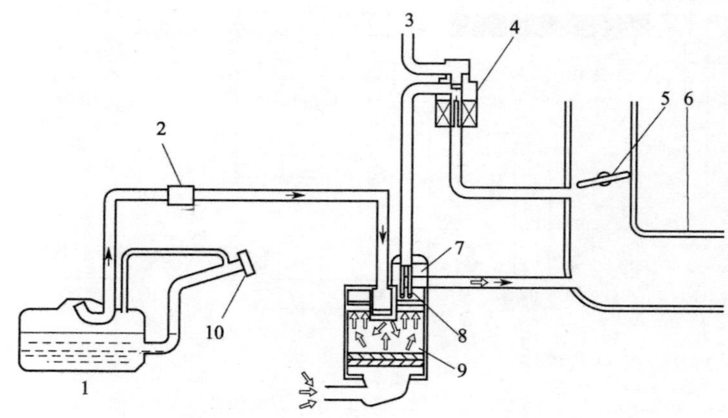

图 6-34　燃油蒸发排放控制系统结构图

1-油箱;2-蒸气分离阀;3-接缓冲器;4-控制电磁阀;5-节气门;6-进气歧管;7-真空控制阀;8-定量排放孔;9-蒸气回收罐;10-油箱盖附真空泄放阀

(1)检查曲轴箱通风管路是否堵塞,各接头处有无松脱、漏气。

(2)视情拆下曲轴箱通风管、止回阀进行清洗,除去结胶,疏通阀上小孔,并检查阀门开闭是否灵活,密封是否完好。通风管路漏气或止回阀发卡会使发动机怠速不稳或低速工作不正常;管路堵塞会使曲轴箱内压力过高,造成油封和各结合部位漏油。

(3)装复时,各管道接头应连接牢固不漏气。

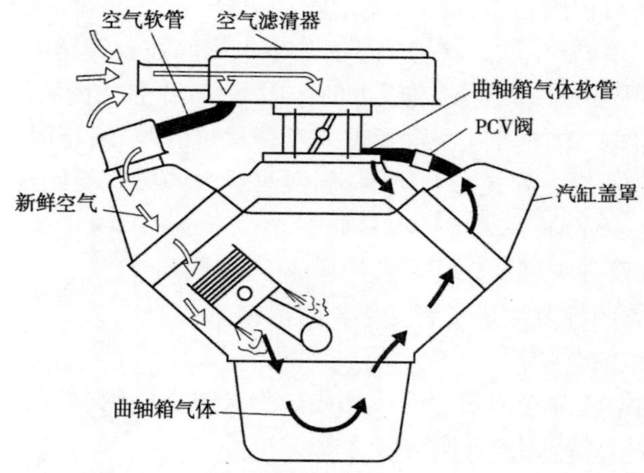

图 6-35　曲轴箱通风装置示意图

5. 增压器、中冷器

涡轮增压器类似于一种空气压缩机,通过压缩空气来增加进气量。它是利用发动机排出的废气惯性冲力来推动涡轮室内的涡轮,涡轮又带动同轴的叶轮,叶轮压送由空气滤清器管道送来的空气，使之增压进入汽缸。当发动机转速增加，废气排出速度与涡轮转速也同步增加，叶轮就压缩更多的空气进入汽缸，空气的压力和密度增大可以燃烧更多的燃料，相应增加燃料量和调整一下发动机的转速，就可以增加发动机的输出功率了。

涡轮增压器系统包括涡轮增压器、中冷器、进气旁通阀、排气旁通阀及配套的进排气管道，涡轮增压器原理图如图 6-36 所示。

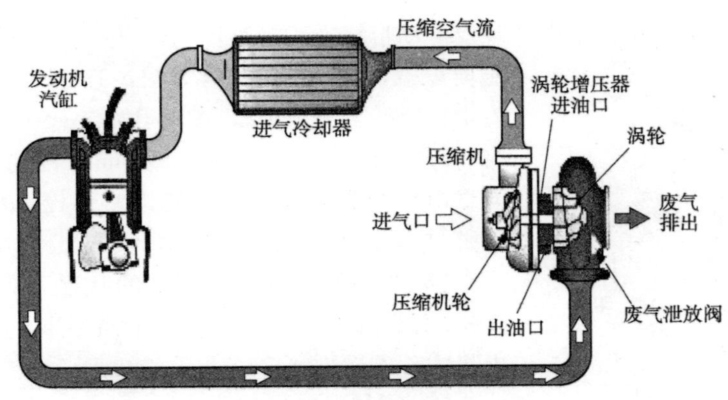

图 6-36　涡轮增压器原理

由于涡轮增压器处于高速、高温下工作，为了保证增压器的正常工作，定期进行维护：

(1)由于增压器经常高温下运转，它的润滑油管线因受高温作用，内部机油容易有部分的结焦，这样会造成增压器轴承的润滑不足而损坏。因此，润滑油管线在运行一段时间后要进行清洗。

(2)检查增压器的运转情况。检查气道各管的连接情况，防止松动、脱落而造成增压器失效和空气短路进入汽缸。

(3)当因脏污或积炭过多造成转子转动不灵活或发动机性能变差时，可在不全部解体增压器的情况下进行简单的清理与清洗。具体方法如下：

①清除增压器表面的灰尘及油污。

②把增压器从发动机上拆下，注意不得以联动推杆为把手拎起增压器。

③应先拆下引气管，然后拆下放气阀调节器装置。

④拆下压气机壳、涡轮壳及进回油法兰。

⑤清理和清洗压气机壳、涡轮壳以及两个叶轮表面。

⑥从进油口处注入适量的干净清洗剂，同时用手转动叶轮，反复进行直到转动灵活。

⑦组装并安装到发动机上。

(4)清洁中冷器散热片，管路无老化，连接可靠，密封良好。清洗的方法是用压力不太高的水枪以垂直于中冷器屏幕的角度，自上而下或自下而上缓慢冲洗，但决不可以斜冲以防损坏中冷器。

(5)根据功能变化，视情拆检清洗中冷器。

6. 发电机、起动机

对汽车发电机和起动机进行预防性的维护工作，能够使它们在汽车的全寿命使用期内保持良好的工作状态,使用寿命得到最大限度的延长。

1)发电机的维护

(1)发电机外表清洁,确保没有任何污垢、油脂以及其他一些碎片残留物。

(2)检查发电机以及蓄电池的电路连接状况,看看是否保持着良好的连接。如果线路连接出现松动,请将其拧紧;如果残留了污垢,将污垢彻底清除掉再拧紧。如果连接器或接线端损坏严重,将其更换掉。

(3)检查交流发电机传动带外观及传动带挠度。检查传动带有无裂纹或损伤,如有必须更换。检查传动带的挠度如图6-37所示。检查方法是在发电机带轮和风扇带轮中间用30~50N的力按下传动带,传动带的挠度应为10~15 mm。若过松或过紧,应松开发电机的前端盖与撑杆的锁紧螺栓,扳动发电机进行调整,松紧度合适后,重新旋紧锁紧螺栓。

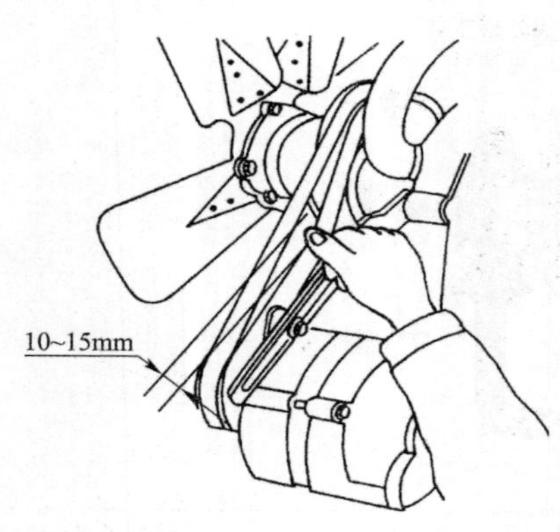

图6-37　检查传动带挠度

(4)检查发电机装配部件的状况。如果装配部件出现松动,交流发电机将会因冲击而产生振动,这会损坏发电机内部的部件。

(5)测量发电机输出电压。就车测量发电机输出电压连线示意图如图6-38所示,将万用表拨至0~50V直流电压挡,将其正表笔接“电枢”接线柱,负表笔接外壳。输出电压、电流满足维修手册等技术文件规定。

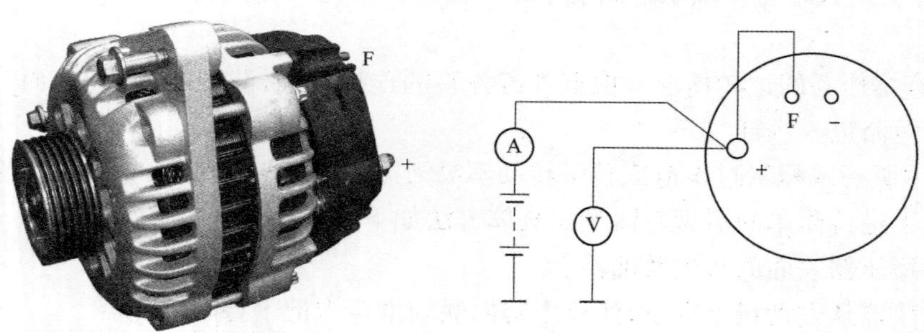

图6-38　就车测量发电机输出电压示意图

2)起动机的维护

(1)清洁起动机外表,确保没有任何污垢、油脂以及其他一些碎片残留物。

(2)检查起动机以及蓄电池的电路连接状况,看看是否保持着良好的连接。如果线路连接出现松动,请将其拧紧;如果残留了污垢,就请将污垢彻底清除掉再拧紧。如果连接器或接线端已经严重损坏,就将其更换掉。

(3)起动机运转灵活,起动有力,不打滑,无异响。

(4)电刷的磨损程度符合汽车使用说明书、维修手册等技术文件规定。

注意事项:起动发动机时,起动机从蓄电池吸取的电流为300~400A,因此为避免蓄电池放电过甚和损坏,起动时间不能太久(5s以内)。如果一次不能起动,则至少要停止10~

15s 时间,再起动第二次。连续 3 次以上起动不着,应查明原因后再起动。

7. 发动机传动带(链)

发动机作为汽车的动力源,汽车的其他附件(如动力转向泵、交流发电机和空调压缩机、电动机等)需要发动机的曲轴通过传动带驱动。发动机附件所用的传动带有两种:V 带和多楔带。发动机传动带(链)维护内容如下:

(1)按规定里程或时间更换传动带(链)。传动带没有破裂,并不意味着没有问题。随着传动带越用越旧,其拉伸程度势必超过张紧装置能够补偿的范围,因而产生打滑。

(2)检查整个传动带,查看带楔是否有磨损或剪切、带侧壁有无裂纹(尤其是带楔处)、带背面是否有裂缝以及有无任何油迹、油脂或冷却剂浸湿的痕迹。如果出现上述现象,都应该更换传动带,而且还应查明产生上述问题的根本原因,并予以排除。

(3)检查传动带的松紧度。大多数发动机都配备有带张紧自动调节机构,也有些发动机采用手动调整装置,但调节器本身是自动的。为了测量准确,可以采用张力计,也可以通过感觉来判断传动带张紧度。检查 V 带张紧度时,用拇指以 98 ~ 147N 的力按压 V 带中间部位,挠度应为 10 ~ 15mm,如图 6-39 所示。如果不符合要求,应进行调整。

图 6-39 检查传动带松紧度

8. 冷却装置

(1)检查冷却系统工作状况。冷却系统工作正常,无节温器阻塞、散热器阻塞、漏水等情况。散热器软管无变形、破损及渗漏;水箱盖接合表面良好,胶垫不老化,水箱盖压力阀开起压力符合要求;水泵不漏水,无异响;节温器工作性能符合规定。

(2)水泵的检查。水泵轴承的检查:将发动机熄火,用手扳动风扇叶片,看其有无横向旷量,若松旷超限,则应更换。水封的检查:水泵泄水孔漏水,则为水封密封不严和垫垫的故障,胶质水封若磨损或变形应更换,水封密封圈可翻面使用。

(3)按规定力矩校紧各部螺栓、螺母。

(4)检查节温器。将节温器从发动机上拆下,放在热水内检查节温器开启时的水温。良好的节温器在水温为 68 ~ 72℃时,阀门开始开启,到 80 ~ 85℃时全开,阀门升起高度应不小于 9mm,关闸时应不低于 65℃,否则应予更换。

(5)风扇带轮的检查与调整。检查方法:在发电机带轮和风扇带轮中间用 30 ~ 50N 的力按下,带的挠度应为 10 ~ 15mm。调整方法:松开发电机的前端盖与撑杆的锁紧螺栓,扳动发电机进行调整,松紧适度后,重新旋紧锁紧螺栓。

9. 火花塞、高压线

火花塞是汽油发动机点火系统中将高压电流引入汽缸产生电火花,以点燃可燃混合气体的部件;主要由接线螺母、绝缘体、接线螺杆、中心电极、侧电极以及外壳组成,侧电极焊接在外壳上。目前市场上主要的火花塞区分是在电极材料上,可以分为镍合金、银合金、钇金、铂金、铱金、铱铂金火花塞等种类。

1)火花塞的维护

通常来说,火花塞更换周期跟它的材料有直接关系,镍合金火花塞更换周期为2万~3万km,镍钇合金火花塞为3万km,单铂金火花塞为4万km,双铂金火花塞为6万km,铱金火花塞为8万km,铂铱合金火花塞更换周期可达10万km。

拆下火花塞前,用抹布或螺丝刀清除火花塞孔处的杂质和灰尘。拆卸时,用火花塞套筒逐一卸下各缸火花塞。拆卸时套筒要确实套牢火花塞,防止损坏绝缘磁体,引起漏电故障。检查火花塞,如果火花塞电极呈灰白色,表明火花塞工作正常。如果火花塞有积炭,清除电极部位的积炭。如果火花塞严重烧蚀或损坏,应当更换。将火花塞的外部清洗干净。检查绝缘磁体有无损坏或破裂,如有损坏或破裂,应更换火花塞。

用火花塞量规测量电极间隙(图6-40)。间隙过大,用螺丝刀柄轻轻敲打电极来调整。间隙过小,用一字螺丝刀插入电极之间,板动一字螺丝刀,间隙应在0.7~0.9mm。外电极与中央电极略成直角。注意:只弯动外电极,不弯动中央电极,以免损坏绝缘体。安装火花塞时,先用手拿住火花塞的尾部,对准火花塞孔,慢慢拧上几圈,再用火花塞套筒拧紧。如果感到困难或费力,应把火花塞拧下来,在螺纹处涂抹黄油,避免损坏螺纹孔。

2)高压线的维护

高压线是传统点火系中必不可少的一部分,是点火线圈把能量传给火花塞的介质。随着科技发展,现在很多车已经没有了高压线,高压线和点火线圈做到了一起。高压线长时间工作在高温、多尘、振动的环境中,不可避免地要发生老化甚至破损,必须按照维修手册规定的周期更换。通常高压线的更换周期一般为3万~5万km。

高压线的维护有四项:一是清洁高压线上油污和积垢,如不清除可能会产生漏电的现象;二是高压线无破损,防止导电性若不良或有漏电现象;三是高压线可靠连接分电器和火花塞;四是用欧姆表测量高压线电阻(图6-41)。最大电阻为25kΩ(每根高压线),如果电阻大于最大值,则更换所有高压线。

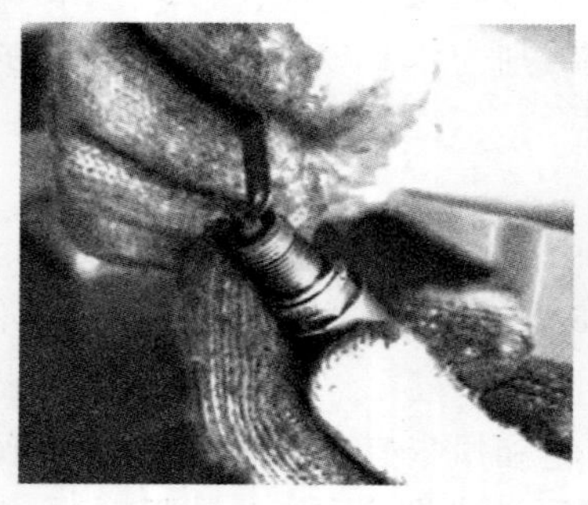

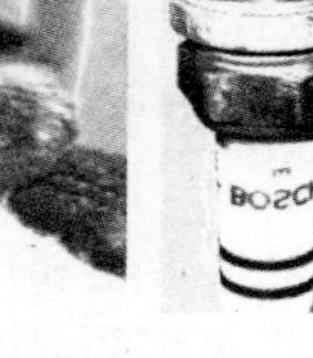

图6-40 火花塞间隙检查

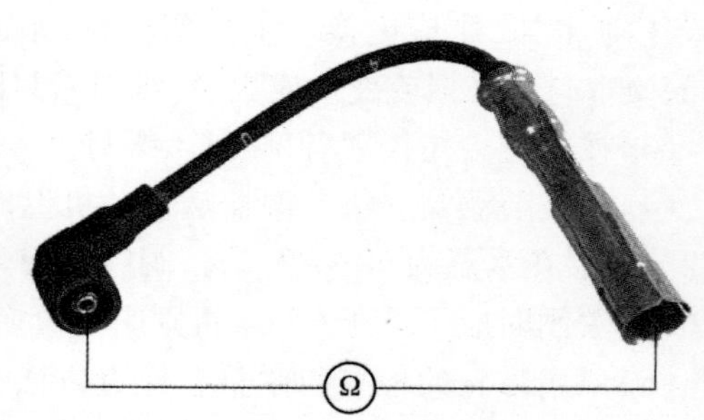

图6-41 测量高压线电阻

10.进、排气歧管、消声器、排气管

1)进、排气歧管、排气管

按着规定拧紧力矩紧固螺栓、螺母。进气管路应密封良好、没有裂纹,卡箍安装紧密和管路支架支撑牢靠;进气阻力指示器应安装稳固、密封胶密封可靠;排气系统应与底盘接线、冷却系统和起动系统等没有干扰,排气软管不能出现开裂、漏火等缺陷。

2）消声器维护

消声器的工作环境比较恶劣，高温、积炭、水蒸气的腐蚀易使其产生故障。做好维护，能够保证消声器的正常工作，提高其使用寿命，对于维持汽车的正常工作也有着比较重要的意义。

（1）查看消声器进气管法兰是否漏气，可以通过法兰端处是否有黑烟痕迹来判断，或在发动机不熄火时注意听法兰端处是否有"噼噼"的声音，若有则应更换密封垫片。注意在发动机起动后对排气管检查的过程中，尽量不要让身体接触到排气管，由于排气管温度很高，避免烫伤现象的出现。

（2）定期检查消声器是否损坏。可通过以下方法进行判断：

①发动机工作时，若消声器出现"啵啵"的声音，一般是消声器内腔隔板腐蚀；若发出"叭叭"的声音，一般是消声器外壳腐蚀；若出现"咻咻"的声音，一般是消声器通道堵塞。

②用木锤从消声器外部轻轻扣击，若发出"嘎嘎"的声音，一般是消声器内腔隔板脱落。

③消声器外周变黑，一般是漏气。

④用手指叩击消声器外部，若发出"沙沙"的声音，一般是消声器积炭过多。

⑤若消声器两端板变成红色，一般是附近有腐蚀孔。

⑥若从消声器内与废气一起排出的有黑色水液，一般是积炭或污垢过多。

11. 发动机总成

发动机是汽车的核心部件，通过清洁，可发现机件的损伤，通过校紧连接螺栓、螺母，可使发动机处在良好的工作状态。发动机总成完成以下维护作业。

（1）清洁发动机外部。发动机外部无油污、无灰尘，隔热层密封良好。

（2）检查、校紧连接螺栓。检查油底壳、发动机支撑、水泵、空气压缩机、涡轮增压器、进排气歧管、消声器、排气管、输油泵和喷油泵等部位连接螺栓、螺母，必要时重新拧紧。

（二）制动系

1. 储气筒和干燥器

空气干燥器能有效地除去压缩空气中水、油、杂质，净化进入储气筒的压缩空气，防止上述故障发生，提高行车安全可靠性。

空气干燥器工作原理如下：

（1）干燥净化过程：来自空气压缩机的压缩气体经过进气口进入干燥器，通过干燥器内的过滤装置和干燥装置，从干燥器出气口排出的气体即为干燥、净化的气体，进入储气筒。

（2）卸载、排水过程：当储气筒的压力达到额定压力时，干燥器内调压装置开始工作，来自空气压缩机的气体直接从排气口排出，空气压缩机卸载，同时干燥器内冷凝水亦从排气口排出；当系统压力降至调压装置的回关压力时，卸载、排水过程停止工作，系统恢复充气过程。

（3）加热过程：当干燥器温度降至（5 ± 5）℃，干燥器内温控加热器自动工作，防止干燥器下部结冰而影响排水系统工作。当干燥器温度升至20℃，温控加热器自动停止工作。

为更好发挥空气干燥器的使用，应定期检查（5 ~ 10 天）储气筒内是否有积水。如果储气筒内有水出现（储气筒排水见图6-42），说明干燥器的干燥剂已经失效，请及时更换干燥筒。另外，储气筒及时排水可以防止放水阀被冻结及锈蚀。放水后如放水阀漏气，放水阀密封圈可能损坏,请及时维修或更换放水阀。

干燥剂失效时,使用滤清器扳手套住干燥筒的中上部,逆时针转动拆卸干燥筒。换上新的干燥筒时,先将密封环装入干燥筒密封槽内,将干燥筒顺时针方向旋入阀座内,旋紧为止,更换干燥筒,如图 6-43 所示。干燥器维护要注意以下几点:

(1)干燥器内的干燥剂必须定期更换。一般是:空气湿度大的地区(沿海地区)6 月 ~1 年更换一次;空气湿度小的地区(内陆地区)1 ~2 年更换一次。

(2)干燥剂的更换同干燥筒一起更换,更换时,首先检查密封垫和螺纹是否损坏,然后在密封垫和螺纹上涂上润滑脂,用手把干燥筒拧在壳体上,当密封垫接触到壳后,再用 5N · m 的力矩拧 1/2 圈即可。

(3)干燥器平时不需维护,但要注意排水阀不被堵塞,冬季应检查加热塞工作是否正常。

图 6-42　储气筒排水

图 6-43　更换干燥筒

2. 制动踏板

制动踏板应无弯曲变形,反应灵敏、无异常噪声及过度松动等。汽车使用一段时间后,因为制动蹄片等的磨损,需要对制动踏板的高度和自由行程进行调整,以获得最佳的制动效果。

1)制动踏板自由行程的检查和调整

(1)踏板自由行程的检查。

①将发动机熄火,踩踏板数次,直到真空助力器不存在真空为止。

②在制动踏板与驾驶室底板之间立一直尺,用手向下按制动踏板至有阻力时,记下直尺读数。然后放松踏板,再看直尺读数。两次读数之差即为踏板自由行程,如图 6-44 所示。液压制动的踏板自由行程一般在 15 ~20mm,在调整时应按车型规定的数值进行调整。

(2)踏板自由行程的调整。

如果自由行程不符合标准值,可通过调节制动开关来改变其自由行程,使其符合规定值。若踏板自由行程小,则易引起制动阻滞;若自由行程过大,则制动作用时间延长,制动距离增加,制动性能变差。

当自由行程不合适时,可松开制动主缸推杆的锁紧螺母,拧动推杆,通过改变其长度进行调整。调整完毕后,再拧紧锁紧螺母。桑塔纳轿车制动踏板的自由行程是指踩下踏板时,推杆接触到制动主缸活塞时的踏板移动量。检查时，可用手轻压踏板，测量至手感变重时的踏板行程，其行程应不大于45mm。测量制动踏板踩下的有效行程应达到135mm，制动踏板的总行程应不小于180mm。

2）制动踏板高度的检查和调整

（1）制动踏板高度的检查。

①进入驾驶室，关闭发动机，踩下制动踏板数次，释放真空助力器中残余的真空度。

②断开制动灯开关插头，松开制动灯开关锁紧螺母，拧下制动灯开关使之不再与制动踏板接触。

③掀起地毯，测量由驾驶室金属底板至踏板上表面中点的距离即为踏板高度，如图6-45所示。

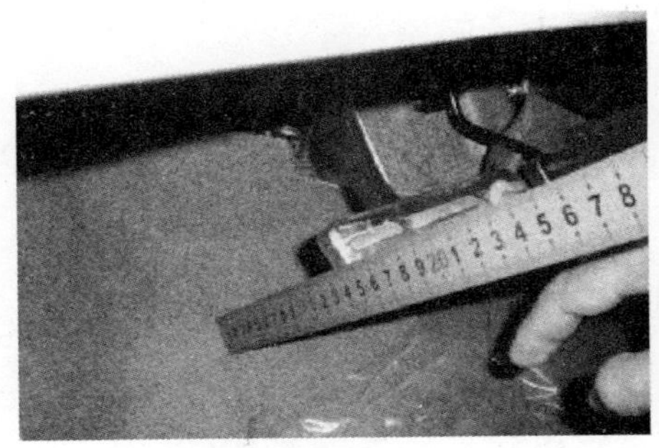

图6-44　测量制动踏板自由行程

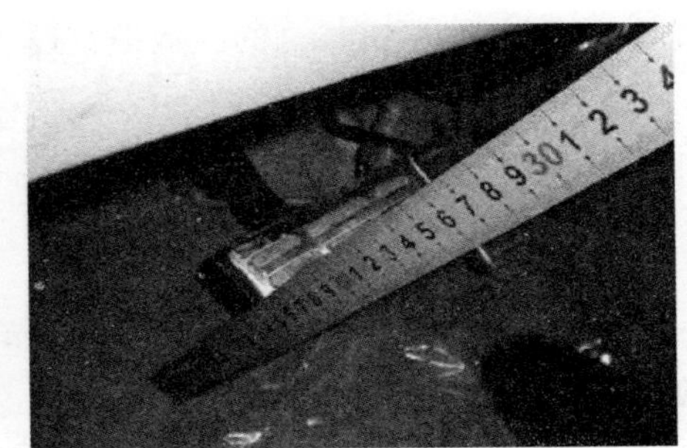

图6-45　测量制动踏板高度

（2）踏板高度的调整。

①分离制动开关连接器，拧松制动开关锁紧螺母（A），拧松制动开关（B），直到它不再接触制动踏板为止。拧松推杆锁紧螺母（A），用钳子向内、外扭转推杆，直到踏板距离地面的高度达到标准值为止。调整后，牢固地拧紧锁紧螺母。压下推杆时，禁止调整踏板高度，如图6-46所示。

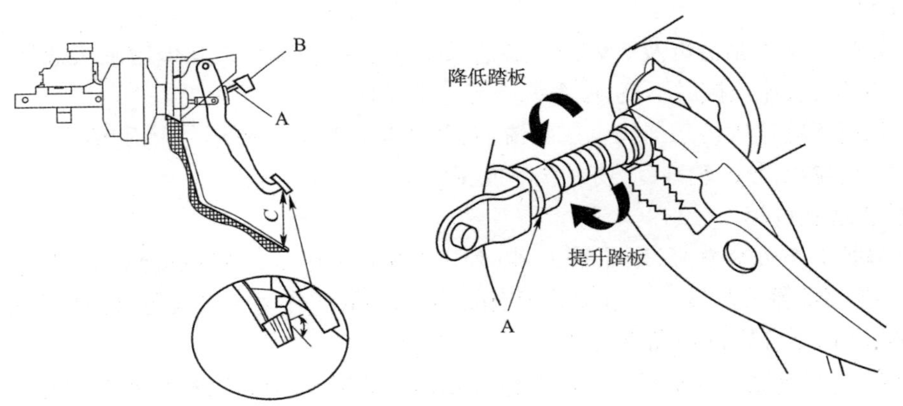

图6-46　制动踏板高度调整

②装上制动灯开关，直至柱塞被完全压住，然后将开关往回拧 3/4 圈，使得螺纹端与衬垫之间产生一间隙，再拧紧锁紧螺母，接上制动灯开关插头，并松开制动踏板后确认制动灯熄灭。

3. 驻车制动

1）驻车制动器性能检测

（1）举升机上检测时，拉起驻车制动器操纵杆，举升汽车并用支架支撑稳妥，用两手尽力转动车轮，正常情况下车轮转不动。解除驻车制动，用手转动车轮，正常情况下车轮自由转动，如听到轻微的接触声是正常的。

（2）路试检测时，将车开到坡度较大、路面状况良好的斜坡上，踩住制动踏板后挂入空挡（自动变速器放在 N 位），将操纵杆提拉到有效工作点，之后慢慢松开制动踏板，如果车辆没有移动，说明驻车制动的性能良好。除此之外，还要检查驻车制动的灵敏度，可以在平坦的路面上慢速行驶，缓慢的提拉操纵杆，感觉一下驻车制动的灵敏度和接合点，行驶中提拉驻车制动会出现磨损，所以检测的次数不宜过多。

2）检查驻车制动器操纵杆的行程

向上拉起驻车制动器操纵杆，记录齿数，用 196N 的力应能拉到 6 ~ 9 齿（响 6 ~ 9 下）。如不符合要求，则应调整驻车制动。

3）驻车制动器的调整

如果在测试中发现驻车制动器不灵敏，可以通过调整驻车制动器拉索来解决，在驻车制动器操纵杆的下面有一个可调的补偿机构。调节时需要先拆卸操纵杆的装饰罩，然后利用工具调节拉索的长度，以保障驻车制动处在最佳工作状态。

4. 防抱死制动装置

防抱死制动系统（ABS）是一种具有防滑、防锁死等优点的汽车安全控制系统。ABS 结构示意图如图 6-47 所示，ABS 主要由 ECU 控制单元、车轮转速传感器、制动压力调节装置和制动控制电路等组成。制动过程中，ABS 控制单元不断从车轮速度传感器获取车轮的速度信号，并加以处理，进而判断车轮是否即将被抱死。ABS 制动其特点是当车轮趋于抱死临界点时，制动轮缸压力不随制动主缸压力增加而增高，压力在抱死临界点附近变化。

虽然 ABS 的型号繁多，结构又比较复杂，但其使用维护大体相同，其维护项目如下。

1）清洁

（1）保持电子控制器以及线束插接器清洁干净，防止油污、水及尘埃脏污插接器。防止导线插头座锈蚀，导致接触不良，使系统不能正常工作。

（2）保持车轮速度传感器头及齿圈清洁，防止异物特别是铁磁性物质粘附其表面，影响车轮速度传感器信号的精确度，使系统不能正常工作。

2）检查连接线路

（1）ABS 工作可靠性好，电子控制器（ECU）故障率很低，并且不允许对其进行拆卸维修，因此，当 ABS 警告灯发亮而告知系统有故障时，应首先检查系统各导线插接器是否插牢，接触是否良好，不可盲目地乱拆乱卸。

（2）在对 ABS 进行维护时，首先检查常规制动部件，如车轮轮毂轴承是否松旷，制动蹄衬片与制动毂间隙是否正常，制动盘磨损是否超过极限等。然后再对系统中的电子控制器（ECU）、车轮速度传感器、压力调节器等电器部件进行检查。

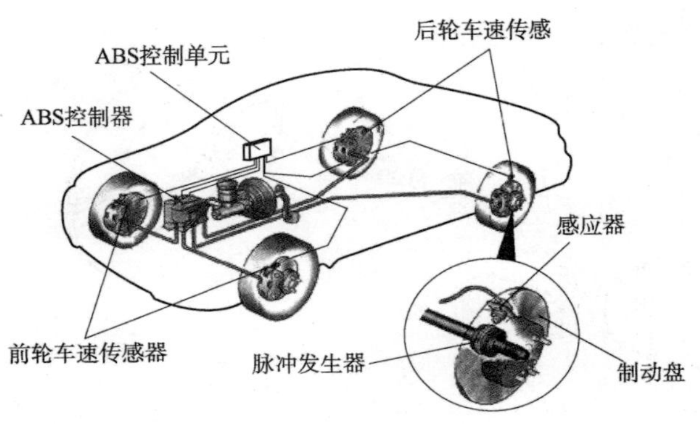

图 6-47 ABS 结构示意图

5. 鼓式制动器

车辆二级维护时，需要进行车轮制动器的维护作业。由于鼓式制动器结构并不完全相同，其维护方法也就存在差异。下面以厦门金龙客车装配的 JY24XM1-8JWS1Z3-XMQ3 后桥为例介绍鼓式制动器的维护。

1）构造

（1）桥壳构造。桥壳组成如图 6-48 所示。

（2）制动器构造。制动器构造示意图如图 6-49 所示。

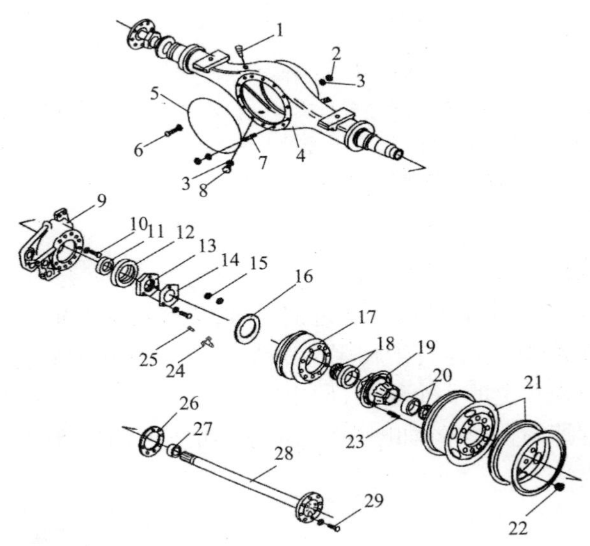

图 6-48 桥壳组成示意图

1-通气塞总成；2-油面孔螺塞；3-密封垫圈；4-后桥壳总成；5-密封垫涂敷位置图；6-螺栓；7-双头螺栓；8-放油孔螺塞总成；9-后制动底板总成；10-螺栓；11-后油封座圈；12-后轮毂油封总成；13-后轮毂调整螺母；14-锁紧垫圈；15-螺母；16-ABS 后齿圈；17-后制动鼓；18-后轮毂内轴承总成；19-后轮毂；20-后轮毂外轴承总成；21-车轮轮辋；22-后轮胎螺母；23-轮胎螺栓；24-ABS传感器支架；25-ABS 传感器；26-后桥半轴衬垫；27-半轴油封总成；28-后桥半轴；29-后桥半轴螺栓

2）拆卸制动器总成

（1）将后桥总成固定支牢。

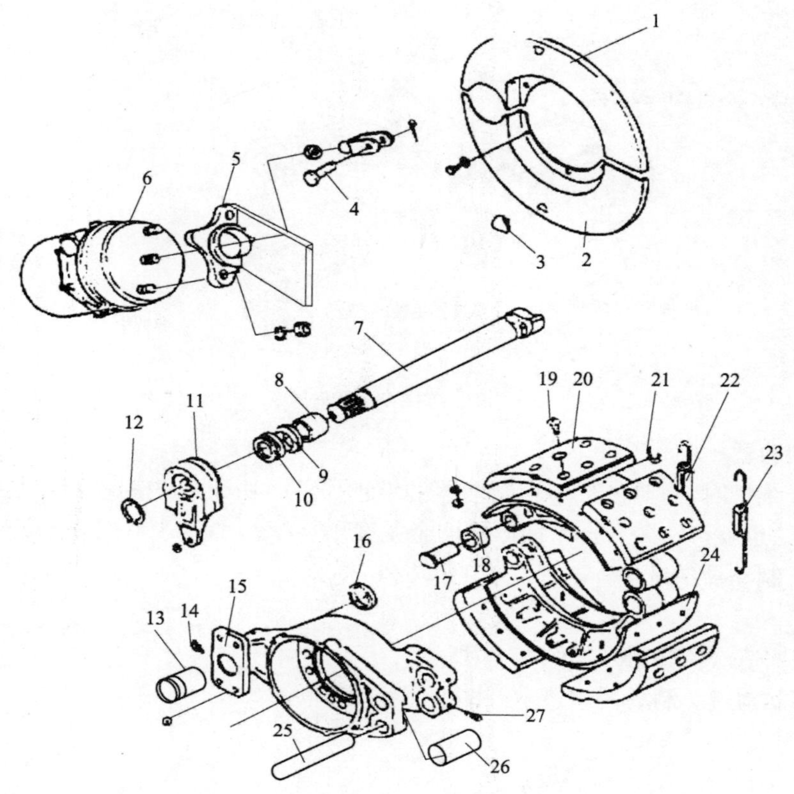

图 6-49　制动器构造示意图

1-下防尘罩总成;2-上防尘罩;3-堵塞;4-平头销;5-弹簧制动气室支架;6-弹簧制动气室总成;7-制动器凸轮轴;8-衬套;9-油封总成;10-凸轮轴垫环;11-后制动调整臂总成;12-凸轮轴卡环;13-衬套;14-弯颈滑脂嘴;15-后制动底板;16-油封总成;17-滚轮轴;18-滚轮总成;19-铆钉;20-后制动摩擦片;21-卡环;22-复位弹簧总成;23-小回动弹簧总成;24-后制动蹄;25-蹄片轴;26-衬套;27-螺钉

(2)用专用工具或扳手拆下半轴螺栓。

(3)轻轻抽出半轴,并在其花键部分通过油封时,缓缓转动半轴,以免拉伤半轴油封。如果半轴不易拉动,可用铜锤轻轻击打半轴尾部中央,直到半轴可松动为止,如图 6-50 所示。

(4)用螺丝刀拆掉锁片上的 3 个螺钉,取出锁片。

(5)用专用扳手拆掉调整螺母,如图 6-51 所示。拆下的调整螺母,应在装配面上做好记号,以防错装。

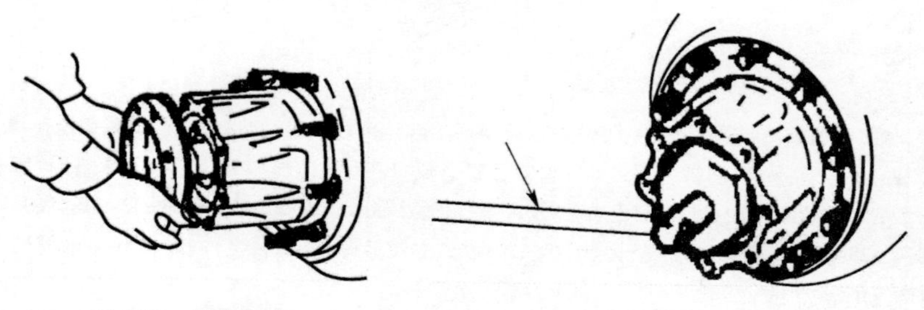

图 6-50　抽出半轴

图 6-51　拆掉调整螺母

(6)稍稍转动轮毂制动鼓,并用力向外抽拔,同时在制动鼓上轻轻敲击,以振松外轴承内圈,待外轴承内圈松动后,取下轮毂及制动鼓总成,但此时应注意该总成质量较重,不要摔坏或砸伤人。同时,注意外轴承内圈不要摔坏。

注意:以上(1)~(6)作为轮毂及制动鼓总成的拆卸过程。

(7)拆下ABS传感器,并注意保护好传感器探头不受损伤。

(8)使用复位弹簧的专用工具,拆卸复位弹簧。

注意:在拆卸复位弹簧之前,用一个环或钢丝捆住制动蹄,如图6-52所示。

(9)拆下制动蹄。

①拆除钢丝锁线和锁紧螺钉,如图6-53所示。

②拆除制动蹄蹄片轴和制动蹄,如图6-54所示。

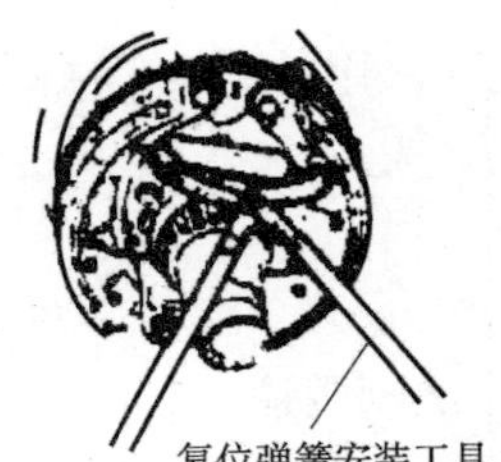

图6-52　拆卸复位弹簧

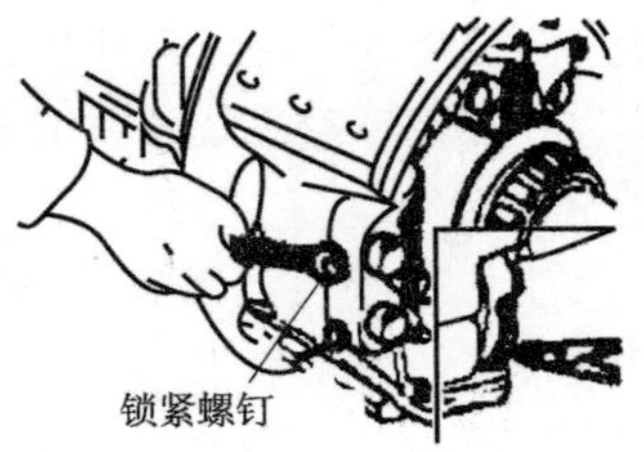

图6-53　拆除锁紧螺钉

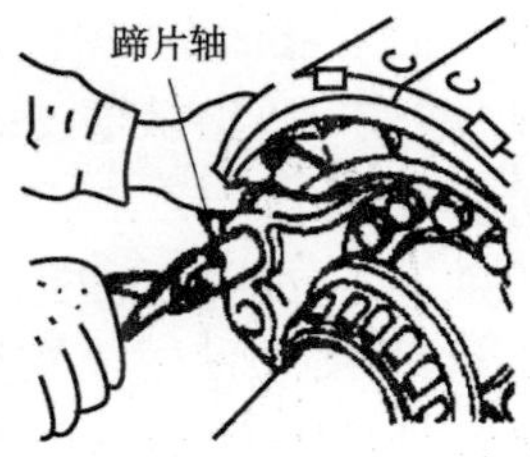

图6-54　拆除制动蹄

(10)拆卸卡环、滚轮轴和滚轮,如图6-55所示。

(11)拆下开口销、平垫圈、垫圈和平头销,如图6-56所示。

(12)拆卸螺母和空气管,从气室支架上拆下制动气室,如图6-57所示。

(13)拆下制动调整臂。

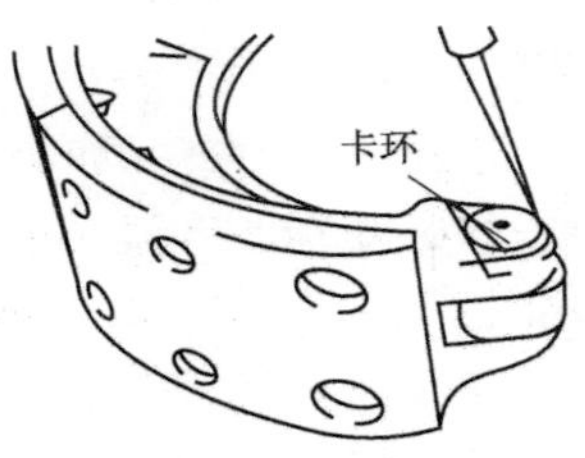

图6-55　拆卸卡环、滚轮轴和滚轮

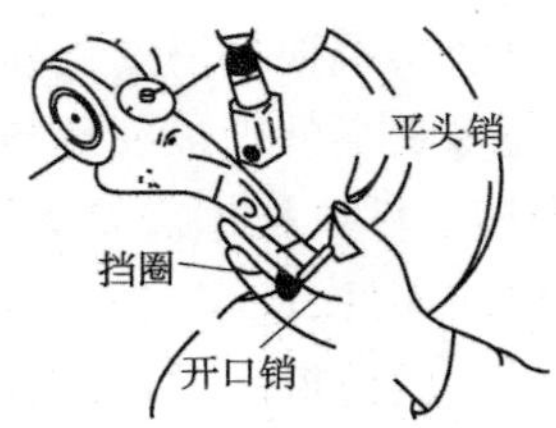

图6-56　拆下开口销、平垫圈

(14)拆下凸轮轴(图6-58),左右凸轮轴应做好记号,以防错装。

(15)拆卸制动器底板和防尘罩。

(16)后调整臂的拆卸。

①解除制动,拆去制动气室上连接叉的开口销,拔出插销,使调整臂与气室的连接叉分开。

②拆去调整臂与定位螺杆相连接的螺母、垫片。

③拆去凸轮轴端部的开口销和定位厚垫片。

④用 SW12 的扳手逆时针方向转动调整臂蜗杆的六方头，这样便可以移出调整臂（转动时所要的力矩较大，会听到“咔咔”声），最后将调整臂拆卸下来。

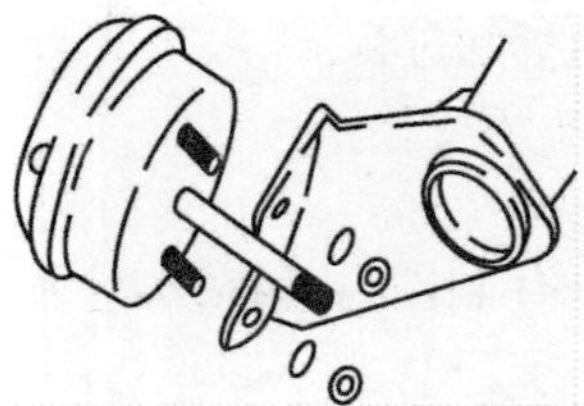

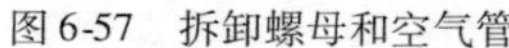

图 6-57　拆卸螺母和空气管

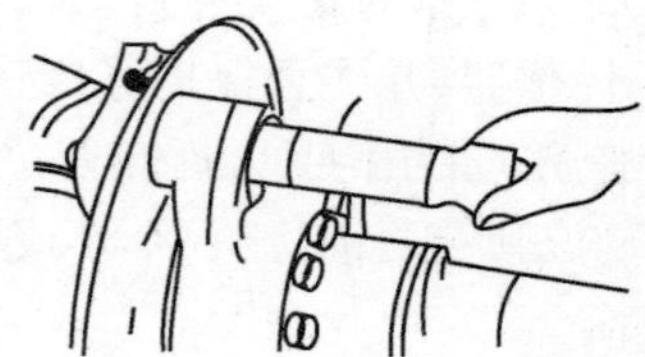

图 6-58　拆下凸轮轴

3）清洗

零件上面可能沾有脏油和淤泥，清洗零件是必不可少的过程。常用的方法有蒸汽清洗、汽油清洗、酸或碱性溶液清洗、中性剂清洗、三氯乙烯清洗和磁力清洗。

（1）金属件。

①汽油。不同于其他的方法，汽油几乎对污泥没有渗透或溶解能力。除非零件表面被精确加工过，否则须使用金属丝刷子或其他的工具去清除污泥，并洗刷两遍。

②碱性处理。用碱性处理方法清洗钢件及铸铁件，效果非常好。如果零件是由合金制成，则不宜采用碱处理。

（2）橡胶件。不能使用矿物油，可用酒精清洗，或仅用一干净抹布擦掉脏物。

（3）防锈蚀。在清洗完零件表面上所有废油和润滑脂后，在表面涂上一层干净的油，以防锈蚀。

4）检查

零件在清洗之前，采用事先准备的测量仪器或工具进行检测。根据指定的维修标准来断定零件是否适合再使用。损坏零件应按要求修理或更换。如配对零件中有一个被严重磨损，其装配间隙超过规定，可根据需要更换该零件或配对零件。

所有零件都应通过观察外观或使用红外线探伤进行仔细检查。如果通过外观观察，发现任何反常现象，则该零件可根据需要进行修理或更换。从预防性维护的观点来看，某些处于修理或磨损极限内的零件，应在它们超过极限之前就进行更换。所有橡胶件，如 O 形圈、油封、密封垫圈等，当它们被拆卸后，要根据情况决定是否作废。

（1）检查轮毂与内外轴承座圈的间隙，此间隙应为过盈配合，若间隙超限，应对轮毂轴承座孔处进行焊补或镶套修复，不易修复时可更换轮毂。检查轮毂与制动鼓紧定螺栓，不得松动。

（2）检查轴承外圈内表面、滚柱表面，不得有破损、脱层、烧灼现象，轴承保持架不得有变形和严重磨损，否则应更换轴承。

（3）检查制动鼓，制动鼓不得有变形、裂纹。用制动鼓检测量具，检查制动鼓圆度误差、圆柱度误差和沟槽深度。

（4）清洁检查制动底板。用棉纱、汽油清洁制动底板，用制动检测量具检查其平面挠曲情况，应拆下校正，如有裂缝，应予以堆焊修理或更换。

(5)检查制动凸轮轴与凸轮支架承孔之间的间隙,并做记录,否则应更换衬套。

(6)检查制动蹄轴与制动底板轴承孔之间的间隙。

(7)检查制动蹄轴与制动蹄轴承孔的配合间隙。

(8)用弹簧测试仪检查制动蹄复位弹簧的性能,若自由长度明显增长或已达到拉伸长度而拉力明显不够,应更换弹簧。

(9)检查制动蹄与摩擦片。摩擦片表面距铆钉头的距离,摩擦片表面不得开裂、掉片,铆钉不得松动,否则应更换摩擦片。摩擦片表面不得有油污,否则应用纱布打磨干净。

(10)检查制动气室。用棉纱清洁外部,其壳体不得有裂纹和变形,制动橡胶膜片不得老化、龟裂,复位弹簧不得疲劳、断裂。

5)装配

制动器的装配与拆卸顺序相反,但要注意螺栓的拧紧力矩及轴承预紧力的调整。螺栓装配的拧紧力矩如下:

(1)后制动底板紧固螺栓:200~250N·m。

(2)后制动气室紧固螺母:167~186N·m。

(3)轴承盖螺栓:440~490N·m。

(4)止动片螺栓:35N·m。

(5)半轴螺栓:140~180N·m。

(6)制动气室支架螺栓:120~130N·m。

6)调整

(1) 制动器制动间隙调整。

①在凸轮轴上涂上黄油,将调整臂安装在凸轮轴上,应确保调整臂壳体上肩头方向与制动气室推杆的制动方向一致,顺时针转动调整臂蜗杆的六方头,使调整臂转入制动气室推杆的U形叉内,直至U形叉孔与调整臂上的定位孔自然正对,在圆柱销孔上涂上黄油,将其轻松插入叉孔,锁上开口销。

②调整臂沿其上箭头的方向推动,直至推不动为止,目的是确保制动摩擦片和制动鼓之间的设定间隙,随后将卡箍式定位支架安装在凸轮轴轴端外壳上,在定位支架上的螺母、垫片最终紧固前,将调整臂通过定位支架的螺栓支柱、螺母、垫片定位于定位支架上(通过支架上的U形螺杆和双螺母,紧固力矩不小于20N·m)。

③装上凸轮轴轴端定位螺母及垫片,沿凸轮轴轴向方向检查调整臂在凸轮轴上的轴向是否存在一定间隙,要求间隙值为0.5~0.2mm,实际检查值如大于或小于上述间隙值范围,应立即将调整臂拆下,调整凸轮轴轴向定位尺寸以便达到上述要求。

④用SW12扳手顺时针转动调整臂蜗杆的六方头,直至转不动为止,这时制动摩擦片和制动鼓接触,然后逆时针转动该蜗杆六方头270(转动力矩大,会听到“咔咔”声),目的是确保制动鼓与制动器摩擦片的间隙为一固定值0.6mm。

(2)轮毂轴承预紧力的调整。

①先卸下锁片,再用专用扳手紧固调整螺母,拧紧力矩应大于500N·m。

②转动制动鼓2~3周,使轴承正确就位,再以不小于500N·m的力矩紧固。

③反转调整螺母1/4~1/6圈,转动制动鼓2~3周。用弹簧杆在轮毂螺栓上测量起动

力，轮毂轴承预紧力其值应为30～65N，如图6-59所示。

④装上锁片，拧紧锁片紧固螺钉。

(3) 维修标准

维修标准见表6-7。

6. 盘式制动器

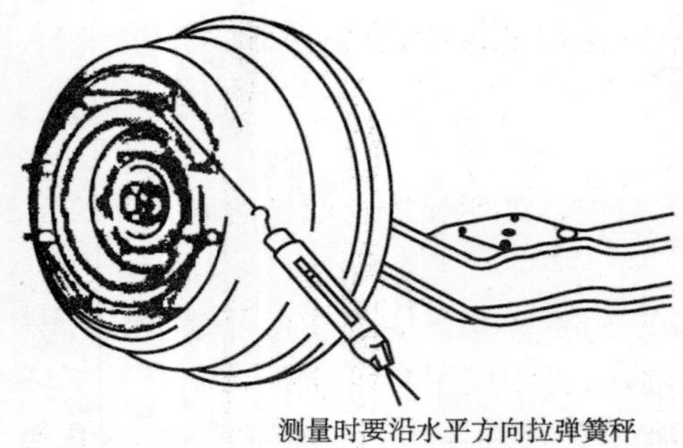

图6-59 测量轮毂轴承预紧力

盘式制动器通过液压或气压系统把压力施加到制动钳上，使制动摩擦片与随车轮转动的制动盘发生摩擦，从而达到制动的目的。盘式制动器主要由制动盘、制动钳、摩擦块、轮缸或气室等部分构成。下面以隆中控股集团有限公司的气压盘式制动器为例，介绍盘式制动器的维护。

维修标准　　表6-7

项　目	维修标准	修理极限	磨损极限
制动鼓内径		412mm	414mm
制动鼓径向跳动	0～0.1mm	0.2mm	
摩擦片厚度		12～13mm	8.5mm
制动鼓与制动蹄片间隙	0.6mm		
制动气室推杆行程	24mm	45mm	
凸轮轴与衬套间隙	0.40～0.46mm		0.7mm
蹄片轴与衬套间隙	0.16～0.26mm		0.56mm

1）盘式制动器的结构

盘式制动器的结构如图6-60所示。

2）检查制动块总成

(1）根据车辆制造商的说明支起车桥并固定车辆。

(2）支起车架，拆下车轮。

(3）如果制动器有驻车制动功能(手制动)，应首先解除。解除驻车制动功能如图6-61所示，拆下密封帽(并检查密封帽如有明显老化、损坏，应及时更换新件)，用10mm的梅花扳手逆时针旋转六角头，使制动块松开即可。

(4）拆卸制动块总成：分别拆下螺栓M10×20、制动块压板总成和制动块总成。

(5）检测制动块损失量。拆下制动块总成后，再将弧形压条拆掉，按图6-62所示进行测量，从制动块底板至摩擦面的距离，最小允许的摩擦材料厚度为2mm，(新制动块的制动材料厚度为21mm)，如果摩擦材料磨光或在下一次检查前可能磨光，必须更换制动块总成。同时检查摩擦材料是否磨损均匀，最大允许的不均匀量为1mm(测量4个点)。如磨损不均匀，检查制动钳在滑销上的滑动功能是否正常，并检查制动块和推板之间是否有灰尘，以及自调机构的间隙调节功能是否正常。更换制动块总成时同一根车桥的左右轮上盘式制动器的所有制动块总成和传感器总成必须同时更换，而且更换的新制动块要选择质量符合规定的原装配件。

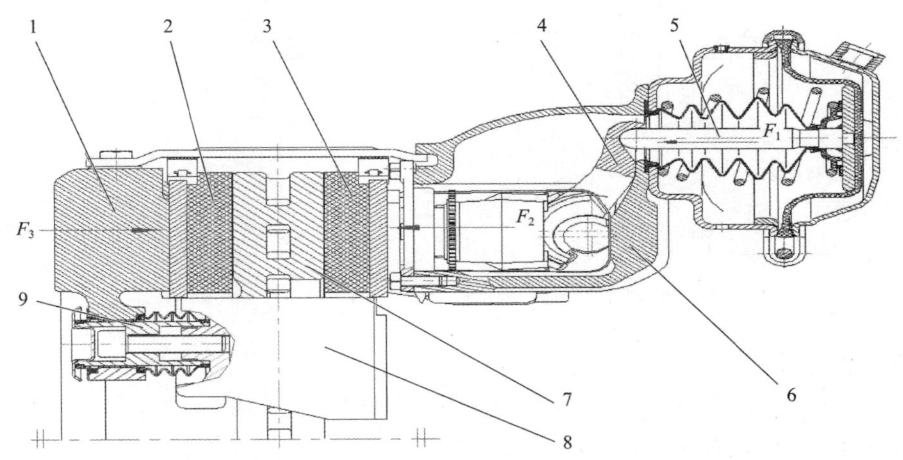

图 6-60　盘式制动器的结构

1-副钳体；2-左制动块；3-右制动块；4-自调机构；5-气室；6-主钳体；7-制动盘；8-托架；9-滑销

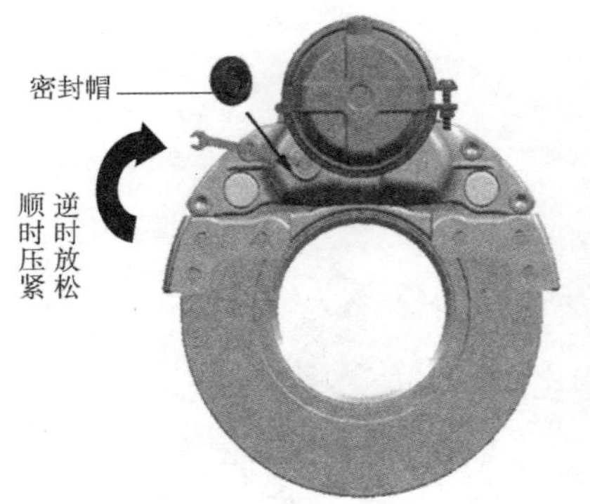

图 6-61　解除驻车制动功能

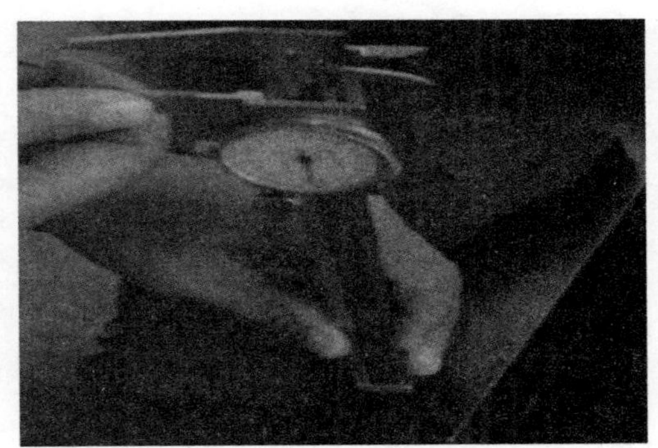

图 6-62　检查制动块磨损

3）检查制动盘

（1）尺寸检查，如图 6-63 所示：A = 制动盘厚度 45mm（新），B = 制动盘厚度 37mm（极限）。

（2）跳动检查：用带有磁性座的百分表测头分别与制动盘的两摩擦面接触，并转动制动盘一周，测量制动盘的跳动，最大跳动不得超过 0.5mm（不含轮毂轴承的间隙）。检测时，根据车辆制造商的要求检查和调整轮毂轴承的间隙。

（3）表面裂纹检查：每次更换衬片时，检查制动盘上的裂纹和磨损划痕。图 6-64 显示了可能出现的表面情况。A_1 = 小裂纹在表面上延伸，此情况允许。B_1 = 小于 1.5mm 长、宽的裂纹径向延伸，此情况允许。C_1 = 小于 1.5mm 深的环形槽，此情况允许。D_1 = 片状裂纹是不允许的，制动盘必须更换。a = 衬片接触面。

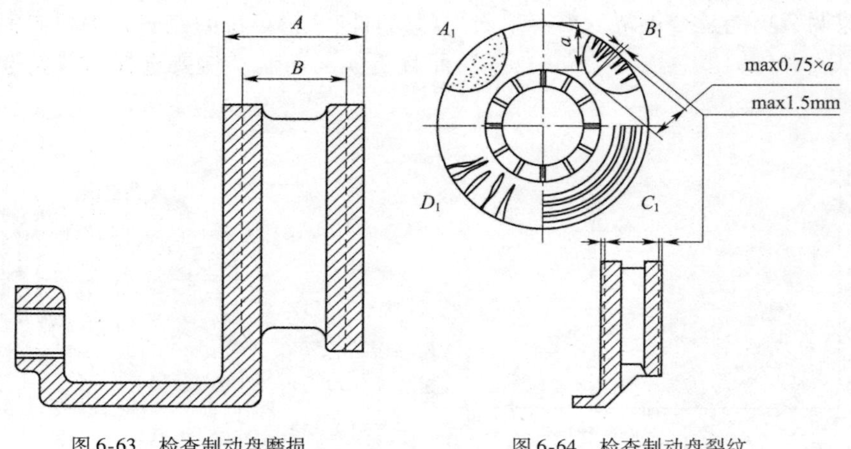

图 6-63　检查制动盘磨损　　　图 6-64　检查制动盘裂纹

4）检查制动钳

（1）检查制动钳的滑动功能：如图 6-65 所示，检查制动钳的最大滑动阻力为 100N，如果滑动阻力超过 100N，检查是否存在灰尘、杂物等妨碍了制动钳的滑动。

（2）检查滑销的间隙：如图 6-66 所示，检查滑销的间隙，图示 A 位置为检查外滑销的间隙，B 位置为检查内滑销的间隙，检查时百分表应放在刻度 0 点的位置，分别在 A、B 两位置通过杠杆提升和降低制动钳，测出两位置的最大间隙不得超过 1.0mm。如果间隙超过 1.0mm，必须更换滑销。

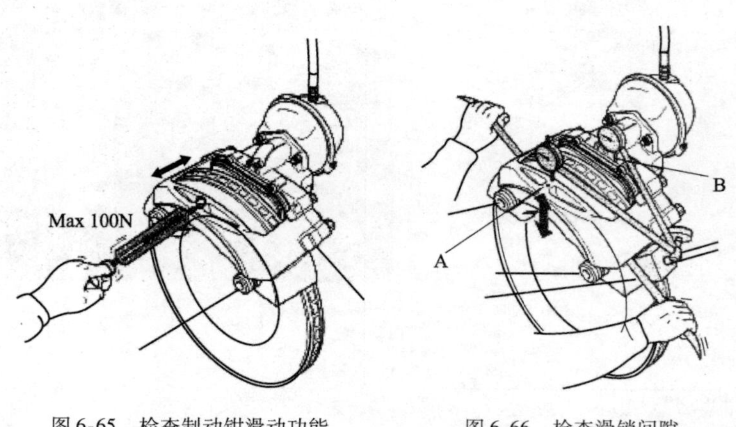

图 6-65　检查制动钳滑动功能　　　图 6-66　检查滑销间隙

（3）检查制动器钳体密封。

①如图 6-67 所示，检查副钳体端 2 个滑销密封盖，如出现松脱或者遗失及时给予更换或安装。

②如图 6-68 所示，检查主钳体端 2 个滑销端盖，如出现松脱或者遗失及时给予更换或安装。检查主钳体上密封帽，如存在裂纹、损伤或者遗失及时给予更换或安装。

③如图 6-69 所示，推动主、副钳体滑动，检查滑销密封圈，如存在裂纹和损伤及时给予更换。

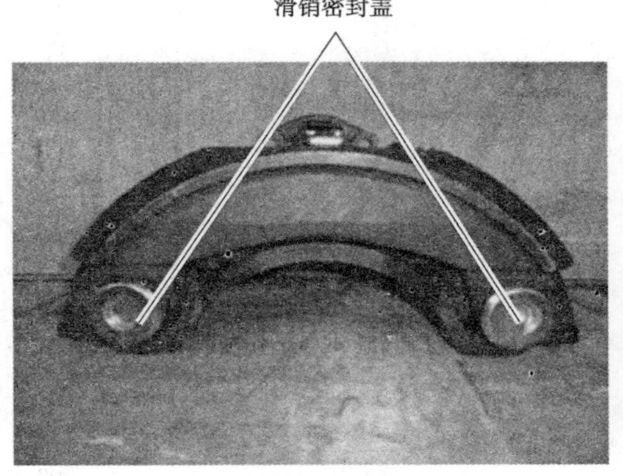

图 6-67 检查副钳体滑销密封盖

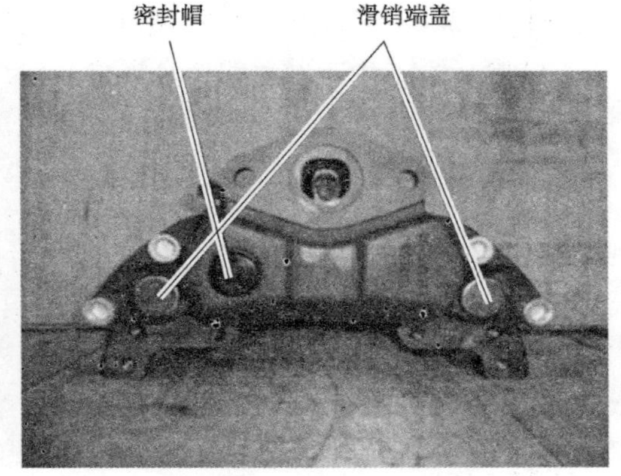

图 6-68 检查钳体滑销密封帽及滑销端盖

5)检查自调机构

(1)检查自调机构力矩。用力矩扳手检查螺管六角头的逆时针极限力矩 5N·m≤T≤40N·m,顺时针极限力矩 T≤4N·m,如图 6-70 所示。

(2)检查自调机构自调功能。用推杆或者螺丝刀抵在凸轮臂的球窝槽里,用力顶到凸轮臂最大行程后,观察自调机构调节六角是否顺时针转动,检测标准为下压 10~11 次,调节六角转动一周(图 6-71)。注意:检查过程中要拆下两个制动块总成。

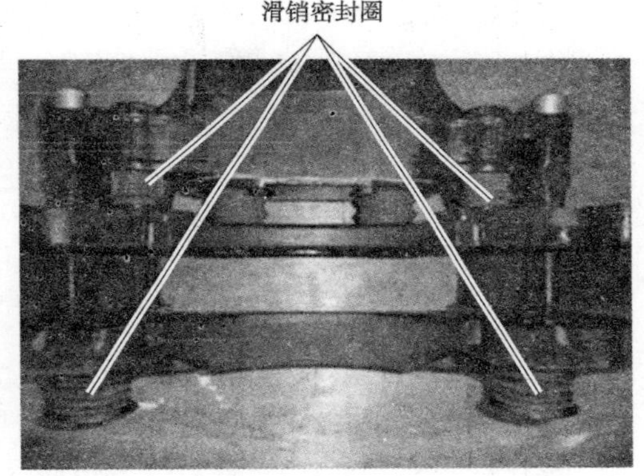

图 6-69 检查钳体滑销密封圈

图 6-70 检查自调机构力矩

图 6-71 检查自调机构自调功能

(三)转向系

1. 转向器和转向传动机构

1)检查转向器

(1)清洁转向器总成外部,转向器无裂损、无漏油现象。

(2)转向盘与转向器是直接连接的,拉动转向盘,上下应无间隙,且转动灵活,否则应通过增减转向器上(下)盖内的调整垫片,使之符合要求。

(3)检查紧固转向器上的所有螺栓、螺母及转向器和车架的连接螺栓,紧固转向垂臂紧固螺栓。

2)检查转向传动机构

(1)用十字轴万向节连接的转向传动机构,应检查各万向节和滑动叉,无明显间隙。如果有明显间隙和严重磨损时须拆检十字轴万向节。

(2)检查十字轴与轴承,不得有严重磨损,其配含间隙不得大于0.25mm。检查传动轴,不得有裂纹,螺纹不得有损伤。检查万向节叉、滑动叉不得有裂纹和磨损。

(3)检查转向传动轴与万向节叉键槽的配合,不得有明显的松旷。检查转向柱管支架紧固螺栓,不得有裂纹和松动。有严重磨损、裂纹和变形的零件,应予更换。

2. 转向盘最大自由转动量

1)检查转向盘最大自由转动量

检查转向盘最大自由转动量时,应使前轮处于直线行驶位置,装上转向盘自由转动量测量装置。将测量装置的指针夹持在转向盘上,带测力扳手的刻度盘在转向盘轮缘上如图6-72所示。向左转动转向盘至测力扳手指示力为10N时,将测量装置指针调零,然向右转动转向盘至指示力为10N时,刻度盘上指针所划过的角度即为转向盘自由转动量。

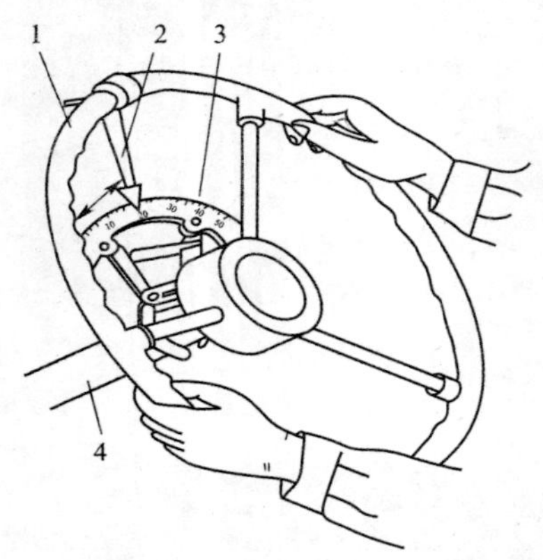

图6-72 检查自由自由转动量

1-转向盘;2-测量装置指针;3-测量装置刻度盘;4-转向柱管

2)调整转向盘最大自由转动量

转向盘自由转动量的调整,主要是调整转向器,不同结构的转向器其整方法不同。这里以循环球式转向器的调整为例予以说明。

(1)首先做局部调整转动量,松开锁紧螺母,顺时针转动调整螺栓,使转向盘自由转动量符含规定,然后拧紧锁紧螺母。

(2)若经过局部调整后,转向盘自由转动量仍然很大,则应对转向器进行全面调整。先松开锁紧螺母,反时针旋松调整螺栓。剔平锁片,松开锁紧螺母,顺时针方向缓慢转动调节螺母,直到转向螺杆轴止推轴承没有轴向间隙时,紧固螺母,锁好锁片。顺时针转动调整螺栓,使转向盘自由转动量符合规定,拧紧锁紧螺母。

(四)行驶系

1. 车轮及轮胎

1)检查轮胎规格型号

轮胎的使用执行《机动车运行安全技术条件》(GB 7258—2012)、《道路运输车辆综合性能要求和检验方法》(GB 18565—2016)和《汽车维护、检测、诊断技术规范》(GB/T 18344—2016)等标准要求。同轴轮胎的规格和花纹应相同,公路客车(客运班车)、旅游客车、校车和危险货物运输车的所有车轮及其他车辆的转向轮不得装用翻新的轮胎。

2)检查轮胎外观

轮胎花纹磨损、沟槽变浅时,轮胎与地面的附着力下降,失去排水性,可能产生滑行和漂浮现象。首先检查沟槽的深度。当轮胎花纹和磨损指示条平齐时(图 6-73),说明已经到了使用极限,必须立即更换。其次检查轮胎侧壁有无鼓包(图 6-74)、划痕或裂纹,如有应及时更换。清除嵌入轮胎花纹内的小石子和扎入的铁钉、金属片等。检查轮胎磨损是否均匀,如果内、外侧磨损不均等,应调整前束和前轮定位。

图 6-73　轮胎磨损指示条

图 6-74　轮胎胎侧鼓包

3)轮胎换位

轮胎换位对于提高轮胎寿命、胎面均衡磨损尤为重要。由于汽车前轮负荷较重,且经常打转向盘,所以前轮比后轮磨损明显,轮胎换位有助于轮胎均匀磨损,从而延长轮胎使用寿命。

轮胎换位时的行驶里程,应依据汽车维修资料的要求。轮胎换位应根据不同的轮胎类型采用不同的换位方法,具体换位方法如图 6-75 所示。

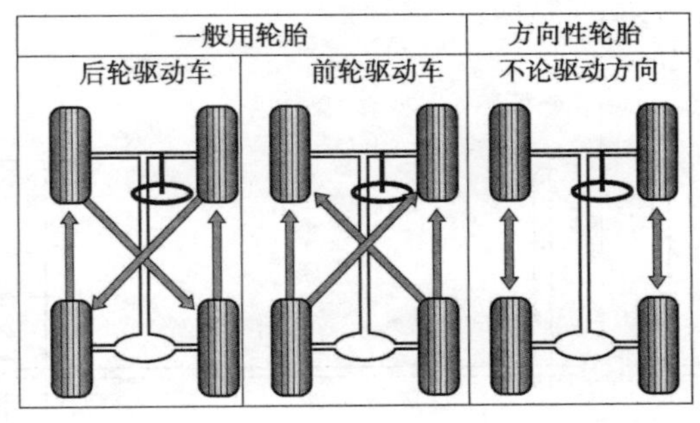

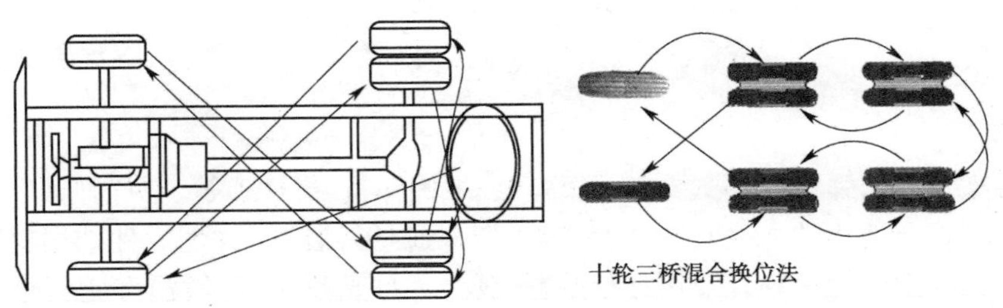

图 6-75　轮胎换位方法

(1)花纹无方向性的斜交轮胎。这种轮胎大多用于后轮驱动车辆上,一般后轮轮胎负荷大于前轮轮胎。轮胎的换位形式可以采用循环换位或交叉换位。循环换位方式适用于经常在较平坦道路上行驶的汽车,交叉换位方式适用于经常在拱形较大的路面上行驶的汽车。

(2)子午线轮胎。子午线轮胎只能单侧换位,这是维修人员进行轮胎换位时应该注意的事情。由于子午线轮胎的内部结构原因,使用时其旋转方向必须是唯一的,交叉换位必然会改变轮胎的旋转方向。会使车辆的操纵稳定性变差,使汽车行驶不顺畅而产生振动、发摆、发飘或跳动等现象,所以子午线轮胎和轮辋一起换位时只能进行单侧换位。

(3)雪地轮胎或带防滑钉的轮胎一般不进行换位。

(4)备胎。如果车上的备胎和其他轮胎属于同种规格,也可以加入轮胎换位的行列,此时可以将左前轮胎与左后轮胎换位,将备胎换至右前位置,右前轮胎换至右后位置,右后轮胎则作为备胎。也可以将右前轮胎与右后轮胎换位,将备胎换至左前位置,左前轮胎换至左后位置,左后轮胎则作为备胎。具体换位时应根据轮胎的旋转方向来确定备胎的安装位置。

4)检查、调整车轮前束

汽车在使用中机件松动或变形会改变前轮的定位值,不仅恶化驾驶性能,同时加剧了轮胎磨损,甚至造成行车事故,因此定期检查和调整前轮的定位十分必要。

检查、调整车轮前束如图6-76所示。调整前束时,将车停放在硬实、平整的地面上,将前轮气压调整到规定值。转向器置于中间位置,在两个前轮后侧花纹的中心做标记。将前束尺的指针对准标记的中心线,测出距离。轻轻向前推动汽车,使车轮转动180°,将前束尺前移,再次测量两个标记之间的距离,两个距离之差即为前束值,前侧距离应小于后侧距离。

如果前束值不符合要求,举升车辆,取下横拉杆两侧固定螺母上的开口销,旋松横拉杆固定螺母,用管钳转动横拉杆,直至前束符合要求。独立式悬架的轿车,分别在横拉杆左右两侧的调整螺母上调整,最后拧紧横拉杆螺栓。

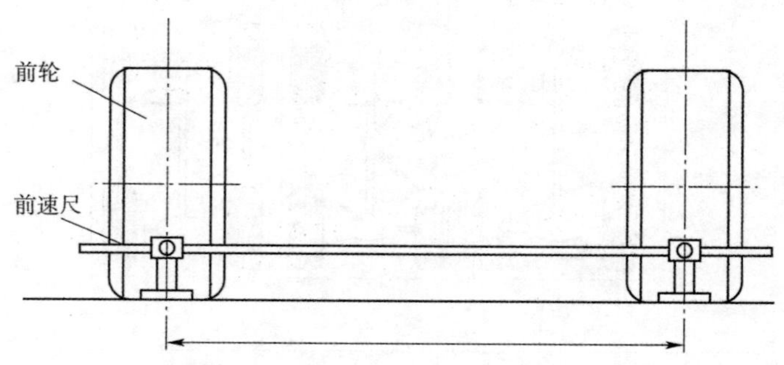

图6-76 检查调整车轮前束

2. 悬架

汽车悬架装置的弹性元件主要有钢板弹簧、螺旋弹簧、扭杆弹簧、空气弹簧和油气弹簧。汽车悬架装置按所选用的弹性元件分为三类,即普通悬架装置(弹性元件选用钢板弹簧、螺旋弹簧及扭杆弹簧中的一种)、液压悬架装置(弹性元件选用油气弹簧)和空气悬架装置(弹性元件选用空气弹簧)。采用的弹性元件不同,悬架装置的结构有所不同,维护方法也不同。

1)普通悬架装置的维护

(1)减振器的维护。减振器是悬架系统中最容易损坏的部件之一。维护时主要检查减振器是否漏油,上、下缓冲垫及相关部件的连接是否可靠、有效。若连接失效,应更换上、下缓冲垫及连接相关部件。

(2)螺旋弹簧及扭杆弹簧的维护。检查弹性元件是否疲劳、变形,连接部件是否松动或过度磨损。如果弹性元件已出现明显的疲劳和变形现象,应更换;如果连接部件松动,应紧固、检修或更换。

(3)钢板弹簧的维护。检查前、后钢板弹簧U形螺栓是否松动,如松动应在重载之下及时拧紧,否则容易造成钢板弹簧在中部折断、中心螺栓折断、车架与前轴、后桥错位。钢板弹簧U形螺栓螺母应以专用套筒扳手交叉均匀拧紧,拧紧力矩符合规定。检查钢板弹簧的装配式吊耳,检查吊耳前端紧固螺栓和后端小U形螺栓是否松动,如果松动按照规定拧紧力矩拧紧。

(4)悬架臂的维护。检查悬架臂是否变形、球头是否松旷,若悬架臂变形,应更换。球头松旷时,可视其松旷的严重程度进行调整或更换。

2)液压悬架装置的维护

(1)液压油的检查。主要检查液压油的油平面及油品质。油平面要在规定的上、下限刻度以内,液压油不得乳化、变质。如果液压油的使用期限已经达到汽车维修资料规定的里程,即使液压油还没有乳化、变质,也应更换。

(2)泄漏的检查。主要检查各部件连接管路及液压密封件有无泄漏。如有泄漏现象,应进一步查找泄漏的具体部位,并更换相关元件。

(3)油泵的维护。油泵工作时不得有异响,否则应更换。

(4)车身高度的检查。若车身出现前后或左右高度不一致的现象,应将车身升起,使车轮悬空几分钟后再放下。起动发动机,使其保持怠速运转,检查是前后、左右的某个位置不能升起还是整个车身都不能升起。若只有一个位置不能升起,那就是与这一位置相关的部件出现了问题;若整个车辆都不能升起,则可能是液压悬架系统没有工作,应检修油泵或管路,直到车身高度符合汽车维修资料的要求。

3)空气悬架系统的维护

(1)车身高度的检查。检查车辆前后、左右高度是否一致。如果不一致,说明空气悬架系统的高度位置传感器或高度控制阀及相关电路出现故障。应检查是前后、左右的某个位置不能升起还是整个车身都不能升起。如果只有一个位置不能升起,说明与这一位置相关的空气悬架部件出现了问题;如果整个车身都不能升起,则可能是空气悬架系统没有工作,通常是由于电路引起的故障。

(2)气囊的维护。检查空气悬架的气囊部分是否有漏气现象,可通过观察空气压缩机是否正常工作来判断。若气囊漏气,空气压缩机往往会连续不断地工作,应更换相关气囊。

(3)空气压缩机的维护。检查空气压缩机是否有异常响声。空气压缩机的异常响声通常是由于工作过度而造成的,严重时会使车辆升不到规定的高度。若空气压缩机有异响,应更换空气压缩机。

3. 车桥

车桥(又称车轴)通过悬架与车架(或承载式车身)相连接,其两端安装车轮。车桥的作用是承受汽车的载荷,维持汽车在道路上的正常行驶。车桥无变形、表面无裂痕、油脂无泄漏。检查车桥与悬架之间的拉杆和导杆,拉杆和导杆连接可靠,无松旷、移位和变形等异常情况。

(五)传动系

1. 离合器

离合器的二级维护主要是检查离合器的工作情况、检查离合器储液罐液面高度、检查离合器踏板自由行程等。

1)检查离合器工作情况

车辆可靠驻停,拉起驻车制动手柄。起动发动机,发动机怠速运转,踩下离合器踏板,换到1挡或倒挡,检查是否有噪声、是否换挡平稳。如果有说明离合器分离不彻底。

2)检查离合器储液罐液面高度

检查主缸储液罐内离合器液(制动液)面的高度,如果低于"MAX"的标记,则应补加,并要进一步检查离合器液压操纵机构是否有泄漏的部位。液压操纵机构泄漏检查主要是检查主缸与油管、工作缸与油管及油封等部位是否有离合器液的痕迹。

3)检查离合器踏板高度及自由行程

(1)离合器踏板高度。离合器踏板高度的检查如图6-77所示,掀起地毯或地板革,用直尺测量地面到离合器踏板上表面的距离。如果超出标准,调整踏板高度。离合器踏板高度的调整可以通过踏板后的限位螺栓进行。

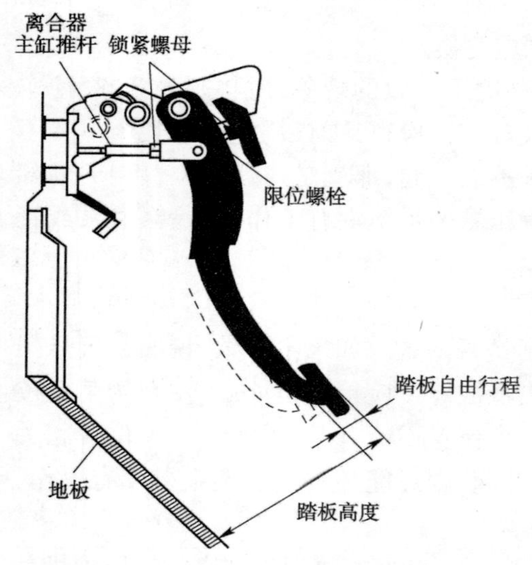

图6-77　离合器踏板自由行程及其调整

(2)检查离合器踏板自由行程。踏板自由行程的检查,用一个直尺抵在驾驶室地板上,先测量踏板完全放松时的高度,再用手轻按踏板,当感到阻力增大时再测量踏板高度,两次测量的高度差即为踏板的自由行程。

液压式操纵机构一般是调整主缸推杆的长度,先将主缸推杆锁紧螺母旋松,然后转动主缸推杆,从而调整踏板自由行程,调整后应将锁紧螺母旋紧。有些车辆的操纵机构具有自调装置,如捷达轿车,可以免除离合器踏板自由行程的调整。

4)离合器液压系统中空气的排出

离合器液压操纵系统在经过检修之后,管路内可能进入空气。在添加液压油时也可能使液压系统中进入空气。空气进入后,由于缩短了主缸推杆行程即踏板工作行程,从而使离合器分离不彻底。因此,液压系统检修后或怀疑液压系统进入空气时,就要排除液压系统中的空气。排除方法如下:

(1)将主缸储液罐中的制动液加至规定高度。

(2)在工作缸的放气阀上安装一软管,接到一个盛有制动液的容器内。

(3)排出空气需要两个人配合工作,一人慢慢地踏离合器踏板数次,感到有阻力时踏住不动,另一人拧松放气阀直至制动液开始流出,然后再拧紧放气阀。

(4)连续按上述方法操作几次,直到流出的制动液中不见气泡为止。

(5)空气排除干净之后,需要再次检查及调整踏板自由行程。

(6)再次检查主缸储液罐液面高度,必要时添加。

2. 变速器、主减速器、差速器

1)变速器

变速器分为手动、自动两种,手动变速器主要由齿轮和轴组成,通过不同的齿轮组合产生变速变矩;而自动变速器(AT)是由液力变矩器、行星齿轮和液压操纵系统组成,通过液力传递和齿轮组合的方式来达到变速变矩。

(1)检查、调整变速器。手动变速器外表无漏油、操纵轻便、各挡位顺畅、行驶无异常响声等。自动变速器一般通过检测仪查看各传感器是否正常工作,有无异常声响,有无渗漏,各挡是否顺畅工作。

(2)检查变速器润滑油液面高度。自动变速器油的检查方法与发动机机油不一样,发动机机油在冷车状态下检查、而变速器油是需要将油预热到50℃左右,再将挡位杆在各挡位停留2s后置于停车挡,此时油尺正常油面应位于最高与最低线之间,如不够,应及时添加相同品质的油品。

(3)更换变速器齿轮油。根据相关资料统计,90%的自动变速器的故障,都是由于车主用户未对自动变速器油进行定期检查更换,使自动变速器油变质而导致的故障。按汽车维修资料规定的里程或时间更换润滑油。自动变速器换油周期一般为2年或4~6万km,采用汽车维修资料中规定润滑油品牌和型号。手动变速器油则一般情况是2年或4万km。随时检查变速器油的颜色,正常的变速器油应该是无味、半透明,红色或黄色,如果发现变速器油发黑或有焦煳味,必须马上更换。

拧下油位检查孔螺塞,检查油位是否达到规定油位,油位应不低于孔边15 mm(伸入手指,一节手指应够到油面)。如果油量不足,应补充齿轮油,使油位达到规定值,并检查有无漏油现象。更换齿轮油,应先起动车辆,运转或行驶一定距离,使变速器齿轮油升温。趁着齿轮油还处在温热状态时,拧下放油螺塞,放出齿轮油,再将放油螺塞拧牢固。然后加入符合要求的新齿轮油,直到齿轮油从油位检查孔向外溢出为止,最后装好检查孔螺塞。为了到达彻底更换自动变速器油的目的,建议使用自动变速器清洗设备,这样可以使自动变速器油更新率达到98%,确保变速器油清洁。

2)主减速器、差速器

在现实生活中,一是由于主减速器和差速器总成的维护周期很长,致使很多车主经常因此而忽略了对其全面维护;二是很多汽修厂没有专业的该项目养护作业;三是很多车主驾驶习惯不良。导致主减速器或差速器总成出现故障时已经无法维修,只能更换,这样提高了汽车的使用成本。所以正确地使用、维护主减速器和差速器总成就显得十分重要。

(1)检查主减速器、差速器。清洁主减速器外部,不得有漏油现象,通气孔畅通,工作正常。检查紧固差速器壳固定螺栓,螺栓锁止装置必须齐全,锁止有效。

(2)检查主减速器、差速器润滑油液面高度。拧下油位检查孔螺塞,检查油位是否距检查孔边0~15 mm。如果油量不足,应补充齿轮油,直到齿轮油从油位检查孔向外溢出为止。

(3)检查、更换驱动桥齿轮油。按汽车维修资料规定的里程或时间更换润滑油,由于驱动桥结构设计原因,换油周期相差较大。

更换齿轮油，起动车辆行驶一段距离，使桥壳齿轮油升温，趁着齿轮油还处于温热状态，拧下放油螺塞，放出齿轮油。放净齿轮油后，擦净螺塞并牢固拧回桥壳。然后拧下油位检查孔螺塞，加入新的齿轮油，直到齿轮油从油位检查孔向外溢出为止，最后装好检查孔螺塞。

3. 传动轴

传动轴是在不同轴心的两轴间甚至在工作过程中相对位置不断变化的两轴间传递动力。传动轴是由轴管、伸缩套和万向节组成。伸缩套能自动调节变速器与驱动桥之间距离的变化。万向节是保证变速器输出轴与驱动桥输入轴两轴线夹角的变化，并实现两轴的等角速传动。为确保传动轴的正常工作，延长使用寿命，维护中注意以下几点：

(1)检查防尘罩。前轮驱动车的传动轴用等速万向接头，在接头部分用橡胶套密封，发现传动轴万向节防尘套破损时，应拆检传动轴万向节，如果发现万向节磨损，应予以更换。如果万向节脏污，更换防尘套。如果在轮圈及发动机底板附近发现极为黏稠的油渍，或在行驶时将转向盘打到底时会有“啪啪”的声响，均表明万向节接头已损坏，应进行更换。

(2)检查传动轴及万向节。传动轴及万向节运转无异响、无裂损、不松旷。必要时，拆检传动轴，更换万向节。

(3)检查传动轴承及支架。检查传动轴吊架紧固可靠、吊架无缺损，支承橡胶无损坏，轴承无松旷现象。为了保证传动轴的动平衡，检查平衡焊片是否脱焊。在维修拆卸传动轴时，应在伸缩套与凸缘轴上打印装配标记，以备重新装配时保持原装配关系不变。

(六)灯光导线

1. 前照灯

1)维护前照灯

(1)前照灯接线无松动、搭铁要牢固，如发现有氧化锈蚀或虚接现象，应及时处理，否则前照灯会出现发光微弱甚至不亮现象。

(2)前照灯应防尘、防潮、防生锈，密封性能要良好，若发现有衬垫密封不良或配光玻璃破损，应及时更换。

(3)灯泡要同规格同型号更换。灯丝损坏时应及时更换同型号同规格的灯泡。

(4)前照灯两侧光束上下应一致。检查和调整前照灯光束，保证前照灯光束位置和发光强度符合要求。

2)调整前照灯

按照《机动车运行安全技术条件》(GB 7258—2012)、《道路运输车辆综合性能要求及检验方法》(GB 18565—2016)等标准规定，在距离10m的屏幕上，乘用车前照灯近光光束明暗截止线转角或中点的高度应为$0.7H \sim 0.9H$(H为前照灯基准中心高度)，其他机动车应为$0.6H \sim 0.8H$。机动车(装用一只前照灯的机动车除外)前照灯近光光束水平方向位置向左偏应小于或等于170mm，向右偏应小于或等于350mm。

前照灯长期使用时，光束位置会不准、灯泡会老化、反射镜会变暗，无法保障行车安全。为保证正确的光束位置和发光强度，须及时进行调整。前照灯的调整以近光灯丝的配光性为准，采用屏幕法调整(图6-78)：

(1)在轮胎气压正常情况下，将被调整的车和校验屏幕垂直停放在平直路面上，车和屏幕相距10m，前座坐一人或配重75kg。

(2)起动发动机,转速稳定在2000r/min。

(3)调整灯光调节螺钉,使灯光明暗截止线与校验屏幕上的分离线重合,明暗截止线的拐点与中心标记重合。

(4)灯光调整应单灯进行,在调整其中一个灯时,应该把另一个灯遮盖住,或者拔掉另一个灯的熔丝。

通过前照灯的调整螺钉进行调整。先遮住右侧前照灯,调整左侧前照灯,使其射出的光束中心对准屏幕上灯光点中心。然后以同样方法调整右侧前照灯。东风EQ1090E型汽车前照灯在调整前,拆下灯罩板,拧动调整螺钉(正上面的螺钉是调整光束的高低位置,侧面的螺钉是调整光束左右位置)。

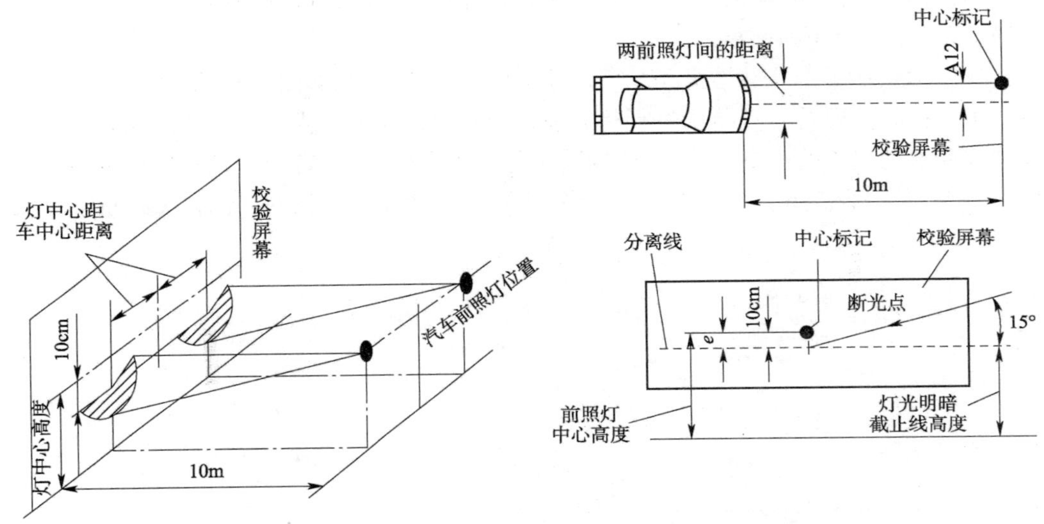

图6-78 屏幕法调整前照灯

2. 线束及导线

线束是为使汽车全车线路排列整齐,便于安装、拆卸和绝缘保护,避免由于振动和牵拉而引起的导线损坏,汽车各电器之间的导线,按最短路径排列,并用绝缘带把同一路径的若干导线包扎成束。线束总成由多路导线、端子、插接件和护套组成。端子一般由黄铜、纯铜、铅材料制成,它与导线的连接采用冷铆压合而成。插接器用于导线之间的连接,为了保证连接可靠,一般都用一次锁紧、二次锁紧装置。

(1)检查、清洁全车线路端子及插接件,要求干净、整齐。检查、紧固连接部位,线头与线头之间以及线头与接线柱之间接触良好。

(2)检查全车线束固定情况。卡子应齐全,固定可靠,无松动。线束与固定支架之间不能有相对运动,线束波纹管无老化及磨损现象,线束与运动部件之间的距离在20mm以上。对于固定点、固定间距不符合要求的重新固定,线束出现老化的要及时更换。

(3)检查全车线路的绝缘层,如有破损,可用胶布包裹好,破损较多的导线,应予以更换。线束通过尖角、瓦楞等部位时,原有胶圈或护套如有破损、丢失要及时更换。

(七)车架车身

1. 车架和车身

1)车架和车身

车身周正,无明显歪斜。国家标准《机动车运行安全技术条件》(GB 7258—2012)中规定"车体应周正,车体外缘左右对称部位高度差应小于或等于40 mm"。国家标准《道路运输车辆综合性能要求及检验方法》(GB 18565—2016)中规定"车身应周正,货车、客车及挂车车轴上方的车身两侧对称部位的高度差不大于40mm"。对于超出标准要求的车辆,需要采取措施对车架、车身进行校正。

车架和车身连接可靠。对于采用铆钉连接的车架,检查铆钉是否有松动,如有松动应及时铆固;对于采用焊接的车架,检查焊接是否有开焊现象,如有开焊应及时补焊。

2)车门、车窗启闭和锁止

车身结构包括车身外部结构和车身内部结构两部分,分别如图6-79和图6-80所示。车辆在二级维护时需要对车身结构进行检查,以保证汽车的安全性。车身结构检查主要包括部件功能和外观损坏的检查,部件功能的检查主要为座椅、安全带及电动车窗的检查。外观损坏检查包括发动机罩、行李舱盖、燃油箱盖、车门、车窗启闭和锁止以及货厢锁止装置检查。

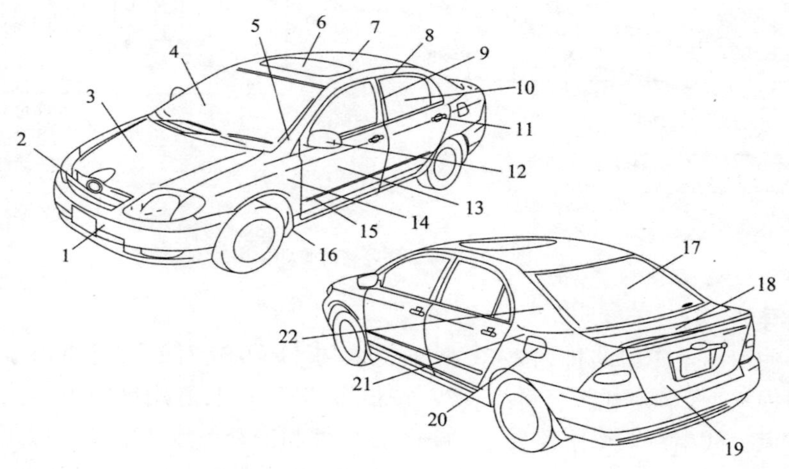

图6-79 车身外观结构

1-保险杠;2-散热器护栅;3-发动机罩;4-风窗玻璃;5-前柱;6-天窗;7-车顶板;8-门框;9-中柱;10-门窗玻璃;11-外侧门把手;12-后视镜;13-门板;14-前翼子板;15-防擦条;16-挡泥板;17-后窗玻璃;18-后扰流器;19-行李舱盖;20-加油口;21-后翼子板;22-后柱

(1)发动机罩检查。

①通过驾驶室发动机罩开启开关,打开发动机罩(图6-81),在举高位置左右晃动,确认铰链完好(图6-82)。

②将发动机罩轻轻放下,确认锁扣能正确扣合。

③将发动机罩锁好,再次打开,确认能正确锁紧和开启。

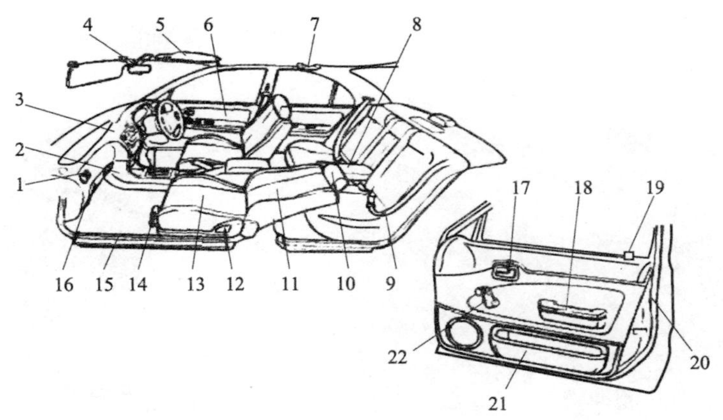

图6-80 车身内部结构

1-出风口;2-中控台;3-仪表板;4-车内后视镜;5-遮阳板;6-车门饰件;7-辅助把手;8-后座中央扶手;9-安全带;10-头枕;11-座椅靠背;12-座椅调节钮;13-座椅;14-座椅移动杆;15-皱褶板;16-手套箱;17-车内把手;18-门扶手;19-车门锁止按钮;20-密封条;21-车门储物盒;22-玻璃升降器手柄

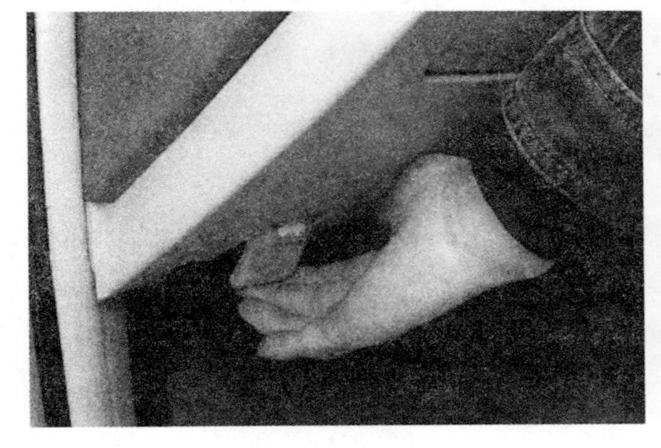

图6-81 发动机罩开启开关

图6-82 发动机罩铰链

(2)燃油箱盖及行李舱盖检查。打开行李舱盖及燃油箱盖,检查燃油箱盖表面是否有损坏,用手轻轻晃动连接部位,确认安装牢固可靠。在行李舱开启的状态下用手晃动连接杆,确认连接螺栓无松动现象。

(3)车门、车窗启闭和锁止检查。打开车门,上下晃动车门,检查所有车门安装状况是否良好,车门螺栓是否松动,车门连接螺栓如图6-83所示。当发现车门的螺栓螺母出现松动时,必须查找汽车维修资料,按规定力矩紧固。客车动力启闭车门的车内应急开关及安全顶窗机件齐全、完好有效。车窗启闭和锁止功能正常。

图6-83 车门连接螺栓

(4)儿童锁检查。儿童锁在车门的位置如图6-84所示。将儿童锁拨至锁止状态,关闭车门,在车内不能够将车门开启为正常。

(5)货车车身检查。检查车厢铰链是否完好,锁扣锁紧是否可靠。固定集装箱箱体、货物的锁止机构(图6-85)工作正常,锁紧可靠。

图6-84　儿童锁

图6-85　锁止机构

2. 支撑装置

(1)检查支撑装置工作情况。支撑装置功能正常,运转无异响。

(2)检查紧固件。检查、紧固支撑装置与车架、加固支撑装置处的紧固件,按照规定的拧紧力矩紧固螺栓、螺母。

(3)润滑润滑点。

①内腿的润滑:装有储油筒的内腿,丝杆、螺母自润滑免维护;未装储油筒的丝杆、螺母运动副、轴承按需加注润滑脂,转动手柄将内腿反复伸出收回几次。

②外腿的润滑:左右外腿中的大小锥齿轮按照汽车维修资料规定的周期和品牌型号加注润滑脂,变速齿轮箱中的齿轮按照汽车维修资料规定的周期和品牌型号加注润滑脂。

3. 牵引车与挂车连接装置

牵引车与被牵引车的连接装置必须符合以下要求:连接装置应坚固耐用,牵引车与被牵引车连接装置的结构能确保相互牢固的连接,牵引车与被牵引车的连接装置上应装有防止车辆在行驶中因振动和冲击而使连接脱开的安全装置。

1)牵引销、牵引座维护

牵引销安装牢固,无损伤、裂纹等缺陷。车辆在使用时,牵引板及牵引销处应涂足够的汽车通用锂基润滑脂,确保可靠润滑;牵引销应定期维护并检查螺栓紧固力矩和牵引销的颈部磨损量,2″牵引销颈部磨损到49mm时,3.5″牵引销颈部磨损到86mm时,均应更换新件。对于装配式牵引销,其连接螺栓为一次性使用,更换牵引销的同时必须更换连接螺栓。

图6-86　半挂车牵引座

牵引座(图6-86所示圆圈部分)表面油脂均匀,安装牢固,牵引销锁止、释放机构工作可靠。

2)检查转盘与转盘架

转盘与转盘架贴合面无松旷、偏歪。转盘与牵引连接部件连接可靠,转盘连接螺栓应紧固,定位销无松旷、无磨损,转盘润滑良好。

3）检查牵引钩

牵引钩无裂纹及损伤，锁止、释放机构工作可靠。车架尾部的牵引钩为双向减振式，拖挂时必须固定住锁块和锁扣，以保证安全，不致脱钩而发生事故。检查和紧固牵引钩螺母，使弹簧始终保持预紧，以免拖挂时因撞击使螺纹变形，同时应使用机油润滑各铰接的销轴和检查牵引钩衬套及支承座的磨损情况。由于通常是后衬套磨损大，因此允许两个衬套换位以延长使用寿命。

第四节　液化石油气汽车维护

液化石油气汽车是以液化石油气（简称 LPG）作汽车燃料的车辆，液化石油气汽车按燃料供给系统的不同可分为液化石油气单燃料汽车、液化石油气双燃料汽车和液化石油气两用燃料汽车。对液化石油气汽车的维护，除按照 GB/T 18344—2016 完成常规汽车维护外，还要根据液化石油气汽车的技术特征，增加必要的维护项目。

一、液化石油气供给系统组成及工作原理

液化石油气供给系统分为机械控制混合气供给系统和电控燃气喷射供给系统。机械控制混合气供给系统靠机械式电磁阀控制燃气的进入，图 6-87 显示了典型的机械控制 LPG 燃料供给系统。其结构一般由 LPG 电磁阀、蒸发调压器和混合器组成。在 LPG 两用燃料汽车上，混合器一般安装在化油器上方。从蒸发调压器出来的汽化 LPG 在混合器中与空气混合，被吸入发动机，所吸入 LPG 的数量由蒸发调压器和混合器共同决定。

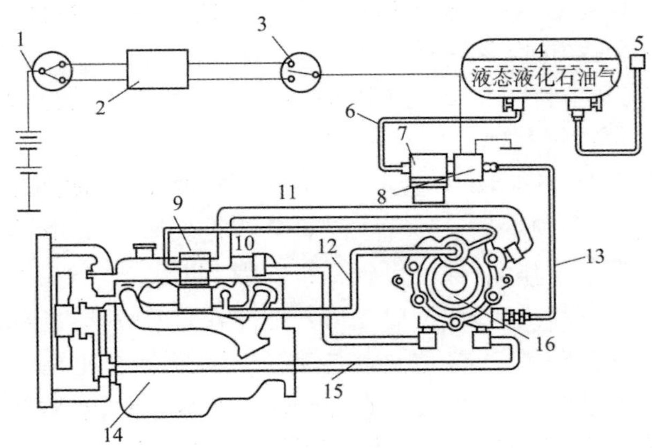

图 6-87　机械控制 LPG 燃料供给系统

1-点火开关；2-电磁阀继电器；3-液化石油气开关；4-液化石油气气瓶；5-液化石油气充气口；6-高压管路；7-滤清器；8-LPG 电磁阀；9-混合器；10-低速通道；11-主通道；12-负压通道；13-高压管路；14-发动机；15-冷却水路；16-蒸发调压器

电控燃气喷射供给系统通过电子控制来达到更加理想的空燃比，并经喷射系统将液态或气体燃料直接喷射到发动机进气管。电控 LPG 燃料供给系统（图 6-88）由 LPG 储气罐、蒸发调压器（压力控制器）、LPG 电磁阀、LPG 燃气分配管、LPG 喷嘴、燃料转换开关和控制电路等组成。

当燃料转换开关拨到LPG位置时，汽油电磁阀断电（切断汽油供给），LPG电磁阀通电。LPG液体从LPG储气罐出来，经过LPG电磁阀到达蒸发调压器（压力控制器），经过降压、汽化变为接近大气压的气体。LPG气体通过LPG燃气分配管，根据发动机的工况通过LPG喷嘴向汽缸内喷射LPG气体。

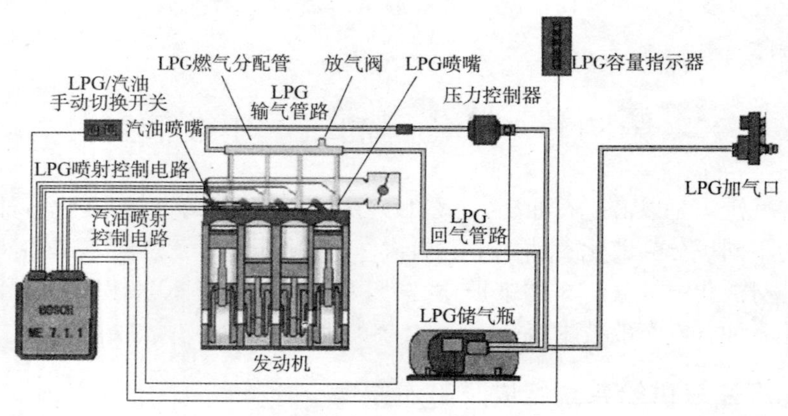

图6-88　电控LPG燃料供给系统

二、作业安全

（1）LPG汽车维护作业应在符合安全防护要求的专用车间内进行，车间应通风良好，不得有地沟及通往地下设施的通口，在有LPG可能泄漏的场所应明示防明火、防静电的标志。

（2）LPG汽车维护作业前，首先进行LPG专用装置的密封性检查，如有泄漏应先排除故障，在确认系统密封良好后再进行维护作业。

（3）维护作业中应先进行涉及LPG使用的检查、维护等作业，然后关闭储气瓶截止阀并使管路内的LPG排尽，再进行其他项目的维护。

（4）当需要进行焊割等有明火的作业时，应拆掉蓄电池及重要总成的电控元件。应安全拆卸气瓶并放入专用库房妥善保管；或在符合安全防护要求的专用场地将LPG供气系统（包括储气瓶）卸压，严禁带压作业，保证供气系统内无LPG。

（5）如需在气瓶附近打磨或切割时，应先将其拆掉或有效隔离。应由具备认可资格的单位、人员从事气瓶维护与检测，严禁在气瓶上进行挖补、焊割等作业。

（6）LPG汽车如发生漏气，应立即关闭电源和储气瓶截止阀，然后在专用场地进行处理。如果高压管路破裂或脱落导致气体大量泄漏而无法关闭储气瓶截止阀时，应立即将现场进行隔离，不允许人、车入内，隔离火源，待天然气散尽后再作处理。

（7）如发生火情，除立即关闭电源和储气瓶截止阀外，应隔离现场，立即采取有效的灭火与救援措施。

（8）气瓶储存、使用应符合TSG R0009和有关部门的规定。

三、维护作业

LPG汽车的维护作业执行《液化石油气汽车维护技术规范》（GB/T 27877—2011）。LPG

汽车的维护分为日常维护、一级维护、二级维护。日常维护由驾驶员进行，一级维护、二级维护由取得 LPG 汽车维修资格的汽车维修企业进行。LPG 汽车维护的周期应符合 GB/T 18344 规定，如 LPG 汽车制造企业有特殊要求，应参照执行。

（一）LPG 汽车日常维护

（1）驾驶员应在出车前、行车中和收车后对车辆进行日常维护，并重点查看、确认 LPG 专用装置有无泄漏和异常情况。

（2）除 GB/T 18344 规定外，还需进行的作业内容：

①检视 LPG 专用装置各功能部件、系统的工作状态及其连接和密封，要求状态正常且无松动、泄漏、损坏。气瓶及固定支架固定牢固、无损伤，必要时更换，LPG 管线不得与其他部件擦碰。

②检查 LPG 储气量，降至规定值以下时应立即加充 LPG。

③对于 LPG/汽油（柴油）双燃料汽车，所用的 LPG 和汽油（柴油）应符合车辆使用规定及燃料质量要求。当长期使用燃油时，应把储气瓶的燃气用完；当交替使用两种燃料时，应确保两种燃料供给及其转换系统工作正常。

④行车中，应随时观察车辆各系统工作状况，当发现 LPG 专用装置有过热、过冷、异味等异常现象时，应立即关闭 LPG 储气瓶截止阀，并及时送 LPG 汽车维修企业进行维修。

（二）LPG 汽车一级维护

除 GB/T 18344 规定的基本作业项目外，增加的基本作业项目、作业内容及技术要求见表 6-8。

LPG 汽车一级维护增加的基本作业项目、作业内容及技术要求 表 6-8

<table>
<tr><th>序号</th><th colspan="2">作业项目</th><th>作业内容</th><th>技术要求</th></tr>
<tr><td>1</td><td rowspan="2">储气装置</td><td>LPG 气瓶及固定支架</td><td>（1）检查气瓶检定证明；
（2）检查气瓶外观；
（3）检查气瓶紧固情况</td><td>（1）气瓶检定审验有效；
（2）气瓶表面无严重划伤、凹凸、裂纹等缺陷；
（3）固定支架及扎带完好、无裂纹，固定牢固，垫层完好、无损坏，气瓶固定可靠，无窜动和旋动现象；
（4）安装位置、方式符合 GB/T 19239 的要求</td></tr>
<tr><td>2</td><td>LPG 管路及卡箍</td><td>（1）检查紧固管路及接头；
（2）检查各连接部位有无泄漏</td><td>（1）高压管路及接头无擦伤及其他损伤；
（2）接头紧固良好，无漏气现象；
（3）软管无老化、油垢、裂纹，连接可靠，与其他部件无擦碰；
（4）卡箍齐全完好，安装牢固，位置布局合理；
（5）安装位置、方式符合 GB/T 19239 的要求</td></tr>
<tr><td>3</td><td>储气装置</td><td>手动截止阀、充气阀、组合阀等各类控制阀及相关仪表</td><td>检查密封和工作性能</td><td>（1）各种阀密封良好、开闭灵活有效，相关仪表工作正常、安装牢固可靠；
（2）安装位置、方式符合 GB/T 19239 和出厂技术规定的要求</td></tr>
</table>

续上表

序号	作业项目		作业内容	技术要求
4	储气装置	加气口	(1)检查加气口的安装及紧固情况; (2)检查止回阀	(1)加气口固定牢固、清洁; (2)加气口、止回阀工作可靠无漏气现象,防尘盖可靠有效
5	LPG供给装置	蒸发调压器	(1)检查支架有无松动、变形及损伤; (2)卸下排污塞,清除杂质及残留物; (3)检查滤网、滤芯,必要时清洗; (4)视情检修调试各部件	(1)外观清洁,安装牢固,无泄漏现象; (2)各部件性能良好
6		混合器	检查各部件连接状况和接口密封状况	(1)混合器清洁,装配正确,牢固可靠; (2)各气道通畅、无阻塞、无泄漏
7		高压电磁阀	检查各电磁阀及其控制装置技术状况	连接可靠、工作正常
8		LPG电喷控制装置	检查使用性能	各参数均正常
9	燃料转换及控制要求	燃料转换开关及仪表	(1)检查开关使用性能; (2)检查压力显示器性能	(1)燃料转换开关标识准确,转换灵活、可靠; (2)压力显示与储气瓶气压协调一致
10		LPG电磁阀	(1)检查安装接线情况; (2)检查使用性能	(1)接线牢固、可靠; (2)开闭性能良好、无泄漏
11		汽油电磁阀及管路	(1)检查安装及接线情况; (2)检查油路及接头; (3)检查使用性能	(1)电磁阀及油管安装牢固,管路无碰擦现象; (2)汽油管路无老化及损伤,接头密封良好; (3)电磁阀开闭性能良好,无泄漏
12		线束	检查线束及接头	线束插接可靠,无破损及摩擦现象
13	整车		(1)工作性能测试; (2)标志检查	(1)燃料供给系统工作正常; (2)LPG汽车标志符合GB/T 17676规定

(三)LPG汽车二级维护

(1)LPG汽车二级维护作业应按照GB/T 18344规定的作业过程进行维护前检验、过程检验和竣工检验,并依据进厂检验结果及车辆实际技术状况确定附加作业项目。

(2)除GB/T 18344规定的基本作业项目外,增加的基本作业项目、作业内容及技术要求见表6-9。

(3)二级维护基本作业项目完成后,应进行发动机性能调试,按要求调整发动机点火提前角、火花塞间隙等,使发动机达到正常工作状态。

LPG汽车二级维护增加的基本作业项目、作业内容及技术要求 表6-9

序号	作业项目		作业内容	技术要求
1	储气装置	LPG气瓶及固定支架	(1)检查气瓶检定证明; (2)紧固连接部位; (3)视情更换安全装置	(1)气瓶检定审验有效; (2)气瓶及支架安装紧固,安装位置符合GB/T 19239的规定; (3)气瓶有下列情况应更换: ①瓶体或附件出现裂纹、灼伤、鼓疱、渗漏或明显的凹陷、膨胀、弯曲; ②外表明显损伤、瓶口螺纹损伤或严重锈蚀。 (4)更换用的气瓶应符合GB 17258、GB 24160的规定
2	储气装置	LPG管路及卡箍	(1)检查紧固卡箍、高压管路及接头; (2)视情更换密封圈、卡箍、管路及接头; (3)检查导流管	(1)管路及接头无损伤及挤压变形,LPG管路无老化、腐蚀,与相邻部件无碰擦现象; (2)接头紧固良好,无漏气、阻塞现象,涂检漏液至少观察1min后,无气泡出现; (3)卡箍齐全完好,安装牢固,位置布局合理
3	储气装置	手动截止阀、充气阀、组合阀等各类控制阀及相关仪表	(1)紧固阀门接头; (2)检查各阀门工作性能及接口有无泄漏; (3)视情拆检阀门,更换密封圈、垫	阀门开关灵活,紧固处无松动,阀门无泄漏,性能满足要求
4	储气装置	加气口	(1)清洁、紧固加气口; (2)视情更换止回阀阀芯及防尘盖	(1)加气口无油污、灰尘; (2)止回阀工作可靠,无渗漏; (3)防尘盖完好
5	储气装置	液位传感器及液位计	(1)紧固传感器螺栓; (2)视情送检或更换液位计	(1)传感器信号准确,液位计显示准确; (2)连接处无泄漏
6	LPG供给装置	滤清器	清洁或更换滤网或毛毡	清洁、工作良好
7	LPG供给装置	高频电磁阀	清除电磁阀滤芯中的杂物、沉淀物,必要时更换	工作正常
8	LPG供给装置	安全阀	检查	在标定压力范围内能及时开启和关闭

续上表

序号	作业项目		作业内容	技术要求
9	LPG供给装置	蒸发调压器	(1)拆检总成,清洁各工作腔并视情更换膜片、密封圈; (2)按蒸发调压器技术要求,清洁并定期更换滤网或滤芯; (3)密封性检查; (4)检查安全阀; (5)检查热循环装置,并视情更换恒温器、密封胶圈等部件	(1)装配好后的蒸发调压器外观清洁,工作正常、可靠; (2)各处无泄漏,气密性等指标符合GB 20912的规定; (3)安全阀工作可靠; (4)热循环装置工作正常,各密封胶圈完好,水管及接头无漏水现象
10		混合器	(1)拆洗混合器各部件; (2)检查、更换密封胶圈	(1)各部件清洁; (2)各处密封良好,无泄漏,工作正常,连接牢固、可靠
11		低压管路及卡箍	检查并视情更换	(1)管路完好,无泄漏; (2)卡箍齐全完好,安装牢固,位置布局合理
12	燃料转换及控制装置	燃料转换开关及仪表	(1)检查开关及控制电路; (2)检查电源、插接件及搭铁是否良好; (3)视情更换相关部件; (4)检查仪表	(1)开关标识准确,转换灵活、可靠; (2)开关转换至"气"位时,当发动机不运转时,气路电磁阀能在规定时间范围内自动关闭; (3)各接插件及搭铁性能良好; (4)气量显示正确
13		线束	(1)清理、检查线束; (2)视情更换线束或接头	(1)线束连接可靠,无磨损现象; (2)线束接头连接正确、可靠; (3)电路电源连接正确
14		LPG电磁阀	(1)检查工作性能; (2)检查线圈电阻值	(1)开闭灵活可靠,关闭时密封良好,不漏气; (2)线圈电阻值符合规定要求
15		汽油电磁阀	检查工作性能	开闭灵活可靠,关闭时密封良好,不漏油
16		步进电动机	检查、调整	工作正常
17		电控单元(ECU)及传感器	用故障诊断仪检查各传感器信号及电控系统工作性能	各传感器信号正常,系统无故障码显示,工作正常、可靠
18		泄漏报警装置	检查工作性能	装有泄漏报警装置的汽车,报警装置应完好,功能有效

(四)LPG 汽车维护作业方法

由于 LPG 汽车发动机燃气系统结构并不完全相同,其维护方法也就存在差异。下面以玉柴发动机厂生产的 YC6112ZLQE 液化气(LPG)单燃料发动机为例介绍 LPG 汽车的维护。

YC6112ZLQE 型发动机是玉柴与美国 WOODWARD 公司合作开发的液化石油气(LPG)单燃料发动机,广泛应用于公交车和大客车。YC6112ZLQE 型发动机原理示意图如图 6-89 所示,主要包含以下部件:发动机控制单元、点火控制模块、点火线圈、火花塞、电子节气门、混合器、主燃料控制阀(FTV 阀)、怠速燃料控制阀、蒸发调压器、高压电磁阀、废气旁通控制阀和喘振阀。

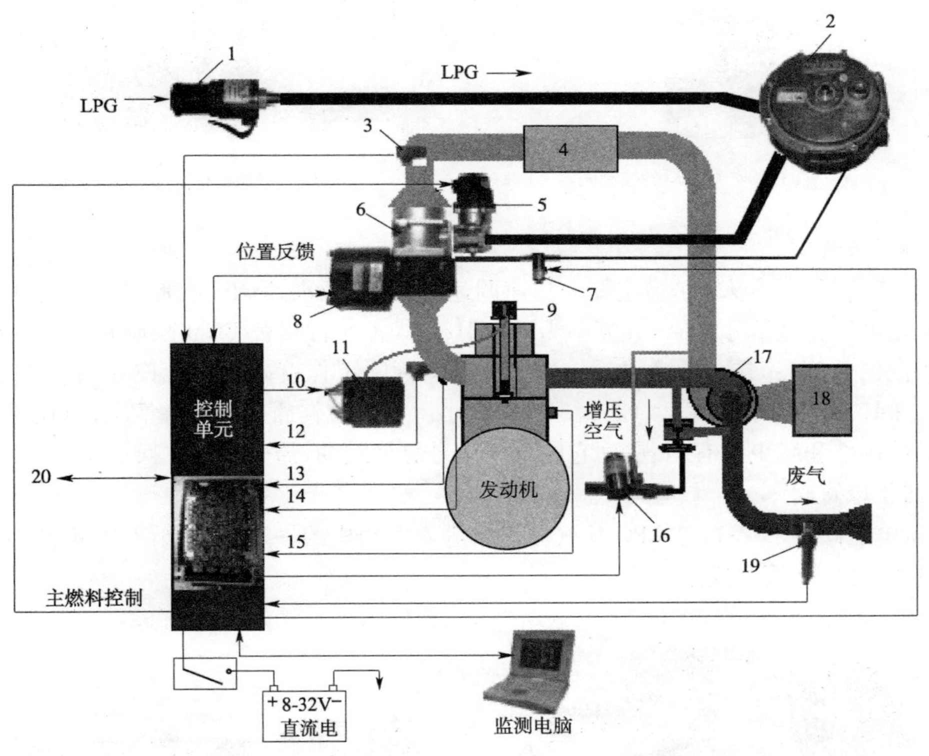

图 6-89　YC6112ZLQE 型发动机原理示意图

1-高压电磁阀;2-蒸发调压器;3-节气门前压力传感器;4-中冷器;5-主燃料控制阀;6-混合器总成;7-怠速燃料控制阀;8-电子节气门;9-点火线圈;10-点火控制;11-点火模块;12-进气压力;13-进气温度;14-水温传感器;15-转速信号传感器;16-废气旁通控制阀;17-增压器;18-空气滤清器;19-氧传感器;20-电子节气门踏板、怠速、空调开信号、控制转换、电池电压等

1. 怠速燃料控制阀(IFTV 阀)

发动机低速运转时,ECM 通过控制怠速燃料控制阀(图 6-90)的开度实现对混合气浓度的闭环控制,从而保证了怠速的稳定。在开钥匙不起动发动机的情况下,运行检测程序,如该阀有“嘀嘀嘀嘀”响声表示正常,否则不正常,应更换。使用电脑检测,如果发动机运行时阀的开度一直不变,说明阀孔堵塞,该阀用检测程序测试时有“嘀嘀”响声,要拆下进行清理(包括两个接头)。

2. 主燃料控制阀(FTV 阀)

蒸发器二级出口的气体,通过主燃料控制阀(图 6-91)进入混合器,发动机转速高于一定转速时(标定时设定,现在设为 750r/min),ECM 通过控制主燃料控制阀(蝶阀)的开度实现对混合气浓度的闭环控制,从而实现了对高速状态的闭环控制。可在开钥匙不起动发动机的情况下,运行检测程序,如该阀有“嘀嗒”响声表示正常,否则不正常,应更换。

图 6-90　怠速燃料控制阀　　图 6-91　主燃料控制阀

3. 电子节气门

电子节气门(图 6-92)是最主要的怠速调速、低负荷及高速调速控制部件。电子节气门由 ECM 发出的脉宽信号控制,其频率为 1600Hz。其工作行程被 ECM 限制在 10% ~90% 的开度(蝶阀的开度)范围内。通常系统的错误逻辑判断工作就是去比较位置指令信号、反馈信号与中间位置电压信号(大约是 2.5V)的大小。首先检查插接件接触情况,可用万用表检测;如果插接件和线束没有问题,而它的反馈信号总是跳动,需要进行更换试验。

4. 高压电磁阀

高压电磁阀(图 6-93)是 LPG 从气瓶出来进入发动机的一道重要阀门,其由滤芯、壳体、阀芯、线圈、复位弹簧组成。

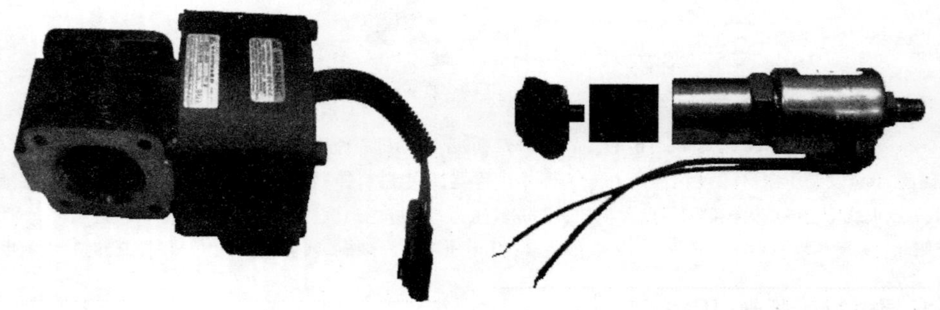

图 6-92　电子节气门　　图 6-93　高压电磁阀

高压电磁阀主要故障模式是电磁阀线圈烧坏,滤芯堵塞或阀芯不能关闭。电磁阀线圈烧坏表现形式为:高压电磁阀不能打开或者打开得很少,没有 LPG 燃料进入蒸发调压器,导致发动机无法起动或者只能怠速运行不能加速。滤芯堵塞表现形式为:行车没力,加速时会有上不来气的现象,严重的会导致发动机无法起动的现象。阀芯不能关闭表现形式为:难着车，关闭电源后，排气管还有液化气体排出。

在维护中，拆检高压电磁阀，对滤芯进行清洗或者更换，可用压缩空气从内向外吹，实在太严重的就要进行更换。除了对滤芯进行拆检，阀芯也必须进行拆检，对阀芯和外壳内壁进行清洁。对于电磁阀线圈可以用万用表进行检测，正常电阻是27Ω左右，烧坏时电阻会少的多，一般少于10Ω，发现电阻不对，就更换线圈。最后重新组装高压电磁阀并对结合位进行检漏，确保无LPG燃气泄漏。

5. 蒸发调压器

液态LPG燃气经过高压电磁阀后，进入到蒸发调压器(图6-94)，通过蒸发调压器进行减压和汽化。因此蒸发调压器在维护时必须要进行拆检。

图6-94 蒸发调压器

蒸发调压器分为一级调压和二级调压，主气路为二级调压后出气，怠速气路为一级减压后出气。蒸发调压器背面为加热水路，进水口连接到发动机节温器座，出水口连接到水泵，通过发动机的冷却液为液态LPG蒸发时提供所需要的热量。蒸发调压器前面是压力平衡口和压力调整螺钉。在维护时，必须拆卸蒸发调压器前面面板，取下膜片，将膜片在阳光下观看，观察膜片是否有透光，压边是否有破损，如果膜片有透光，代表蒸发调压器已经失去调压功能了；如果压边破损了，有可能LPG燃气就从破损的地方泄漏了。因此发现膜片有损坏就必须立即更换。

卸下膜片后检查杠杆和销是否有磨损，更换磨损的杠杆或者销。然后拆除蒸发调压器的出水管，观察出水口有没有水流出和流量的大小，从而判断蒸发调压器加热水路有没有堵塞。如果水流不畅，就要把蒸发调压器卸下来，拆开底板，对水路进行清洗。在清洁完装复蒸发调压器后，对其进行检漏，并使用监测电脑重新观察氧浓度，利用蒸发调压器前面面板的压力调整螺钉重新把浓度调整正确。

6. 混合器

混合器(图6-95)使通过蒸发调压器减压和汽化后常压气体的燃气与增压空气进行充分混合，形成混合气体进入发动机燃烧。混合器由混合器体、混合器芯和转接板组成。

混合器芯利用固定螺钉固定在混合器体中间，增压中冷空气与LPG气在混合器芯内进行充分混合，为了保证充分混合，混合器芯上开有很多小孔，在维护中，先观察这些小孔有没有被堵死，由于LPG气体很容易在蒸发调压器里产生油状杂质，这些油状杂质会流到混合器芯从而堵住小孔。维护时要把混合器卸下来，用化油器清洗剂对每个孔进行清洗，去除黏附在表面的油质。并且观察混合器有没有变型，中间十字架的接合位有没有爆裂，轻微裂痕可以用502胶水进行粘合，如果太严重就要更换新的。清洗干净后用木板垫着混合器芯打进混合器体，以免混合器芯变型。装好后，使用监测电脑观察氧浓度，太浓或太稀可以根据实际情况对混合器芯小孔流量进行调整。

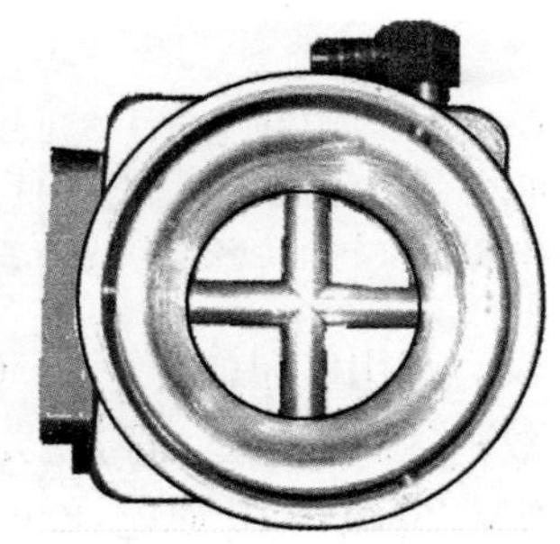

图6-95 混合器

第五节　压缩天然气汽车维护

压缩天然气汽车是以压缩天然气(简称 CNG)作汽车燃料的车辆,压缩天然气汽车按燃料供给系统的不同可分为压缩天然气单燃料汽车、压缩天然气双燃料汽车和压缩天然气两用燃料汽车。对压缩天燃气汽车的维护,除按照 GB/T 18344—2016 完成常规维护外,还要根据压缩天燃气汽车的技术特征,增加必要的维护项目。

一、压缩天然气供给系统组成及工作原理

压缩天然气发动机的 CNG 供给系统有多种类型,国产 CYTZ－100 型 CNG 供给系统是采用步进电动机伺服阀和比例调节式混合器的闭环控制系统,如图 6-96 所示,其压缩天然气供给系统主要由以下两部分组成:

(1)储气部分主要由储气瓶、手动截止阀等组成。

(2)供给部分主要由过流阀、控制面板、高压过滤器、高压减压调节器、低压减压调节器(或常压减压调节器)、压力传感器和气量显示表、电磁阀、喷射器(或文丘里混合器)及高低压管路等组成。

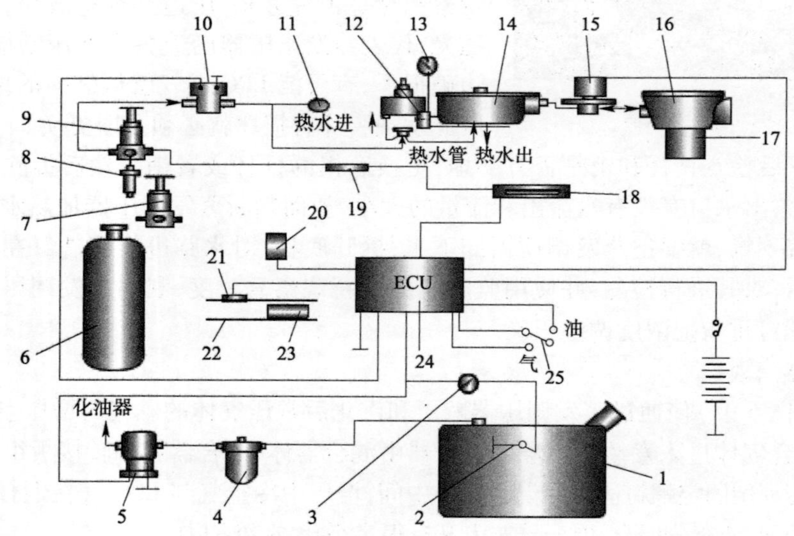

图 6-96　CYTZ－100 型混合器式闭环控制 CNG 供给系统

1-汽油箱;2-油位传感器;3-汽油表;4-汽油滤清器;5-电动汽油泵;6-车用气瓶;7-充气阀;8-过滤器;9-手动截止阀;10-CNG 电磁阀;11-高压表;12-安全阀;13-低压表;14-减压调节器;15-步进电动机;16-混合器;17-化油器;18-压力显示器;19-压力传感器;20-转速传感器;21-氧传感器;22-排气管;23-三元催化转换器;24-电控单元;25-汽油/CNG 转换开关

车用气瓶的容量为 50L,压力为 20MPa,通过安装在每个气瓶上的连通阀及高压管路将数个气瓶连通。当驾驶员将汽油/CNG 转换开关 25 置于“气”位置时,电控单元(ECU)24 向 CNG 电磁阀 10 通电,电磁阀开启。车用气瓶 6 内的 CNG 经充气阀 7、过滤器 8、手动截止阀 9 和电磁阀进入减压调节器 14。CNG 在减压调节器内降压,低压的天然气经步进电动机 15

控制的低压通道进入混合器16。在混合器中天然气与空气混合后进入汽缸。ECU根据氧传感器21和发动机转速传感器20的信号，通过调节步进电动机伺服阀的行程来改变减压调节器至混合器之间的低压通道通过面积，以控制天然气的流量。

二、天然气维护作业安全

(1)CNG汽车维护作业应在符合安全防护要求的专用车间内进行，车间应通风良好，顶部不应有可能形成气体积聚的死角，在有CNG可能泄漏的场所应明示防明火、防静电的标志。

(2)CNG汽车维护作业前，应首先进行CNG专用装置的密封性检查，如有泄漏应先排除故障，在确认系统密封良好后再进行维护作业。

(3)维护作业中应先进行涉及CNG使用的检查、维护等作业，然后关闭储气瓶截止阀并使管路内的CNG排尽，再进行其他项目的维护。

(4)当需要进行焊割等有明火的作业时，应拆掉蓄电池及重要总成的电控元件。应安全拆卸气瓶并放入专用库房妥善保管，或在符合安全防护要求的专用场地将CNG供气系统(包括储气瓶)卸压，严禁带压作业，保证供气系统内无CNG。

(5)如需在气瓶附近打磨或切割时，应先将其拆掉或有效隔离。应由具备认可资格的单位、人员从事气瓶维护与检测，严禁在气瓶上进行挖补、焊割等作业。

(6)CNG汽车如发生漏气，应立即关闭电源和储气瓶截止阀，然后在专用场地进行处理。如果高压管路破裂或脱落导致气体大量泄漏而无法关闭储气瓶截止阀时，应立即将现场进行隔离，不允许人、车入内，隔离火源，待天然气散尽后再作处理。

(7)如发生火情，除立即关闭电源和储气瓶截止阀外，应隔离现场，立即采取有效的灭火与救援措施。

(8)气瓶储存、使用应符合TSG R0009和有关部门的规定。

三、维护作业

CNG汽车的维护作业执行《压缩天然气汽车维护技术规范》(GB/T 27876—2011)。CNG汽车的维护分为日常维护、一级维护和二级维护。日常维护由驾驶员进行，一级维护、二级维护由取得CNG汽车维修资格的汽车维修企业进行。CNG汽车维护的周期应符合GB/T 18344规定，如CNG汽车制造企业有特殊要求，应参照执行。

(一)CNG汽车日常维护

(1)驾驶员应在出车前、行车中和收车后对车辆进行日常维护，并重点查看并确认CNG专用装置有无泄漏和异常情况。

(2)除GB/T 18344规定外，还需进行的作业内容：

①检视CNG专用装置各功能部件、系统的工作状态及其连接和密封，要求状态正常且无松动、泄漏、损坏。气瓶及固定支架固定牢固、无损伤，必要时更换，CNG管线不得与其他部件擦碰。

②检查CNG储气量，降至规定值以下时应立即加充CNG。

③对于CNG/汽油(柴油)双燃料汽车，所用的CNG和汽油(柴油)应符合车辆使用规定

及燃料质量要求。当长期使用燃油时，应把储气瓶的燃气用完；当交替使用两种燃料时，应确保两种燃料供给及其转换系统工作正常。

④行车中，应随时观察车辆各系统工作状况，当发现 CNG 专用装置有过热、过冷、异味等异常现象时，应立即关闭 CNG 储气瓶截止阀，并及时送 CNG 汽车维修企业进行维修。

（二）CNG 汽车一级维护

除 GB/T 18344 规定的一级维护基本作业项目外，增加的基本作业项目、作业内容及技术要求见表 6-10。

CNG 汽车一级维护增加的基本作业项目、作业内容及技术要求 表 6-10

序号	作业项目		作业内容	技术要求
1	储气装置	CNG 气瓶及固定支架	（1）检查气瓶检定证明； （2）检查气瓶外观； （3）检查气瓶紧固情况	（1）气瓶检定审验有效； （2）气瓶表面无严重划伤、凹凸、裂纹等缺陷； （3）固定支架及扎带完好、无裂纹，固定牢固，垫层完好、无损坏，气瓶固定可靠，无窜动和旋动现象； （4）安装位置、方式符合 GB/T 19240 的要求
2	储气装置	CNG 管路及卡箍	（1）检查紧固管路及接头； （2）检查各连接部位有无泄漏	（1）高压管路及接头无擦伤及其他损伤； （2）接头紧固良好，无漏气现象； （3）软管无老化、油垢、裂纹，连接可靠，与其他部件无擦碰； （4）卡箍齐全完好，安装牢固，位置布局合理； （5）安装位置、方式符合 GB/T 19240 的要求
3	储气装置	手动截止阀、充气阀、组合阀等各类控制阀及相关仪表	检查密封和工作性能	（1）各种阀密封良好、开闭灵活有效，相关仪表工作正常、安装牢固可靠； （2）安装位置、方式符合 GB/T 19240 和出厂技术规定的要求
4	储气装置	加气口	（1）检查加气口的安装及紧固情况； （2）检查止回阀	（1）加气口固定牢固、清洁； （2）加气口、止回阀工作可靠无漏气现象，防尘盖可靠有效

续上表

序号	作业项目		作业内容	技术要求
5	CNG供给装置	减压调节器	(1)外观检查; (2)卸下排污塞,放掉残液; (3)检查滤网、滤芯,必要时清洗; (4)视情检修调试各部件	(1)外观清洁,安装牢固,无泄漏现象; (2)各部件性能良好
6		混合器	检查各部件连接状况和接口密封状况	(1)混合器清洁,装配正确,牢固可靠; (2)各气道通畅、无阻塞、无泄漏
7		高压电磁阀	检查各电磁阀及其控制装置技术状况	连接可靠、工作正常
8		CNG电喷控制装置	检查使用性能	各参数均正常
9	燃料转换及控制要求	燃料转换开关及仪表	(1)检查开关使用性能; (2)检查压力显示器性能	(1)燃料转换开关标识准确,转换灵活、可靠; (2)压力显示与储气瓶气压协调一致
10		CNG电磁阀	(1)检查安装接线情况; (2)检查使用性能	(1)接线牢固、可靠; (2)开闭性能良好、无泄漏
11		汽油电磁阀及管路	(1)检查安装及接线情况; (2)检查油路及接头; (3)检查使用性能	(1)电磁阀及油管安装牢固,管路无碰擦现象; (2)汽油管路无老化及损伤,接头密封良好; (3)电磁阀开闭性能良好,无泄漏
12		线束	检查线束及接头	线束插接可靠,无破损及摩擦现象
13	整车		(1)工作性能测试; (2)标志检查	(1)燃料供给系统工作正常; (2)CNG汽车标志符合GB/T 17676规定

(三)CNG汽车二级维护

(1)CNG汽车二级维护作业应按照GB/T 18344规定的作业过程进行维护前检验、过程检验和竣工检验,并依据进厂检验结果及车辆实际技术状况确定附加作业项目。

(2)除GB/T 18344规定的基本作业项目外,增加的基本作业项目、作业内容及技术要求见表6-11。

(3)二级维护基本作业项目完成后,应进行发动机性能调试,按要求调整发动机点火提前角、火花塞间隙等,使发动机达到正常工作状态。

CNG 汽车二级维护增加的基本作业项目、作业内容及技术要求 表 6-11

序号	作业项目		作业内容	技术要求
1	储气装置	CNG 气瓶及固定支架	(1)检查气瓶检定证明; (2)紧固连接部位; (3) 视情更换安全装置	(1)气瓶检定审验有效; (2)气瓶及支架安装紧固,安装位置符合 GB/T 19240 的规定; (3)气瓶有下列情况应更换: ①瓶体或附件出现裂纹、灼伤、鼓疱、渗漏或明显的凹陷、膨胀、弯曲; ②外表明显损伤、瓶口螺纹损伤或严重锈蚀。 (4)更换用的气瓶应符合 GB 17258、GB 24160 的规定
2		CNG 管路及卡箍	(1)检查紧固卡箍、高压管路及接头; (2)视情更换密封圈、卡箍、管路及接头; (3)检查导流管	(1)管路及接头无损伤及挤压变形,CNG 管路无老化、腐蚀,与相邻部件无碰擦现象; (2)接头紧固良好,无漏气、阻塞现象,涂检漏液至少观察 1min 后,无气泡出现; (3)卡箍齐全完好,安装牢固,位置布局合理
3		手动截止阀、充气阀、组合阀等各类控制阀及相关仪表	(1)紧固阀门接头; (2)检查各阀门工作性能及接口有无泄漏; (3)视情拆检阀门,更换密封圈、垫	阀门开关灵活,紧固处无松动,阀门无泄漏,性能满足要求。
4		加气口	(1)清洁、紧固加气口; (2)视情更换止回阀阀芯及防尘盖	(1)加气口无油污、灰尘; (2)止回阀工作可靠,无渗漏; (3)防尘盖完好
5		压力传感器及压力表	(1)紧固压力传感器螺栓; (2)视情送检或更换压力表	(1)传感器信号准确,压力表显示准确; (2)连接处无泄漏

续上表

序号	作业项目		作业内容	技术要求
6	CNG供给装置	滤清器	清洁或更换滤网或毛毡	清洁、工作良好
7		高压电磁阀	清除电磁阀滤芯中的杂物、沉淀物，必要时更换	工作正常
8		安全阀	检查	在标定压力范围内能及时开启和关闭
9		减压调节器	(1)拆检总成，清洁各工作腔，定期更换滤网； (2)高压进气装置泄漏检查，视情更换密封圈； (3)检查各级压力，视情更换弹簧、膜片； (4)检查安全阀； (5)检查热循环装置，并视情更换恒温器、密封胶圈等部件	(1)装配好后的减压调节器外观清洁，工作正常、可靠； (2)各处无泄漏，气密性等指标符合GB/T 20735的规定； (3)安全阀工作可靠； (4)热循环装置工作正常，各密封胶圈完好，水管及接头无漏水现象
10	CNG供给装置	混合器	(1)拆洗混合器各部件； (2)检查、更换密封胶圈	(1)各部件清洁； (2)各处密封良好，无泄漏，工作正常，连接牢固、可靠
11		低压管路及卡箍	检查并视情更换	(1)管路完好，无泄漏； (2)卡箍齐全完好，安装牢固，位置布局合理
12	燃料转换及控制装置	燃料转换开关及仪表	(1)检查开关及控制电路； (2)检查电源、插接件及搭铁是否良好； (3)视情更换相关部件； (4)检查仪表	(1)开关标识准确，转换灵活、可靠； (2)开关转换至“气”位时，当发动机不运转时，气路电磁阀能在规定时间范围内自动关闭； (3)各接插件及搭铁性能良好； (4)气量显示正确
13		线束	(1)清理、检查线束； (2)视情更换线束或接头	(1)线束连接可靠，无磨损现象； (2)线束接头连接正确、可靠； (3)电路电源连接正确
14		CNG电磁阀	(1)检查工作性能； (2)检查线圈电阻值	(1)开闭灵活可靠，关闭时密封良好，不漏气； (2)线圈电阻值符合规定要求
15		汽油电磁阀	检查工作性能	开闭灵活可靠，关闭时密封良好，不漏油
16		步进电动机	检查、调整	工作正常
17		电控单元(ECU)及传感器	用故障诊断仪检查各传感器信号及电控系统工作性能	各传感器信号正常，系统无故障码显示，工作正常、可靠
18		泄漏报警装置	检查工作性能	装有泄漏报警装置的汽车，报警装置应完好，功能有效

(四)CNG 汽车维护作业方法

由于 CNG 汽车发动机燃气系统结构并不完全相同,其维护方法也就存在差异。下面以玉柴 ECI HD EPR 系统 CNG 单燃料发动机为例介绍 CNG 汽车发动机的维护。

玉柴 ECI HD EPR 系统 CNG 单燃料发动机工作原理如图 6-97 所示。发动机工作基本原理为:高压的压缩天然气从储气钢瓶出来,经过天然气滤清器过滤后,经高压电磁阀进入高压减压器,高压电磁阀的开合由 ECM 控制,高压减压器的作用是将高压的压缩天然气(工作压力 20 ~ 30MPa)经过减压加热将压力调整至 700 ~ 900kPa。高压天然气在减压过程中由于减压膨胀,需要吸收大量的热量,为防止减压器结冰,从发动机将发动机冷却液引出到减压器对燃气进行加热。经减压后的天然气进入电控调压器,电控调压器的作用是根据发动机运行工况精确控制天然气喷射量。天然气与空气在混合器内充分混合,进入发动机缸内,经火花塞点燃进行燃烧,火花塞的点火时刻由 ECM 控制,氧传感器即时监控燃烧后的尾气的氧浓度,推算出空燃比,ECM 根据氧传感器的反馈信号和控制 MAP 及时修正天然气喷射量。

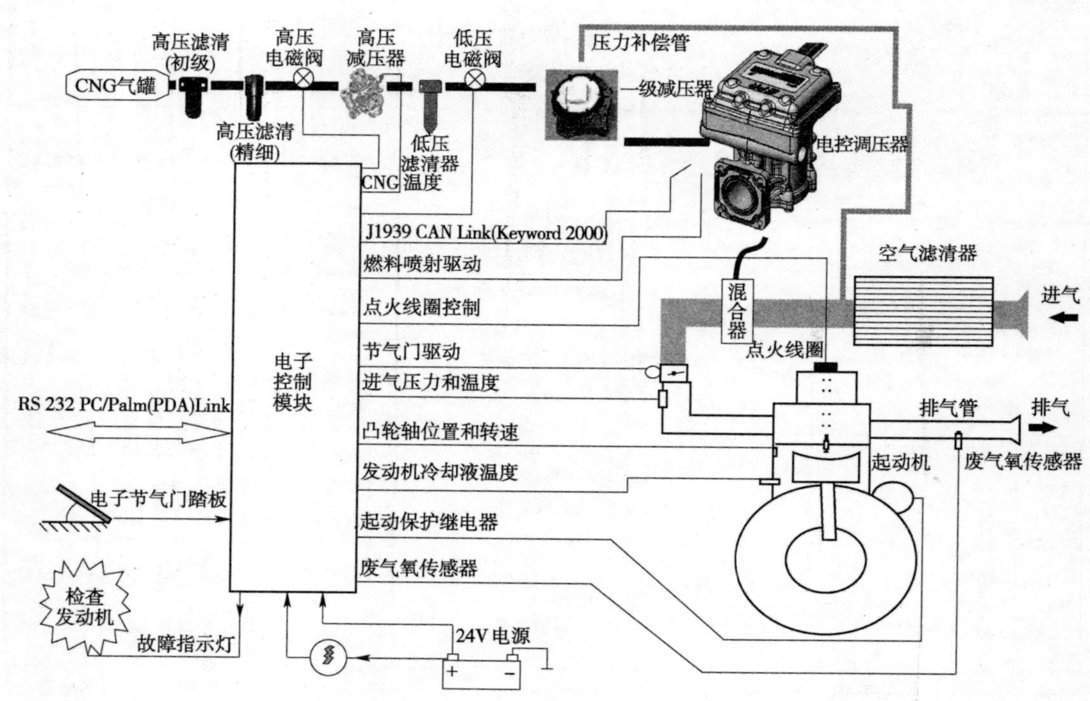

图 6-97 玉柴 ECI HD EPR 系统 CNG 单燃料发动机工作原理

1. 高压电磁阀

高压电磁阀(图 6-98)功能是切断和恢复燃料供给,维护内容如下:

(1)清洗滤芯;高压电磁阀进气口自带滤芯,可用汽油浸泡,并用压缩空气吹干净后装复。

(2)清洗阀芯及阀口:如果拆检时发现高压电磁阀滤芯污染严重,必须拆下高压电磁阀阀芯、阀座,用汽油浸泡后,再用压缩空气吹干净后装复。

2. 高压减压器

高压减压器(图6-99)功能是通过节流和加热,使高压的压缩天然气减压至700～900kPa的低压天然气。维护内容如下:

(1)每5万km维护保养内容:

①清洗:拆除高压减压器,用汽油或化油器清洗剂清洗高压减压器一级压力腔,并用压缩空气吹干净后装复。

②更换阀芯:拆除高压减压器进气接头,检查滤芯是否被污染;若被污染,则更换。

③更换易损件(如:橡胶密封圈),检查轴销的磨损情况,如磨损更换轴销。对减压压力进行检查、调整。

(2)每10万km维护内容:直接更换膜片及密封件,并对减压压力进行检查、调整。

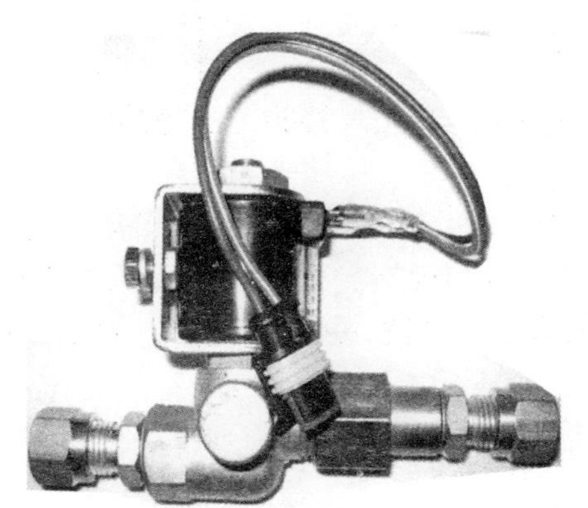

图6-98 高压电磁阀

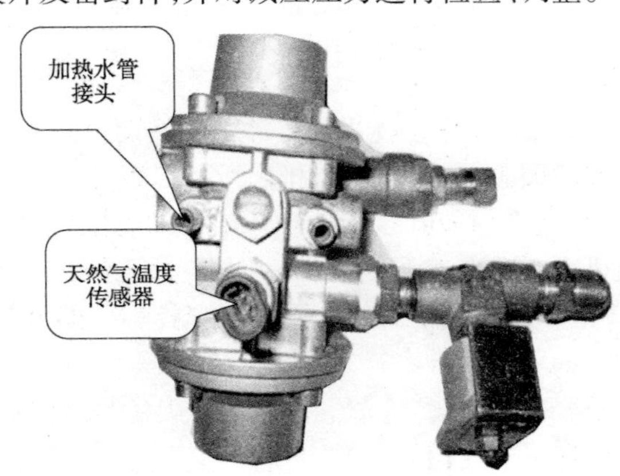

图6-99 高压减压器

3. 混合器

混合器(图6-100)使燃烧更充分、柔和,有效降低NO_x排放和排气温度。混合器拥有极少的活动部件和坚固的设计,因此工作稳定。由于使用不当以及使用区域气体洁净度的影响,也将对混合器中的部件产生损坏。维护内容及方法:

(1)每5万km(视当地气体洁净度而定),从发动机上拆下混合器总成,检查混合器内部是否有明显的油污,如果有,则需要将混合器放入汽油中浸泡清洗,清洗后用干压缩空气吹干。

(2)清洗后,用手沿燃气运动轴线方向按压阀芯,检查阀芯运动有无卡滞、是否回位,若出现卡滞,则需要更换混合器总成。

(3)每10万km检查混合器膜片是否损坏,若出现膜片损坏,则需要单独更换膜片。

4. 电控调压器

电控调压器(图6-101)作用是控制天然气喷射量。电控调压器需要进行定期的维护,由于电控调压器处于低压减压部分,在长期的使用中会在其内部沉积大量的油污和杂质,油污和杂质会导致电控调压器工作不良、传感器损坏以及内部的密封件和橡胶膜片提前老化和破损,因此该部件的维护尤为重要。

图6-100　混合器

图6-101　电控调压器

(1)每1万km(视当地气体洁净度而定),拧开电控调压器出气接头上的排污螺钉,放出积在排污装置中的污染物,排出后装复螺钉;

(2)每2万km(视当地气体洁净度而定),对混合器二级压力腔进行清洗。清洗方法:从发动机上拆下电控调压器,拆下电控调压器出气接头、温度传感器接,将汽油灌入二级压力腔,浸泡5min后倒出汽油,同时对电控调压器出气接头进行清洗,并用干压缩空气吹干净后装复。

(3)每5万km检查电控调压器膜片是否损坏,若出现膜片损坏,则需要单独更换膜片。

5. 电子节气门

电子节气门(图6-102)通过控制蝶阀的开度,控制进入缸内的混和气的量,从而控制发动机的转速和负荷。驾驶员通过加速踏板,将动力需求传送给ECM,ECM接收到加速踏板信号后,根据发动机运行工况控制电子节气门开度。通过控制蝶阀开度,控制怠速转速和调速特性曲线。维护内容及方法:

(1)每10万km(视当地气体清洁度而定),从发动机上拆下节气门,检查节气门内部是否有明显的油污,若有,则需用节气门清洗剂清洗节气门蝶阀部分,但电子控制及线圈部分不得浸泡汽油,清洗后用干压缩空气吹干。

(2)清洗后,用手按压蝶阀,检查蝶阀运动有无卡滞、是否回位,若出现卡滞,则需要更换电控节气门总成。

6. 火花塞

火花塞(图6-103)接收来自点火线圈的高电压,产生火花,点燃天然气。安装要求:安装时拧紧火花塞,拧紧力矩:30N·m。拧紧火花塞必须使用专用火花塞套筒。由于高压电源会在接触表面产生电弧,弹簧与火花塞头部接触的部位受热氧化,导致接触部位电阻过大,分压作用过大导致火花塞点火能量降低,严重时会导致失火。所以安装火花塞时,必须在火花塞头部涂抹导电膏。在胶套与火花塞接触的陶瓷部位应该涂抹绝缘润滑油脂,以防止因胶套老化导致火花塞与缸盖之间漏电。

图 6-102　电子节气门

图 6-103　火花塞

火花塞属易损件，火花塞使用寿命一般为 6 ~ 8 万 km，其维护内容为：

(1) 每 3 个月或 2 万 km，必须检查火花塞电极燃烧情况，清理电极头部杂质，并调整间隙，间隙调整要求如下：

①天然气发动机 NGK 铂金火花塞(PFR7B − D) 电极间隙：0.33mm ± 0.05mm。

②天然气发动机 NGK 铱金火花塞(IFR7F − 4D) 电极间隙：0.4mm ± 0.05mm。

(2) 每 6 万 ~ 8 万 km，检查火花塞头部电极贵金属烧蚀情况，若使用情况较好，调整间隙后可继续使用。

(3) 按照规定里程(8 万 km)更换火花塞。

第六节　液化天然气汽车维护

液化天然气汽车是以液化天然气(简称 LNG)作汽车燃料的车辆，液化天然气汽车按燃料供给系统的不同可分为液化天然气单燃料汽车、液化天然气双燃料汽车和液化天然气两用燃料汽车。对液化天然气汽车的维护，除按照 GB/T 18344—2016 完成常规汽车维护外，还要根据液化天燃气汽车的技术特征，增加必要的维护项目。

一、液化天然气供给系统组成及工作原理

液化天然气发动机的燃料供给系统如图 6-104 所示，其燃料供给系统由主供气系统和辅助系统两部分组成，主供气系统的主要部件有气瓶、汽化器、电磁阀、稳压器、滤清器、热交换器、节温器、喷射阀、混合器和电子节气门等。辅助系统由自增压装置和经济调压阀及其他附件组成。

液化天然气发动机的燃料供给系统工作原理：LNG 从气瓶通过管路流入汽化器加热汽化，经过稳压罐稳压后进入燃气滤清器过滤，之后通过低压电磁阀控制通断进入稳压器稳压，稳压后的燃气进入热交换器。燃气经过热交换器加热后通过节温器进入喷射阀，由燃料计量阀(FMV)控制喷射入混合器中与增压冷却后的空气混合。电子节气门控制混合气进入

发动机汽缸内燃烧做功。

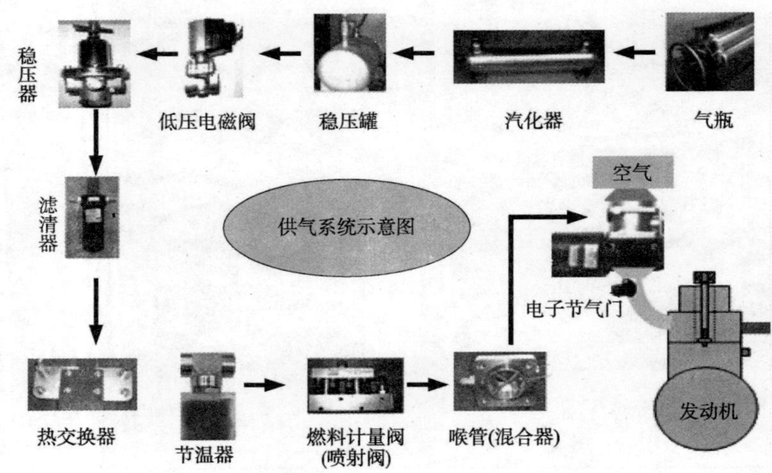

图 6-104　液化天然气发动机供气系统示意图

二、作业安全

(1)LNG 汽车维护作业应在符合安全防护要求的专用场地进行。场地应通风良好,顶部气体易聚集处宜安装排风装置以及燃气报警装置,配备相应的消防设施,使用防爆灯及防爆电器开关。

(2)在 LNG 有可能泄漏的场所,应设置明示防火、防静电、禁止接打手机、禁止使用无线电设备等明显标志。作业现场应设置警示牌,严禁非作业人员靠近作业现场。

(3)LNG 专用装置维护作业应由经过培训的专业人员进行。作业人员在操作前应先进行静电释放,操作时应穿戴护目镜、绝热手套、棉质防护服,裤脚应能覆盖鞋面,应避免皮肤直接接触处于低温的管路、阀门等部件;鞋底不应带有铁钉,不应佩戴手表和戒指等硬物。

(4)LNG 专用装置维护作业时,严禁用力敲击或碰撞气瓶、管路及各类阀体;阀门冻结时,可用清水或氮气快速解冻后再行开启。

(5)进行 LNG 专用装置紧固作业时,应关闭截止阀,将管路中的气体排尽后,再用防爆扳手等专用工具进行紧固作业。不应带压进行管路紧固作业。

(6)拆装或调整 LNG 专用装置管路接头、阀门、仪表、稳压装置时,应先切断电源,关闭出液截止阀,将管路内的气体排尽后,再利用防爆扳手等专用工具进行作业。

(7)LNG 管路焊接时,应关闭管路与气瓶连接的所有阀门,拆下管路,移至安全区域,并用氮气吹扫管路,直到可燃气体探测器检测安全,方可进行焊接作业。

(8)LNG 专用装置框架及车辆其他部位焊接时,应断开蓄电池正负极及重要总成的电控单元插头,关闭管路与气瓶连接的所有阀门,并对气瓶实施隔离;放空管路气体,用氮气吹扫,直到可燃气体探测器检测安全,方可进行焊接作业。

(9)在气瓶附近进行焊割作业时,应先拆下气瓶,放入专用区域妥善保管,或用挡板、石棉布等对气瓶进行有效隔离,现场经可燃气体探测器检测安全后,方可进行焊割作业。

三、维护作业

液化天然气汽车的维护作业执行《液化天然气汽车维护技术规范》(JT/T 1009—2015)。LNG 汽车的维护分为日常维护、一级维护和二级维护。日常维护由驾驶员进行,一级维护和二级维护由取得 LNG 汽车维修资格的汽车维修企业进行。LNG 汽车维护的周期应符合 GB/T 18344 规定,如 LNG 汽车制造企业有特殊要求,应参照执行。

(一)LNG 汽车日常维护

LNG 汽车的日常维护作业执行《液化天然气汽车日常检查方法》(JT/T 1010—2015),主要包括以下内容:

(1)驾驶员应在出车前、行车中和收车后对车辆进行日常维护,并重点查看并确认 LNG 专用装置有无泄漏和异常情况。

(2)除 GB/T 18344 规定外,还需进行的作业内容:

①检视 LNG 专用装置各功能部件、系统的工作状态及其连接和密封,要求状态正常且无松动、泄漏、损坏。气瓶及固定支架固定牢固、无损伤,必要时更换;LNG 管线不得与其他部件擦碰。

②检查 LNG 储气量,降至规定值以下时应立即加充 LNG。

③对于 LNG/汽油(柴油)双燃料汽车,所用的 LNG 和汽油(柴油)应符合车辆使用规定及燃料质量要求。当长期使用燃油时,应把储气瓶的燃气用完;当交替使用两种燃料时,应确保两种燃料供给及其转换系统工作正常。

④行车中,应随时观察车辆各系统工作状况,当发现 LNG 专用装置有过热、过冷、异味等异常现象时,应立即关闭 LNG 储气瓶截止阀,并及时送 LNG 汽车维修企业进行维修。

(二)LNG 汽车一级维护

除 GB/T 18344 规定的基本作业项目外,增加的基本作业项目、作业内容及技术要求见表 6-12。

LNG 汽车一级维护增加的基本作业项目、作业内容及技术要求 表 6-12

序号	作业项目	作业内容	技术要求
1	气瓶及固定支架	(1)检查外观; (2)检查安装情况; (3)紧固松动部位	(1)气瓶表面应无严重划伤、凹凸、裂纹等,以及无异常冒汗或结霜; (2)气瓶安装应牢固可靠,无窜动或旋动现象; (3)固定支架、紧固带及垫层应完好,并安装牢固
2	加液口、回气口	(1)检查外观; (2) 检查安装情况; (3)检查气密性	(1)加液口和回气口应保持清洁,安装牢固,无泄漏; (2)防尘盖应功能正常

续上表

序号	作业项目	作业内容	技术要求
3	管路、接头及卡箍	(1)检查外观; (2)检查安装情况; (3)检查气密性; (4)紧固松动部位	(1)管路及其接头应无擦伤等损伤,安装牢固,与其他部件无摩擦,无泄漏; (2)卡箍安装位置和方式应符合 GB/T 20734,并齐全完好,安装牢固
4	安全阀、截止阀、止回阀、过流阀、调压阀	检查安装情况; 检查气密性	各阀门安装牢固,无泄漏
5	压力表、液位计	(1)检查外观、安装情况; (2)检查气密性; (3)检查仪表工作情况; (4)视情更换	(1)压力表表面无破损,安装牢固,无泄漏; (2)仪表工作正常、读数可靠
6	汽化器及其循环水路、缓冲罐	(1)检查外观; (2)检查安装情况; (3)检查密封性	(1)汽化器、缓冲罐应保持清洁,无变形、锈蚀等,安装牢固,无泄漏; (2)循环水路应无弯折、无泄漏;软管应无老化、油垢、裂纹,连接可靠
7	燃气滤清器	检查排污情况	燃气滤清器应保持清洁,工作正常
8	电磁阀	(1)检查安装情况; (2)检查使用功能	电磁阀及其控制装置连接可靠,工作正常
9	混合器、燃气计量阀	(1)检查外观; (2)检查安装情况; (3)检查气密性	(1)混合器、燃气计量阀应保持清洁,安装牢固;装配正确; (2)气道应保持通畅,无泄漏
10	LNG 汽车专用标志	检查标志完好性	LNG 汽车标志应符合 GB/T 17676

(三)LNG 汽车二级维护

(1)LNG 汽车二级维护作业应按照 GB/T 18344 规定的作业过程进行维护前检验、过程检验和竣工检验,并依据进厂检验结果及车辆实际技术状况确定附加作业项目。

(2)除 GB/T 18344 规定的基本作业项目外,增加的基本作业项目、作业内容及技术要求见表 6-13。

(3)二级维护基本作业项目完成后,应进行发动机性能调试,按要求调整发动机点火提前角、火花塞间隙等,使发动机达到正常工作状态。

LNG 汽车二级维护增加的基本作业项目、作业内容及技术要求　　表 6-13

序号	作业项目	作业内容	技术要求
1	气瓶及固定支架	(1)清洗外部; (2)视情更换部件	(1)气瓶应清洁; (2)出现以下情形应更换部件: ①瓶体出现裂纹或明显的凹陷、膨胀、弯曲; ②支架有明显损伤或严重锈蚀; ③气瓶失真空; (3)安装位置与方式应符合 GB/T 20734
2	加液口、回气口	(1)检查并视情更换防尘盖及密封圈(或垫); (2)检查加液接地装置; (3)更换部件后检查气密性	(1)防尘盖及密封圈(或垫)应完好,功能正常; (2)加液接地装置牢固,表面干净无锈蚀; (3)更换部件后系统应无泄漏
3	管路、卡箍	(1)按产品说明书规定周期更换管路密封件及卡箍; (2)更换部件后检查气密性	更换部件后,应管路通畅,接头牢固,无泄漏
4	安全阀	(1)检查检定证明有效期; (2)检查管路通畅性	(1)安全阀检定合格证应在有效期内; (2)安全阀管路应保持通畅

续上表

序号	作业项目	作 业 内 容	技 术 要 求
5	截止阀、止回阀、过流阀、调压阀	(1)紧固阀门接头； (2)视情拆检阀门,更换密封圈、垫及阀芯等； (3)视情更换调压阀修理包； (4)更换部件后检查气密性	(1)安装位置和方式应符合产品说明书要求； (2)更换部件后系统应无泄漏； (3)各阀门功能正常,截止阀开关灵活
6	压力表	(1)检查检定证明； (2)视情更换； (3)更换后检查气密性	(1)压力表检定合格证应在有效期内； (2)更换压力表后系统应无泄漏
7	汽化器及循环水路、缓冲罐	(1)视情清洗汽化器内部水垢； (2)重新安装后检查密封性	(1)循环水路应工作正常,无泄漏； (2)汽化器及缓冲罐重新安装后,应无泄漏
8	燃气滤清器	(1)清洁滤芯； (2)视情更换滤芯； (3)更换部件后检查气密性	燃气滤清器应清洁,功能正常,无泄漏
9	电磁阀	检查电磁阀磨损情况,视情清洗或更换	电磁阀应清洁,功能正常
10	燃气计量阀、混合器、节气门	(1)清洗燃气计量阀、混合器各部件以及节气门蝶片； (2)视情更换混合器密封胶圈； (3)重新安装后检查气密性	(1)各部件应清洁； (2)燃气计量阀、混合器、节气门应功能正常； (3)系统应无泄漏
11	燃气报警装置	检查有效性	燃气报警装置应功能正常

(四)液化天然气汽车维护作业方法

由于液化天然气汽车发动机燃气系统结构并不完全相同,其维护方法也就存在差异。下面以潍柴 LNG 单燃料发动机为例介绍 LNG 汽车的维护。

潍柴 LNG 单燃料发动机工作原理示意图如图 6-105 所示。其工作原理:LNG 从气瓶体通过管路进入汽化器加热汽化,经过稳压罐稳压后由燃气滤清器滤清,之后通过电磁切断阀控制通断进入稳压器稳压,稳压后的燃气进入热交换器。燃气经过热交换器加热后通过节温器进入 FMV,由 FMV 控制喷射入混合器中与增压后的空气混合。

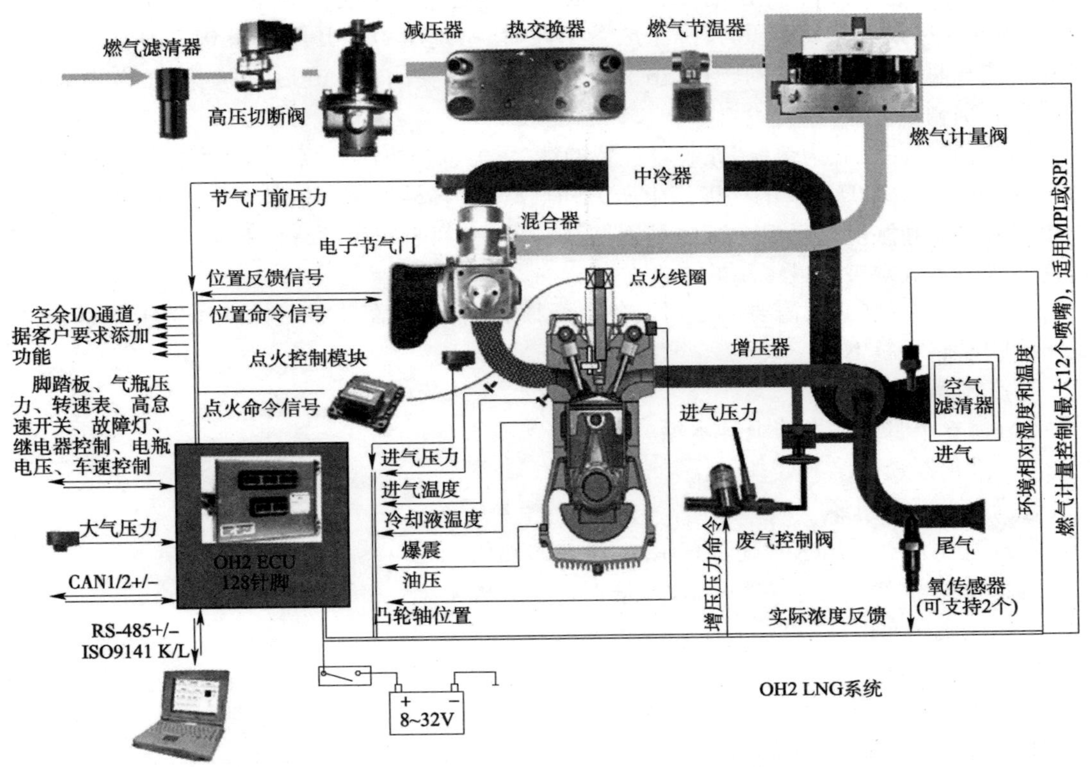

图 6-105 潍柴 LNG 单燃料发动机工作原理示意图

1. 储气瓶

(1)在任何时候进行管件、阀门或连接件维护时,必须先将管线和瓶体内的压力排放至零。

(2)气瓶及其上的各类安全阀、压力表应按国家强制规定,定期送当地技术监督部门检验。

(3)车载气瓶上所有的螺纹连接处都要做定期紧固处理,如绑带上紧固螺栓、瓶底部鞍座和框架之间固定螺栓都需要做定期的检查并紧固。

(4)气瓶上的阀门被冻住,应使用温水解冻,不得用任何物品敲击冰块;切勿用手直接接触低温管道和阀件,如需要接触应戴好防护手套。

（5）储气瓶真空失效的检查。

储气瓶结霜和压力快速增加往往与储气瓶的真空损失相关联，然而有时压力增加是正常现象。如一个新的或超过两周末使用的储气瓶都可以认为是热瓶，热瓶在加注 LNG 后，液体会大量汽化蒸发使压力升高。压力增加过快也预示着真空失效，配备有外部抽真空口的储气瓶若发生真空失效就会脱落，如发现抽口盖脱落就可确认夹层真空失效。抽口盖通过塑料帽来隔离外部环境，不要拆卸塑料帽或抽口盖。如发生夹层抽口损坏应将储气瓶返回生产厂进行维修。

若抽口外观完好，仍然怀疑真空失效，有必要检查其压力上升时间。为了测试储气瓶的压力升高时间，充液并让发动机工作直至瓶内燃料还剩 3/4 或 50% 为止，然后将发动机熄火，等 30min 后读取储气瓶压力，静止放置 12h 后，系统压力上升应低于 0.27MPa。若配备了几个储气瓶，应重复测试问题瓶，出液阀和排气阀应关闭 30min 后，每一储气瓶的压力升高就会分别测出。

注意：如果储气瓶为热瓶，充装时过装的话，压力也会快速升高，当储气瓶完全失去真空后，会按每分钟 0.007MPa 的速度产生压力，所以这很容易检测。瓶体是否结霜和出汗取决于周围的温度和湿度。仅仅看瓶体是否结霜、出汗来判断瓶体的真空是不准确的。增压测试是检测瓶体真空表现最可靠的方式。

瓶体真空失效的话，需要用专用设备重新抽真空，可能需要将瓶体从车辆上移开，具体操作请联系储气瓶生产厂家。

2. 汽化器

（1）每 6 个月清洁盘管上的水垢。

（2）汽化器表面结霜处理。

①关闭出液截止阀。

②检查汽化器进出水管是否有压瘪、泄漏的现象。

③如果循环水管没有异常，请查看是否有以下状况：

a. 供气管路有泄漏。

b. 发动机有不工作的缸。

c. 冷却水管过小。

d. 发动机水泵选择不合理。

e. 汽化器选配不匹配。

f. 过滤器进发动机端大量泄漏。

g. 循环水流向是否与 LNG 流向是相同的。

3. 稳压罐

定期清除稳压罐外部污垢，检查气密性，各管路接头、罐体无泄漏。

4. 低压电磁阀

（1）每 5 万 km 清洗阀芯及阀口。

（2）拆检时，如果发现电磁阀阀芯污染严重，必须拆下电磁阀阀芯、阀座，用汽油浸泡后，再用压缩空气吹干净。

5. 燃气滤清器

（1）安装要求：放水口朝下，按箭头所指的气流方向安装，切记不能装反。

(2)每3000km或必要时排污。按生产厂家要求定期更换滤清器滤芯。燃气滤清器滤芯更换和排污时必须将气瓶气压阀关闭,燃气滤清器不能在压力下维护,这么做可能会导致严重的伤害。每10万km更换滤清器滤芯。

(3)滤清器滤芯更换流程:

①首先关闭气瓶气压阀,待系统压力释放后拧开滤清器排污阀进行排污,直到液体流尽,然后关闭排污阀。

②使用适当的拆卸工具将滤清器外壳拧开。

③拧开滤芯下方的塑料帽。

④更换滤芯后,将滤清器各部件依次装回,拧紧,恢复原状。燃气滤清器的拆装过程,要注意避免灰尘、杂质的进入。

6.稳压器

(1)例行检查时,检查接头漏气情况。

(2)二级维护时,更换稳压器修理包。

(3)稳压器维修流程:

①拆卸。

a.关掉气源总阀门,然后松开稳压器的防松螺母,并尽可能的将调节螺钉向顺时针方向旋转。等到调压阀内的气体都排空之后,就可以将稳压器从发动机或者车上移出。

b.将调压阀固定在台虎钳上,且阀盖朝上。

c.逆时针方向旋转调节螺钉,直至弹簧不再承受任何压力。

d.移出阀盖螺钉并保存好以备重新组装之用。

e.将阀盖与阀体分离,并依次移出弹簧钮、大弹簧和膜片,保存好后以备重新组装之用。

f.更换新的膜片和膜片衬垫。

g.移出阀杆钮,并保存好以备重新组装。当阀杆钮损坏时,必须更换新的。

h.重新将调压阀固定在台虎钳上,且底座朝上。

i.选择合适的扳手,将底座按逆时针方向松开并移除,保存好以供重新组装。

j.更换阀座组件和小弹簧;更换阀体处的TEFLON的密封件。

②重新组装。

a.使用机油对阀座组件的O形圈进行润滑。

b.在阀座组件套管中安装新的阀座组件和新的小弹簧。

c.在阀体的扩孔中安装新的TEFLON填料。

d.安装阀体的底座(底座和阀体之间无缝隙)。

e.将阀体固定在台虎钳上以安装阀盖。

f.在阀座组件杆的尾部安装阀杆钮。

g.将膜片衬垫和膜片对齐排列,将膜片在阀体法兰处定位,在阀体处使用TEFLON的膜片衬垫。

h.在大弹簧和弹簧钮定位后,将膜片盘置于膜片的中心位置。

i.将阀盖边缘的孔与阀体边缘的孔对齐。

j.将6个螺钉插入阀体,并将螺钉拧紧。

③安装后调试。

a. 测漏。将稳压器装回原车,打开气瓶总阀门,起动发动机,在怠速情况下,检测稳压器各连接部件和进出气接口是否有漏气。检测时可用肥皂水测漏。

b. 调压。用 WOODWARD 检测软件进行通信、检测,在发动机怠速的情况下,将天然气压力(NGP)调为(0.82 ±0.02)MPa

7. 热交换器

定期清除热交换器外部污垢,检查各管路接头无泄漏。

8. 节温器

定期清洁节温器污垢,功能正常。

9. 燃料计量阀

(1)每 5 万 km 或 500h 清洗燃料计量阀。

(2)喷嘴清洗设备。

①喷射阀清洗工装,连接简图如图 6-106 所示。

②安装 WOODWARD 诊断软件的笔记本电脑。

图 6-106　喷射阀清洗工装连接

(3)喷嘴清洗流程。

①油路连接。停止发动机,关闭气瓶总阀门。拆开 FMV 喷射阀进、出气口管路,将 FMV 的进气口与清洗工装的柴油滤清器出油口相连接,FMV 的出气口用管路直接通到桶中。

②电路连接。FMV 清洗工装需要 12V 电源。将油泵的正负极接线柱分别连到蓄电池正负极,并在电路中安装一开关,以控制油泵的起动与停止。

注意:油泵共有四个接线柱,如图 6-107 所示,最左边的一个为正极,最右边的一个为负极,中间两个空着不用。

③加注柴油。倒入油泵桶中约 6L 柴油,以柴油没过油泵顶部为准。

④清洗。

a. 首先要将发动机进入清洗模式。发动机系统与诊断软件建立连接,进入 Diagnostic Modes-Injector　Cleaning 界面,如图 6-108 所示。

b. 把 Injector Cleaning Mode 由“0”改为“7”。

c. 关掉点火钥匙,断电,约 20s,直至诊断界面变为灰色。

d. 然后再打开点火钥匙（不要起动起动机），给系统供电，此时就能听见 FMV 喷嘴"啪啪"动作的声音。

e. 接着迅速打开油泵开关，这样油泵会将柴油泵到 FMV 内，然后再回流至清洗桶内。直至 FMV 不动作，关闭油泵开关。

f. 如需重复清洗，请重复以上"清洗"过程即可。

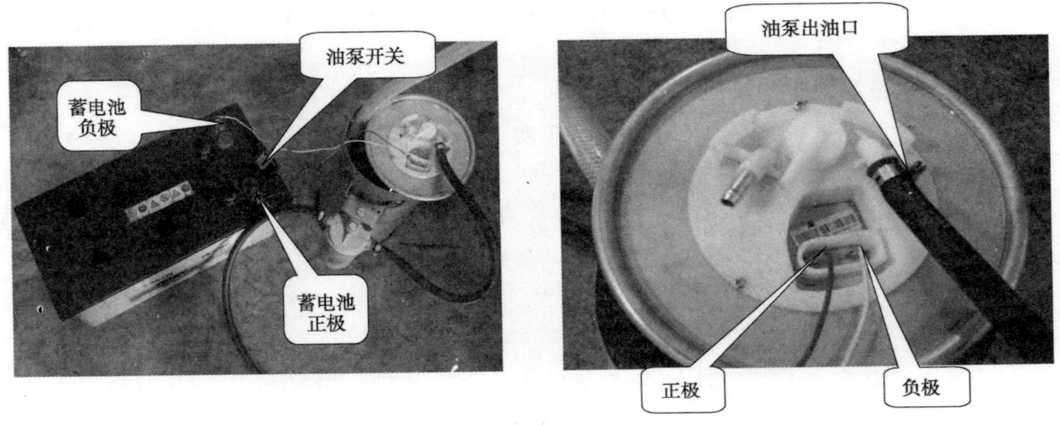

图 6-107　油泵个接线柱

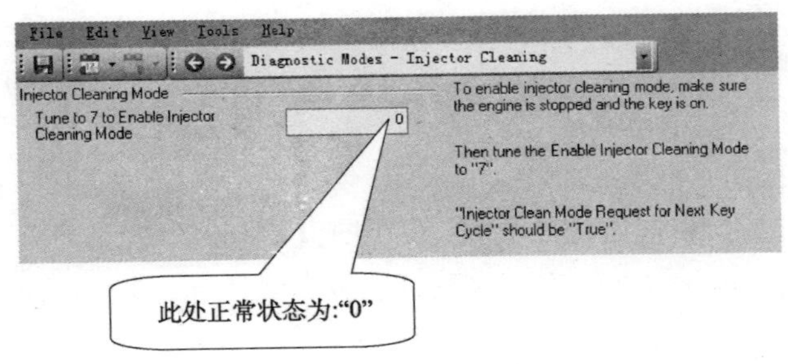

图 6-108　喷嘴清洗模式界面

⑤清洗后的操作。

a. 断开 FMV 进、出气口的油管，先只将 FMV 的原进气管路接好，打开气瓶总阀门，恢复供气。

b. 用起动机带动发动机运转 5s，5min 后重复本操作一次。使天然气经过 FMV，吹净其中的残留柴油。

c. 接回原 FMV 出口的燃气管路，恢复发动机正常状态。

10. 电子节气门

（1）车辆每运行 10 万 km（视当地气体清洁度而定）强制维护，拆下节气门，检查、清洁节气门蝶阀部分油污，清洗后用干压缩空气吹干。

（2）清洗后，用手按压蝶阀，检查蝶阀运动有无卡滞、是否回位；若出现卡滞，则需要更换电子节气门总成。

11. 混合器

(1)车辆每运行10万km强制维护,拆下混合器总成,检查、清洁混合器内部油污,清洗后用干压缩空气吹干。

(2)清洗后,用手沿燃气阀运动轴线方向按压阀芯,检查阀芯运动有无卡滞、是否回位,若出现卡滞,则需更换混合器总成。

(3)检查混合器膜片、燃料空气阀导向槽磨损情况,以及阀芯密封垫使用情况;若出现膜片损坏,则单独更换膜片。

(4)混合器膜片的更换技术要求:

①拆下膜片总成上的4个紧固螺钉,取下膜片压板和膜片。

②将新膜片安装在燃料空气阀上。

注意:膜片成型幅面向上;膜片中心4个大孔对准燃料空气阀安装孔,勿将小孔对准安装孔;否则将造成混合气不能正常工作。

③将4个紧固螺钉涂上适量的乐泰609胶水,安装在燃料空气阀上,安装力矩为0.9~1.4N·m。

④将膜片总成放置于混合器壳体上,旋转膜片总成,使膜片的6个安装孔对齐混合器壳体上的6个螺孔。

⑤将弹簧放在膜片总成中心的弹簧座上,盖上混合器膜片罩,拧紧混合器膜片罩上的紧固螺钉,安装力矩为5－7N·m。

(5)组装完成后,用手指在混合器出口推动膜片,能轻松推动,且放手后膜片自动回位,说明安装正确。由于组装不正确,可能导致膜片总成不能推动、推动困难或膜片总成不能完全回位,则需要重新组装混合器。

12. 火花塞

(1)火花塞属易损件,目前常用的火花塞为(博世BOSCH)公司产。

(2)BOSCH火花塞每3万km,检查火花塞电极燃烧情况,清理电极头部杂质,并调整间隙,电极间隙:0.35mm±0.05mm。

(3)BOSCH火花塞每8~10万km,检查火花塞头部电极贵金属烧蚀情况,若使用情况较好,调整间隙后可继续适用。一般建议10万km后直接更换火花塞。

(4)火花塞拆装规范

①火花塞拆卸前。在火花塞拆卸前,先用风枪或高压空气尽量吹干净缸盖表面,然后拔下高压线。拔高压线时要注意应该捏住头部,不要扯高压线的线体部分,如图6-109所示。再用风枪或高压空气吹出火花塞套筒内的水污、油污、尘土。

②火花塞的拆卸。在拆卸火花塞时,若固定的太紧,无法松动的话,请不要硬性拆卸。否则会造成火花塞螺母及固定部位的损伤或火花塞螺纹部分残留在汽缸头内。

正确的拆装方式是:将发动机起动后给缸头加热,在火花塞螺纹部位注入渗透液体(CRC渗透松动油等),稍等片刻后可拆卸。CRC渗透性松锈油3060是工业级低黏度的润滑松锈剂,能够松解或去除锈斑,松动锈死的紧固件。

拆卸时尽量保证火花塞扳手杆部垂直于套筒横截面。力小者可借助其他工具增长力臂,如图6-110所示。

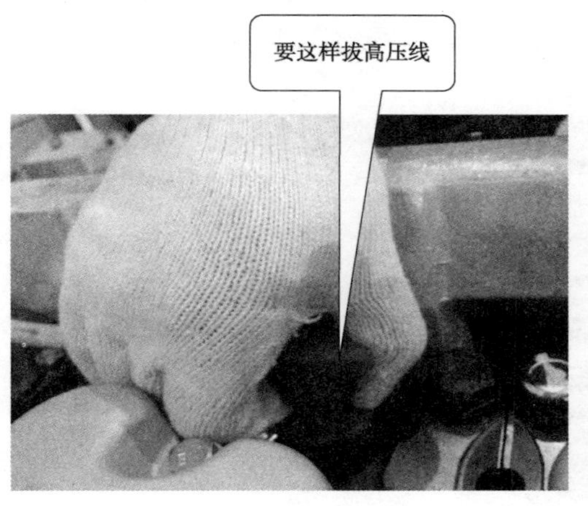

图 6-109　正确拔下高压线

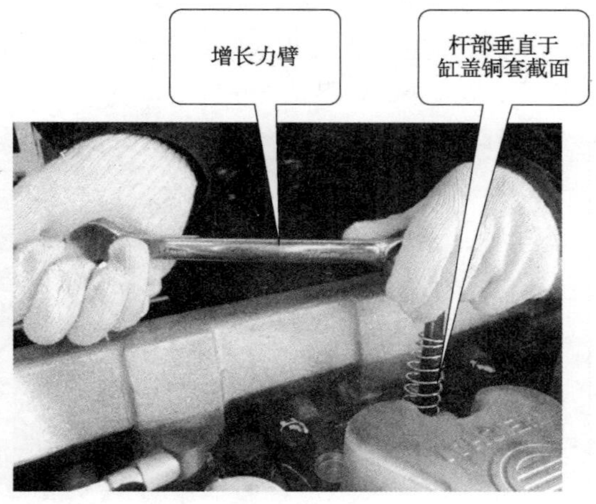

图 6-110　正确拆卸火花塞

③火花塞的清洁。

保持火花塞干燥、清洁：安装前，应用干净的布条或面巾纸等清除掉陶瓷体上油污、赃渍，对于顽固锈渍，可以用砂纸轻轻打磨掉。

④火花塞扳手清洁。安装火花塞时要保证扳手套筒内清洁、干燥。安装前，应用干净的布条或面巾纸等清除掉火花塞扳手套筒内油污、赃渍。

⑤保持缸盖火花塞安装孔干燥、洁净。用干净的布清除掉缸盖火花塞安装孔内的油污、水渍等赃物。

⑥火花塞间隙调整。

调整方法：如果间隙偏大，先把塞尺塞进间隙，用小扳手轻轻敲击侧电极拐角部位；如果间隙偏小，先用小虎钳把间隙慢慢调大，然后塞入塞尺，再用小扳手轻轻敲击侧电极。要保证侧电极和中心电极面平行。调整火花塞间隙如图 6-111 所示。

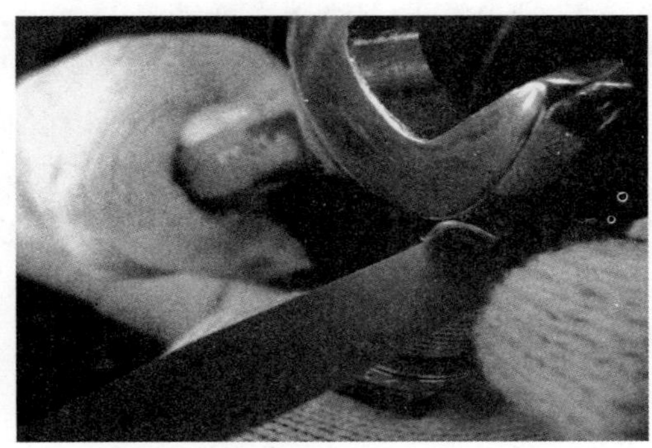

图 6-111　调整火花塞间隙

火花塞间隙：0.35mm ±0.05mm（严格规定用塞规调整）。

⑦火花塞安装。清洁后的火花塞，捏住螺纹部分，先放进火花塞扳手或高压线，然后用

火花塞扳手安装。严禁手拿火花塞直接扔进或放进火花塞安装孔。安装时不要让缸壁碰到外侧电极,以免改变火花塞间隙!注意:不要用手接触火花塞陶瓷体,防止飞弧产生。拧紧火花塞:火花塞的安装力矩:20～25 N·m。

⑧拧紧火花塞后,插入高压线,安装高压线防污帽盖紧压套,如图6-112所示。

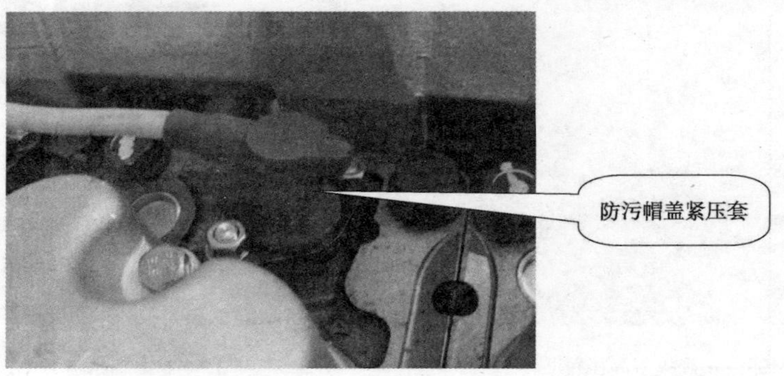

图6-112　防污冒盖紧压套

13. 点火线圈

(1)每3个月或2万km要清理点火线圈弹簧与火花塞之间的氧化物,并涂抹导电膏。

(2)每3个月要检查点火线圈胶套是否老化开裂,如有开裂,应及时更换。

(3)点火线圈次级输出电压高达4万V,所以在发动机使用过程中,绝对不允许直接冲洗发动机,特别是点火线圈部位。

(4)点火线圈紧固螺钉拧紧力矩为7～9N·m;拧紧力矩不能太大,否则会导致侧向力太大,接线柱破裂。

第七节　混合动力汽车维护

混合动力汽车(Hybrid Electrical Vehicle,HEV)是指同时装备两种动力来源——热动力源(由传统的汽油机或者柴油机产生)与电动力源(电池与电动机)的汽车。通过在混合动力汽车上使用电动机,使得动力系统可以按照整车的实际运行工况要求灵活调控,而发动机保持在综合性能最佳的区域内工作,从而降低油耗与排放。混合动力汽车是广泛应用的新能源汽车之一,与传统汽车的区别在于动力供应系统,因此在维护方面也有很大差别,除按照GB/T 18344—2016完成常规汽车维护外,还要根据混合动力汽车的技术特征,增加必要的维护项目。

一、混合动力汽车分类

混合动力汽车驱动系统由两个或多个能同时运转的单个驱动系统联合组成,车辆的行驶功率依据实际的车辆行驶状态由单个驱动系统单独或共同提供。因各个组成部件、布置方式和控制策略的不同,形成了多种分类形式。根据混合动力驱动的联结方式主要分为以下三类。

1. 串联式混合动力系统

串联式混合动力系统一般由发动机直接带动发电机发电，产生的电能通过控制单元传到电池，再由电池传输给电动机转化为动能，最后通过变速机构来驱动汽车。在这种联结方式下，电池就像一个水库，只是调节的对象不是水量，而是电能。电池对在发电机产生的能量和电动机需要的能量之间进行调节，从而保证车辆正常工作。串联型混合电动汽车驱动系统如图6-113所示，这种动力系统在城市公交上的应用比较多，轿车上很少使用。

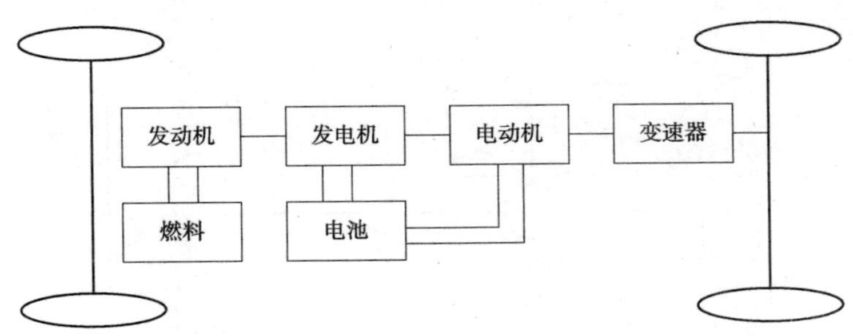

图6-113 串联型混合电动汽车驱动系统结构

2. 并联式混合动力系统

并联式混合动力系统有两套驱动系统：传统的发动机系统和电动机驱动系统。两个系统既可以同时协调工作，也可以各自单独工作驱动汽车。这种系统适用于多种不同的行驶工况，尤其适用于复杂的路况。该联结方式结构简单，成本低。并联型混合电动汽车的驱动结构如图6-114所示，本田Accord和Civic采用的是并联式联结方式。

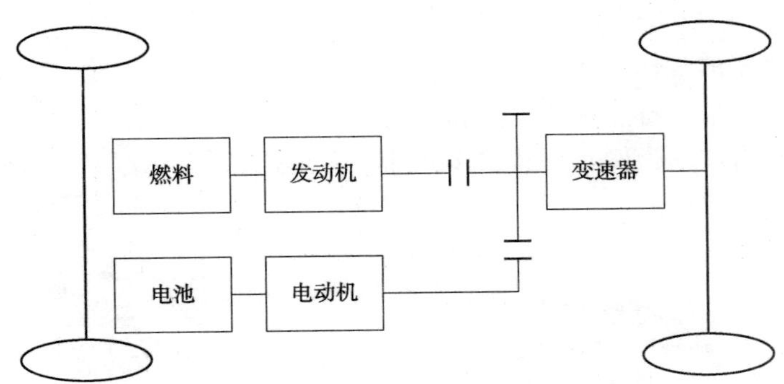

图6-114 并联型混合电动汽车的驱动结构

3. 混联式混合动力系统

混联式混合动力系统（图6-115）的特点在于发动机系统和电动机驱动系统各有一套机械变速机构，两套机构或通过齿轮系，或采用行星轮式结构结合在一起，从而综合调节发动机与电动机之间的转速关系。与并联式混合动力系统相比，混联式动力系统可以更加灵活地根据工况来调节发动机的功率输出和电动机的运转。此联结方式系统复杂，成本高。丰田Prius采用的是混联式联结方式。

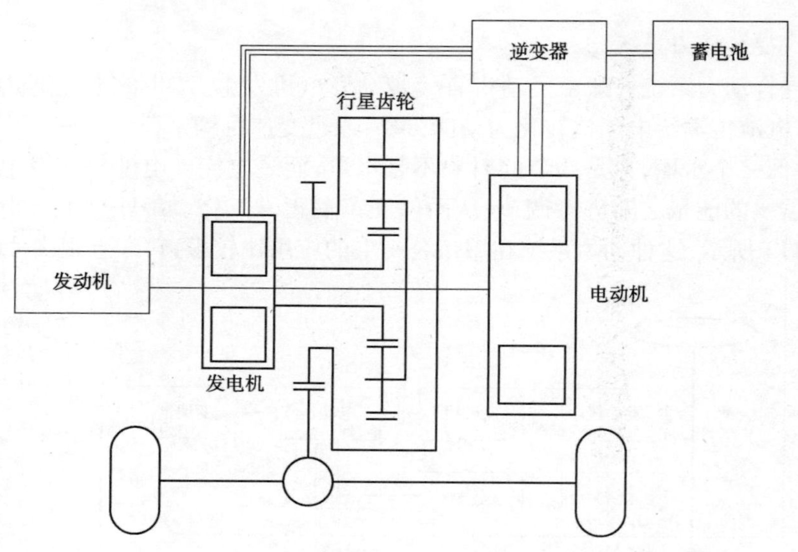

图6-115　混联型电动汽车驱动系统结构

二、混合动力汽车动力系统组成及工作原理

1. 混合动力汽车动力系统的组成

混合动力汽车的动力系统主要由控制系统、驱动系统、辅助动力系统和电池组等部分组成。

控制系统的基本功能是实现对驱动电动机的控制；驱动系统的主要功能是使电能转变为机械能，并将能量传递到车轮使车辆行驶；辅助动力系统的主要功能是直接驱动车辆和为电池组充电；电池组的主要功能则是重复存储和释放电能，以满足车辆驱动和发动机起动的要求。

2. 混合动力汽车的工作原理

混合动力汽车的最大特点是蓄电池和辅助动力（发动机）系统具有互补的工作模式。下面以串联式混合动力汽车为例介绍其工作原理。串联式混合动力汽车（后轮驱动）动力系统组成如图6-116所示。

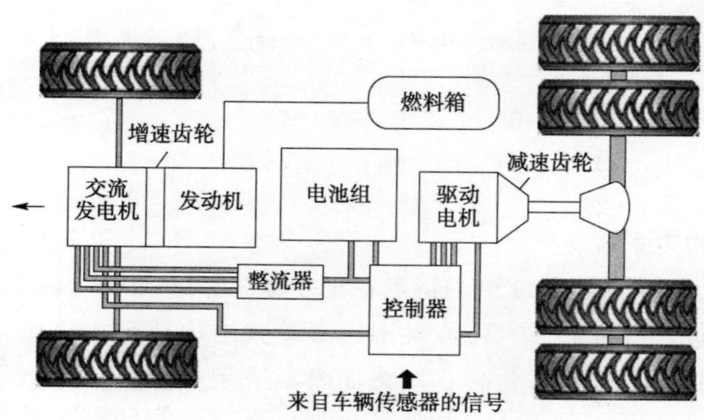

图6-116　串联式混合动力汽车（后轮驱动）动力系统组成

在车辆行驶之初，蓄电池处于电量饱满状态，其能量输出可以满足车辆要求，辅助动力系统不需要工作。电池电量低于60%时，辅助动力系统起动；当车辆能量需求较大时，辅助动力系统与蓄电池组同时为驱动系统提供能量；当车辆能量需求较小时，辅助动力系统为驱动系统提供能量的同时，还给蓄电池组进行充电。由于蓄电池组的存在，使发动机工作在一个相对稳定的工况，使其排放得到改善。

混合动力汽车采用能够满足汽车巡航需要的较小发动机，依靠电动机或其他辅助装置提供加速与爬坡所需的附加动力。其结果是提高了总体效率，同时并未牺牲性能。混合动力车设计成可回收制动能量。在传统汽车中，当驾驶员踩制动踏板时，这种本可用来给汽车加速的能量作为热量被白白扔掉了。而混合动力车却能大部分回收这些能量，并将其暂时储存起来供加速时再用。当驾驶员想要有最大的加速度时，汽油发动机和电动机并联工作，提供可与强大的汽油发动机相当的起步性能。在对加速性要求不太高的场合，混合动力车可以单靠电动机行驶，或者单靠汽油发动机行驶，或者二者结合以取得最大的效率。比如在公路上巡航时使用汽油发动机。而在低速行驶时，可以单靠电动机拖动，不用汽油发动机辅助。即使在发动机关闭时电动转向助力系统仍可保持操纵功能，提供比传统液压系统更大的效率。

三、作业安全

(1)进行高压电路维护时，工作区域应用隔离栏隔离，并悬挂警示牌。

(2)进行高压电路维护的人员应经专业培训合格。

(3)进行高压电路维护时，应佩戴符合技术要求的绝缘手套、绝缘鞋，使用绝缘工具。

(4)进行高压电路维护时，应断开高压电路，直到整车维护作业完成后才能接通。

(5)进行动力蓄电池组(超级电容组)维护时，应先断开低压电源。

(6)禁止同时接触动力蓄电池组(超级电容组)的正负极。

(7)禁止用水直接清洗电气系统部件。

(8)进行高压系统绝缘检测时，应断开高压电路和重要总成。

四、维护作业

混合动力电动汽车维护的分级和周期应符合 GB/T 18344 的要求。混合动力电动汽车维护作业时，依次进行电动系统专用装置维护作业、天然气专用装置维护作业和常规车辆维护作业。天然气专用装置维护作业按 GB/T 27876 或 JT/T 1009 的规定进行，常规车辆维护作业按 GB/T 18344 的规定进行。

(一)日常维护

(1)电动系统专用装置日常维护应在出车前、行车中和收车后进行。

(2)出车前、行车中和收车后，均应检查仪表显示屏主界面，发现故障报警信息及时报修。

(3)出车前和收车后，插电式混合动力电动汽车还应检查动力蓄电池组(超级电容组)剩余电量不足时应及时充电。

(4)收车后，还应检查设备舱门锁是否完好、有效。

(二)一级维护

电动系统专用装置一级维护技术要求见表6-14。

电动系统专用装置一级维护技术要求　　表6-14

序号	作业项目		作业内容	作业要求
1	仪表		检查仪表工作状态	(1)仪表工作正常,字迹清晰或指示准确; (2)信号装置报警功能正常
2	驱动电动机离合器		(1)检查离合器工作状况; (2)检查离合器电控系统	(1)离合器应分离彻底,不发抖、不打滑; (2)离合器电控系统表面清洁,线路插件应连接良好
3	动力蓄电池组或超级电容组	壳体	(1)检查外观; (2)检查紧固情况	(1)壳体应清洁,干燥,完好,无损坏; (2)壳体固定支架应牢固,无松动
		散热系统	(1)检查风扇工作状况; (2)检查进风软管状况及固定情况; (3)清洁防尘网	(1)风扇应工作正常,无老化、损坏; (2)壳体进风软管应无破裂、凹痕,卡箍应牢靠; (3)防尘网应清洁,无杂物
		管理系统	(1)检查模块插件固定情况; (2)检查系统工作状况	(1)模块插件应插接牢固、无腐蚀; (2)管理系统数据显示应正常
4	低压电气控制系统	低压电气控制器	(1)检查工作状况; (2)检查固定情况; (3)用风枪或毛刷进行清洁	(1)控制器应工作正常; (2)控制器应连接规范,安装牢固; (3)散热器、电线插头等应清洁、干燥
		冷却风扇	(1)检查线路连接情况; (2)检查固定情况; (3)清洁外观	(1)线路插件应连接良好; (2)风扇机体应牢固; (3)风扇表面应保持清洁

续上表

序号	作业项目		作业内容	作业要求
5	高压电气控制系统	驱动电动机	(1)清洁外观; (2)检查线路连接情况; (3)检查固定情况; (4)检查工作状况; (5)检查冷却系统	(1)电动机表面应清洁、干燥; (2)线路插件应连接良好; (3)电动机安装支架及减振垫应完好牢固; (4)电动机运行时,应无异常振动和噪声; (5)电动机冷却系统应工作正常,无泄漏,冷却液充足
		发电机	(1)清洁外观; (2)检查线路连接情况: (3)检查固定情况; (4)检查工作状况: (5)检查冷却系统; (6)检查皮带工作状况	(1)电动机表面应清洁、干燥; (2)线路插件应连接良好; (3)电动机安装支架及减振垫应完好牢固; (4)电动机运行时,应无异常振动和噪声; (5)发电机冷却系工作应正常,无异常温度变化; (6)发电机皮带应无松弛、老化现象
		高压电器控制器	(1)检查工作状况: (2)检查固定情况并紧固; (3)用风枪或毛刷进行清洁	(1)控制器应工作正常; (2)控制器应连接规范,安装牢固,搭铁良好,插头紧固; (3)散热器、导线插头应清洁、干燥,控制器舱进、出风道应保持通畅
		主开关	检查工作状况	主开关功能正常,通、断状态良好
		断路器	(1)检查断路器规格; (2)检查固定情况	(1)断路器规格应符合要求; (2)断路器应接线牢固,无松动
		变频器	(1)检查固定情况: (2)清洁外观	(1)变频器应接线牢固; (2)变频器应保持清洁、干燥
6	线束及充电插孔		(1)检查工作状况; (2)检查固定情况; (3)清洁充电插孔	(1)导线、电缆应无松散、破损、老化现象,且绝缘性能良好; (2)线束捆扎合理,安装牢固; (3)充电插孔应清洁,并接插牢固
7	车辆标志		检查外观	车辆标志应符合 GB/T 19751

(三)二级维护

电动系统专用装置二级维护除按表 6-14 完成一级维护作业项目外,还应按表 6-15 完成增加的作业项目。

电动系统专用装置二级维护增加项目的技术要求 表 6-15

序号	作业项目		作业内容	作业要求
1	驱动电动机离合器		调整离合器自由行程	离合器间隙应符合使用要求
2	动力蓄电池组或超级电容组	电压特性	(1)检查电池模块或电容的电压; (2)视情况更换电池组或电容	电压特性应符合产品说明书要求
		绝缘特性	测量壳体绝缘电阻	壳体绝缘特性应符合 GB/T 18384
3	高压电气控制系统	驱动电动机	(1)清洗水垢; (2)补充润滑脂; (3)检查轴承径向间隙,视情况更换; (4)测量绝缘电阻	(1)电动机冷却系统内部应无水垢; (2)电动机润滑脂应充足; (3)轴承径向间隙应符合产品说明书要求; (4)电动机绝缘特性应符合 GB/T 18384
		发电机	(1)测量绝缘电阻; (2)修复绝缘电阻故障	发电机绝缘特性应符合 GB/T 18384
		驱动电动机控制器	(1)测量绝缘电阻; (2)修复绝缘故障	驱动电动机控制器绝缘特性应符合 GB/T 18384
4	整车绝缘特性		(1)测量绝缘电阻; (2)修复绝缘故障	整车绝缘特性应符合 GB/T 18384

(四)混合动力汽车维护作业方法

由于混合动力汽车动力系统结构并不完全相同,其维护方法也就存在差异。下面以丰田 Prius 混合动力电动汽车为例介绍混合动力汽车的维护。

丰田 Prius 混合动力汽车采用了“第二代丰田油电混合动力系统(Toyota Hybrid System - Ⅱ)”,简称“THS - Ⅱ”。丰田 THS - Ⅱ 系统组成如图 6-117 所示。发动机是一台 1.8L 汽油机。MG1 和 MG2 都是同步交流电动机,MG1 起到发电机的作用,同时也是发动机的起动机。MG2 用于驱动车轮也可以发电。混合动力车专用密封镍氢电池,电池的电力可以用来驱动车辆,达到增加汽车动力和节省燃油的目的,同时降低了尾气的排放。

1. 普锐斯混合动力汽车维护注意事项

普锐斯采用的是高压电路,动力电池组的额定电压为 201.6V,发电机和电动机发出(或使用)的电压为 500V。在普锐斯的电路系统中,高压电路的线束和连接器都为橙色,而且蓄电池等高压零件都贴有“高压”的警示标志。在检修过程中一定要严格按照正确的操作步骤操作。在检修过程中(如安装或拆卸零部件、对车辆进行检查等)必须注意以下几点:

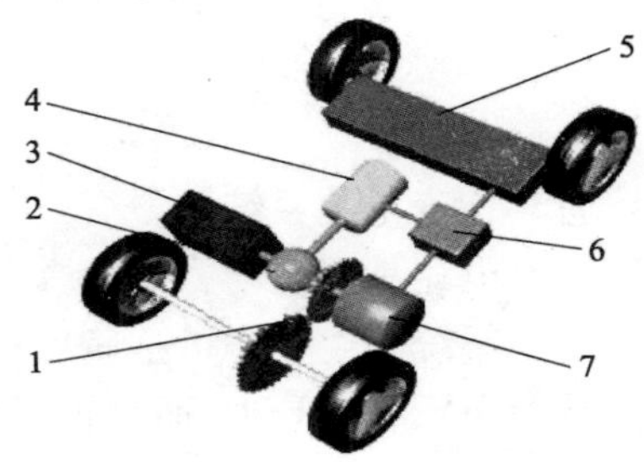

图 6-117　THS - Ⅱ组成

1-减速器;2-行星齿轮机构;3-发动机;4-MG1(发电机);5-HV(混合动力汽车)蓄电池;6-变频器;7-MG2(电动机)

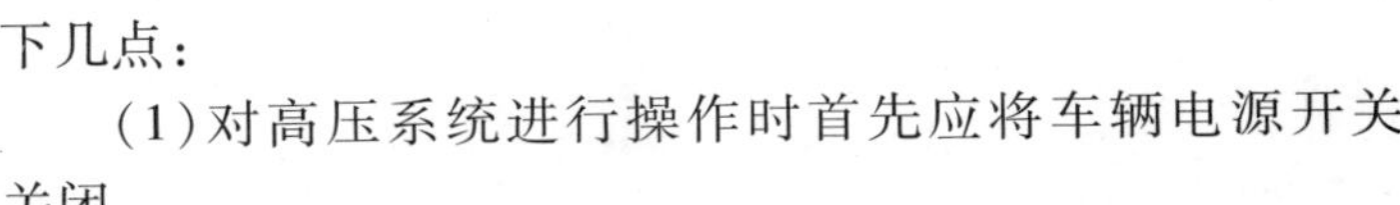

(1)对高压系统进行操作时首先应将车辆电源开关关闭。

(2)戴好绝缘手套(戴绝缘手套前一定要先检查手套,不能有破损,哪怕针眼大的也不行,不能有裂纹,不能有老化的迹象,也不能是湿的)。

(3)将辅助蓄电池的负极电缆断开(在此之前应先查看故障码,有必要的化将故障码保存或记录下来,因为与传统发动机汽车一样,断开蓄电池负极电缆故障码将被清除)。

(4)拆下检修塞,并将检修塞放在衣袋里妥善保管,这样可以避免其他人员误将检修塞装回原处,造成意外。

(5)拆下检修塞后不要操作电源开关,否则可能损坏混合动力 ECU。

(6)拆下检修塞后至少将车辆放置 5min 后再进行其他操作,因为至少需要 5min 的时间对变频器内的高压电容器进行放电。

(7)在进行高压系统的作业时,应在醒目的地方摆放警告标志,以提醒他人注意安全。

(8)不要随身携带任何金属物体或其他导电体,以免不小心掉落引起线路短路。

(9)拆下任何高压配线后应立刻用绝缘胶带将其包好,保证其完全绝缘。

(10)一定要按规定力矩将高压螺钉端子拧紧,力矩过大或过小都有可能导致故障。

(11)完成对高压系统的操作后,在重新安装检修塞前,应再次确认在工作平台周围没有遗留任何零件或工具,并确认高压端子已拧紧,连接器已插好。

2. 检查动力系统工作状态

混合动力汽车日常使用过程中通过电池管理系统实时监控电池组的工作状态对延长电

池组工作寿命、降低车辆维护费用有重要的意义。驾驶员在出车前、行车中、收车后通过仪表显示屏主界面检查混合动力汽车工作状态（图6-118），发现故障报警信息及时报修。出车前和收车后，还应检查动力蓄电池组（或超级电容组）剩余电量，不足时应及时充电。收车后，还应检查设备舱的门锁是否完好、有效。

图6-118　显示屏主界面

3. 检查电池系统

蓄电池是混合动力电动汽车关键技术，也是提高整车性能和降低成本的重要发展方向。蓄电池系统的主要作用是通过蓄电池ECU的使用监控HV蓄电池总成的状态，并将此信息传送给HV控制ECU，而且该系统控制蓄电池鼓风机电动机控制器，以此保持HV的适当温度。

1）检查蓄电池加液口塞导通性

（1）用欧姆表测量端子间的电阻，如图6-119所示。标准：≥10 kΩ或更大。如果不符合标准，则更换蓄电池加液口塞。

（2）将检修塞安装到固定座上。

（3）用欧姆表测量端子间的电阻，如图6-120所示。标准：＜1Ω。如果不符合标准值，则更换蓄电池加液口塞。

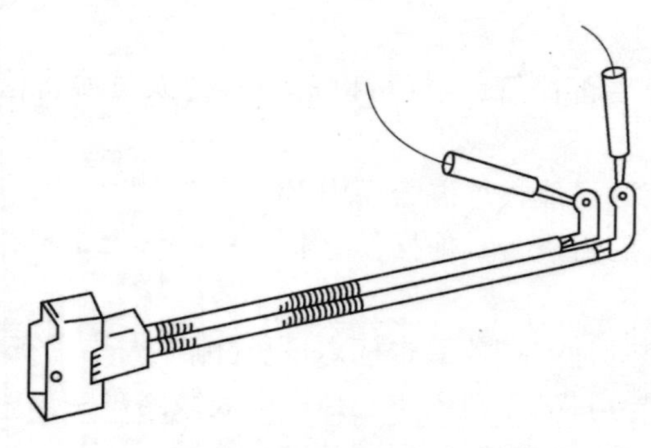

图6-119　测量端子间的电阻图

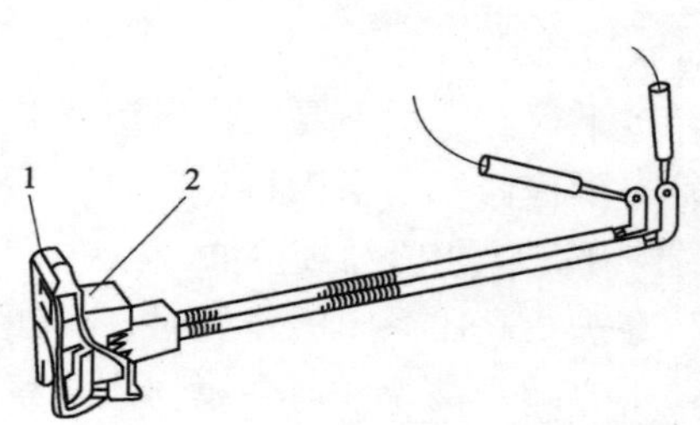

图6-120　测量端子间的电阻

1-检修塞卡箍；2-固定座

2）检查1号系统主继电器

连接器B和C形状相同，通过端子一侧的线束长度和线束颜色来区分每一个连接器，图6-121所示为主继电器连接器，其线条长度和颜色见表6-16。

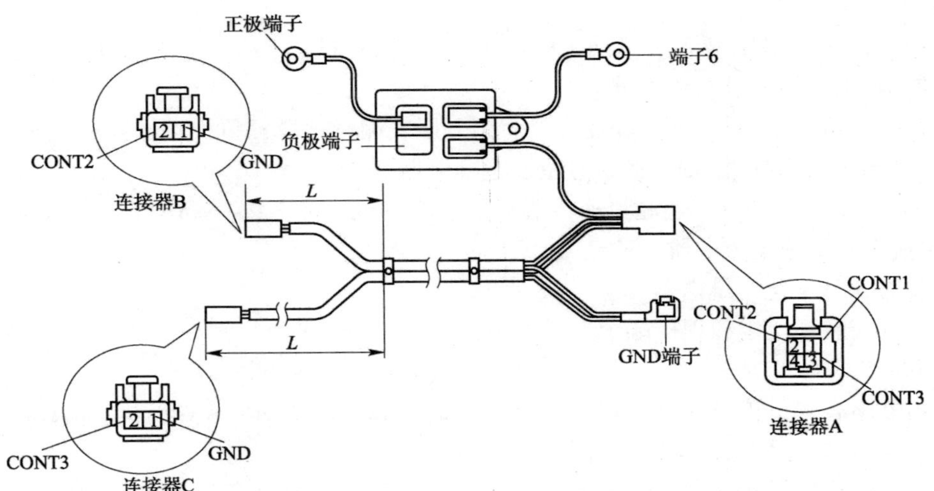

图 6-121 主继电器的连接器

1 号系统主继电器 表 6-16

连接器	线束长度	线束颜色	连接器	线束长度	线束颜色
B	短	黄色	C	长	黑色

(1)检查导通性。

①用万用测量连接器间的电阻,电阻标准值见表 6-17。如果不符合标准值,则更换 1 号系统主继电器。

②在正极和负极端子间提供电压,然后用万用表测量端子 6 和 Al (CONT1)间的电阻。标准: <1Ω。如果不符合标准值,则更换 1 号系统主继电器。

连接器间的电阻标准值 表 6-17

测量端子	标准数值	测量端子	标准数值
正极端子—负极端子	≥10kΩ	端子 B1(GND)—GND	<1Ω
A2(CONT2)—B1(CONT2)	<1Ω	端子 C2(GND)—GND	<1Ω
A3(CONT3)—C1(CONT3)	<1Ω		

(2)检查电阻。

用万用表测量端子 6 和 Al(CONT1)间的电阻。标准:70 ~ 160Ω。如果不符合标准值,则更换 1 号系统主继电器。

3)检查 2 号系统主继电器

将 2 个已安装的螺母安装到负极和正极端子。转矩:5.6N · m。

(1)检查导通性。

①用万用表测量正极和负极端子间的电阻,如图6-122所示。标准:≥10 kΩ。如果不符合标准值,则更换2号系统主继电器。

②在连接器端子间加蓄电池电压,然后用万用表测量正极和负极端子间的电阻。标准:< 1Ω。如果不符合标准,则更换2号系统主继电器。

(2)检查电阻。用万用表测量连接器端子间的电阻。标准:20~50Ω。如果不符合标准值,则更换2号系统主继电器。

4)检查3号系统主继电器

将螺母安装到负极和正极端子上。转矩:5.6 N·m。

(1)检查导通性。

①用万用表测量正极和负极端子间的电阻,如图6-122所示。标准:≥10kΩ,如果不符合标准值,则更换3号系统主继电器。

②在连接器端子间加蓄电池电压,然后用万用表测量正极和负极端子间的电阻。标准:<1Ω。如果不符合标准,则更换3号系统主继电器。

(2)检查电阻。用万用表测量连接器端子间的电阻。标准:20~50Ω。如果不符合标准值,则更换3号系统主继电器。

5)检查蓄电池电流传感器的电阻

(1)用万用表测量端子1(VIB)和端子2(GIB)间的电阻,如图6-123所示,电阻标准值见表6-18。如果不符合标准值,则更换蓄电池电流传感器。

端子1(IVB)和端子2(GIB)间的电阻标准值 表6-18

测量端子	标准数值	测量端子	标准数值
正极探针到端子1(VIB)	3.5~4.5kΩ	正极探针到端子2(GIB)	5~7kΩ
负极探针到端子2(GIB)		负极探针到端子1(VIB)	

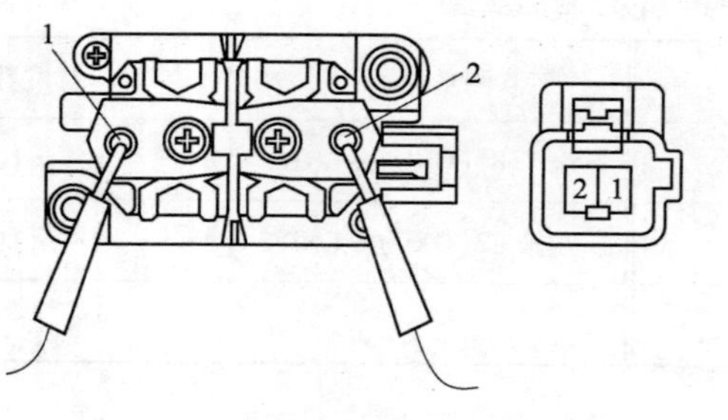

图6-122 2号系统上继电器

1-负极端子;2-正极端子

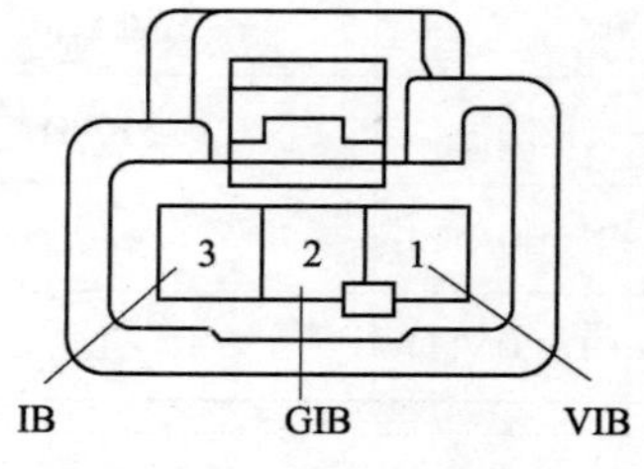

图6-123 蓄电池电流传感器

(2)用万用表测量端子1(VIB)和端子3(IB)间的电阻,电阻标准值见表6-19。如果不符合标准值,则更换蓄电池电流传感器。

端子1(IVB)和3(IB)间的电阻标准值　　表6-19

测量端子	标准数值	测量端子	标准数值
正极探针到端子1(VIB)	3.5~4.5kΩ	正极探针到端子2(IB)	5~7kΩ
负极探针到端子3(IB)		负极探针到端子1(VIB)	

(3)用万用表测量端子2(GIB)和端子3(IB)间的电阻。标准:≤200Ω。调换表笔位置,电阻也应保持不变。如果不符合标准值,则更换蓄电池电流传感器。

6)检查系统主电阻器

用万用表测量端子间的电阻,如图6-124所示。标准:18~22Ω。如果不符合标准值,则更换系统主电阻器。

7)检查1号蓄电池鼓风机继电器

用万用表测量端子间的电阻,如图6-125所示,电阻标准值见表6-20。如果不符合标准值,则更换1号蓄电池鼓风机继电器。

1号蓄电池鼓风机继电器端子间的电阻标准值　　表6-20

测量端子	标准数值
3~5	≥10kΩ
3~5	<1Ω(将蓄电池电压加到端子1和2上)

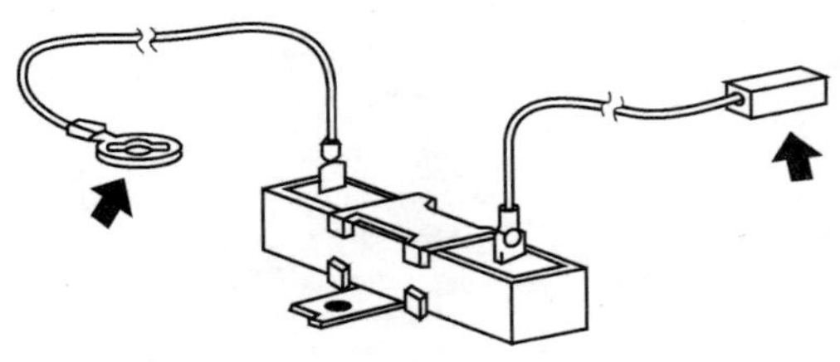

图6-124　系统主电阻器端子

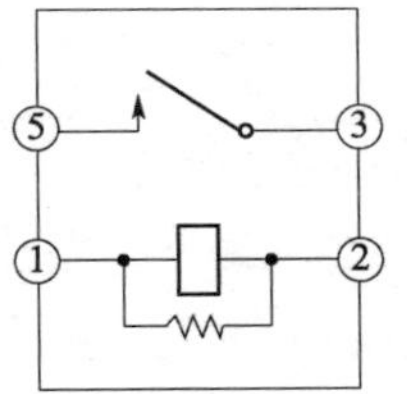

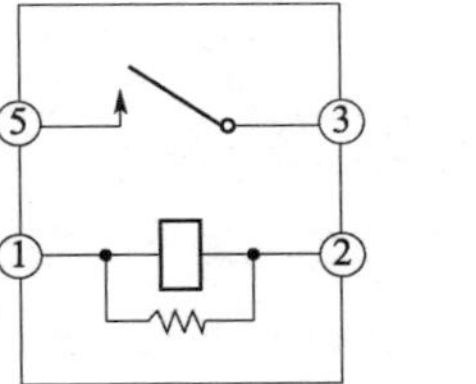

图6-125　1号蓄电池鼓风机继电器

4. 检查变频器

变频器总成用于将高压直流电(HV 蓄电池)转换为交流电(发电机 MG1 和电动机 MG2);反之亦可,将交流电(AC)转换为直流电(DC)。其组成部件包括增压转换器、AC/DC转换器和空调变频器。

(1)检查变频器。查看故障码并清除故障码:戴上绝缘手套,关闭电源开关,拆下检修塞,拆下变频器盖,断开端子A和B,如图6-126所示。将电源开关拨到IG位置,此时会产生互锁开关系统的故障码;在线束侧测量电压,同时用欧姆表测电阻。

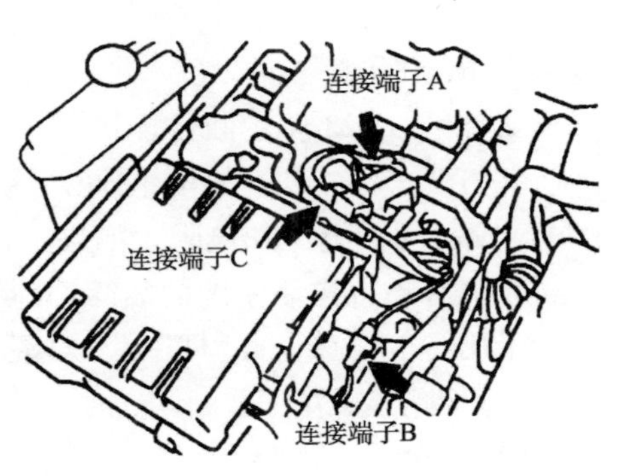

图6-126　变频器连接端子

(2)检视变频器接线,应接线牢固。

(3)清洁变频器,应保持清洁、干燥。

5. 检查转换器

检修前应戴好绝缘手套。如果 HV 系统的主警告灯和充电警告灯同时点亮,则应检查 DTC 并进行相应的故障排除。

(1)检查运行情况。

在 READY 灯(图 6-127)点亮、熄灭时,用电压表测量辅助蓄电池端子的电压。辅助蓄电池端子的电压标准值见表 6-21。提示 READY 灯亮时,转换器输出电压,熄灭时,辅助蓄电池输出电压。

图 6-127　READY 灯

辅助蓄电池端子的电压标准值　　表 6-21

READY 灯状态	电压(V)	READY 灯状态	电压(V)
ON	DC14	OFF	DC12

(2)测量输出电流。

①断开变频器上的 MG1 和 MG2 电缆。

②安装万用表和交/直流 400A 的探针。

③将 MG1 和 MG2 电线连接到变频器。

④在 READY 灯亮的条件下,依次操作 12V 的电气设备,然后测量输出电流。标准:大约 80 A,如果输出电流为 0A 或大于 80A,则检查输入/输出信号。

(3)检查输入/输出信号。

①用万用表测量车身搭铁与车辆侧线束连接器的端子间的电压,此电压应与辅助蓄电池端子电压相同。

②如图 6-128 所示断开连接器。

③打开电源开关(在 IG 位置),用万用表的电压挡和欧姆挡测量车辆线束侧连接器端子(图 6-129)间的电压和电阻。如果不符合标准值,则更换带变频器的转换器总成。

6. 混合动力控制系统的故障诊断

采用智能测试仪Ⅱ(IT－Ⅱ)对混合动力控制系统进行故障诊断,读取动力系统故障信息,故障诊断步骤如下:

(1)车辆进入车间。

(2)分析客户所述故障。

(3)将智能测试仪Ⅱ(IT－Ⅱ)连接到DLC3(数据链路连接器)(图6-130),如果测试仪显示通信故障,检查DLC3。

(4)检查并记录DTC(故障码)和定格数据,如果输出与CAN通信系统有关的故障的DTC,则首先检查并修理CAN通信。

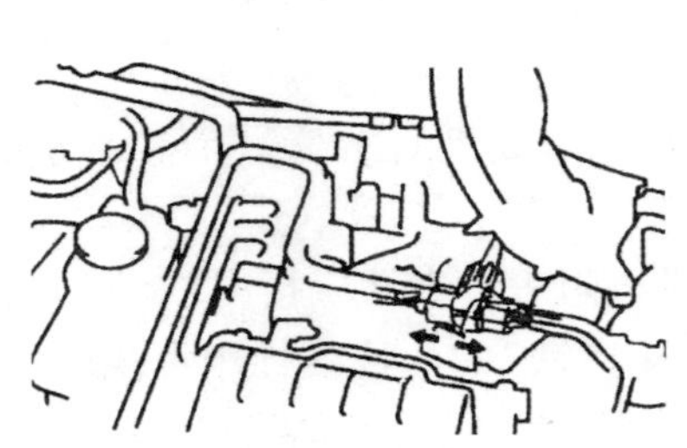

图6-128 断开连接器

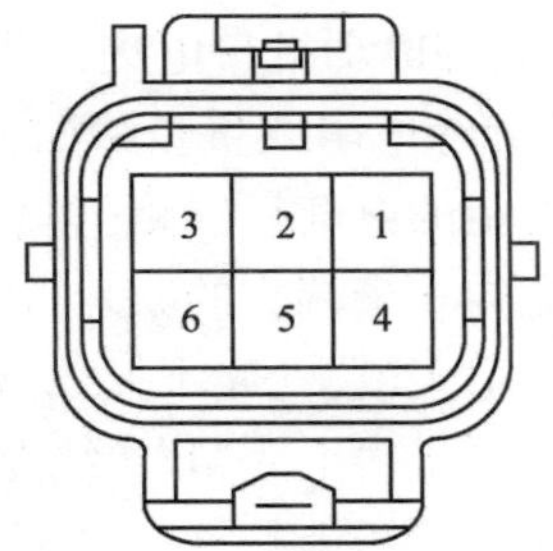

图6-129 连接器端子

(5)清除DTC。

(6)故障症状确认,若故障未出现,进行步骤7;若故障出现,进行步骤(8)。

(7)症状模拟。

(8)检查DTC。

(9)查DTC表。

(10)电路检查。

(11)故障识别。

(12)调整和/或修理。

(13)确认故障试验。

(14)结束。

7. 辅助蓄电池

普锐斯采用的是12V的免维护电池(图6-131),它与传统的汽车用蓄电池类似,负极也是通过车身搭铁的。该电池对高压很敏感,对其充电时应将它从车上拆下,用丰田专用的充电机充电,普通充电器没有专用的电压控制功能,有可能毁坏电池。不能使用快速充电方式,只能使用5A以下充电电流。

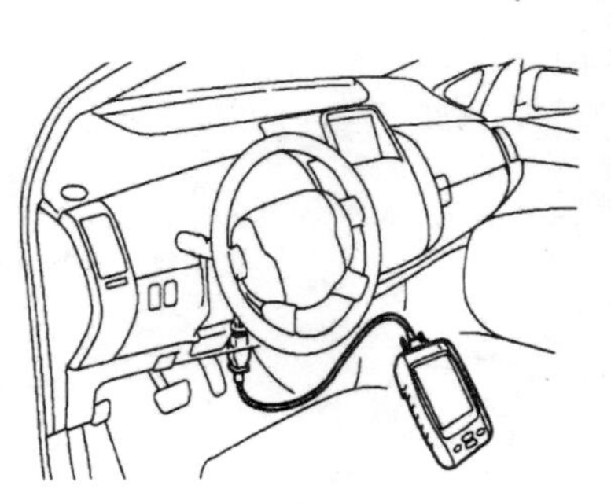

图6-130 智能测试仪与连接器3连接

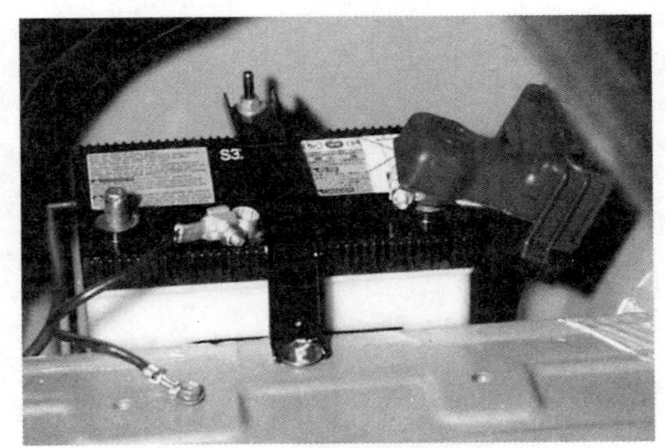

图6-131 辅助蓄电池

指示器颜色为绿色表示蓄电池状态良好;指示器颜色为浅黑色表示蓄电池需要充电;指示器颜色为透明或淡黄色表示蓄电池需要检查。

8. 驱动电动机绝缘电阻测量

(1)电动机绝缘电阻测量前的准备工作。测量前必须将被测电动机的电源切断,并对地短路放电,决不允许电动机带电进行测量,以保证人身和设备的安全。

(2)电动机绝缘电阻测量步骤如下:

①断开电控柜的电动机回路电源,拆除柜内与电动机的连线。拆除电动机的外部接线。将电动机接线盒内6个端头的联片拆开。

②把绝缘电阻表放平,先不接线,摇动绝缘电阻表。表针应指向"∞"处,否则说明绝缘电阻表有故障。再将表上有"L"(线路)和"E"(搭铁)的两接线柱用带线的试夹短接,慢慢摇动手柄(注意:千万不能快速摇动,否则会损坏绝缘电阻表),表针应指向"0"处。校试好绝缘电阻表的0位和∞位后,即可进行测量了。

③测量电动机三相绕组之间的电阻。将两测试夹分别接到任意两相绕组的任意端头上,平放绝缘电阻表,刚开始时,应很慢地摇动,等确定没有短路现象后,再以120r/min的匀速摇动绝缘电阻表约1min时,读取表针稳定的指示值。(注意:摇动期间,双手或身体千万不能触碰到电动机的任何端头和绝缘电阻表的接线端头)。

④用同样方法,依次测量每相绕相与机壳的绝缘电阻值。但应注意,表上标有"E"或"搭铁"的接线柱,应接到机壳上无绝缘的地方。

⑤测量结束后,应将电动机的线圈对地放电,防止伤人。

(3)注意事项:

①测量时,如果发现被测设备的绝缘电阻等于零,应立即停止摇转手炳,以免损坏绝缘电阻表。

②在绝缘电阻表没有停止摇转和设备没有对地放电之前,切勿触及测量部分和表的接线端钮,以免触电。

③测量完毕,应将被测设备对地放电。

④绝缘电阻表,它是测量绝缘电阻最常用的仪表。它在测量绝缘电阻时本身就有高电压电源,这就是它与测电阻仪表的不同之处。

第七章 汽车维护竣工质量检验

汽车二级维护竣工质量检验是汽车维护企业对承修车辆在二级维护过程中作业项目维护质量的一次综合检验，是控制车辆维护质量，杜绝不合格车辆出厂的一个重要环节。汽车二级维护竣工检验结果是汽车维修企业能否签发车辆二级维护竣工出厂合格证的依据，也是汽车维修行业管理部门考核汽车维修企业年度维修质量的依据之一。本章详细介绍了GB/T 18344—2016 规定的汽车维护竣工检验项目、技术要求及检验方法。

第一节 汽车二级维护竣工检验项目及技术要求

汽车二级维护竣工检验应在汽车维护企业完成，检验人员应掌握国家、行业及地方的相关技术标准，并能对汽车二级维护竣工检验结果进行分析，指导维修人员进行调整修理。

一、二级维护竣工检验项目及技术要求

汽车二级维护作业完成后应进行竣工检验，二级维护竣工检验项目及技术要求执行GB/T 18344—2016 规定。二级维护竣工检验项目重点是影响安全、节能和环保的检验项目。二级维护竣工检验项目及技术要求见表 7-1。

二级维护竣工检验项目及技术要求 表 7-1

序号	检验部位	检验项目	技术要求	检验方法
1	整车	清洁	全车外部、车厢内部及各总成外部清洁	检视
2		紧固	各总成外部螺栓、螺母紧固，锁销齐全有效	检查
3		润滑	全车各个润滑部位的润滑装置齐全，润滑良好	检视
4		密封	全车密封良好，无漏油、无漏液和无漏气现象	检视
5		故障诊断	装有车载诊断系统(OBD)的车辆，无故障信息	检测
6		附属设施	后视镜、灭火器、客车安全锤、安全带、刮水器等齐全完好、功能正常	检视
7	发动机及其附件	发动机工作状况	在正常工作温度状态下，发动机起动三次，成功起动次数不少于两次，柴油机三次停机均应有效，发动机低、中、高速运转稳定、无异响	路试或检视
8		发动机装备	齐全有效	检视

续上表

序号	检验部位	检验项目	技术要求	检验方法
9	制动系	行车制动性能	符合 GB 7258 规定,道路运输车辆符合 GB 18565 规定	路试或检测
10		驻车制动性能	符合 GB 7258 规定	路试或检测
11	转向系	转向机构	转向机构各部件连接可靠,锁止、限位功能正常,转向时无运动干涉,转向轻便、灵活,转向无卡滞现象	检视
			转向节臂、转向器摇臂及横直拉杆无变形、裂纹和拼焊现象,球销无裂纹、不松旷,转向器无裂损、无漏油现象	
12		转向盘最大自由转动量	最高设计车速不小于 100km/h 的车辆,其转向盘的最大自由转动量不大于 15°,其他车辆不大于 25°	检测
13	行驶系	轮胎	同轴轮胎应为相同的规格和花纹,公路客车(客运班车)、旅游客车、校车和危险品运输车的所有车轮及其他机动车的转向轮不得装用翻新的轮胎,轮胎花纹深度及气压符合规定,轮胎的胎冠、胎壁不得有长度超过 25mm 或深度足以暴露出帘布层的破裂和割伤以及凸起、异物刺入等影响使用的缺陷	检查、检测
14		转向轮横向侧滑量	符合 GB 7258 规定,道路运输车辆符合 GB 18565 规定	检测
15		悬架	空气弹簧无泄漏、外观无损伤。钢板弹簧无断片、缺片、移位和变形,各部件连接可靠,U 形螺栓螺母拧紧力矩符合规定	检查
16		减振器	减振器稳固有效,无漏油现象,橡胶垫无松动、变形及分层	检查
17		车桥	无变形、表面无裂痕,密封良好	检视
18	传动系	离合器	离合器接合平稳,分离彻底,操作轻便,无异响、打滑、抖动和沉重等现象	路试
19		变速器、传动轴、主减速器	变速器操纵轻便、挡位准确,无异响、打滑及乱挡等异常现象,传动轴、主减速器工作无异响	路试
20	牵引连接装置	牵引连接装置和锁止机构	汽车与挂车牵引连接装置连接可靠,锁止、释放机构工作可靠	检查

续上表

序号	检验部位	检验项目	技术要求	检验方法
21	照明、信号指示装置和仪表	前照灯	完好有效，工作正常，性能符合 GB 7258 规定	检视、检测
22		信号指示装置	转向灯、制动灯、示廓灯、危险报警灯、雾灯、喇叭、标志灯及反射器等信号指示装置完好有效	检视
23		仪表	各类仪表工作正常	检视
24	排放	排气污染物	汽油车采用双怠速法，应符合 GB 18285 规定。柴油车采用自由加速法，应符合 GB 3847 规定	检测

二、二级维护竣工检验方法

二级维护竣工检验方法包括人工检查、路试检验和检测线检验。

1. 二级维护竣工人工检查

汽车二级维护竣工人工检查是汽车二级维护竣工检验中不可缺少的一个重要部分，是用检测仪器和设备对维护车辆的维修质量和性能进行定量检查的补充。人工检查大部分是定性检视，但对某些有定量要求的项目也应借助一般工、量具进行必要的测量。检查时常用的设备和工具主要有：轮胎气压表、轮胎花纹深度计、长度测量工具、手锤及照明器具。根据人工检查和测量的结果，对照国家、行业或地方的有关标准要求，可以得出正确的人工检查的结论。

人工检查是二级维护竣工检验普遍采用的检验方法。一方面，人工检查方便快捷，不使用设备或者使用简单的工具即可以完成检验工作。另一方面，二级维护竣工检验项目适合采用人工检查，如转向系转向机构各部件连接情况，行驶系轮胎质量和悬架质量等。

2. 二级维护竣工检测线检测

汽车二级维护竣工检测线是指二级维护竣工车辆在不解体情况下，对车辆的安全性（制动、侧滑、前照灯等）、可靠性（异响、磨损、变形、裂纹等）和废气排放等技术状况，通过检测线的仪器、设备来进行台架检测，并由计算机打印出准确的检测报告。

二级维护竣工检测线，用于汽车维护企业的二级维护竣工检验。可以根据维护企业的检测能力建立完整检测线或者几个工位组合的简易检测线或者单个工位检测。

上线检测的主要项目及流程一般为：外检→底盘（地沟）间隙检查→OBD 检测→排放污染物检测→轮重、制动检测→转向轮侧滑检测→前照灯检测→转向性能、车轮定位检测等。检测过程由计算机自动控制并自动采集数据，引车员根据显示屏提示进行操作。车辆下线后，计算机自动打印出检测结果并判断其是否符合标准限值。

3. 二级维护竣工路试检验

汽车二级维护竣工人工检查，仅仅是对竣工车辆进行的静态检查。汽车发动机的运转情况，离合器、变速器、减速器、转向系及制动性能的好坏，还必须经过汽车路试检验后，才可确认。

GB/T 18344 - 2016 竣工检验规定，路试检验包括路试行车制动性能检验、路试驻车制动性能检验和传动系路试检验，其中路试行车制动性能检验和路试驻车制动性能检验优先采用台式检验，只有对台式检验有异议或无法台式检验的车辆，才进行路试检验。路试制动性能采用“制动距离”或“充分发出的平均减速度 MFDD”评价。只有传动系需要路试检验，以便检查离合器、变速器、传动轴、主减速器等总成工作情况。

第二节　汽车二级维护竣工检验方法

本节详细介绍了 GB/T 18344—2016 规定的汽车二级维护竣工检验项目、技术要求及检验方法。

（一）整车

1. 技术要求

【条款 5.3.5】　整车

序号	检验部位	检验项目	技术要求	检验方法
1	整车	清洁	全车外部、车厢内部及各总成外部清洁	检视
2		紧固	各总成外部螺栓、螺母紧固，锁销齐全有效	检查
3		润滑	全车各个润滑部位的润滑装置齐全，润滑良好	检视
4		密封	全车密封良好，无漏油、无漏液和无漏气现象	检视
5		故障诊断	装有车载诊断系统（OBD）的车辆，无故障信息	检测
6		附属设施	后视镜、灭火器、客车安全锤、安全带、刮水器等齐全完好、功能正常	检视

【释义】

（1）清洁。

整车清洁非常重要，不仅仅为了美观，更会直接延长车辆的使用寿命。车厢内部清洁不但影响到驾乘舒适性，而且会直接影响到驾乘人员的健康。因此，应对二级维护的车辆进行全车外部、车厢内部及各总成外部清洁作业，保持车厢内外清洁。

（2）紧固。

车辆零、部件的连接，特别是在车辆运行中高速旋转部件的连接，对行车安全至关重要。例如，车轮与轮毂的连接、传动系统的连接等。如果在装配时不能按规定力矩紧固，在经过一段时间运行后，可能会使连接件逐渐松动，导致脱落，造成机件事故，甚至带来严重的交通事故。因此，检查二级维护竣工车辆的连接件的紧固情况。

(3)润滑。

整车润滑包括发动机、底盘和车身等各润滑点的润滑。润滑作用是润滑、清洗、冷却、密封和防锈。如果润滑不良,导致机械损失和零件磨损,造成汽车动力性和经济性下降。因此,检查全车润滑装置和润滑脂加注量,要求润滑部位的润滑装置齐全、有效,润滑良好。

(4)密封。

整车密封包括油液密封性、防雨密封性和气密性。油液密封性是防止汽车用油、水等其他液体泄漏的能力;防雨密封性是指汽车在雨天环境下行驶,关闭全部门、窗、孔、口和盖时,防止雨水进入车厢的能力。GB 18565—2016 取消了营运车辆防雨密封性要求。整车气密性主要由车辆设计上保证,不列入整车密封性检查。汽车二级维护竣工后的密封检查,除了检视车门、车窗、客车车身、货车车厢等部位的密封性能以外,还要检查汽车各总成件或连接管路的漏水、漏油、漏气情况。

(5)OBD 故障诊断。

随着监控尾气排放需要和车载电子技术的快速发展,车载诊断系统(OBD)已经成为汽车的标准配置。通过汽车故障电脑诊断仪等设备可以迅速读取汽车电控系统中的故障信息,根据故障信息查明故障部位及原因。GB/T 18344—2016 要求,装有车载诊断系统(OBD)的车辆不应有故障信息,未装有车载诊断系统(OBD)的车辆不适用于本条款。

(6)附属设施。

涉及到行车安全和公共安全的附属设施主要包括后视镜、刮水器、安全带、灭火器以及客车安全锤等。其中,灭火器、客车安全锤(玻璃破碎器)是预防事故后二次伤害的安全设施及装置。安全带是被动安全装置,能够有效避免伤亡事故。后视镜和风窗刮水器等是汽车产品公告的强检项目,与行车安全相关。对影响安全的附属设施进行检查,确保这些附属设施齐全完好,功能正常。

2. 检验方法

1)清洁

检视车辆外表有无泥垢、尘土,检视发动机机舱有尘土和油污,各总成件外部及底盘下方有无泥垢、尘土和油污。检视车厢内部顶篷、控制台、转向盘和变速杆、座椅、安全带、地毯有无尘土和污渍。

【判定】 检验结果存在以下情形的,视为不合格:

(1)车辆外表有泥垢、尘土,发动机舱有尘土及油污,各总成件外部及底盘下方有泥垢、尘土和油污。

(2)车厢内部顶篷、控制台、转向盘和变速杆、座椅、安全带、地毯有尘土和严重污渍。

【要点】

(1)目视、手摸无灰尘、无明显污迹,无明显异味。

(2)防止车厢内出现卫生死角,如果这些死角不清洁干净的话,车厢内就很容易滋生细菌,从而影响驾驶员和乘客的身体健康。

2)紧固

采用试紧固的方法对拧紧力矩进行检测,试紧固就是使用测扭矩试一试该紧固的部位是否按规定拧紧。紧固件未按规定力矩拧紧及破损等原因引起机件配合松旷和连接松动,这是车辆检测中常见的问题。

在驾驶室及车厢内,检查仪表及车内设施的固定是否牢固。在发动机舱内,检查发动机及附件的固定情况。底盘部分,重点检查主销、横直拉杆球头是否松旷,转向机支架固定是否牢固,传动轴中间支承架是否松动,传动轴花键及前后各凸缘是否松旷,缓速器连接螺栓的紧固力矩,轮胎螺母、半轴螺母有无松动。检查钢板弹簧U形螺栓、制动底板紧固螺栓、车厢及车架等连接部位固定螺栓是否松动。

【判定】 检验结果存在以下情形的,视为不合格:

(1)车辆外部的连接螺栓和螺母有松动现象。

(2)紧固件未按规定力矩拧紧。

(3)锁销、垫片不齐全或失效。

【要点】 主要是检查车辆转动部件的连接螺栓是否按原车的使用说明书或有关技术文件的规定力矩拧紧。对原车使用说明书或有关技术文件没有规定的,应按一般螺纹紧固件的拧紧力矩拧紧。

3)润滑

(1)检视发动机、变速器、转向器、减速器等总成件的润滑油液面高度,润滑油液面高度应符合规定。

(2)检视水泵、风扇、转向节销和销孔、传动轴万向节轴承和花键、车轮制动器凸轮轴、钢板弹簧支撑销和支撑滑块等部位的润滑点,润滑脂油嘴应齐全有效,安装方向应正确,润滑良好。

【判定】 检验结果存在以下情形的,视为不合格:

(1)发动机、变速器、转向器、减速器等总成件的润滑油(脂)不符合使用说明书规定或未更换。

(2)润滑脂油嘴失效、未注满油脂,润滑脂油嘴安装方向不正确。

【要点】 整车润滑点可以分为单独润滑点和集中润滑系统。集中润滑系统重点是外观检视和功能测试,如管路接头紧固、管线连接布排情况、功能测试是否正常。

4)密封

(1)检视汽车各总成件或连接管路有无漏水、漏油和漏气现象。要求在发动机运转及停车时散热器、水泵、汽缸体、汽缸盖、暖风装置及所连接部位均不得有明显渗、漏现象。在储气筒气压达额定值时,或踩下制动踏板后,各制动管路、泵阀不得有漏气、漏油现象。渗为其部位有印迹,用手能摸得着;漏为其部位有液滴掉落下来。

(2)检视车门、车窗、货车车厢等部位的关闭情况。车门、车窗可靠关闭,货车货厢、栏板和底板应无变形和破损,栏板锁止机构工作可靠。

【判定】 检验结果存在以下情形的,视为不合格:

(1)整车存在漏油、漏水、漏气和漏电现象。

(2)车门、车窗可靠关闭不严,货车货厢、栏板和底板严重变形和破损,栏板锁止机构失效。

【要点】

(1)由于检查部位的特殊性,所检部位需要在地沟内完成检查。

(2)泄漏指整车的漏油、漏水、漏气和漏电现象。漏油是指漏润滑油、燃油和制动液等，漏油重点检查发动机、离合器、变速器、转向器和主减速器等总成和部件是否有漏油现象。燃油系统一般注意检查燃油管路及接头处有无渗漏油。液压管路系统，主要检查各管路接头有无渗漏。漏水，主要是检查散热器、水泵、汽缸体、汽缸盖及水管各连接部位有无滴漏现象。漏气，主要是检查气压制动车辆的储气筒到各制动器室及管路接头处有无漏气。漏电，一般不多，只是对一些老旧车辆检查。重点是看电缆束、电线有无破损、烧焦现象，线头是否接牢，接头是否清洁。

5)故障诊断

采用汽车故障电脑诊断仪或同类型仪表按照使用说明书规定的操作程序读取车辆故障信息，装有车载诊断系统(OBD)的车辆，应无故障信息。

受检车辆停放在指定位置，使用汽车故障电脑诊断仪进行故障诊断，检验员可以参照以下方法：

(1)根据受检车辆诊断座的类型选择测试接头。

(2)关闭发动机，点火钥匙处于“关”的位置。

(3)将汽车故障电脑诊断仪连接到受检车辆的诊断座接口，如图 7-1 所示。

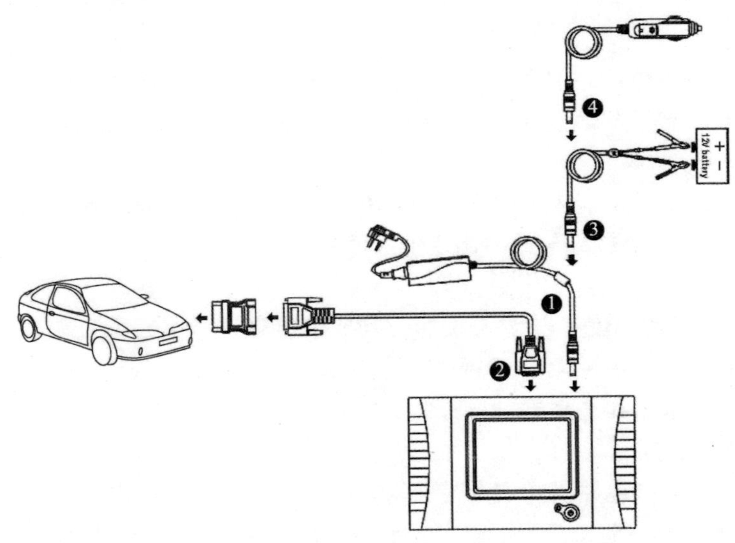

图 7-1　仪表与受检车辆的连接

(4)将点火钥匙打到“起动”位置，不起动发动机(有的诊断仪需要起动发动机)，操作诊断仪读取故障码。

(5)如存在故障码，应清除故障码。

(6)点火钥匙打回“关”的位置后，再打到“起动”位置，再次操作诊断仪读取故障码。

(7)查看诊断仪屏幕是否有故障码输出提示。

(8) 如有故障码提示，分析显示的故障或根据故障码手册查询故障信息(请注意手册仅供参考)，应进行维修，排除故障信息。

【判定】 装有车载诊断系统(OBD)的车辆,应无故障信息。如果有电子控制系统有与发动机排放控制系统、防抱死制动装置(ABS)、电动助力转向系统(EPS)及其他与行车安全相关的故障信息时,视为不合格。

【要点】

(1)OBD Ⅱ诊断座是一个包含16pin的母座(图7-2),一般位于汽车转向盘的下方(图7-3),但不同的车型具体位置可能不同,可按使用说明书指明的位置或在中控台和正、副驾驶座椅附近查找。

图7-2 16pin诊断座

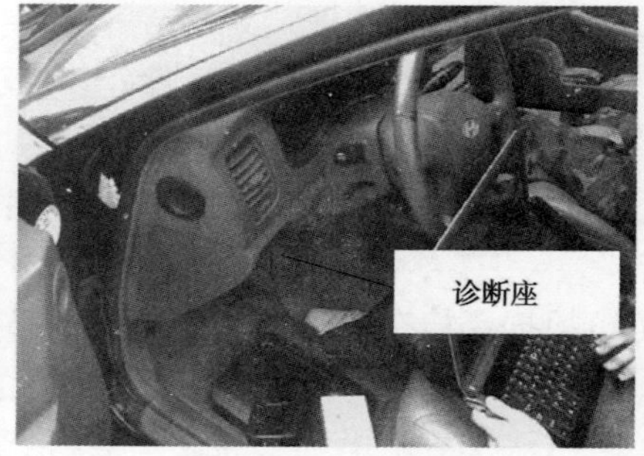

图7-3 诊断座的位置

(2)汽车发动机故障诊断仪器种类繁多,操作时按使用说明书进行操作。

(3)电子喷射和高压共轨发动机均有诊断座,其位置因车而异,通常在驾驶座附近,应仔细查找。

(4)有些车辆维修后可能未清除车载电脑中存储的故障码,为防止误判,应先清除故障码后,再进行诊断并读取故障码,此时出现的故障码为真实故障。

6)附属设施

受检车辆停放在指定位置,检验员按照下列要求检测:

(1)被检车辆的左、右后视镜、内后视镜、下视镜是否完好,有无损毁,能否有效保持其位置。

(2)开启风窗刮水器和洗涤器,检视刮水器、洗涤器能否正常工作,刮水器关闭时刮水片是否自动返回初始位置。

(3)检验员在车上检视并操作安全带,重点对安全带的锁扣锁止有效性、安全带的自动卷收以及织带状况进行检验,以确保其功能有效。重点关注汽车安全带的损坏情形、坐垫套覆盖遮挡安全带情形、安全带绑定在座位下面情形。客车的所有座椅、货车驾驶员座椅和前排乘员座椅应配备安全带,且配件齐全有效,无破损。

(4)检查灭火器的配备数量以及放置位置情况。数量是否与车辆类型相适应,是否在有效期内,放置是否牢靠,是否便于取用。

(5)封闭式客车的每个应急窗邻近处应设置玻璃破碎装置。若为应急锤,取下时应能通过声响信号实现报警,玻璃破碎装置的配置数量应符合相关规定。

【判定】 检验结果存在以下情形的,视为不合格:

(1)左、右后视镜、内后视镜、下视镜以及其他装车视镜存在破损,丧失功能,不能有效保持其位置,视为不合格。

(2)刮水器不动作或各挡刮刷频率异常，刮水器关闭时刮水片不能自动返回初始位置，洗涤器不能正常工作，视为不合格。

(3)未按规定配备安全带，安全带的机件不全，锁扣锁止、自动卷收失效，织带破损，以及存在坐垫套覆盖遮挡安全带、安全带绑定在座位下面的情形，视为不合格。

(4)未按规定配备灭火器，数量及放置位置不符合规定，灭火器超过有效期，视为不合格。

(5)封闭式客车车内未配备玻璃破碎装置或数量与规定不符，玻璃破碎装置放置位置不正确。

【要点】

(1)左、右后视镜、内后视镜等与行车中驾驶员的前后视野密切相关，不同车型装备的视镜种类有所不同，凡是装车视镜均应完好，无损毁，并能有效保持位置。

(2)风窗刮水器和洗涤器的检查可同步进行，建议先检查洗涤器，并使风窗在湿态下，对刮水器进行检查。

(3)客车、货车及乘用车的所有座椅均应配备安全带。

(4)随车配备与车辆类型相适应的灭火器，灭火器应在有效期内，并安装牢靠和便于取用。对于客车，仅有一个灭火器时，应设置在驾驶员附近。当有多个灭火器时，应在客厢内按前、后或前、中、后分布，其中一个应靠近驾驶员座椅。

(5)玻璃破碎装置采用自动破窗器(图7-4)或安全手锤(图7-5)或两者混装均视为合格。

图7-4 自动破窗器

图7-5 安全手锤

(二)发动机及其附件

1. 技术要求

【条款5.3.5】 发动机及其附件

序号	检验部位	检验项目	技术要求	检验方法
1	发动机及其附件	发动机工作状况	在正常工作温度状态下，发动机起动三次，成功起动次数不少于两次，柴油机三次停机均应有效，发动机低、中、高速运转稳定、无异响	路试或检视
2		发动机装备	齐全有效	检视

【释义】 以上条款是对发动机及其附件的工作状态及其装备的要求。发动机工作状态包括发动机起动性能、运转状态及发动机异响等。发动机装备包括发动机点火、燃料供给、润滑、冷却和排气等系统装备。

2. 检验方法

1)发动机工作状况

发动机起动和熄火三次,发动机成功起动次数不少于两次,柴油发动机三次停机均有效。发动机低、中、高速运转状况时,检查运转是否稳定,有无异响。

【释义】 本项目的检验侧重于发动机“运行检查”。受检车辆停放在指定位置,检验员起动发动机三次,成功起动次数不少于两次。对于柴油发动机,三次停机均应有效,不得出现异常情况。起动发动机后,使发动机在怠速、中速和高速分别运转10s,均应运转平稳,无异响。

【判定】 检验结果存在以下情形的,视为不合格:

(1)起动发动机三次,成功起动次数少于两次。

(2)柴油发动机,在三次连续起/停时,无法正常关闭发动机。

(3)起动发动机后,在怠速、中速和高速运转不平稳,有异响。

【要点】 检查时,注意发动机起动时消耗的时间,如起动时间过长或无法完成两次成功起动,可根据出现的情况判断是否为发动机、起动机或蓄电池故障。

2)发动机装备

受检车辆停放在指定位置,检查发动机点火、燃料供给、润滑、冷却和排气等系统装备是否齐全有效。

【释义】 本项目的检验侧重于发动机“停机检查”。受检车辆停放在指定位置,检验员检查发动机点火、燃料供给、润滑、冷却和排气等系统装备,应齐全有效,各系统工作正常。

【判定】 检验结果存在以下情形的,视为不合格。

(1)发动机装备的装置不齐全或者不能有效工作。

(2)发动机装备的装置外观损坏、安装不牢固。

(3)起动发动机后,各系统不能正常工作,有异响。

【要点】

(1)排气管和消声器漏气可导致尾气排放检验和燃料消耗量检验数据失真,严重影响排放检测及碳平衡法检测燃油消耗量。因此,排气管及消声器不得有泄漏。

(2)燃料管路不得有泄漏现象,与其他部件无碰擦,软管无老化现象,燃料箱及燃料管路应稳固牢靠。

(三)制动系

1. 技术要求

【条款5.3.5】 制动系

序号	检验部位	检验项目	技术要求	检验方法
1	制动系	行车制动性能	符合 GB 7258 规定,道路运输车辆符合 GB 18565 规定	路试或检测
2		驻车制动性能	符合 GB 7258 规定	路试或检测

【释义】 以上条款是制动系检验的要求。制动性能是汽车最重要的主动安全性能,其优劣直接影响行车安全和公共安全,所有车辆均应符合本要求。二级维护竣工检验主要针对行车制动性能和驻车制动性能,行车制动性能和驻车制动性能分为台架检验和路试检验。行车制动性能符合 GB 7258 规定,道路运输车辆符合 GB 18565 规定。

1)台架检验行车制动性能

台架检验行车制动性能满足 GB 7258、GB 18565 规定。整车制动率、轴制动率和制动不平衡率应符合表 7-2 的要求。

台架检验制动性能要求 表 7-2

车辆类型		整车制动率(%)		轴制动率(%)		制动不平衡率(%)
		空载	满载	前轴[a]	后轴[a]	
M_1 类乘用车		≥60	≥50	≥60[b]	≥20[b]	前轴≤24 后轴≤30 或 10[d]
M_2、M_3 类客车		≥60	≥50	≥60[b]	≥50[c]	
N_1 类货车		≥60	≥50	≥60[b]	≥20[b]	
N_2、N_3 类货车		≥60	≥50	≥60[b]	≥50[c]	
牵引车		≥60	≥50	≥60	≥50	
O3、O4 类挂车	全挂车	—	—	≥55[e]	≥55[e]	
	半挂车	—	—	—	≥55[e]	

注:a前轴是指位于机动车(单车)纵向中心线中心位置以前的轴,除前轴之外的其他轴均为后轴;第二转向桥视为前轴;挂车的所有车轴均视为后轴。

b 空载和满载状态下测试均应满足此要求。

c满载测试时不做要求,空载用平板制动检验台检验时应大于或等于 35%;总质量大于 3500kg 的客车,空载用滚筒反力式制动检验台检验时应大于或等于 40%,用平板制动检验台检验时应大于或等于 30%。

d对于后轴,当轴制动率大于等于该轴轴荷 60% 时,不平衡率不大于 30%;当轴制动率小于该轴轴荷 60% 时,不平衡率不大于该轴轴荷的 10%。

e满载状态下测试时应大于或等于 45%。

【要点】

(1)机动车(单车)横向中心线中心位置以前的轴,视为前轴,除前轴之外的其他轴均为后轴;第二转向桥视为前轴;挂车的所有车轴均视为后轴。个别车辆的纵向中心线中心位置以前有第三转向轴,也视为前轴(图 7-6),应按此约定对行车制动性能进行检测与评价。

图 7-6 特殊车辆(第三转向桥)

(2)在空载和满载状态下,对于 M_1 类乘用车和 N_1 类货车的前、后轴,M_2、M_3 类客车和 N_2、N_3 类货车的前轴,其轴制动率均应满足要求。

(3)对于 M_2、M_3 类客车和 N_2、N_3 类货车的后轴,其轴制动率满载时不做要求,空载用平板制动检验台检验时应大于或等于 35%;总质量大于 3500kg 的客车,空载用滚筒反力式制动检验台检验时应大于或等于 40%,用平板制动检验台检验时应大于或等于 30%。

(4)对于后轴,当轴制动率大于或等于该轴轴荷 60% 时,不平衡率不大于 30%;当轴制动率小于该轴轴荷 60% 时,制动不平衡率不大于该轴轴荷的 10%。

(5)全挂车的前、后轴和半挂车的后轴,满载状态下的轴制动率应大于或等于 45%。

(6)除汽车列车以外的所有单车,制动协调时间不做要求,包括路试制动协调时间和台架检验的制动协调时间。

2)台架检验驻车制动性能

驻车制动性能对于以山区、丘陵地带行驶为主以及运行在坡道较多路段的车辆至关重要,应予以关注。台架检验驻车制动性能的要求如下:

(1) 驻车制动应能使车辆在任何装载条件和没有驾驶员的情况下保持原位。驾驶员应在座位上就可实现驻车制动。若挂车与牵引车脱离,3500 kg 以上的挂车应能产生驻车制动,挂车的驻车制动装置应能由站在地面上的人实施操纵。

(2)台架检验时,在空载状态下,乘坐一名驾驶员,驻车制动力的总和不应小于测取的整车质量的 20%,总质量为整备质量 1.2 倍以下的车辆应不小于 15%,对于由牵引车和挂车组成的汽车列车也应符合此要求。

【要点】

(1)台架检验时,车辆为空载,并乘坐一名检验员。

(2)驻车制动性能符合台架检验要求或路试检验要求即为合格。

3)路试检验行车制动性能

路试检验行车制动性能有两种评价方法:路试检验制动距离和制动稳定性,路试检验充分发出的平均减速度(MFDD)和制动稳定性。路试检验行车制动性能的要求如下:

(1)当对台架检验结果有质疑或被检车辆无法进行台架检验时,可采用路试检验并以路试检验结果进行评价(汽车列车制动时序和制动力分配除外)。

(2)路试检验制动距离和制动稳定性应符合表 7-3 的要求。

路试检验制动距离和制动稳定性 表 7-3

车辆类型	制动初速(km/h)	空载制动距离(m)	满载制动距离(m)	试验通道宽度[a](m)
M_1 类乘用车	50	≤19.0	≤20.0	2.5

续上表

车辆类型	制动初速（km/h）	空载制动距离（m）	满载制动距离（m）	试验通道宽度[a]（m）
N_1 类货车	50	≤21.0	≤22.0	2.5
M_2、M_3 类客车，N_2、N_3 类货车（含半挂牵引车）	30	≤9.0	≤10.0	3.0
汽车列车	30	≤9.5	≤10.5	3.0

注：a 制动过程中车辆的任何部位（不计入车宽的部位除外）不超出规定宽度的试验通道的边缘线。

（3）路试检验充分发出的平均减速度（MFDD）和制动稳定性应符合表 7-4 的要求。汽车列车的制动时序应满足：挂车各轴的制动动作应不滞后于牵引车各轴的制动动作，汽车列车的制动协调时间不大于 0.80s。

路试检验充分发出的平均减速度（MFDD）和制动稳定性 表 7-4

车辆类型	制动初速度（km/h）	空载平均减速度（m/s^2）	满载平均减速度（m/s^2）	试验通道宽度[a]（m）
M_1 类乘用车	50	≥6.2	≥5.9	2.5
N_1 类货车	50	≥5.8	≥5.4	2.5
M_2、M_3 类客车，N_2、N_3 类货车（含半挂牵引车）	30	≥5.4	≥5.0	3.0
汽车列车	30	≥5.0	≥4.5	3.0

注：a 制动过程中车辆的任何部位（不计入车宽的部位除外）不超出规定宽度的试验通道的边缘线。

【要点】

（1）当对台架检验结果有质疑或被检车辆无法进行台架检验时，才可采用路试检验行车制动性能。由于操作性的问题，汽车列车制动时序和制动力分配不进行路试检验。

（2）路试检验行车制动性能的两种评价方法任选其一。

（3）路试行车制动性能应严格按照规定的制动初速度进行检验，并以规定的技术指标进行评价。

4）路试检验驻车制动性能

路试检验驻车制动性能的要求如下：

（1）驻车制动应能使车辆在任何装载条件和没有驾驶员的情况下保持原位。驾驶员应在座位上就可实现驻车制动。若挂车与牵引车脱离，3500 kg 以上的挂车应能产生驻车制动，挂车的驻车制动装置应能由站在地面上的人实施操纵。

（2）路试检验时，在空载状态下，驻车制动装置应能保证车辆在坡度为 20%（对总质量为整备质量的 1.2 倍以下的车辆为 15%）的坡道上行和下行两个方向保持静止不动，时间不应少于 5min。

【要点】

(1)路试检验时,车辆为空载(可不乘坐检验员),驻车制动装置保证车辆在坡道上行和下行两个方向保持静止不动的时间不少于2min时,可视为合格。

(2)驻车制动性能符合台架检验要求或路试检验要求即为合格。

2. 检验方法

1)台架检验行车制动性能

(1)设备要求。

①采用滚筒反力式制动检验台或平板式制动检验台检验,制动力的单位为10N。

②采用滚筒反力式制动检验台时,应符合以下要求:

a. 单边滚筒驱动电动机的额定功率为:

$$P_d = \frac{0.3m_e gv}{1.9 \times 3600}$$

式中:P_d—— 单边滚筒驱动电动机额定功率,kW;

m_e—— 制动台额定承载轴质量,kg;

g——重力加速度,取9.81 m/s^2;

v—— 滚筒线速度,km/h。

b. 用于检验多轴及并装轴车辆的制动台应符合:当滚筒直径为245mm,中心距为460mm,主、副滚筒高差为30mm时,副滚筒上母线与地面水平面的高度差为40~45mm;当滚筒中心距增大或减小10mm,副滚筒上母线与地面水平面的高度差相应增大或减小2mm;当主、副滚筒高差减小10mm,副滚筒上母线与地面水平面的高度差相应增大4mm。

c. 各滚筒上母线应保持水平,同轴滚筒上母线两端点间的高度差不大于±3mm(每滚筒两个测量端点)。

d. 多轴及并装轴车辆的轮(轴)质量应分别采用独立式轮重仪和复合式轴重仪测取,轮(轴)重仪的示值为质量,单位为公斤(kg)。

e. 采集左、右车轮的制动全过程数据时,采样周期为10ms。在非停机保护状态下,采样时间不少于3s。

f. 左、右滚筒的停机保护应能保证测取到被检车轮最大制动力。由第三滚筒控制时,轮胎线速度相对于滚筒设计线速度降低25%~35%应停机保护。

g. 滚筒表面附着系数不低于0.75,台架前、后地面应做提高附着系数的处理。

h. 左、右滚筒的驱动电动机应分时起动,时间间隔不小于1s。

i. 对于全时四驱的车辆,采用滚筒反力式制动检验台检验时,可在台架前、后加装自由滚筒。滚筒应经过提高表面附着系数处理,宜具有自动锁止和释放功能,以适用于非全时四驱车辆的检测。

③采用平板式制动检验台时,应符合以下要求:

a. 单车应采用至少是四个制动平板的平板制动检验台检验。

b. 汽车列车应采用适用于多轴车辆的汽车列车制动性能检验台检验。

c. 每一制动平板的制动力及轮质量的采样周期不大于5ms。

d. 平板式制动检验台应能称取被检车辆各车轮质量,示值单位为kg。

e. 制动平板测试表面附着系数不低于0.75。

f. 制动平板应保持水平,各制动平板间的高度差应不超过5mm。

④检测控制系统应具有数据及曲线的存储、屏显及打印功能。

⑤配备制动踏板开关。

【释义】 以上条款是制动性能台架检验的设备要求。滚筒反力式制动检验台或平板式制动检验台的加工精度、装配质量、传动质量、电动机驱动能力、台体承载能力、滚筒机械阻力以及测控系统技术水平是确保检测准确性、避免数据失准、造成误判错判的关键,在设备选型购置时应加以注意。

【要点】

①如滚筒制动台的电动机功率不够,在车轮反向制动力的作用下,会产生短时的“丢转”,滑移率控制出现偏小误差。因此,合理确定电动机额定功率,既可确保滚筒反力式制动台的检测能力,保证检测无错检错判,又可避免过大的电动机造成成本和能源的浪费。

②两轴车辆定义为采用非并装轴结构的两轴单车,包括两轴全挂车。多轴及并装轴车辆定义为三轴及三轴以上的单车、汽车列车和并装轴挂车,如图7-7所示。

图7-7 多轴及并装轴车辆图示

③用于检验多轴及并装轴车辆的滚筒制动台应符合副滚筒上母线安装高度的要求,可采用自动举升式结构。需要说明的是,滚筒直径为245mm,中心距为460mm,主、副滚筒高差为30mm时,副滚筒上母线相对地面水平高度不得低于40mm,也不得高于45mm。滚筒台结构参数与上述尺寸不一致时,应按不同滚筒中心距和滚筒高度差进行修正。副滚筒上母线

有高度要求的滚筒台,对两轴车辆的检测影响可忽略不计,故也适用于两轴车辆的检测。

④采用滚筒制动台检验时,多轴及并装轴车辆的轮(轴)质量应分别采用独立式轮重仪和复合式轴重仪测取。

⑤采用滚筒制动台检验时,采集左、右车轮的制动全过程数据,采样周期为10ms。在非停机保护状态下,采样时间不少于3s,以确保测取最大制动力。

⑥采用滚筒制动台检验时,左、右滚筒的停机保护应能保证测取到被检车轮最大制动力。由第三滚筒控制时,轮胎线速度相对于滚筒设计线速度降低25%~35%应停机保护。

⑦平板式制动台架的设计,应能保证检测过程中,测取的制动力和轮质量互不影响。

⑧对于全时四驱的车辆,除路试外,采用滚筒反力式制动检验台检验时,可在台架前、后加装自由滚筒。

⑨在滚筒驱动电动机起动前,务必保证受检车辆的制动踏板、驻车制动处于松开状态,以防电动机超负荷起动损坏设备。

(2)检验准备。

①空载检验时,气压表指示气压不大于600kPa,液压制动踏板力:乘用车不大于400N,其他机动车不大于450N;满载检验时,气压表指示气压不大于额定工作气压,液压制动踏板力:乘用车不大于500N,其他机动车不大于700N。

②驻车制动检验时的允许操纵力,手操纵时,乘用车不大于400N,客车、货车不大于600N;脚操纵时,乘用车不大于500N,客车、货车不大于700N。

③被检车辆轮胎表面干燥、清洁无油污,胎冠花纹中及并装轮胎间无异物嵌入,驱动轴轮胎的花纹深度不小于1.6mm,气压符合规定。

④对于气压制动的车辆,采用滚筒反力式制动检验台检验时,储气筒应有足够的压力,并能保证制动性能检测完毕时,气压不低于起步气压。

⑤检测汽车列车制动时序和制动协调时间,应安装制动踏板开关。

⑥采用滚筒反力式制动检验台检验行车制动和驻车制动时,可在非测试车轮后垫三角垫块防止车轮后移。

⑦并装双驱动轴采用滚筒反力式制动检验台检验时,应使桥间差速器起作用。

⑧检验台架旋转部件及电气系统应预热。

【释义】 以上条款是制动性能台架检验的准备要求。检验时,受检车辆以及设备均应做好检验准备,并符合以上要求。

【要点】

①对于气压制动的车辆,检验时,储气筒应有足够的压力(利于检测),但不应超过规定气压值(不大于600kPa)。

②被检车辆轮胎表面干燥、清洁无油污,胎冠花纹中及并装轮胎间无异物嵌入,驱动轴轮胎的花纹深度不小于1.6mm,气压符合规定。

③并装双驱动轴采用滚筒反力式制动检验台检验时,如有桥间差速锁止装置开关,应使桥间差速器起作用。

④检验前,制动台架旋转部件、减速器以及电气系统应预热,减小台架旋转阻力和传动阻力,以利于制动性能的检测,尤其在冬季或寒冷气候条件下,更需要充分预热。

(3)检验方法。

①滚筒反力式制动检验台检验方法。

a.测取被检车辆各轴的静态轮质量。

b.将被测车轮置于制动台两滚筒之间,变速器为空挡。此时,对于多轴及并装轴车辆还应采用复合式轴重仪测取被检轴的静态轴质量。

c.分别起动制动台左、右滚筒的驱动电动机,3s 后按提示将制动踏板缓踩到底(液压制动车辆应保持规定的制动踏板力),测取左、右车轮最大制动力以及制动全过程的数据;对驻车制动轴实施驻车制动,测取驻车最大制动力。

d.依次检测各轴。

e.按以下规定的方法计算静态轮荷及静态轴荷、整车制动率、轴制动率、制动不平衡率和驻车制动率:

a)静态轮荷及静态轴荷的计算:计算静态轮荷时,将轮质量换算为轮荷。计算静态轴荷时,为同轴左、右轮的静态轮荷之和;复合式轴重仪的静态轴荷为其测取的静态轴质量换算的轴荷;静态轴(轮)荷的单位为10N,换算轴(轮)荷时的重力加速度取9.81 m/s^2。

b)整车制动率的计算:整车制动率的计算:测取的所有车轮最大制动力之和与整车质量(各轴静态轴荷之和,以下同)的百分比。当牵引车与半挂车相连时,牵引车整车制动率为牵引状态下,牵引车所有车轮的最大制动力之和与牵引车整车质量的百分比,半挂车整车制动率为牵引状态下,挂车所有车轮的最大制动力之和与半挂车整车质量的百分比。

c)轴制动率的计算:在制动全过程中,测取左、右车轮的最大制动力,并计算左、右车轮最大制动力之和与该轴静态轴荷的百分比。

d)制动不平衡率的计算:以同轴左、右任一车轮产生抱死滑移时为取值终点,如左、右轮无法达到抱死滑移,则以较后出现车轮最大制动力时刻作为取值终点。在取值终点前的制动全过程中,计算同时刻左、右车轮制动力差的最大值与该轴左、右车轮最大制动力中较大者的百分比。除前轴外,当轴制动率小于60%时,用该值除以该轴静态轴荷的百分比。

e)驻车制动率的计算:测取的各驻车轴最大驻车制动力之和与整车质量的百分比。

注1:对于多轴及并装轴车辆,计算轴制动率和制动不平衡率时,静态轴荷按复合式轴重仪测取的轴荷计算,其他车辆按独立式轮重仪测取的静态轴荷计算。

注2:计算整车制动率、驻车制动率时,整车质量按独立式轮重仪测取的空载静态轮荷计算。

【释义】 以上条款是采用滚筒反力式制动检验台检验制动性能的检验方法。上述要求中,包括检验步骤、检验要求以及制动性能参数的计算方法,在编制软件和检测过程中,必须充分理解,并严格执行以上规定。

【要点】

①在“踩制动”提示前,切勿踩制动踏板,否则可能造成车轮抱死而不停机。检测过程中,如果车轮抱死而检验台未及时停机或车轮与滚筒打滑,且被测轴后移时,应立即松开制动器,以保护轮胎及设备。

②测取被检车辆各轴的静态轮质量,对于两轴车,可采用独立式轮重仪测取,也可采用复合式轴重仪测取。对于多轴及并装轴车辆,应分别采用独立式轮重仪和复合式轴重仪测

取。称重时间不少于3s。

③制动台左、右滚筒的驱动电动机应分别起动，时间间隔不小于1s。起动3s后，待制动台滚筒转速达到稳定状态时，提示踩下制动踏板。编制软件时应对上述延时时间加以规范。

④检验员踩下制动踏板时，应缓慢均匀踩到底，测取左、右车轮最大制动力以及制动全过程的数据；对驻车制动轴实施驻车制动，测取驻车最大制动力。为防止车辆后移，可在非被测轴车轮后方加垫三角块。

⑤检测当前轴如为驻车轴，应与行车制动一并依次进行检测。为保证操作的规范性，有条件的检验机构可使用驻车操纵力计辅助检验。

⑥对于装有分时开关的四驱车辆，检验前可切换至两驱模式。

⑦编制软件时，应注意以下几点：

a. 准确理解制动性能相关参数的计算方法，并严格按照规定计算静态轮荷及静态轴荷、整车制动率、轴制动率、制动不平衡率和驻车制动率。

b. 对于多轴及并装轴车辆，计算轴制动率和制动不平衡率时，静态轴荷按复合式轴重仪测取的轴荷计算，其他车辆按独立式轮重仪测取的静态轴荷计算。计算整车制动率、驻车制动率时，整车质量按独立式轮重仪测取的空载静态轮荷计算。

⑧以图7-8为例，具体说明部分制动性能指标的取值计算方法。

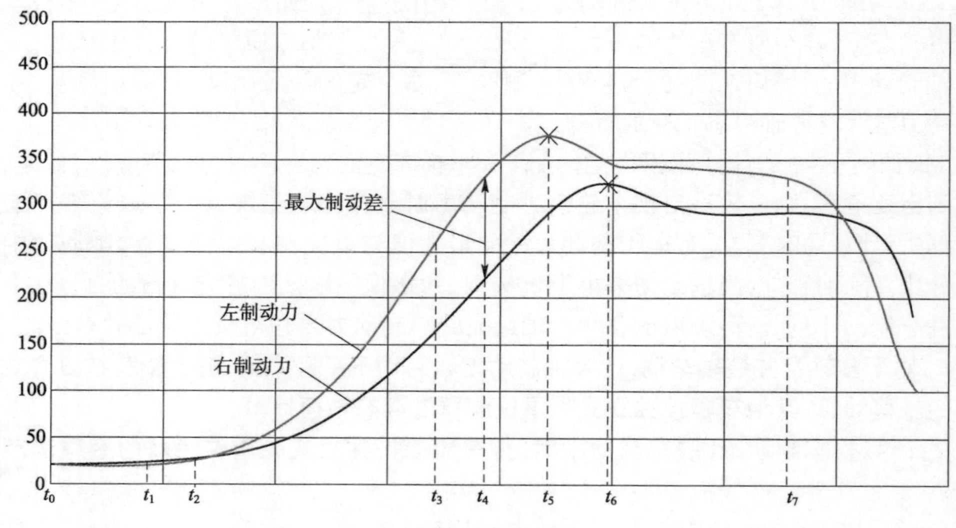

图7-8　制动过程

a. 最大轮制动力：检验员在 t_1 时刻按显示屏提示踩下制动踏板，到 t_2 时刻克服踏板自由行程后，制动力上升直至最大值并开始小幅波动下降，到 t_7 时刻松开制动踏板，至制动力完全释放，完成整个制动过程。在制动全过程中，t_4 为左、右轮制动力差的最大时刻，t_5 为左轮制动力达到最大的时刻，t_6 为右轮制动力达到最大的时刻。注意：在实际检测过程中，为防止制动力达到最大后制动台滚筒继续旋转致使剥伤轮胎，左、右滚筒的驱动电动机应分别在到达 t_5、t_6 时刻后自动停机。可以采用不同的停机方式，但要保证能测取左、右轮最大制动力。

b. 轴制动率：轴最大制动力为 t_5、t_6 时刻左、右轮制动力之和，轴制动率为轴最大制动力与该轴（静态）轴荷之百分比。对于多轴及并装轴车辆，计算轴制动率时，静态轴荷按复合式轴重仪测取的轴荷计算。

c. 制动不平衡率：从踩下制动踏板 t_1 时刻开始，到同轴左、右任一车轮产生抱死滑移达到最大制动力的时刻或两轮均出现抱死滑移时为取值区间（考虑到对抱死滑移时刻理解、滑移率的取值范围与采样方法的不一致性，此处约定为对应轮的最大制动力时刻作为取值终止时刻），测取的制动力增长过程中同时刻左、右轮制动力差的最大值（t_4 时刻），用该值除以左、右轮最大制动力中的大值或静态轴荷（除前轴外的其他轴最大制动力小于该轴轴荷的 60% 时），得到该轴制动不平衡率。需要说明的是，若左、右轮的滑移率均不能达到停机要求的设置值，则在左、右两个车轮均达到最大制动力时，作为制动不平衡率计算的取值终点。

⑨以图 7-9 ~ 图 7-11 为例，具体说明取值终点：

a. 左、右轮均抱死滑移，以先抱死滑移的左轮最大制动力时刻 t_5 为取值终点。

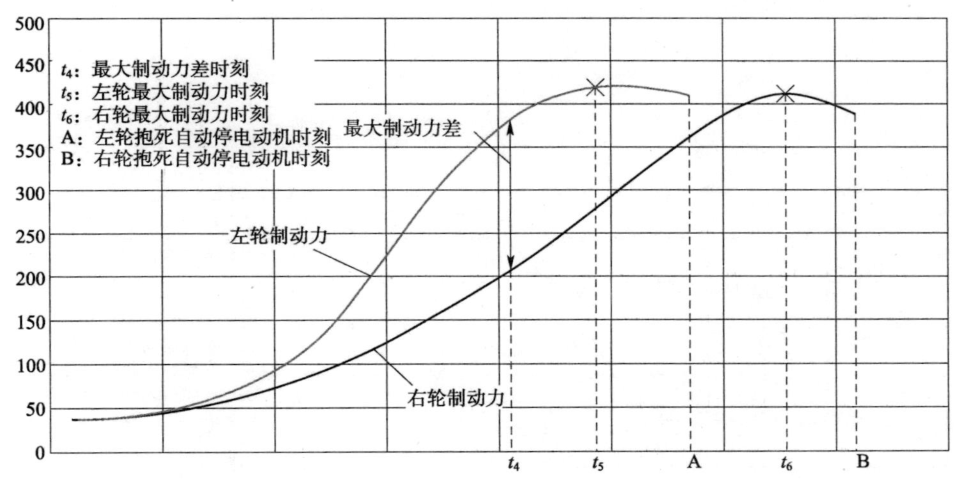

图 7-9 左、右轮均抱死滑移制动图

b. 左轮未抱死滑移、右轮抱死滑移，以抱死滑移的右轮最大制动力时刻 t_6 为取值终点。

c. 左、右轮均未抱死滑移，以左、右轮制动力均不再增长的 t_6 时刻为取值终点。

②平板制动检验台检验方法。

a. 被检车辆以 5 ~ 10km/h 的速度滑行，变速器置于空挡后（对自动变速器车辆可置于“D”挡），正直平稳驶上平板。

b. 当所有车轮均驶上制动平板时，急踩制动踏板使车辆停止，测取各车轮的最大轮制动力、制动全过程的数据及动、静态轮荷；重新起动车辆，当驻车制动轴驶上制动平板时实施驻车制动，测取各驻车轴制动力。

注：车辆停止时，如被测车轮离开制动平板，制动检测无效，应重新检测。

c. 按以下规定的方法计算静（动）态轮荷及静（动）态轴荷、整车制动率、轴制动率、制动不平衡率、驻车制动率以及汽车列车制动时序、制动协调时间和制动力分配：

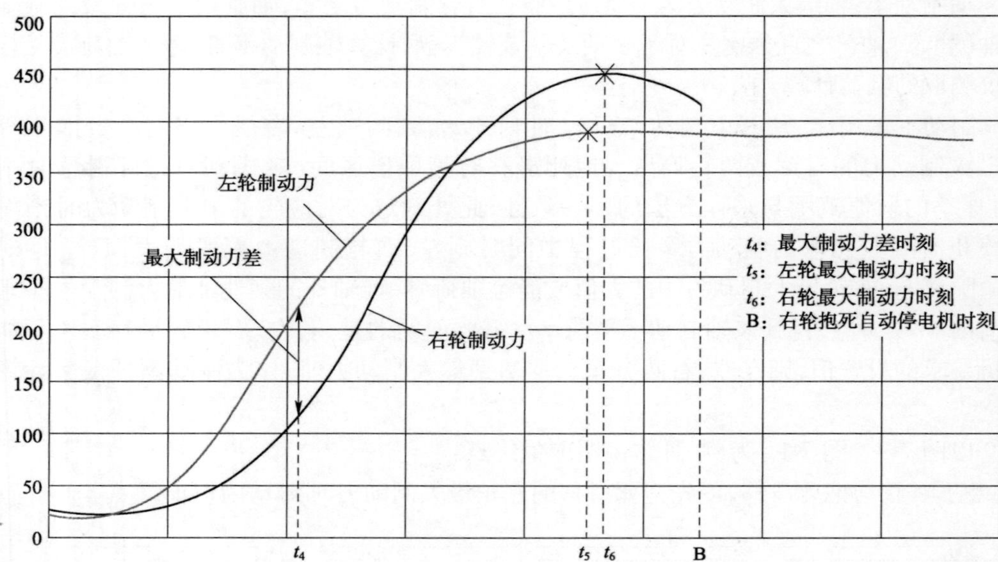

图 7-10　左轮未抱死、右轮抱死滑移制动图

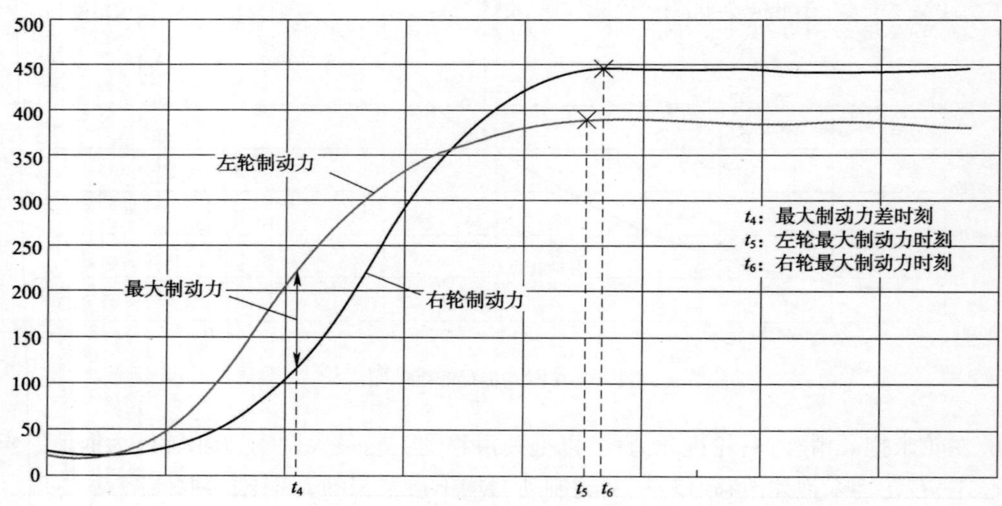

图 7-11　左轮、右轮均未抱死滑移制动图

a)静(动)态轮荷及静(动)态轴荷的计算:静态轮荷及静态轴荷的计算同滚筒反力式制动检验台的计算方法。动态轮荷取同轴左、右轮制动力最大时刻分别对应的轮荷,动态轴荷为同轴左、右轮动态轮荷之和。

b)整车制动率的计算:测取的各车轮最大制动力之和与静态整车重量的百分比。当牵引车与半挂车相连时,牵引车整车制动率、半挂车整车制动率的计算同滚筒反力式制动检验台的计算方法。

c)轴制动率、制动不平衡率和驻车制动率的计算:同滚筒反力式制动检验台检验的计算方法。计算轴制动率时,乘用车轴荷取动态轴荷,其他车辆的轴荷取静态轴荷。

【释义】 以上条款是采用平板制动检验台检验制动性能的检验方法。上述要求中,包括检验步骤、检验要求以及制动性能参数的计算方法,在编制软件和检测过程中,必须充分理解,并严格执行以上规定。

【要点】

①检验员应将被检车辆正直行驶,不得偏斜,否则制动时会产生制动分力,造成侧向力过大,制动力减小,影响检测结果的真实性;应确保车速在5~10km/h之间,避免车速过大导致轴荷严重转移,甚至后轴跳起,影响后轴制动检测。

②当各车轮均驶上平板时,检验员急踩制动踏板,使受检车辆停止。检测驻车制动时,当驻车轴驶上平板时,操纵驻车制动装置,测取驻车制动力。受检车辆停止后,各车轮均不能超出制动平板,否则为无效数据,应重新检测。

③检测汽车列车制动协调时间时,应配备制动踏板开关。

④计算轴制动率时,乘用车轴荷取动态轴荷,其他车辆的轴荷取静态轴荷。

⑤平板台进行制动性能检验是一个动态过程,制动过程数据变化很快。由于制动时的车辆重心转移,前轴随制动力的增长,轮重同步增长,对于后轴,随着车辆重心的前移,轮重相应减小。制动过程如图7-12、图7-13所示。

2)台架检验驻车制动性能

台架检验驻车制动性能与台架检验行车制动性能的测试原理、检验方法以及数据处理方法完全相同,只是技术要求有差异。因此,台架检验驻车制动性能参考台架检验行车制动性能,不再赘述。

3)路试检验行车制动性能

路试检验行车制动性能需要具有符合要求的试车道路和相关的仪器,路试检验行车制动的设施设备要求及检验方法如下。

(1)设施及设备要求。

①平坦、坚实、干燥、无松散物质且轮胎与地面间的附着系数不小于0.7的混凝土或沥青路面,长度不小于100m。

②试验通道应设置标线,标线的宽度:乘用车、总质量不大于3500kg的车辆为2.5m,汽车列车及其他车辆为3m。

③采用便携式制动性能检测仪、非接触式速度计或五轮仪检验。

【要点】

①行车制动试车路面的附着系数对制动性能检验结果具有重要影响,干态附着系数不小于0.7。路试检验时,试车路面应清洁、干燥,雨雪天时的路试数据无效。

②试车道路应采取隔离措施,路试应有安全员监控,以保证检验过程的安全。

③当受检车辆的宽度超出2.5m时,按受检车型宽度+0.5m的通道宽度来判定。

④采用五轮仪或非接触式速度计检验时,评价的是制动距离,采用便携式制动性能检测仪检验时,评价的是充分发出的平均减速度(MFDD)和制动协调时间。

(2)检验方法。

路试检验行车制动有两种评价方法:一种是以制动距离评价,另一种是以充分发出的平均减速度(MFDD)评价。被检车辆沿试验通道中线空挡滑行,以标准规定的初速度(速度允许偏差为规定值±2km/h),在试验通道内实施紧急制动。待车辆停止后,读取便携式制动性能检测仪、非接触式速度计或五轮仪测取的数据,制动过程中车辆的任何部位(不计入车宽的部位除外)不超出规定宽度试验通道的边缘线。

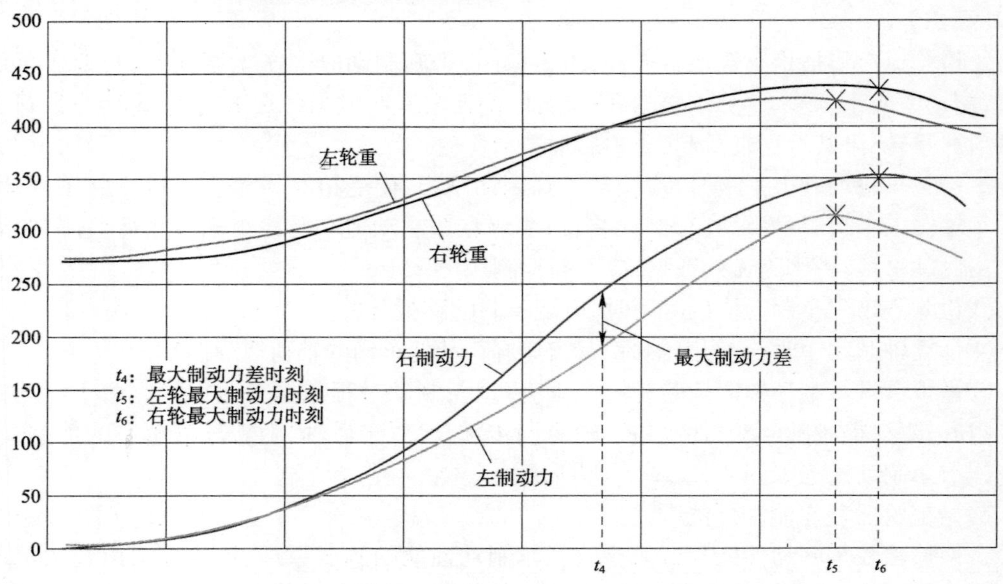

图 7-12　前轴制动力、轮重曲线

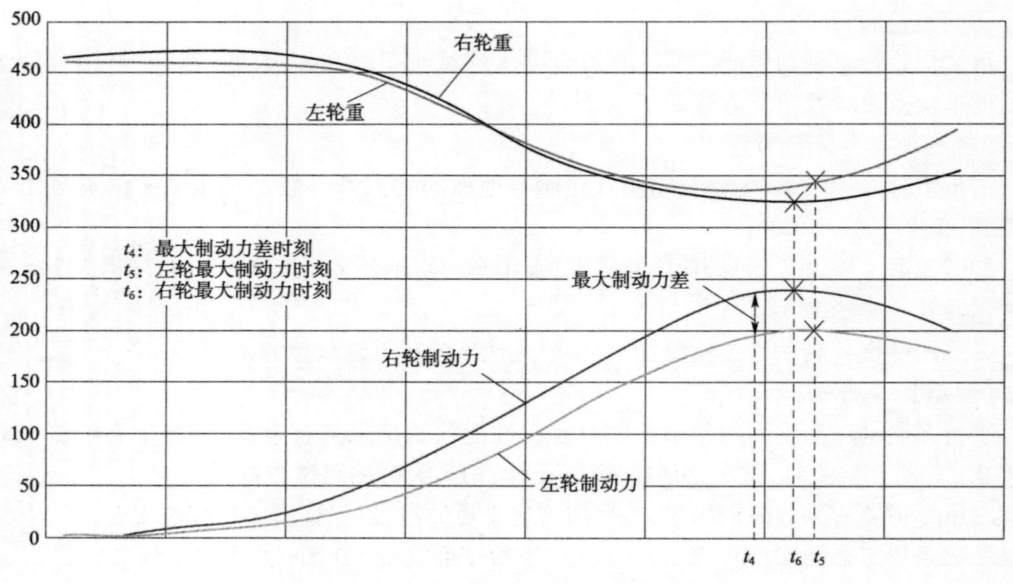

图 7-13　后轴制动力、轮重曲线

【要点】

①路试检验行车制动性能的两种评价方法任选其一。

②路试行车制动性能应严格按照规定的制动初速度进行检验,并以规定的技术指标进行评价。通常 MFDD 可溯源到制动距离,两者是近似相同行车制动性能的不同形式,其不同点在于制动距离受制动初速度影响很大,与制动初速度密切相关,而 MFDD 受制动初速度的影响较小,这一较小影响主要源于制动初速度不同,制动器热衰退性有所变化。

③便携式制动性能检测仪无法实时测量和显示车速(即使具备此功能,其准确性也难以满足要求),只能事后推算车速。因此,对于单轴驱动车辆路试检验行车制动,可先在车速表检验台上,使实际车速等于规定的制动初速度(30km/h 或 50km/h),并确定车速表指针的示值位置。路试时,使车速略大于该示值车速后挂空挡,当车速下降到规定制动初速度对应的指针示值位置时急踩制动踏板。全时四轮驱动车辆难以台试测量车速表示值误差,可按车速表示值在略大于规定车速 2km/h 时实施制动(车速表示值通常略高于实际车速,此制动初速度可认为是对应的实际车速)。如输出打印报表中的路试制动初速度不在规定的范围内,可按比例以规定车速确定车速表示值重测。

④制动距离和 MFDD 测量均需安装制动踏板开关。

⑤路试检验数据应能人工输入或自动传输到控制系统,并存入检测数据库。

4)路试检验驻车制动性能

(1)设施及设备要求。

路试检验驻车制动性能使用符合要求的试车坡道,坡道坡度为 20% 和 15%,轮胎与路面间的附着系数不小于 0.7 的混凝土或沥青路面。在不具备试验坡道的情况下,可使用驻车制动检测设备检验驻车制动性能。

【要点】 驻车制动路试检验在不具备试验坡道的情况下,可使用驻车制动检测设备。

(2)路试检验方法。

被检车辆在坡度为 20%(对总质量为整备质量的 1.2 倍以下的车辆为 15%)的路试坡道上的上行和下行两个方向分别实施驻车制动,时间不应少于 5min。

【要点】 路试检验驻车制动时,车辆为空载(可不乘坐检验员),驻车制动装置保证车辆在坡道上行和下行两个方向保持静止不动的时间不少于 2min 时,可视为合格。

(四)转向系

1. 技术要求

【条款 5.3.5】 转向系

序号	检验部位	检验项目	技术要求	检验方法
1	转向系	转向机构	转向机构各部件连接可靠,锁止、限位功能正常,转向时无运动干涉,转向轻便、灵活,转向无卡滞现象	检视
			转向节臂、转向器摇臂及横直拉杆无变形、裂纹和拼焊现象,球销无裂纹、不松旷,转向器无裂损、无漏油现象	
2		转向盘最大自由转动量	最高设计车速不小于 100km/h 的车辆,其转向盘的最大自由转动量不大于 15°,其他车辆不大于 25°	检测

【释义】 以上条款是对转向系的基本要求。因机械故障引发的重特大道路交通事故，与转向机构的技术状况有直接关系，在营运车辆的各个系统或总成中，转向系是运行安全的强相关因素，必须引起高度重视。

2. 检验方法

1）部件连接

转向轮停放在底盘间隙检查仪上，操纵滑板开关使转向轮随滑板产生方向位移，在地沟内检视转向机构各部件的连接、固定、锁止、限位是否正常，有无卡阻和运动干涉。

图 7-14 转向机构的检查

【释义】 受检车辆停放在指定位置，转向轮正直停放在底盘间隙检查仪上，关闭发动机，驾驶员踩下制动踏板，检验员在地沟工位操纵底盘间隙检查仪滑板开关，使转向轮随滑板产生方向位移，并借助照明设备和专用手锤等必要的工具对转向机构各部件的连接、固定、锁止和限位进行目视检查，如图 7-14 所示。

【判定】 转向机构各部件的连接、固定、锁止和限位异常，存在卡阻和运动干涉，视为不合格。

【要点】

（1）底盘间隙仪是位于地沟工位的辅助设备（不具备检测功能），可实现左、右两侧台面分别前、后搓动，也可实现同时向内、外摆动，检验员利用台面移动过程中车轮的位移，通过人工检视完成转向机构的检查。

（2）检查时，应重点关注转向机构各部件连接紧固以及各连杆松旷情况。

2）部件技术状况

在地沟内检视转向节、臂、横直拉杆、转向器摇臂、球销总成有无变形及拼焊；采用检验锤敲击和目视的方法，检查转向节、臂、横直拉杆、转向器摇臂、球销总成有无可视的裂纹；操纵底盘间隙检查仪滑板开关使转向轮随滑板产生方向位移，检视转向器摇臂、球销总成及各连杆的连接部位有无松旷；检视转向器壳体和侧盖有无裂损和渗漏油现象。

【释义】 检验员在地沟内检视转向节、臂、横直拉杆、转向器摇臂、球销总成以及转向器壳体和侧盖，判断是否存在故障、缺陷和隐患。

【判定】 转向节臂、横直拉杆、转向器摇臂、球销总成有可视的变形、裂纹及拼焊现象，转向器摇臂、球销总成及各连杆的连接部位松旷，转向器壳体和侧盖裂损、渗漏油，视为不合格。

【要点】

（1）重点检查转向横直拉杆、球销总成有无变形及拼焊，转向节臂、横直拉杆、转向器摇臂、球销总成有无可视的裂纹，转向器摇臂、球销总成及各连杆的连接部位有无松旷。球销总成如图 7-15 所示。

（2）转向机构结构较为复杂，检验员应熟悉结构，认准各部件构成。汽车转向系统结构如图 7-16 所示。

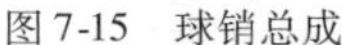
图 7-15 球销总成

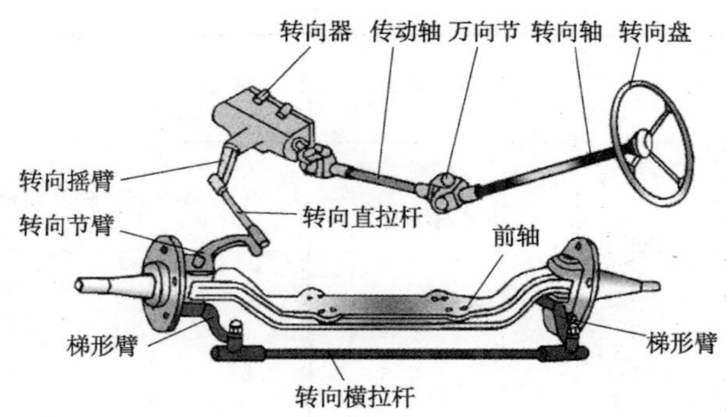

图 7-16 汽车转向系统结构

3）转向盘最大自由转动量

人工定性检查转向盘最大自由转动量，如自由转动量与规定限值接近而无法判定时，应按以下规定的方法进行定量检测：

（1）被检车辆置于平坦、干燥、清洁的硬质地（路）面，转向轮保持回正位置，发动机熄火。

（2）将转向力—角测量仪安装在被检车辆的转向盘上。

（3）转向力—角测量仪设为峰值保持并清零，转动转向力—角测量仪的操纵盘至一侧有阻力止（转向轮转动临界点），读取角度值，记作 A_1，再转至另一侧有阻力止，读取角度值，记作 A_2，A_1 与 A_2 间的自由角度即为转向盘最大自由转动量。

【释义】 以上条款是转向盘自由转动量的检验方法。转向盘最大自由转动量是静止状态下，左转转向盘至转向轮即将动作的瞬间作为起点，再右转转向盘至转向轮即将动作的瞬间作为止点，起点和止点形成的转角，该转角的检验分为定性检验和定量检验，检验员应能准确、规范地加以运用。

【要点】

（1）人工定性检查转向盘最大自由转动量，转角宽度约为“两指”时，视为合格。

（2）当自由转动量与规定限值接近而无法准确判定时，应按规定使用转向力—角测量仪进行定量检验。定量检验时，转向力—角测量仪应与转向盘牢固连接，不得松脱和滑移。

（五）行驶系

1. 技术要求

【条款 5.3.5】 行驶系

序号	检验部位	检验项目	技术要求	检验方法
1	行驶系	轮胎	同轴轮胎应为相同的规格和花纹，公路客车（客运班车）、旅游客车、校车和危险品运输车的所有车轮及其他机动车的转向轮不得装用翻新的轮胎，轮胎花纹深度及气压符合规定，轮胎的胎冠、胎壁不得有长度超过 25mm 或深度足以暴露出帘布层的破裂和割伤以及凸起、异物刺入等影响使用的缺陷	检查 检测

续上表

序号	检验部位	检验项目	技术要求	检验方法
2	行驶系	转向轮横向侧滑量	符合 GB 7258 规定,道路运输车辆符合 GB 18565 规定	检测
3		悬架	空气弹簧无泄漏、外观无损伤。钢板弹簧无断片、缺片、移位和变形,各部件连接可靠,U 形螺栓螺母扭紧力矩符合规定	检查
4		减振器	减振器稳固有效,无漏油现象,橡胶垫无松动、变形及分层	检查
5		车桥	无变形、表面无裂痕,密封良好	检视

【释义】

(1)对汽车轮胎的要求。据交管部门统计,每年有 46% 发生在高速公路上的交通事故是由于轮胎发生故障引起的,其中发生爆胎的占 70%。统计数据表明,当车辆行驶速度达到 160km/h 的时候,如果车辆遭遇爆胎事故,死亡率为 100%。因此,轮胎质量是运行安全的强相关因素,必须引起高度重视。

各国对在用车辆轮胎花纹深度磨损极限的要求不尽相同,我国对轮胎花纹深度、特别是转向轮花纹深度的要求应是比较严格的,见表 7-5。

轮胎花纹深度磨损极限(mm) 表 7-5

国　家	车　型		
	乘用车	客车	货车
美国	≥1.6	≥2.0	≥2.0
欧洲	≥1.0	≥2.0	≥2.0
日本	≥1.6	≥3.2	≥3.2
中国	≥1.6	≥3.2	≥3.2

(2)转向轮横向侧滑量。在用道路运输车辆转向操纵性采用转向轮横向侧滑量和转向盘最大自由转动量两种技术指标评价。转向桥采用非独立悬架的车辆,其转向轮(含双转向桥的转向轮)的横向侧滑量应在 ±5m/km 范围内。

转向桥采用独立悬架的车辆,其转向轮横向侧滑量不做评价。转向桥采用非独立悬架的车辆,如采用双转向桥,第一转向桥和第二转向桥的转向轮横向侧滑量均需评价。

2. 检验方法

1)轮胎

(1)检视各轮胎的胎冠、胎壁有无长度超过 25mm 或深度足以暴露出帘布层的破裂和割伤以及凸起、异物刺入等影响使用的缺陷,并装轮胎间有无异物嵌入。

(2)检视各轮胎磨损情况。无磨损标志或标志不清的轮胎,当其花纹深度与规定限值接近而无法准确判定时,应采用轮胎花纹深度尺或专用设备测量胎冠花纹深度。具有磨损标志的轮胎,检视胎冠的磨损是否触及磨损标志。

(3)检视同轴轮胎的规格和花纹是否相同。

(4)检视各轮胎的速度级别,是否不低于车辆最高设计车速的要求。

(5)采用检验锤敲击和目视的方法,巡检各轮胎的充气状况,必要时用气压表测量轮胎气压。

(6)检视客车和危险货物运输车的所有车轮、货车的转向轮是否装用翻新的轮胎。

(7)检视车长大于9m 的客车和危险货物运输车是否装用子午线轮胎,卧铺客车是否装用无内胎子午线轮胎。

(8)检查是否随车配备备用轮胎,固定是否牢固。

【释义】 检验员在地面和地沟内检视各个轮胎内外侧胎壁、胎冠、规格、速度级别、气压、类型、是否采用翻新胎以及备胎等。

【判定】 检验结果存在以下情形的,视为不合格:

(1)轮胎的胎冠、胎壁有长度超过 25mm 或深度足以暴露出帘布层的破裂和割伤以及凸起、异物刺入等影响使用的缺陷,并装轮胎间有异物嵌入。

(2)轮胎磨损超过限值。

(3)同轴轮胎的规格和花纹不同。

(4)轮胎的速度级别低于车辆最高设计车速。

(5)轮胎气压不符合规定。

(6)客车和危险货物运输车任一车轮、货车的转向轮装用翻新的轮胎。

(7)车长大于9m 的客车和危险货物运输车未装用子午线轮胎,卧铺客车未装用无内胎子午线轮胎。

(8)未随车配备备用轮胎,固定不牢固。

【要点】

(1)轮胎是机动车与道路唯一接触的部分,其技术状况是汽车安全行驶的重要保障,许多重特大事故都与轮胎技术状况密切相关,竣工检验时应高度重视,全面、仔细地对其进行检查,重点是轮胎外观、花纹深度以及使用翻新轮胎的情况等,特别是转向轮轮胎,应重点关注。

(2)轮胎常见的损伤和缺陷如图 7-17 所示。

(3)轮胎两侧肩部处一般模刻出指明胎面磨耗标志位置的▲标记,通常每个轮胎圆周内的花纹深度标志不少于 4 个。

检查轮胎花纹深度时,首先查看轮胎胎冠磨损是否触及磨损标志(图 7-18),无磨损标志或标志不清的轮胎,可通过目视定性判断,当其花纹深度与规定限值接近而无法准确判定时,应采用轮胎花纹深度尺或专用设备在胎冠磨损程度最严重的部位测量花纹深度(图 7-19)。轮胎花纹深度测量实际值图 7-20 所示。

a)异物刺入

b)破裂

c)凸起

d)变形

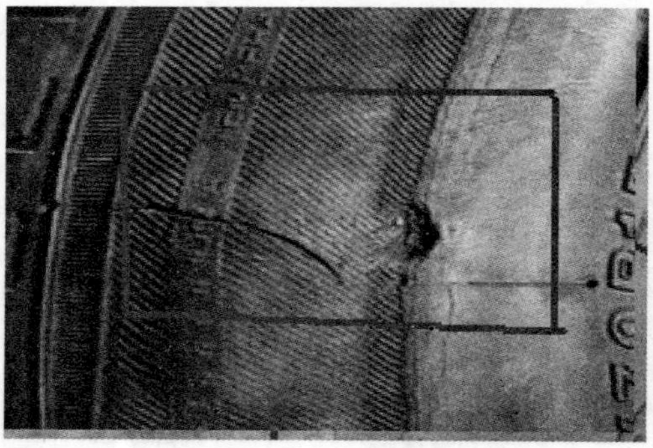

e)割伤

f)裂纹

图 7-17　轮胎损伤和缺陷图示

图 7-18　磨损标记

图 7-19　磨损最严重部位

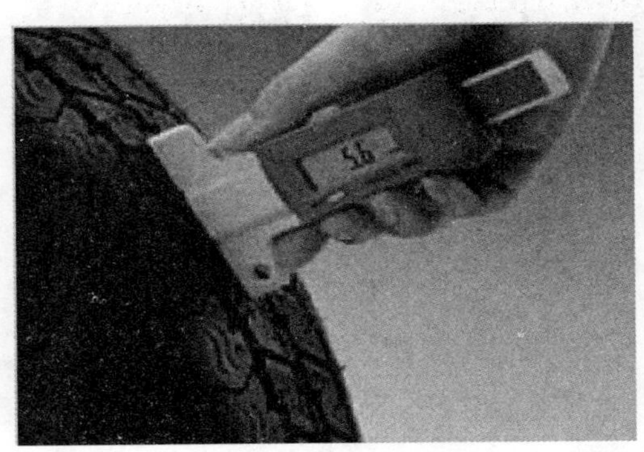

图7-20　测量花纹深度

(4)机动车所装用轮胎的速度级别不应低于该车最大设计车速的要求,但装用雪地轮胎时除外。轮胎速度级别符号与最高行驶速度的对应关系见表7-6。

轮胎速度级别符号与最高行驶速度的对应关系　　表7-6

速度级别	最高行驶速度(km/h)	速度级别	最高行驶速度(km/h)	速度级别	最高行驶速度(km/h)
A1	5	D	65	Q	160
A2	10	E	70	R	170
A3	15	F	80	S	180
A4	20	G	90	T	190
A5	25	J	100	U	200
A6	30	K	110	H	210
A7	35	L	120	V	240
A8	40	M	130	W	270
B	50	N	140	Y	300
C	60	P	150		

(5)轮胎气压以及轮胎完好程度对制动性能的检验结果有较大的影响。可采用目视的方法核实轮胎的气压状况,必要时使用气压表测量,并保证轮胎气压正常。

(6)针对我国有关翻新轮胎的使用规定,目前还存在不同的看法和争议,主要是从节约资源、提倡环保和构建循环经济的角度提出的。应该指出的是,轮胎翻新,循环利用是有利于环保的切实可行方法,但没有按照标准生产和严格检验的翻新轮胎,存在严重的安全隐患。现行法规规定,机动车转向轮不得装用翻新的轮胎。

(7)翻新轮胎的识别方法:正规翻新胎按翻新部位分为顶翻、肩翻和全翻(图7-21～图7-23),按翻新工艺分为冷翻和热翻两种。其中,顶翻胎、肩翻胎的翻新痕迹较为明显,全翻胎的翻新痕迹难以鉴别。

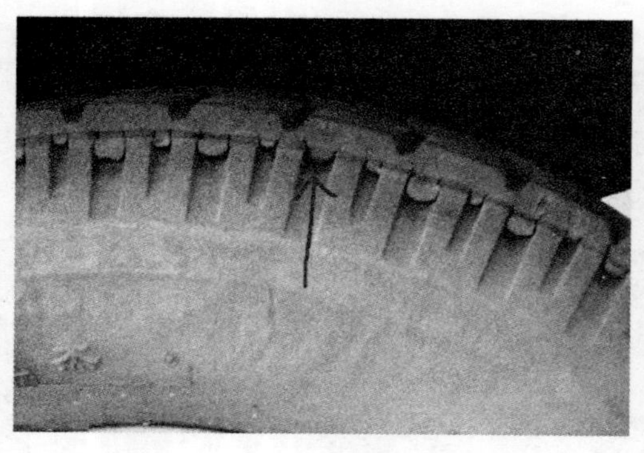

图 7-21　顶翻胎翻新痕迹

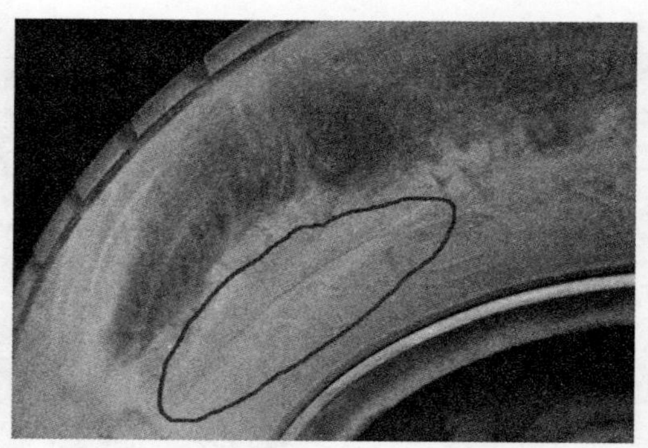

图 7-22　肩翻胎翻新痕迹

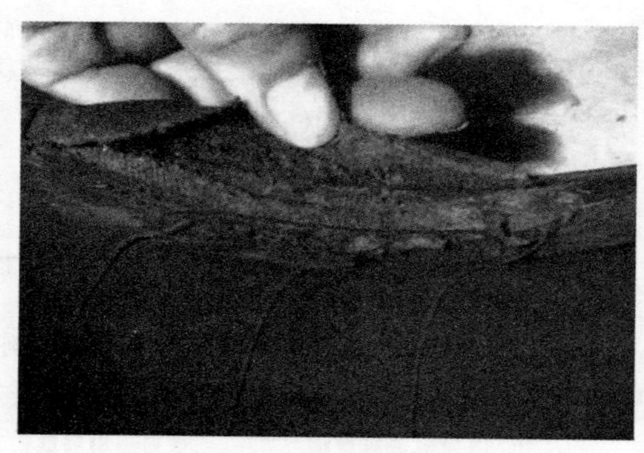

图 7-23　全翻胎的翻新痕迹

2）车桥

在地沟内，检视车桥的桥壳有无可视的裂纹及变形，车桥密封是否良好，有无漏油现象。

【释义】　检验员在地沟工位，借助手锤等必要的工具对车桥进行检视。

【判定】　检验结果存在以下情形的，视为不合格：

（1）车桥的桥壳有可视的裂纹及变形，车桥有漏油现象。

（2）拉杆和导杆存在松旷、移位现象，有可视的变形和裂纹。

【要点】　由于车辆结构的限制以及在用车辆部件不可避免的轻微缺陷，技术要求中规定的检查部位以及查找的缺陷均为可视部位和可视缺陷，对于车桥不可视的部位不进行拆解检查。

3）悬架

（1）弹性元件。悬架弹性元件的检查在地沟内进行。对于钢板弹簧，检视有无裂纹、缺片、加片、断裂、塑性变形和功能失效等现象。对于空气弹簧，采用检验锤敲击和目视的方法，检查空气弹簧的气密性和外观状况。同时检视悬架的弹性元件是否安装牢固。

（2）悬架部件连接。悬架部件连接的检查在地沟内进行。采用检验锤敲击和目视的方法，检视悬架的弹性元件总成、减振器、导向杆（若装配）等部件是否连接可靠，钢板弹簧的 U 形螺栓、螺母是否齐全紧固，吊耳销（套）有无松旷和断裂，锁销是否齐全有效。

（3）减振器。检视减振器是否稳固有效，有无漏油现象。

【释义】 检验员在地沟内采用检验锤敲击和目视相结合的方法,检查悬架的弹性元件,包括钢板弹簧、螺旋弹簧或空气弹簧,同时检查悬架部件连接,包括弹性元件总成、减振器、导向杆(若装配)等部件,以及钢板弹簧的U形螺栓、螺母、吊耳销(套)和锁销,最后还需检查减振器。重点检查弹性元件、U形螺栓及螺母。

【判定】 检验结果存在以下情形的,视为不合格:

(1)悬架的弹性元件安装不牢固,存在裂纹、缺片、加片、断裂、塑性变形和功能失效等现象,空气弹簧有泄漏。

(2)悬架的弹性元件总成、减振器、导向杆(若装配)等部件连接松动,钢板弹簧的U形螺栓、螺母缺失或松动,吊耳销(套)松旷、断裂,锁销失效。

(3)减振器晃动、失效,有漏油现象。

【要点】

(1)悬架是汽车结构中的一个重要总成,它把车架与车轮弹性地联系起来,关系到汽车的多种使用性能。既要满足汽车的舒适性要求,又要满足其操纵稳定性的要求,而这两方面又是互相对立的。悬架损坏导致支撑力不足,易使汽车发生制动“点头”,加速“抬头”以及左、右侧倾严重等不良倾向,不利于汽车的转向和操纵稳定性。

(2)悬架形式可主要分为独立式与非独立式(图7-24),独立悬架又包括多连杆式、纵臂式、烛式、麦弗逊式、拖曳臂式等,非独立悬架包括钢板弹簧式、螺旋弹簧式、空气弹簧式、油气弹簧式等。

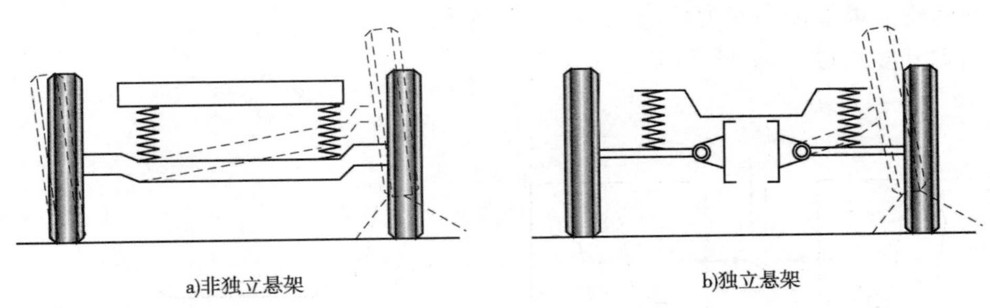

图7-24 悬架形式

4)转向轮横向侧滑量

(1)设备要求。

①采用适用于单、双转向桥的双板联动侧滑检验台检验,侧滑检验台应具有轮胎侧向力释放功能。

②滑板应保持水平,两滑板各点间的高度差应不超过5mm。

【释义】 以上条款是转向轮横向侧滑量检验的设备要求。检测转向轮侧滑量时,车轮在驶入侧滑台前,由于车轮侧滑量的作用,车轮与地面间接触产生的横向应力会迫使轮胎产生变形,在驶上侧滑板的瞬间变形产生的应力将迅速释放,并引起滑板移动量大于实际侧滑量引起的位移。与之类似,在驶出滑板的瞬间已接触地面部分的轮胎将积聚应力阻碍滑板移动,从而使滑板位移量小于实际值。进车时的应力释放对侧滑测量造成的影响比出车时大得多。基于此,在检验滑板的进车方向应增加轮胎侧向力释放板,出车方向不做要求。由于直径为1000mm左右的轮胎,在正常胎压状态下的行车方向地面压痕长度在200mm左右,故应力释放板在行车方向的有效长度不宜低于250mm。

【要点】 当车轮通过检验台时,滑板向外移动侧滑量值为正,向内移动侧滑量值为负。为便于检验人员对车辆前束、前轮外倾引起的滑板移动方向有明确的认识,图示说明如下。

①汽车前进时,侧滑板向外移动,可能是:

a. 前束值过大,如图7-25所示。

b. 前轮外倾角与该车外倾角基准值相比偏小,如图7-26所示。

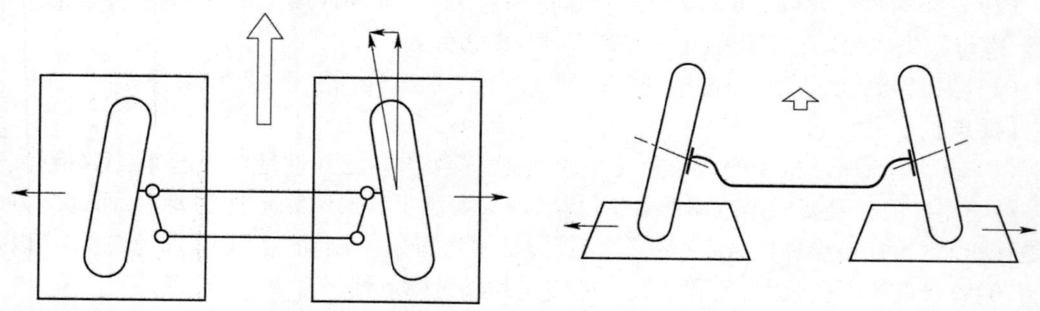

图7-25 前束值过大

图7-26 前轮外倾角比基准值偏小

②汽车前进时,侧滑板向内移动,可能是:

a. 两前轮前束值偏小或为负值,如图7-27所示。

b. 前轮外倾角过大,如图7-28所示。

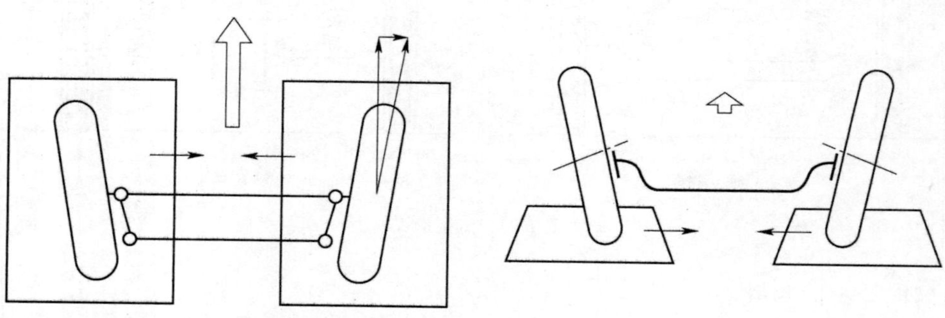

图7-27 两前轮前束值偏小或为负值

图7-28 前轮外倾角过大

③汽车前进和后退时,侧滑板移动方向相同,或侧滑板移动方向虽相反,但绝对值之差较大,属前轮外倾角异常或转向系杆件球头磨损后松旷所致。

(2)检验准备。

①被检车辆轮胎表面干燥、清洁无油污,胎冠花纹中及并装轮胎间无异物嵌入,气压符合规定。

②打开侧滑检验台滑板的锁止机构。

③仪表显示零位,必要时人工操作清零。

④侧滑检验台电气系统应预热。

【释义】 以上条款是转向轮横向侧滑量检验的准备要求。检验前，必须符合上述条件才可进行检验。

【要点】

①检验前，清除轮胎花纹内的异物及碎石等。

②轮胎的气压应按规定的要求进行调整。

③车辆通过前，侧滑台仪表应为零位。

(3)检验方法。

被检车辆居中直线行驶，以不高于5km/h的车速平稳通过侧滑检验台滑板(不应转动转向盘和实施制动)，测取转向轮横向侧滑量的最大示值。

【释义】 本条款规定了转向轮横向侧滑量的检验方法。

【要点】

①受检车辆必须居中直线行驶，车辆纵向轴线尽可能与侧滑台横向轴线垂直，避免车辆偏斜造成分力，影响检测数据的准确性。

②检验时，受检车辆的车速要严格控制在5km/h以下(日本弥荣公司要求3km/h以下)。

③在所有转向轴通过侧滑检验台前，不得转动方向盘或制动。

(六)传动系

1. 技术要求

【条款5.3.5】 传动系

序号	检验部位	检验项目	技术要求	检验方法
1	传动系	离合器	离合器接合平稳，分离彻底，操作轻便，无异响、打滑、抖动和沉重等现象	路试
2		变速器、传动轴、主减速器	变速器操纵轻便、挡位准确，无异响、打滑及乱挡等异常现象，传动轴、主减速器工作无异响	路试

【释义】 以上条款是对传动系的基本要求。虽然汽车传动系与行车安全的相关性较弱于制动系、转向系和行驶系，但技术状况不良的传动系影响汽车行驶性能。

2. 检验方法

1)离合器、变速器及传动件异响

被检车辆在行驶过程中，进行以下检查：

(1)进行换挡操作，检查离合器接合是否平稳、分离是否彻底、操作是否轻便，有无异响、打滑、抖动和沉重等现象。

(2)进行换挡操作，检查变速器操纵是否轻便、挡位是否准确，有无异响。

(3)检查传动轴、主减速器和差速器有无异响。

【释义】 受检车辆停放在指定位置，检验员操作车辆，起步并行驶20m以上，利用目视、耳听、操作感知等方式检查。重点检查:离合器接合是否平稳、分离是否彻底、操作是否轻便、有无异响、打滑、抖动和沉重等现象,换挡是否正常,同时检查传动轴、主减速器和差速器有无异响。

【判定】 检验结果存在以下情形的,视为不合格:

(1)离合器接合不平稳,分离不彻底(车辆有顿挫感),踩踏沉重,有异响、打滑、抖动等现象。

(2)变速器操纵沉重,挡位不准确,有异响。

(3)传动轴、主减速器和差速器有异响。

【要点】 电动汽车的前进和倒车只有在静止或低速时才能够实现转换,检查运行时有无传动异响。

2)万向节与轴承、变速器密封性

在地沟内进行以下检查:

(1)晃动传动轴,检视万向节、中间轴承有无松旷及可视的裂损。

(2)检视变速器有无滴漏油现象。

【释义】 检验员在地沟内目视检查,重点检查传动轴万向节、中间轴承有无松旷及可视的裂损。万向节、轴承在传动系中有时不止一个,应逐一检查。

【判定】 万向节、中间轴承松旷,有可视的裂损,变速器滴漏油,视为不合格。

【要点】 对于在用车辆,随着使用年限的增加,变速器的密封性可能会逐渐变差。检查时,检验员应能准确把握漏与渗的程度概念,不得有油液滴漏现象,轻微的渗油可视为合格。

(七)牵引连接装置

1. 技术要求

【条款5.3.5】 牵引连接装置

序号	检验部位	检验项目	技术要求	检验方法
1	牵引连接装置	牵引连接装置和锁止机构	汽车与挂车牵引连接装置连接可靠,锁止、释放机构工作可靠	检查

【释义】 以上条款是对牵引连接装置的要求。为保证行车安全,汽车牵引装置和安全锁止机构应齐全完好,功用有效。

2. 检验方法

(1)检视汽车列车牵引装置的连接和安全锁止机构是否锁止可靠。

(2)检视集装箱运输车固定集装箱箱体的锁止机构是否工作可靠、有无损坏。

【释义】 受检车辆停放在指定位置,对于汽车列车,检验员检查牵引装置的连接和安全锁止机构(图7-29),对于集装箱运输车,检查固定集装箱箱体的锁止机构(图7-30),必要时进行操作检查。

【判定】 检验结果存在以下情形的，视为不合格：

(1)汽车列车牵引装置的连接和安全锁止机构状态异常，机件或结构有损伤。

(2)集装箱运输车固定集装箱箱体的锁止机构存在断损、裂损或失效。

【要点】 汽车列车牵引装置和安全锁止机构、集装箱运输车固定集装箱箱体的锁止机构存在疑似失效且难以判定时，应要求车主作进一步检查和维修。

图 7-29 牵引装置和安全锁止机

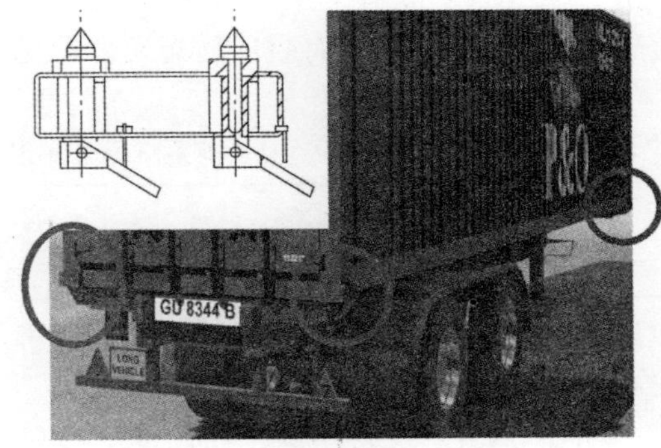

图 7-30 集装箱箱体的锁上机构

(八)照明、信号指示装置和仪表

1. 技术要求

【条款 5.3.5】 照明、信号指示装置和仪表

序号	检验部位	检验项目	技术要求	检验方法
1	照明、信号指示装置和仪表	前照灯	完好有效，工作正常，性能符合 GB 7258 规定	检视、检测
2		信号指示装置	转向灯、制动灯、示廓灯、危险报警灯、雾灯、喇叭、标志灯及反射器等信号指示装置完好有效	检视
3		仪表	各类仪表工作正常	检视

【释义】

(1)车辆照明、信号装置和标识的要求。在机动车上，照明、信号装置和标识分别属于主动安全和被动安全装置，对行车安全十分重要，按相关法规标准要求，对车辆照明、信号装置以及标识具有强制性。因装置失效或性能不良导致的道路交通事故时有发生，必须引起高度重视。

(2)发动机舱内线束以及其他部位线束的导线、仪表与指示器的技术要求。对于在用车辆，随着使用年限的增加，车上导线的技术状况可能会逐渐变差，特别是发动机舱内线束以及其他部位线束的导线绝缘老化、导线破损、导体外露都有可能造成短路，产生火花，极易引起车辆自燃和火灾事故。

(3)前照灯。前照灯是强制安装的汽车主动安全装置,其性能直接影响夜间行车安全,检验时,应予以关注。需要了解的是,《汽车和挂车外部照明和灯光信号装置的安装规定》(GB 4785—2007)第2号修改单自2016年7月1日起实施。有关远光总发光强度的要求修改为:同时打开各前照灯,其总的最大远光发光强度应不超过430000cd。GB 7258对前照灯远光发光强度、束照射位置要求如下:

①远光发光强度。前照灯远光光束发光强度的最小限值见表7-7。

前照灯远光光束发光强度最小限值 表7-7

道路运输车辆	二灯制(cd)	四灯制[a](cd)
最大设计车速≥70km/h的车辆	≥15000	≥12000

注:a 四灯制是指前照灯具有四个远光光束。采用四灯制的车辆其中两只对称灯达到两灯制的要求时视为合格。

②前照灯光束照射位置。前照灯照射在距离10m的屏幕上时的位置应符合表7-8的要求。

前照灯光束照射位置 表7-8

<table>
<tr><th rowspan="2">车辆类型</th><th colspan="3">近光光束</th><th colspan="2">远光光束[a]</th></tr>
<tr><th>明暗截止线转角或中点高度</th><th colspan="2">水平方向位置(mm)</th><th>光束中心离地高度</th><th>水平方向位置(mm)</th></tr>
<tr><td>M_1类乘用车</td><td>$0.7H \sim 0.9H$</td><td rowspan="2">左偏≤170</td><td rowspan="2">右偏≤350</td><td>$0.85H \sim 0.95H$[b]</td><td rowspan="2">左灯左偏≤170
左灯右偏≤350
右灯左偏≤350
右灯右偏≤350</td></tr>
<tr><td>其他车辆</td><td>$0.6H \sim 0.8H$</td><td>$0.8H \sim 0.95H$</td></tr>
</table>

注:H为前照灯基准中心高度,单位毫米(mm)。

a 能单独调整远光光束且不影响近光光束照射角度的前照灯。

b 不得低于前照灯近光光束明暗截止线转角或中点的高度。

2. 检验方法

1)信号指示装置

(1)信号指示装置。开启外部照明和信号装置,检视前照灯、转向灯、示廓灯、危险报警闪光灯和雾灯等信号装置是否齐全、完好、有效。

(2)反射器与侧标志灯。检视车辆的后反射器、侧反射器和侧标志灯是否齐全,有无损毁。

(3)前照灯远、近光光束变换功能。操作前照灯远、近光变换开关,检视远、近光光束变换功能是否正常。

（4）货车车身反光标识和尾部标志板。检视货车侧面及后部的车身反光标识和尾部标志板的适用车型、长度、尺寸、位置是否符合相关规定，是否完好、有无污损。

【释义】 受检车辆停放在指定位置，检验员对以上项目依次进行检查。外部照明和信号装置主要包括前照灯、转向灯（前/后/侧）、制动灯、示廓灯（前/后）、危险报警灯（前/后）、雾灯（前/后）、倒车灯和牌照灯等（图7-31、图7-32），重点检查齐全、完好性和有效性；对于反射器与侧标志灯和货车车身反光标识和尾部标志板，重点检查齐全、完好性和污损情况。货车、挂车侧面及后部的车身反光标识和尾部标志板的适用车型要求、性能、尺寸和位置应符合GB 7258的相关要求。

图7-31　组合式前照灯（包括远光灯、近光灯、转向灯、前雾灯等）

图7-32　组合式尾灯（包括转向灯、制动灯、倒车灯、后雾灯、反射器等）

【判定】 检验结果存在以下情形的，视为不合格：

（1）前照灯等外部照明装置以及转向灯、示廓灯、危险报警闪光灯和雾灯等信号装置缺损、失效。

（2）远、近光光束变换功能异常。

（3）后反射器、侧反射器和侧标志灯缺损。

（4）货车侧面及后部的车身反光标识和尾部标志板的适用车型、长度、尺寸、位置不符合相关规定，状态不完整，有污损现象。

【要点】

（1）检查时，检验员一般情况下不应站在受检车辆的正前方或正后方。

（2）检查外部照明和信号装置和前照灯远、近光光束变换功能时，建议由两名检验员配合进行（一名在驾驶位置操作开关，一名巡视检查）。

（3）机动车应装置后反射器（回复反射器），挂车及车长大于或等于6 m的机动车应安装侧反射器和侧标志灯，反射器应与机动车牢固连接。

（4）宽度大于2100mm的机动车应安装示廓灯。

（5）牵引杆挂车应在挂车前部的左、右位置各装一只前白后红的标志灯，其高度应比牵引杆挂车的前栏板高出300～400mm，距车厢外侧应小于150mm。

(6)对称设置、功能相同的灯具,其光色和亮度不应有明显差异。

(7)汽车(三轮汽车除外)均应具有危险警告信号装置,其操纵装置不应受灯光总开关的控制。对于牵引挂车的汽车,危险警告信号控制开关也应能打开挂车上的所有转向信号灯,即使在发动机不工作的情况下,仍应能发出危险警告信号。

(8)总质量大于或等于12000kg的货车(半挂牵引车除外)和货车底盘改装的专业作业车、车长大于8.0m的挂车以及所有最大设计车速小于或等于40km/h的汽车和挂车,应设置符合GB 25990规定的车辆尾部标志板;半挂牵引车应在驾驶室后部上方设置能体现驾驶室的宽度和高度的车身反光标识,其他货车、货车底盘改装的专项作业车和挂车(设置有符合规定的车辆尾部标志板的除外)应在后部设置车身反光标识。后部的车身反光标识应能体现机动车后部的高度和宽度,对厢式货车和挂车应能体现货厢轮廓。

(9)所有货车(半挂牵引车除外)、货车底盘改装的专项作业车和挂车应在侧面设置车身反光标识。侧面的车身反光标识长度应大于或等于车长的50%,对侧面车身结构无连续平面的专项作业车应大于或等于车长的30%,对货厢长度不足车长50%的货车应为货厢长度。

(10)货车、专项作业车和挂车(组成拖拉机运输机组的挂车除外)的车身反光标识材料应符合GB 23254的规定,其中厢式货车和厢式挂车应装备反射器型车身反光标识。

2)导线

开启发动机罩,检视:

(1)发动机舱内线束以及其他部位可视线束的导线绝缘层有无老化、皲裂和破损,导体有无外露,线束固定是否可靠。

(2)电缆线及连接蓄电池的接头是否牢固,有无绝缘套。

(3)线束穿过金属孔时有无绝缘护套。

【释义】 受检车辆停放在指定位置,打开发动机罩,检验员采用目视方法逐一检查发动机舱内线束和其他部位可视线束的导线绝缘层、线束固定情况以及线束穿过孔洞时采取的保护措施。

【判定】 检验结果存在以下情形的,视为不合格:

(1)发动机舱内线束以及其他部位线束的导线绝缘层老化、皲裂和破损,导体外露,线束散乱无固定。

(2)电缆线及连接蓄电池的接头松动,无绝缘套。

(3)线束穿过孔洞时无绝缘护套。

【要点】

(1)以上项目的检查部位均为可视部位。

(2)虽然客车发动机舱内和其他热源附近的线束采用耐温不低于125℃的阻燃导线,其他部位的线束采用耐温不低于105℃的阻燃导线,但车辆在使用或维修时,导线存在改变以及受损的可能,线束布置、固定以及接头连接状态也可能发生变化。因此,应予以关注。

3)仪表与指示器

被检车辆在行驶过程中,检视车速、里程、冷却液温度、机油压力、电流或电压或充电指示、燃油、气压等信号指示装置是否工作正常。

【释义】　本项目是“运行检查”项目。受检车辆停放在指定位置，检验员起动车辆并以不小于20km/h速度行驶20m以上，检视车速表和里程表工作状况。停车后，保持怠速状态，检视冷却液温度、机油压力、电流或电压或充电指示、燃油、气压等信号指示装置的工作情况。

【判定】　车速、里程、冷却液温度、机油压力、电流或电压或充电指示、燃油、气压等信号指示装置不能正常工作，视为不合格。

4）卫星定位系统车载终端

启动卫星定位系统车载终端进行自检，通过信号灯或显示屏观察卫星定位及通信模块、主电源、卫星天线、与终端主机相连的摄像头的工作状态，确认自检是否通过。

【释义】　本项目在人工检验分类中定义为“运行检查”。受检车辆停放在指定位置，检验员采用按键启动或插入IC卡或其他方式进行自检，观察显示屏的指示灯以及信号提示，确认其工作状态，自检通过视为合格。

【判定】　卫星定位及通信模块、主电源、卫星天线、与终端主机相连的摄像头工作异常，自检未通过，视为不合格。

【要点】　旅游客车、包车客车、三类及以上班线客车、危险货物运输车辆、N_3类载货汽车和半挂牵引车应装有具有行驶记录功能并符合GB/T 19056和JT/T 794规定的卫星定位系统车载终端。

5）前照灯

（1）设备要求。

①采用具有发光强度及远、近光光束照射位置检测功能的前照灯检验仪检验。

②采用自动式前照灯检测仪时，导轨运行平面的水平度应不超过2mm/m。

【释义】　以上条款是检验前照灯远光发光强度和光束照射位置的设备要求。前照灯检验仪有多种结构、原理的不同形式，其性能均应符合《机动车前照灯检测仪》（JT/T 508）等相关标准的要求。

【要点】

①综合性能检验机构应采用自动式前照灯检验仪。

②在铺设、安装灯光仪导轨时，应保证其水平度和垂直度（与行车方向）的要求。

（2）检验准备。

①被检车辆所有轮胎的气压符合规定。

②前照灯检验仪受光面和被检车辆前照灯镜面应清洁。

③前照灯检验仪应预热。

【释义】　以上条款是前照灯性能检验的准备要求。前照灯性能检验易受到各种外界因素的影响，检验前，应将各种干扰因素予以排除。

【要点】

①检查所有车轮轮胎气压，使其符合规定的气压值（气压状况不良时应修正）。

②确认车上没有载荷物（卸下标准附属品以外的载荷物）。

③确认车辆悬架是否歪斜、损坏（状况不良时，应修复）。

④确认前照灯的透镜、前照灯检验仪受光面是否污染（污染时应进行擦拭）。

⑤检查前照灯的安装是否有松动（安装状况不良时应紧固）。

(3)检验步骤。

①被检车辆沿引导线居中行驶,并在规定的检测位置停止,车辆的纵向轴线应与引导线平行。如不平行,车辆应重新停放或采用车辆摆正装置进行拨正。

②车辆电源处于充电状态,变速器置于空挡,开启前照灯远光灯。

③前照灯检测仪自动搜寻被检前照灯,并测量其远光发光强度。对于远光光束可单独调整的前照灯还应测量远光光束照射位置偏移。

④被检前照灯转换为近光光束,自动式前照灯检测仪自动测量其近光光束明暗截止线拐点的照射位置偏移值。

⑤按③、④完成车辆所有前照灯的检测。

注1:采用光轴对正或基准中心对正的自动式前照灯检测仪可只检测左、右两只对称的前照灯主灯,如四灯全检时,应将与被检灯相邻的灯遮蔽。

注2:手动式前照灯检测仪可参照上述方法。

【释义】 以上条款是前照灯性能检验方法。该方法是基于自动式前照灯检验仪所做规定,对于用于前照灯检测和调整的手动式检测仪,可参照上述方法。

【要点】

①受检车辆应在规定的检测位置停止(前照灯检验仪规定的检测距离),车辆的纵向轴线应与灯光仪导轨垂直(与引导线平行)。

②检测远光强度时,发动机不熄火。

③对于远光光束可单独调整的前照灯,除检测发光强度外,还应测量远光光束照射位置偏移。

④被检远光的光束不能单独进行调整时,如调整远光光束会影响到近光光束照射位置,其远光照射位置的检测结果不做评判,只作为数据参考。

⑤对于远光强度,采用四灯制前照灯的车辆(图7-33),四个前照灯均需检测,如果其中两只对称前照灯的远光发光强度达到两灯制的远光发光强度最小限值要求时,其四灯制的远光发光强度均视为合格。

图7-33　四灯制前照灯

⑥检验四灯制前照灯时,应将被检灯相邻的灯遮蔽,以避免影响受检大灯的检测结果;检验两灯制车辆的远光发光强度时,如果近光灯也同时点亮,且距离相邻远光灯距离较近,

为避免光线交叉影响也可将受检灯相邻的近光灯遮蔽。

(九)排放

1. 技术要求

【条款 5.3.5】　排放

序号	检验部位	检验项目	技术要求	检验方法
1	排放	排气污染物	汽油车采用双怠速法,应符合 GB 18285 规定。柴油车采用自由加速法,应符合 GB 3847 规定	检测

【释义】　以上条款提出了二级维护竣工检验排放检验要求。由于采用简工况法、加载减速法等先进的检测方法所需的检测设备比较昂贵(需要底盘测功机、排气流量分析仪、配套计算机及相关软件等),占用的场地面积也较大,一般的汽车维护企业不具备这样的条件,因此,本标准规定汽油车采用双怠速法,应符合 GB 18285 规定。柴油车采用自由加速法,应符合 GB 3847 规定。随着国家排放法规的日益严格,工况法的采用也是大势所趋,建议有条件的汽车维护企业采用当地环保部门规定的检验方法。

1)点燃式发动机排放检测方法对检测结果的影响

怠速法、双怠速法是在发动机空载,怠速及高怠速条件下检测 CO、HC 的排放浓度。简易工况法(ASM)是在模拟汽车真实运行状态情况下进行的检测,其检测的过程囊括了几种加载载荷情况下的加速、稳定运转、减速等多种工况,而且检测的结果已经换算成排放的总量,检测的内容也纳入了 NO_x,因此,检测结果与汽车真实运行条件下的排放情况具有一定的可比性。

试验研究结果表明:ASM 稳态工况测试结果与怠速工况测试结果较一致,测试方法与排放合格率的关系如图 7-34 所示。

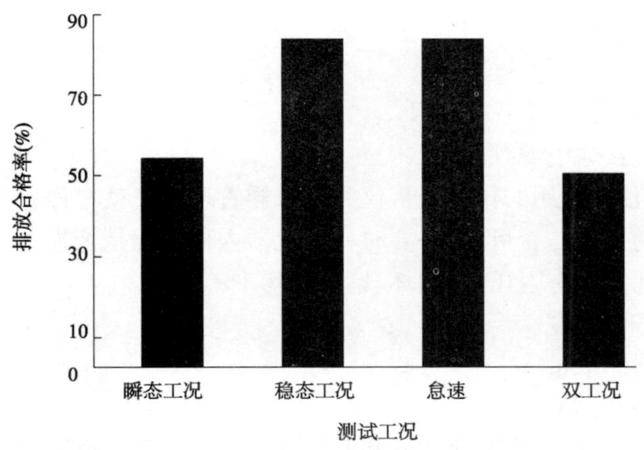

图 7-34　测试方法与排放合格率的关系

由于采用简工况法进行检测所需的检测设备比较昂贵(需要底盘测功机、排气流量分析仪、配套计算机及相关软件等),占用的场地面积也较大,一般的汽车维护企业不具备这样的条件,因此,采用“怠速法”进行初检与维护,这在一定程度上反应车辆的排放状况。

2)压燃式发动机排放检测方法对检测结果的影响

压燃式发动机车辆的排放“加载减速法”与“自由加速法”的最大区别是“加载减速法”是在有负载(100%、90%、80%三种负载)的情况下进行检测,而“自由加速法”是在空载的情况下进行检测。显然,“加载减速法”更加接近汽车的真实运行工况,但检测过程需要底盘测功机等昂贵的设备,一般的汽车维护企业不具备这样的条件。

大量试验结果说明两种检测结果有一定的规律,例如用“自由加速法”检测合格的车辆,再用“加载减速法”进行检测,其结果未必合格。但用“自由加速法”检测不合格的车辆,再用“加载减速法”进行检测,其结果一般也不会合格。因此采用“自由加速法”进行初检与维护,这在一定程度上反应车辆的排放状况。

2. 检验方法

1)设备要求

点燃式发动机排气污染物采用排气分析仪检验,压燃式发动机排气烟度采用不透光烟度计检验,对于2001年10月1日前生产的在用车辆,采用滤纸式烟度计检验。排气污染物检验的设备要求具体如下:

(1)用于点燃式发动机排气污染物检验的排气分析仪应符合《汽车排气分析仪》(JT/T 386)和《汽车排放气体测试仪》(JJG 688)的性能要求和计量要求。如采用简易工况法,依据采用工况,其设备应符合《汽油车稳态工况法排气污染物测量设备技术要求》(HJ/T 291)或《汽油车简易瞬态工况法排气污染物测量设备技术要求》(HJ/T 290)的要求。

(2)用于压燃式发动机排气烟度检验的不透光烟度计应符合《不透光烟度计》(JT/T 506)和《汽车用透光率计校准规范》(JJF 1225)的性能要求和计量要求。如果采用加载减速法,其设备应符合《柴油车加载减速工况法排气烟度测量设备技术要求》(HJ/T 292)的要求。

(3)2001年10月1日前生产的在用车辆,采用滤纸式烟度计检验。目前,该类车辆已基本淘汰完毕。

2)检验准备

(1)双怠速检验。

①仪器使用前先接通电源预热。

②密封性检查,目前使用的排气分析仪如果取样管理漏气就应停止进入检测界面,需要检查取样管与仪器的接口是否可靠,必要时检查机器内部管理是否损坏。

③检查探测器和导管有否压扁、割坏、堵塞及污染等情况。

④检查滤清器脏污程度。

⑤检查水分离器储水量。

(2)简易工况ASM试验。

①如需要,可在发动机上安装冷却液和润滑油测温计等测试仪器。

②应关闭空调、暖风等附属装备。装备牵引力控制装置的车辆应关闭牵引力控制装置。

③车辆预热:进行试验前,车辆各总成的热状态应符合汽车技术条件的规定,并保持稳

定。在试验前车辆的等候时间超过20min或在试验前熄火超过5min,应选以下任一种方法预热车辆:车辆在无负荷状态使发动机以2500r/min转速运转4min;车辆在测功机上按ASM 5025工况运行60s。

④采用发动机故障诊断仪检查车载OBD故障信息。

⑤变速器的使用。安装自动变速器的车辆应使用前进挡进行试验。安装手动变速器的车辆应使用二挡,如果二挡所能达到的最高车速低于45km/h时可使用三挡。

⑥车辆驱动轮应位于滚筒上,必须确保车辆横向稳定。驱动轮胎应干燥防滑。

⑦车辆应限位良好。对前轮驱动车辆,试验前应使驻车制动起作用。

⑧在试验工况计时过程中,车辆不允许制动。如果车辆制动,工况起始计时应重新置零($t=0$)。

⑨测功机预热。检测前,测功机开机运转(转速小于25km/h超过30min),在试验前进行自动预热。此预热应由系统自动控制完成,如没有按规定完成预热,系统应锁定不能进行检测。

(3)自由加速试验。

①车辆在不进行预处理的情况下也可以进行试验,但出于安全考虑,应确保发动机处于热状态,并且机械状态良好。

②采用至少3次自由加速过程或其他等效方法对排气系统进行吹拂。

(4)加载减速试验。车辆预先检查。在将车辆驾驶上底盘测功机前,对受检车辆进行以下调整:

①中断车上所有主动型制动功能和转矩控制功能(自动缓速器除外),如中断防抱死制动系统(ABS)、电子稳定程序(ESP)等。

②关闭车上所有以发动机为动力的附加设备,或切断其动力传递机构。

③除检测驾驶员外,受检车辆不能载客,也不能装载货物,不得有附加的动力装置。必要时,可以用测试驱动桥质量的方法来判断底盘测功机是否能够承受待检车辆驱动桥的质量。

④对非全时四轮驱动车辆,应选择后轮驱动方式。

⑤对紧密型多驱动轴的车辆,或全时四轮驱动车辆,不能进行加载减速检测,应进行自由加速排气烟度排放检测。

检测系统的检查。待检车辆通过了“预先检查”规定的预检程序之后,检测员按以下步骤将待检车辆驾驶到底盘测功机上:

①举起测功机升降板,并检查是否已将转鼓牢固锁好。

②小心将车辆驾驶到底盘测功机上,并将驱动轮置于转鼓中央位置。

③放下测功机升降板,松开转鼓制动器。待完全放下升降板后,缓慢驾车使受检车辆的车轮与试验转鼓完全吻合。

④轻踩制动踏板使车轮停止转动,发动机熄火。

⑤将非驱动轮楔住,系扣车辆安全限位装置。对前轮驱动的车辆,应有防侧滑措施。

⑥应为受检车辆配备辅助冷却风扇,应掀开大型机动车的动力仓盖板,保证冷却空气流通顺畅,以防止发动机过热。

注意以下问题：

①在开始检测以前，检测员必须检查用于通信的系统是否能够正常工作。

②除检测员外，在检测过程中，其他人员不得在测试现场逗留。

③如果发动机冷却液温度低于正常温度，应进行发动机预热操作。这时需要将测功机切换到手动控制模式，检测驾驶员应在小负荷下预热发动机，直到冷却液的温度达到制造厂规定的正常温度范围为止。

④发动机熄火，变速器置于空挡，检查不透光烟度计的零刻度和满刻度。检查完毕后，将合适尺寸的采样探头插入受检车辆的排气管中，注意连接好不透光烟度计，采样探头的插入深度不得低于400mm。不应使用太大尺寸的采样探头，以免受检车辆的排气背压过大，影响输出功率。在检测过程中，必须将采样气体的温度和压力控制在规定的范围内，必要时可对采样管进行适当冷却，但要注意不能使测量室内出现冷凝现象。

3）检验方法

（1）点燃式发动机汽车。按GB 18285规定的双怠速法或简易工况法检验。当被检车辆不适合外接发动机转速表时，可根据车载转速表指示值控制发动机转速。

①双怠速检验方法。

a. 将汽车停至排放工位，依照检测操作提示控制发动机。

b. 打开发动机罩，取出机油尺，插入油温传感器；找到点火缸线（如1缸），夹好转速传感器。测量时，润滑油温度应不低于80℃。

c. 检验员控制发动机从怠速状态加速至该车70%额定转速，运转30s后降至高怠速（轻型汽车2500r/min ± 100r/min，重型车1800r/min ± 100r/min）。

d. 检验员将取样探头插入排气管中，深度不少于400mm，并固定。

e. 发动机维持高怠速状态45s。高怠速状态15s后，由具有平均值功能的仪器读取30s内的平均值，或者人工读取30s内的最高值和最低值，其平均值即为高怠速污染物测量结果。对于使用闭环控制电子燃油喷射系统和三元催化转化器技术的汽车，还应同时记录过量空气系数λ的数值。

f. 降至怠速状态，并维持怠速状态45s。怠速状态15s后，由具有平均值功能的仪器读取30s内的平均值，或者人工读取30s内的最高值和最低值，其平均值即为怠速污染物测量结果。

g. 若为多排气管时，取各排气管测量结果的算术平均值作为测量结果。

h. 自动控制系统执行双怠速测量程序完成检测的全过程，当提示测量结束时，检测员取出采样探头，并将取样探头放到规定位置，检验完毕。

i. 测量结果的判定：排气污染物中有一项不合格，排放判不合格；过量空气系数λ超过标准，排放判不合格。

②简易工况（ASM）检验方法。简易工况（ASM）测试过程如图7-35所示。

a. 车辆驱动轮位于测功机滚筒上，检测员将分析仪取样探头插入排气管中，深度为400mm，并固定于排气管上。对独立工作的多排气管应同时取样。

b. 稳定车速在25km/h并保持90s（ASM5025工况）。

车辆经预热后，加速至25km/h，测功机根据测试工况要求加载，工况计时器开始计时

($t=0$s),车辆保持25km/h±1.5km/h等速5s后开始检测。当测功机转速和转矩偏差超过设定值的时间大于5s,检测应重新开始。然后系统开始预置10s后开始快速检查工况,计时器为$t=15$s时分析仪器开始测量,每秒测量一次,并根据稀释修正系数及湿度修正系数计算10s内的排放平均值。运行10s($t=25$s),ASM5O25快速检查工况结束。车辆运行至90s($t=90$s),ASM5025工况结束。测功机在车速25km/h±1.5km/h的允许误差范围内,加载转矩应随车速的变化做相应的调整,保证加载功率不随车速改变。转矩允许误差为该工况设定转矩的±5%。

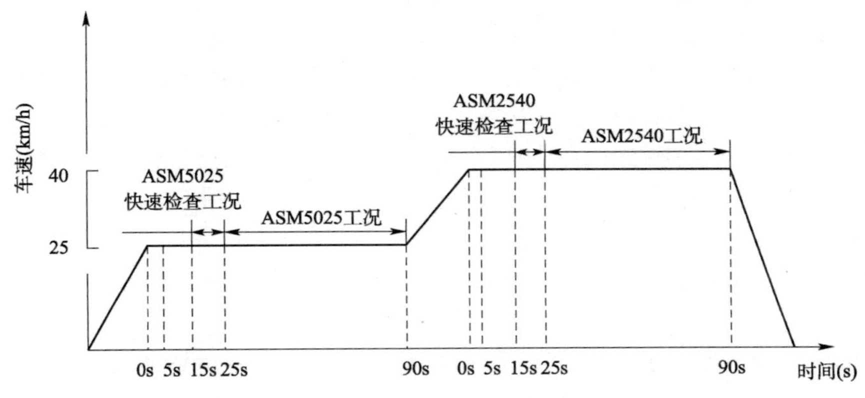

图7-35　简易工况(ASM)测试过程

在测量过程中,任意连续10s内第一秒至第十秒的车速变化相对于第一秒小于±0.5km/h,测试结果有效。快速检查工况的10s内的排放平均值经修正后,如果等于或低于限值的50%,则测试合格,检测结束。否则应继续进行至90s工况。如果所有检测污染物连续10s的平均值均低于或等于限值,则该车应判定为ASM5025工况合格。继续进行ASM2540检测;如任何一种污染物连续10s的平均值超过限值,则测试不合格,检测结束。

c.稳定车速在40km/h并维持90s(ASM2540工况)。

车辆从25km/h直接加速至40km/h,测功机根据测试工况要求加载,工况计时器开始计时($t=0$s),车辆保持40km/h±1.5km/h等速5s后开始检测。当测功机转速和转矩偏差超过设定值的时间大于5s,检测应重新开始。然后系统开始预置10s后开始快速检查工况,计时器为$t=15$s时分析仪器开始测量,每秒测量一次,并根据稀释修正系数及湿度修正系数计算10s内的排放平均值。运行10s($t=25$s),ASM2540快速检查工况结束;车辆运行至90s($t=90$s),ASM2540工况结束。测功机在车速40km/h±1.5km/h的允许误差范围内,加载转矩应随车速的变化做相应的调整,保证加载功率不随车速改变。转矩允许误差为该工况设定转矩的±5%。

在测量过程中,任意连续10s内第一秒至第十秒的车速变化相对于第一秒小于±0.5km/h,测试结果有效。快速检查工况的10s内的排放平均值经修正后如果等于或低于限值的50%,则测试合格,检测结束;否则应继续进行至90s工况。如果所有检测污染物连续10s的平均值均低于或等于限值,则该车应判定为合格。如任何一种污染物连续10s的平均值超过限值,则测试不合格,检测结束。

(2)压燃式发动机汽车。按 GB 3847 规定的自由加速不透光烟度法或加载减速法检验。

①自由加速检验方法。

a. 目测检测车辆的排气系统的相关部件是否泄漏。

b. 在每个自由加速循环的起点均处于怠速状态。对重型发动机,将加速踏板放开后至少等待 10s。

c. 在进行自由加速测量时,必须在 1s 内将加速踏板快速、连续地完全踩到底,使喷油泵在最短时间内供给最大油量。

d. 对每一个自由加速测量,在松开加速踏板前,发动机必须达到断油点转速。对带自动变速器的车辆,则应达到制造厂规定的转速(如果没有该数据值,则应达到断油转速的 2/3)。

e. 在测量过程中检查,发动机转速,或延长加速踏板踏到底后与松开加速踏板前的间隔时间,对于重型汽车,间隔时间应至少为 2s。

f. 计算结果取最后 3 次自由加速测量结果的算术平均值。在计算均值时可以忽略与测量均值相差很大的测量值。

②加载减速检验方法。

a. 检测开始前,检测员按以下步骤操作,以使自动控制系统能够获得自动检测所需的初始数据。

起动发动机,变速器置于空挡,逐渐增大加速踏板直到开度达到最大,并保持在最大开度状态,记录这时发动机的最大转速,然后松开加速踏板,使发动机回到怠速状态。使用前进挡驱动被检车辆,选择合适的挡位,使加速踏板处于全开位置时,测功机指示的车速最接近 70km/h,但不能超过 100km/h。对装有自动变速器的车辆,应使用 D 挡进行试验,不得使用超速挡进行。

b. 自动控制系统对按上述步骤获得的数据自动进行分析,判断是否可以继续进行检测。处理过程如下:

a)加速踏板全开,发动机转速稳定后,控制程序将此时的发动机转速设定为最大发动机转速(MaxRPM)。并根据输入的发动机标定转速,计算最大功率下的测功机滚筒线速度(VelMaxHP),VelMaxHP = 当前转鼓线速度 × 发动机标定转速/ MaxRPM。

b)根据下式确定所需最小轮边功率:

所需最小轮边功率 = 发动机标定功率 ×(100% − 功率损失百分比)

c)如果没有特殊要求,功率损失百分比的默认值是 50%。在电涡轮机加载之前,通过输入的发动机标定转速和发动机标定功率确定转鼓表面的最大力和电涡轮机的吸收功率。在进行污染物检测前确认转鼓和电涡轮机是否可以接受该力和功率。如果最大力或功率超过了测功机的检测能力,将终止测试程序。

c. 如果通过了上述检测,检测控制系统将自动控制电涡轮机开始加载减速过程:检测开始后,检测员始终将节气门保持在最大开度状态,直到检测系统通知松开节气门为止。

d. 加载减速过程中,自动控制系统采集三组检测状态下的检测数据,以判定受检车辆的排气光吸收系数 k 是否达标,3 组数据分别在 VelMaxHP 点、90% VelMaxHP 点和 90% VelMaxHP 点获得。处理过程如下:

a)首先自记录的 MaxRPM 转速开始进行功率扫描,以确定实际峰值功率下的发动机转速。

b)确定真实的 VeIMaxHP:进行功率扫描时,在功率随发动机转速变化的实时曲线上确定最大轮边功率,并将扫描得到的最大轮边功率时的转鼓线速度记为真实的 VeIMaxHP。

c)在获得真实的 VeIMaxHP 之后,继续进行功率扫描过程,直到转鼓线速度比实际的 VeIMaxHP 低 20% 为止。

d)在结束了功率扫描并确定了真实的 VeIMaxHP 后,控制系统立即改变 PAU 负载,并控制转鼓速度回到真实的 VeIMaxHP 值,以进行加载减速检测。系统按照同样的次序完成对以下 3 个速度段的检测:真实的 VeIMaxHP,90% 的 VeIMaxHP 和 80% 的 VeIMaxHP。

e)将在 3 个检测速度段的测量得到的光吸收系数 k、发动机速度、转鼓线速度和轮边功率的数据作为检测结果。在每个检测点,在读数之前转鼓速度应至少稳定 3s,光吸收系数 k、发动机转速和轮边功率数据则需在转鼓速度稳定后读取 5s 内的平均值。

e. 检测结果的判定。上述 3 组检测数据包括轮边功率、发动机转速和排气光吸收系数 k,必须将不同工况点的测量结果都与排放限值进行比较。若修正后的最大轮边功率低于所要求的最小功率,或者测得的排气光吸收系数 k 超过了标准规定的限值,均判断该车的排放不合格。自动控制系统分析过程如下:

a)检测系统对检测中记录的原始光吸收系数 k、发动机转速和吸收功率数据进行自动处理,从 3 个加载减速检测记录的数据组中,筛选出真实 VeIMaxHP 下的发动机转速、转鼓转速、吸收功率和光吸收系数 k 数据输至数据区,筛选出 90% 和 80% 的 VeIMaxHP 下的相应数据。

b)根据系统自动记录的环境温度、环境湿度和大气压力,对测量得到的吸收功率进行修正。将所需最小功率和修正后的轮边功率进行比较,如果修正后的轮边功率小于所需最小功率,则判定车辆排气污染物检测不合格。

c)将 VeIMaxHP 与发动机制造厂规定的发动机标定转速进行比较,如果 VeIMaxHP 超过标定转速 ±10%,则认为车辆检测不合格。

d)检查光吸收系数 k 数据,如果任何一个数据超过了规定的限值,则车辆排放不合格。

f. 受检车辆的卸载程序。

a)将受检车辆驾离底盘测功机以前,检测员应检查是否已经完全完成相关的检测工作,并完成了对相关检测数据的记录和保护。

b)按下列步骤将受检车辆驾离底盘测功机:从受检车辆上拆下所有测试和保护装置;将发动机罩复位;举起测功机升降板,锁住转鼓;去掉车轮挡块,确认受检车辆及其行驶路线周围没有障碍物或人员;慢慢将受检车辆驶离底盘测功机,并停放到指定地点。

附　　录

附录1 《道路运输车辆技术管理规定》(交通运输部令2016年第1号)

道路运输车辆技术管理规定

第一章 总 则

第一条 为加强道路运输车辆技术管理,保持车辆技术状况良好,保障运输安全,发挥车辆效能,促进节能减排,根据《中华人民共和国安全生产法》《中华人民共和国节约能源法》《中华人民共和国道路运输条例》等法律、行政法规,制定本规定。

第二条 道路运输车辆技术管理适用本规定。

本规定所称道路运输车辆包括道路旅客运输车辆(以下简称客车)、道路普通货物运输车辆(以下简称货车)、道路危险货物运输车辆(以下简称危货运输车)。

本规定所称道路运输车辆技术管理,是指对道路运输车辆在保证符合规定的技术条件和按要求进行维护、修理、综合性能检测方面所做的技术性管理。

第三条 道路运输车辆技术管理应当坚持分类管理、预防为主、安全高效、节能环保的原则。

第四条 道路运输经营者是道路运输车辆技术管理的责任主体,负责对道路运输车辆实行择优选配、正确使用、周期维护、视情修理、定期检测和适时更新,保证投入道路运输经营的车辆符合技术要求。

第五条 鼓励道路运输经营者使用安全、节能、环保型车辆,促进标准化车型推广运用,加强科技应用,不断提高车辆的管理水平和技术水平。

第六条 交通运输部主管全国道路运输车辆技术管理监督。

县级以上地方人民政府交通运输主管部门负责本行政区域内道路运输车辆技术管理监督。

县级以上道路运输管理机构具体实施道路运输车辆技术管理监督工作。

第二章 车辆基本技术条件

第七条 从事道路运输经营的车辆应当符合下列技术要求:

(一)车辆的外廓尺寸、轴荷和最大允许总质量应当符合《道路车辆外廓尺寸、轴荷及质量限值》(GB 1589)的要求;

(二)车辆的技术性能应当符合《道路运输车辆综合性能要求和检验方法》(GB 18565)的要求;

(三)车型的燃料消耗量限值应当符合《营运客车燃料消耗量限值及测量方法》(JT

711)、《营运货车燃料消耗量限值及测量方法》(JT 719)的要求。

(四)车辆技术等级应当达到二级以上。危货运输车、国际道路运输车辆、从事高速公路客运以及营运线路长度在800公里以上的客车,技术等级应当达到一级。技术等级评定方法应当符合国家有关道路运输车辆技术等级划分和评定的要求;

(五)从事高速公路客运、包车客运、国际道路旅客运输,以及营运线路长度在800公里以上客车的类型等级应当达到中级以上。其类型划分和等级评定应当符合国家有关营运客车类型划分及等级评定的要求;

(六)危货运输车应当符合《汽车运输危险货物规则》(JT 617)的要求。

第八条 道路运输管理机构应当加强从事道路运输经营车辆的管理,对不符合本规定的车辆不得配发道路运输证。

在对挂车配发道路运输证和年度审验时,应当查验挂车是否具有有效行驶证件。

第九条 禁止使用报废、擅自改装、拼装、检测不合格以及其他不符合国家规定的车辆从事道路运输经营活动。

第三章 技术管理的一般要求

第十条 道路运输经营者应当遵守有关法律法规、标准和规范,认真履行车辆技术管理的主体责任,建立健全管理制度,加强车辆技术管理。

第十一条 鼓励道路运输经营者设置相应的部门负责车辆技术管理工作,并根据车辆数量和经营类别配备车辆技术管理人员,对车辆实施有效的技术管理。

第十二条 道路运输经营者应当加强车辆维护、使用、安全和节能等方面的业务培训,提升从业人员的业务素质和技能,确保车辆处于良好的技术状况。

第十三条 道路运输经营者应当根据有关道路运输企业车辆技术管理标准,结合车辆技术状况和运行条件,正确使用车辆。

鼓励道路运输经营者依据相关标准要求,制定车辆使用技术管理规范,科学设置车辆经济、技术定额指标并定期考核,提升车辆技术管理水平。

第十四条 道路运输经营者应当建立车辆技术档案制度,实行一车一档。档案内容应当主要包括:车辆基本信息,车辆技术等级评定、客车类型等级评定或者年度类型等级评定复核、车辆维护和修理(含《机动车维修竣工出厂合格证》)、车辆主要零部件更换、车辆变更、行驶里程、对车辆造成损伤的交通事故等记录。档案内容应当准确、详实。

车辆所有权转移、转籍时,车辆技术档案应当随车移交。

道路运输经营者应当运用信息化技术做好道路运输车辆技术档案管理工作。

第四章 车辆维护与修理

第十五条 道路运输经营者应当建立车辆维护制度。

车辆维护分为日常维护、一级维护和二级维护。日常维护由驾驶员实施,一级维护和二级维护由道路运输经营者组织实施,并做好记录。

第十六条 道路运输经营者应当依据国家有关标准和车辆维修手册、使用说明书等,结合车辆类别、车辆运行状况、行驶里程、道路条件、使用年限等因素,自行确定车辆维护周期,确保车辆正常维护。

车辆维护作业项目应当按照国家关于汽车维护的技术规范要求确定。

道路运输经营者可以对自有车辆进行二级维护作业,保证投入运营的车辆符合技术管理要求,无需进行二级维护竣工质量检测。

道路运输经营者不具备二级维护作业能力的,可以委托二类以上机动车维修经营者进行二级维护作业。机动车维修经营者完成二级维护作业后,应当向委托方出具二级维护出厂合格证。

第十七条 道路运输经营者应当遵循视情修理的原则,根据实际情况对车辆进行及时修理。

第十八条 道路运输经营者用于运输剧毒化学品、爆炸品的专用车辆及罐式专用车辆(含罐式挂车),应当到具备道路危险货物运输车辆维修资质的企业进行维修。

前款规定专用车辆的牵引车和其他运输危险货物的车辆由道路运输经营者消除危险货物的危害后,可以到具备一般车辆维修资质的企业进行维修。

第五章 车辆检测管理

第十九条 道路运输经营者应当定期到机动车综合性能检测机构,对道路运输车辆进行综合性能检测。

第二十条 道路运输经营者应当自道路运输车辆首次取得《道路运输证》当月起,按照下列周期和频次,委托汽车综合性能检测机构进行综合性能检测和技术等级评定:

(一)客车、危货运输车自首次经国家机动车辆注册登记主管部门登记注册不满 60 个月的,每 12 个月进行 1 次检测和评定;超过 60 个月的,每 6 个月进行 1 次检测和评定。

(二)其他运输车辆自首次经国家机动车辆注册登记主管部门登记注册的,每 12 个月进行 1 次检测和评定。

第二十一条 客车、危货运输车的综合性能检测应当委托车籍所在地汽车综合性能检测机构进行。

货车的综合性能检测可以委托运输驻在地汽车综合性能检测机构进行。

第二十二条 道路运输经营者应当选择通过质量技术监督部门的计量认证、取得计量认证证书并符合《汽车综合性能检测站能力的通用要求》(GB 17993)等国家相关标准的检测机构进行车辆的综合性能检测。

第二十三条 汽车综合性能检测机构对新进入道路运输市场车辆应当按照《道路运输车辆燃料消耗量达标车型表》进行比对。对达标的新车和在用车辆,应当按照《道路运输车辆综合性能要求和检验方法》(GB 18565)、《道路运输车辆技术等级划分和评定要求》(JT/T 198)实施检测和评定,出具全国统一式样的道路运输车辆综合性能检测报告,评定车辆技术等级,并在报告单上标注。车籍所在地县级以上道路运输管理机构应当将车辆技术等级在《道路运输证》上标明。

汽车综合性能检测机构应当确保检测和评定结果客观、公正、准确,对检测和评定结果承担法律责任。

第二十四条 道路运输管理机构和受其委托承担客车类型等级评定工作的汽车综合性能检测机构,应当按照《营运客车类型划分及等级评定》(JT/T 325)进行营运客车类型等级评定或者年度类型等级评定复核，出具统一式样的客车类型等级评定报告。

第二十五条 汽车综合性能检测机构应当建立车辆检测档案，档案内容主要包括：车辆综合性能检测报告（含车辆基本信息、车辆技术等级）、客车类型等级评定记录。

车辆检测档案保存期不少于两年。

第六章 监督检查

第二十六条 道路运输管理机构应当按照职责权限对道路运输车辆的技术管理进行监督检查。

道路运输经营者应当对道路运输管理机构的监督检查予以配合，如实反映情况，提供有关资料。

第二十七条 道路运输管理机构应当将车辆技术状况纳入道路运输车辆年度审验内容，查验以下相应证明材料：

（一）车辆技术等级评定结论；

（二）客车类型等级评定证明。

第二十八条 道路运输管理机构应当建立车辆管理档案制度。档案内容主要包括：车辆基本情况，车辆技术等级评定、客车类型等级评定或年度类型等级评定复核、车辆变更等记录。

第二十九条 道路运输管理机构应当将运输车辆的技术管理情况纳入道路运输企业质量信誉考核和诚信管理体系。

第三十条 道路运输管理机构应当积极推广使用现代信息技术，逐步实现道路运输车辆技术管理信息资源共享。

第七章 法律责任

第三十一条 违反本规定，道路运输经营者有下列行为之一的，县级以上道路运输管理机构应当责令改正，给予警告；情节严重的，处以1000元以上5000元以下罚款：

（一）道路运输车辆技术状况未达到《道路运输车辆综合性能要求和检验方法》（GB 18565）的；

（二）使用报废、擅自改装、拼装、检测不合格以及其他不符合国家规定的车辆从事道路运输经营活动的；

（三）未按照规定的周期和频次进行车辆综合性能检测和技术等级评定的；

（四）未建立道路运输车辆技术档案或者档案不符合规定的；

（五）未做好车辆维护记录的。

第三十二条 违反本规定，道路运输车辆综合性能检测机构有下列行为之一的，县级以上道路运输管理机构不予采信其检测报告，并抄报同级质量技术监督主管部门处理。

（一）不按技术规范对道路运输车辆进行检测的；

（二）未经检测出具道路运输车辆检测结果的；

（三）不如实出具检测结果的。

第三十三条 道路运输管理机构工作人员在监督管理工作中滥用职权、玩忽职守、徇私舞弊的，依法给予行政处分；构成犯罪的，由司法机关依法处理。

第八章 附 则

第三十四条 本规定自2016年3月1日起施行。原交通部发布的《汽车运输业车辆技术管理规定》(交通部令1990年第13号)、《道路运输车辆维护管理规定》(交通部令2001年第4号)同时废止。

附录2 《机动车维修管理规定》(交通运输部令2016年第37号,2016年修正)

机动车维修管理规定

(2005年6月24日交通部发布 根据2015年8月8日《交通运输部关于修改〈机动车维修管理规定〉的决定》第一次修正 根据2016年4月19日《交通运输部关于修改〈机动车维修管理规定〉的决定》第二次修正)

第一章 总 则

第一条 为规范机动车维修经营活动,维护机动车维修市场秩序,保护机动车维修各方当事人的合法权益,保障机动车运行安全,保护环境,节约能源,促进机动车维修业的健康发展,根据《中华人民共和国道路运输条例》及有关法律、行政法规的规定,制定本规定。

第二条 从事机动车维修经营的,应当遵守本规定。

本规定所称机动车维修经营,是指以维持或者恢复机动车技术状况和正常功能,延长机动车使用寿命为作业任务所进行的维护、修理以及维修救援等相关经营活动。

第三条 机动车维修经营者应当依法经营,诚实信用,公平竞争,优质服务,落实安全生产主体责任和维修质量主体责任。

第四条 机动车维修管理,应当公平、公正、公开和便民。

第五条 任何单位和个人不得封锁或者垄断机动车维修市场。

托修方有权自主选择维修经营者进行维修。除汽车生产厂家履行缺陷汽车产品召回、汽车质量“三包”责任外,任何单位和个人不得强制或者变相强制指定维修经营者。

鼓励机动车维修企业实行集约化、专业化、连锁经营,促进机动车维修业的合理分工和协调发展。

鼓励推广应用机动车维修环保、节能、不解体检测和故障诊断技术,推进行业信息化建设和救援、维修服务网络化建设,提高机动车维修行业整体素质,满足社会需要。

鼓励机动车维修企业优先选用具备机动车检测维修国家职业资格的人员,并加强技术培训,提升从业人员素质。

第六条 交通运输部主管全国机动车维修管理工作。

县级以上地方人民政府交通运输主管部门负责组织领导本行政区域的机动车维修管理工作。

县级以上道路运输管理机构负责具体实施本行政区域内的机动车维修管理工作。

第二章 经营许可

第七条 机动车维修经营依据维修车型种类、服务能力和经营项目实行分类许可。

机动车维修经营业务根据维修对象分为汽车维修经营业务、危险货物运输车辆维修经营业务、摩托车维修经营业务和其他机动车维修经营业务四类。

汽车维修经营业务、其他机动车维修经营业务根据经营项目和服务能力分为一类维修经营业务、二类维修经营业务和三类维修经营业务。

摩托车维修经营业务根据经营项目和服务能力分为一类维修经营业务和二类维修经营业务。

第八条 获得一类、二类汽车维修经营业务或者其他机动车维修经营业务许可的，可以从事相应车型的整车修理、总成修理、整车维护、小修、维修救援、专项修理和维修竣工检验工作；获得三类汽车维修经营业务(含汽车综合小修)、三类其他机动车维修经营业务许可的，可以分别从事汽车综合小修或者发动机维修、车身维修、电气系统维修、自动变速器维修、轮胎动平衡及修补、四轮定位检测调整、汽车润滑与养护、喷油泵和喷油器维修、曲轴修磨、气缸镗磨、散热器维修、空调维修、汽车美容装潢、汽车玻璃安装及修复等汽车专项维修工作。具体有关经营项目按照《汽车维修业开业条件》(GB/T 16739)相关条款的规定执行。

第九条 获得一类摩托车维修经营业务许可的，可以从事摩托车整车修理、总成修理、整车维护、小修、专项修理和竣工检验工作；获得二类摩托车维修经营业务许可的，可以从事摩托车维护、小修和专项修理工作。

第十条 获得危险货物运输车辆维修经营业务许可的，除可以从事危险货物运输车辆维修经营业务外，还可以从事一类汽车维修经营业务。

第十一条 申请从事汽车维修经营业务或者其他机动车维修经营业务的，应当符合下列条件：

(一)有与其经营业务相适应的维修车辆停车场和生产厂房。租用的场地应当有书面的租赁合同，且租赁期限不得少于1年。停车场和生产厂房面积按照国家标准《汽车维修业开业条件》(GB/T 16739)相关条款的规定执行。

(二)有与其经营业务相适应的设备、设施。所配备的计量设备应当符合国家有关技术标准要求，并经法定检定机构检定合格。从事汽车维修经营业务的设备、设施的具体要求按照国家标准《汽车维修业开业条件》(GB/T 16739)相关条款的规定执行；从事其他机动车维修经营业务的设备、设施的具体要求，参照国家标准《汽车维修业开业条件》(GB/T 16739)执行，但所配备设施、设备应与其维修车型相适应。

(三)有必要的技术人员：

1. 从事一类和二类维修业务的应当各配备至少1名技术负责人员、质量检验人员、业务接待人员以及从事机修、电器、钣金、涂漆的维修技术人员。技术负责人员应当熟悉汽车或者其他机动车维修业务，并掌握汽车或者其他机动车维修及相关政策法规和技术规范；质量检验人员应当熟悉各类汽车或者其他机动车维修检测作业规范，掌握汽车或者其他机动车维修故障诊断和质量检验的相关技术，熟悉汽车或者其他机动车维修服务收费标准及相关政策法规和技术规范，并持有与承修车型种类相适应的机动车驾驶证；从事机修、电器、钣金、涂漆的维修技术人员应当熟悉所从事工种的维修技术和操作规范,并了解汽车或者其他机动车维修及相关政策法规。各类技术人员的配备要求按照《汽车维修业开业条件》(GB/T 16739)相关条款的规定执行。

2. 从事三类维修业务的,按照其经营项目分别配备相应的机修、电器、钣金、涂漆的维修技术人员;从事汽车综合小修、发动机维修、车身维修、电气系统维修、自动变速器维修的,还应当配备技术负责人员和质量检验人员。各类技术人员的配备要求按照国家标准《汽车维修业开业条件》(GB/T 16739)相关条款的规定执行。

(四)有健全的维修管理制度。包括质量管理制度、安全生产管理制度、车辆维修档案管理制度、人员培训制度、设备管理制度及配件管理制度。具体要求按照国家标准《汽车维修业开业条件》(GB/T 16739)相关条款的规定执行。

(五)有必要的环境保护措施。具体要求按照国家标准《汽车维修业开业条件》(GB/T 16739)相关条款的规定执行。

第十二条 从事危险货物运输车辆维修的汽车维修经营者,除具备汽车维修经营一类维修经营业务的开业条件外,还应当具备下列条件:

(一)有与其作业内容相适应的专用维修车间和设备、设施,并设置明显的指示性标志;

(二)有完善的突发事件应急预案,应急预案包括报告程序、应急指挥以及处置措施等内容;

(三)有相应的安全管理人员;

(四)有齐全的安全操作规程。

本规定所称危险货物运输车辆维修,是指对运输易燃、易爆、腐蚀、放射性、剧毒等性质货物的机动车维修,不包含对危险货物运输车辆罐体的维修。

第十三条 申请从事摩托车维修经营的,应当符合下列条件:

(一)有与其经营业务相适应的摩托车维修停车场和生产厂房。租用的场地应有书面的租赁合同,且租赁期限不得少于 1 年。停车场和生产厂房的面积按照国家标准《摩托车维修业开业条件》(GB/T 18189)相关条款的规定执行。

(二)有与其经营业务相适应的设备、设施。所配备的计量设备应符合国家有关技术标准要求,并经法定检定机构检定合格。具体要求按照国家标准《摩托车维修业开业条件》(GB/T 18189)相关条款的规定执行。

(三)有必要的技术人员:

1. 从事一类维修业务的应当至少有 1 名质量检验人员。质量检验人员应当熟悉各类摩托车维修检测作业规范,掌握摩托车维修故障诊断和质量检验的相关技术,熟悉摩托车维修服务收费标准及相关政策法规和技术规范。

2. 按照其经营业务分别配备相应的机修、电器、钣金、涂漆的维修技术人员。机修、电器、钣金、涂漆的维修技术人员应当熟悉所从事工种的维修技术和操作规范,并了解摩托车维修及相关政策法规。

(四)有健全的维修管理制度。包括质量管理制度、安全生产管理制度、摩托车维修档案管理制度、人员培训制度、设备管理制度及配件管理制度。具体要求按照国家标准《摩托车维修业开业条件》(GB/T 18189)相关条款的规定执行。

(五)有必要的环境保护措施。具体要求按照国家标准《摩托车维修业开业条件》(GB/T 18189)相关条款的规定执行。

第十四条 申请从事机动车维修经营的,应当向所在地的县级道路运输管理机构提出申请,并提交下列材料:

(一)《交通行政许可申请书》、有关维修经营申请者的营业执照原件和复印件;

(二)经营场地(含生产厂房和业务接待室)、停车场面积材料、土地使用权及产权证明原件和复印件;

(三)技术人员汇总表,以及各相关人员的学历、技术职称或职业资格证明等文件原件和复印件;

(四)维修检测设备及计量设备检定合格证明原件和复印件;

(五)按照汽车、其他机动车、危险货物运输车辆、摩托车维修经营,分别提供本规定第十一条、第十二条、第十三条规定条件的其他相关材料。

第十五条 道路运输管理机构应当按照《中华人民共和国道路运输条例》和《交通行政许可实施程序规定》规范的程序实施机动车维修经营的行政许可。

第十六条 道路运输管理机构对机动车维修经营申请予以受理的,应当自受理申请之日起 15 日内作出许可或者不予许可的决定。符合法定条件的,道路运输管理机构作出准予行政许可的决定,向申请人出具《交通行政许可决定书》,在 10 日内向被许可人颁发机动车维修经营许可证件,明确许可事项;不符合法定条件的,道路运输管理机构作出不予许可的决定,向申请人出具《不予交通行政许可决定书》,说明理由,并告知申请人享有依法申请行政复议或者提起行政诉讼的权利。

机动车维修经营者应当在取得相应工商登记执照后,向道路运输管理机构申请办理机动车维修经营许可手续。

第十七条 申请机动车维修连锁经营服务网点的,可由机动车维修连锁经营企业总部向连锁经营服务网点所在地县级道路运输管理机构提出申请,提交下列材料,并对材料真实性承担相应的法律责任:

(一)机动车维修连锁经营企业总部机动车维修经营许可证件复印件;

(二)连锁经营协议书副本;

(三)连锁经营的作业标准和管理手册;

(四)连锁经营服务网点符合机动车维修经营相应开业条件的承诺书。

道路运输管理机构在查验申请资料齐全有效后,应当场或在 5 日内予以许可,并发给相应许可证件。连锁经营服务网点的经营许可项目应当在机动车维修连锁经营企业总部许可项目的范围内。

第十八条 机动车维修经营许可证件实行有效期制。从事一、二类汽车维修业务和一类摩托车维修业务的证件有效期为 6 年;从事三类汽车维修业务、二类摩托车维修业务及其他机动车维修业务的证件有效期为 3 年。

机动车维修经营许可证件由各省、自治区、直辖市道路运输管理机构统一印制并编号,县级道路运输管理机构按照规定发放和管理。

第十九条 机动车维修经营者应当在许可证件有效期届满前 30 日到作出原许可决定

的道路运输管理机构办理换证手续。

第二十条 机动车维修经营者变更经营资质、经营范围、经营地址、有效期限等许可事项的,应当向作出原许可决定的道路运输管理机构提出申请;符合本章规定许可条件、标准的,道路运输管理机构依法办理变更手续。

机动车维修经营者变更名称、法定代表人等事项的,应当向作出原许可决定的道路运输管理机构备案。

机动车维修经营者需要终止经营的,应当在终止经营前30日告知作出原许可决定的道路运输管理机构办理注销手续。

第三章 维修经营

第二十一条 机动车维修经营者应当按照经批准的行政许可事项开展维修服务。

第二十二条 机动车维修经营者应当将机动车维修经营许可证件和《机动车维修标志牌》(见附件1)悬挂在经营场所的醒目位置。

《机动车维修标志牌》由机动车维修经营者按照统一式样和要求自行制作。

第二十三条 机动车维修经营者不得擅自改装机动车,不得承修已报废的机动车,不得利用配件拼装机动车。

托修方要改变机动车车身颜色,更换发动机、车身和车架的,应当按照有关法律、法规的规定办理相关手续,机动车维修经营者在查看相关手续后方可承修。

第二十四条 机动车维修经营者应当加强对从业人员的安全教育和职业道德教育,确保安全生产。

机动车维修从业人员应当执行机动车维修安全生产操作规程,不得违章作业。

第二十五条 机动车维修产生的废弃物,应当按照国家的有关规定进行处理。

第二十六条 机动车维修经营者应当公布机动车维修工时定额和收费标准,合理收取费用。

机动车维修工时定额可按各省机动车维修协会等行业中介组织统一制定的标准执行,也可按机动车维修经营者报所在地道路运输管理机构备案后的标准执行,也可按机动车生产厂家公布的标准执行。当上述标准不一致时,优先适用机动车维修经营者备案的标准。

机动车维修经营者应当将其执行的机动车维修工时单价标准报所在地道路运输管理机构备案。

机动车生产厂家在新车型投放市场后六个月内,有义务向社会公布其维修技术信息和工时定额。具体要求按照国家有关部门关于汽车维修技术信息公开的规定执行。

第二十七条 机动车维修经营者应当使用规定的结算票据,并向托修方交付维修结算清单。维修结算清单中,工时费与材料费应当分项计算。维修结算清单标准规范格式由交通运输部制定。

机动车维修经营者不出具规定的结算票据和结算清单的,托修方有权拒绝支付费用。

第二十八条 机动车维修经营者应当按照规定,向道路运输管理机构报送统计资料。

道路运输管理机构应当为机动车维修经营者保守商业秘密。

第二十九条 机动车维修连锁经营企业总部应当按照统一采购、统一配送、统一标识、统一经营方针、统一服务规范和价格的要求，建立连锁经营的作业标准和管理手册，加强对连锁经营服务网点经营行为的监管和约束，杜绝不规范的商业行为。

第四章 质量管理

第三十条 机动车维修经营者应当按照国家、行业或者地方的维修标准和规范进行维修。尚无标准或规范的，可参照机动车生产企业提供的维修手册、使用说明书和有关技术资料进行维修。

第三十一条 机动车维修经营者不得使用假冒伪劣配件维修机动车。

机动车维修配件实行追溯制度。机动车维修经营者应当记录配件采购、使用信息，查验产品合格证等相关证明，并按规定留存配件来源凭证。

托修方、维修经营者可以使用同质配件维修机动车。同质配件是指，产品质量等同或者高于装车零部件标准要求，且具有良好装车性能的配件。

机动车维修经营者对于换下的配件、总成，应当交托修方自行处理。

机动车维修经营者应当将原厂配件、同质配件和修复配件分别标识，明码标价，供用户选择。

第三十二条 机动车维修经营者对机动车进行二级维护、总成修理、整车修理的，应当实行维修前诊断检验、维修过程检验和竣工质量检验制度。

承担机动车维修竣工质量检验的机动车维修企业或机动车综合性能检测机构应当使用符合有关标准并在检定有效期内的设备，按照有关标准进行检测，如实提供检测结果证明，并对检测结果承担法律责任。

第三十三条 机动车维修竣工质量检验合格的，维修质量检验人员应当签发《机动车维修竣工出厂合格证》(见件2)；未签发机动车维修竣工出厂合格证的机动车，不得交付使用，车主可以拒绝交费或接车。

第三十四条 机动车维修经营者应当建立机动车维修档案，并实行档案电子化管理。维修档案应当包括：维修合同(托修单)、维修项目、维修人员及维修结算清单等。对机动车进行二级维护、总成修理、整车修理的，维修档案还应当包括：质量检验单、质量检验人员、竣工出厂合格证(副本)等。

机动车维修经营者应当按照规定如实填报、及时上传承修机动车的维修电子数据记录至国家有关汽车电子健康档案系统。机动车生产厂家或者第三方开发、提供机动车维修服务管理系统的，应当向汽车电子健康档案系统开放相应数据接口。

机动车托修方有权查阅机动车维修档案。

第三十五条 道路运输管理机构应当加强机动车维修从业人员管理，建立健全从业人员信用档案，加强从业人员诚信监管。

机动车维修经营者应当加强从业人员从业行为管理，促进从业人员诚信、规范从业维修。

第三十六条 道路运输管理机构应当加强对机动车维修经营的质量监督和管理，采用定期检查、随机抽样检测检验的方法，对机动车维修经营者维修质量进行监督。

道路运输管理机构可以委托具有法定资格的机动车维修质量监督检验单位，对机动车维修质量进行监督检验。

第三十七条 机动车维修实行竣工出厂质量保证期制度。

汽车和危险货物运输车辆整车修理或总成修理质量保证期为车辆行驶 20000 公里或者 100 日；二级维护质量保证期为车辆行驶 5000 公里或者 30 日；一级维护、小修及专项修理质量保证期为车辆行驶 2000 公里或者 10 日。

摩托车整车修理或者总成修理质量保证期为摩托车行驶 7000 公里或者 80 日；维护、小修及专项修理质量保证期为摩托车行驶 800 公里或者 10 日。

其他机动车整车修理或者总成修理质量保证期为机动车行驶 6000 公里或者 60 日；维护、小修及专项修理质量保证期为机动车行驶 700 公里或者 7 日。

质量保证期中行驶里程和日期指标，以先达到者为准。

机动车维修质量保证期，从维修竣工出厂之日起计算。

第三十八条 在质量保证期和承诺的质量保证期内，因维修质量原因造成机动车无法正常使用，且承修方在 3 日内不能或者无法提供因非维修原因而造成机动车无法使用的相关证据的，机动车维修经营者应当及时无偿返修，不得故意拖延或者无理拒绝。

在质量保证期内，机动车因同一故障或维修项目经两次修理仍不能正常使用的，机动车维修经营者应当负责联系其他机动车维修经营者，并承担相应修理费用。

第三十九条 机动车维修经营者应当公示承诺的机动车维修质量保证期。所承诺的质量保证期不得低于第三十七条的规定。

第四十条 道路运输管理机构应当受理机动车维修质量投诉，积极按照维修合同约定和相关规定调解维修质量纠纷。

第四十一条 机动车维修质量纠纷双方当事人均有保护当事车辆原始状态的义务。必要时可拆检车辆有关部位，但双方当事人应同时在场，共同认可拆检情况。

第四十二条 对机动车维修质量的责任认定需要进行技术分析和鉴定，且承修方和托修方共同要求道路运输管理机构出面协调的，道路运输管理机构应当组织专家组或委托具有法定检测资格的检测机构作出技术分析和鉴定。鉴定费用由责任方承担。

第四十三条 对机动车维修经营者实行质量信誉考核制度。机动车维修质量信誉考核办法另行制定。

机动车维修质量信誉考核内容应当包括经营者基本情况、经营业绩（含奖励情况）、不良记录等。

第四十四条 道路运输管理机构应当建立机动车维修企业诚信档案。机动车维修质量信誉考核结果是机动车维修诚信档案的重要组成部分。

道路运输管理机构建立的机动车维修企业诚信信息，除涉及国家秘密、商业秘密外，应当依法公开，供公众查阅。

第五章　监督检查

第四十五条 道路运输管理机构应当加强对机动车维修经营活动的监督检查。

道路运输管理机构应当依法履行对维修经营者所取得维修经营许可的监管职责，定期核对许可登记事项和许可条件。对许可登记内容发生变化的，应当依法及时变更；对不符合法定条件的,应当责令限期改正。

道路运输管理机构的工作人员应当严格按照职责权限和程序进行监督检查,不得滥用职权、徇私舞弊,不得乱收费、乱罚款。

第四十六条 道路运输管理机构应当积极运用信息化技术手段,科学、高效地开展机动车维修管理工作。

第四十七条 道路运输管理机构的执法人员在机动车维修经营场所实施监督检查时,应当有 2 名以上人员参加,并向当事人出示交通运输部监制的交通行政执法证件。

道路运输管理机构实施监督检查时,可以采取下列措施:

(一)询问当事人或者有关人员,并要求其提供有关资料;

(二)查询、复制与违法行为有关的维修台帐、票据、凭证、文件及其他资料,核对与违法行为有关的技术资料;

(三)在违法行为发现场所进行摄影、摄像取证;

(四)检查与违法行为有关的维修设备及相关机具的有关情况。

检查的情况和处理结果应当记录,并按照规定归档。当事人有权查阅监督检查记录。

第四十八条 从事机动车维修经营活动的单位和个人,应当自觉接受道路运输管理机构及其工作人员的检查,如实反映情况,提供有关资料。

第六章 法律责任

第四十九条 违反本规定,有下列行为之一,擅自从事机动车维修相关经营活动的,由县级以上道路运输管理机构责令其停止经营;有违法所得的,没收违法所得,处违法所得 2 倍以上 10 倍以下的罚款;没有违法所得或者违法所得不足 1 万元的,处 2 万元以上 5 万元以下的罚款;构成犯罪的,依法追究刑事责任:

(一)未取得机动车维修经营许可,非法从事机动车维修经营的;

(二)使用无效、伪造、变造机动车维修经营许可证件,非法从事机动车维修经营的;

(三)超越许可事项,非法从事机动车维修经营的。

第五十条 违反本规定,机动车维修经营者非法转让、出租机动车维修经营许可证件的,由县级以上道路运输管理机构责令停止违法行为,收缴转让、出租的有关证件,处以 2000 元以上 1 万元以下的罚款;有违法所得的,没收违法所得。

对于接受非法转让、出租的受让方,应当按照第四十九条的规定处罚。

第五十一条 违反本规定,机动车维修经营者使用假冒伪劣配件维修机动车,承修已报废的机动车或者擅自改装机动车的,由县级以上道路运输管理机构责令改正,并没收假冒伪劣配件及报废车辆;有违法所得的,没收违法所得,处违法所得 2 倍以上 10 倍以下的罚款;没有违法所得或者违法所得不足 1 万元的,处 2 万元以上 5 万元以下的罚款,没收假冒伪劣配件及报废车辆;情节严重的,由原许可机关吊销其经营许可;构成犯罪的,依法追究刑事责任。

第五十二条 违反本规定,机动车维修经营者签发虚假或者不签发机动车维修竣工出厂合格证的,由县级以上道路运输管理机构责令改正;有违法所得的,没收违法所得,处以违法所得 2 倍以上 10 倍以下的罚款;没有违法所得或者违法所得不足 3000 元的,处以 5000 元以上2万元以下的罚款；情节严重的，由许可机关吊销其经营许可；构成犯罪的，依法追究刑事责任。

第五十三条 违反本规定，有下列行为之一的，由县级以上道路运输管理机构责令其限期整改；限期整改不合格的，予以通报：

（一）机动车维修经营者未按照规定执行机动车维修质量保证期制度的；

（二）机动车维修经营者未按照有关技术规范进行维修作业的；

（三）伪造、转借、倒卖机动车维修竣工出厂合格证的；

（四）机动车维修经营者只收费不维修或者虚列维修作业项目的；

（五）机动车维修经营者未在经营场所醒目位置悬挂机动车维修经营许可证件和机动车维修标志牌的；

（六）机动车维修经营者未在经营场所公布收费项目、工时定额和工时单价的；

（七）机动车维修经营者超出公布的结算工时定额、结算工时单价向托修方收费的；

（八）机动车维修经营者未按规定建立电子维修档案，或者未及时上传维修电子数据记录至国家有关汽车电子健康档案系统的；

（九）违反本规定其他有关规定的。

第五十四条 违反本规定，道路运输管理机构的工作人员有下列情形之一的，由同级地方人民政府交通运输主管部门依法给予行政处分；构成犯罪的，依法追究刑事责任：

（一）不按照规定的条件、程序和期限实施行政许可的；

（二）参与或者变相参与机动车维修经营业务的；

（三）发现违法行为不及时查处的；

（四）索取、收受他人财物或谋取其他利益的；

（五）其他违法违纪行为。

第七章 附 则

第五十五条 外商在中华人民共和国境内申请中外合资、中外合作、独资形式投资机动车维修经营的，应同时遵守《外商投资道路运输业管理规定》及相关法律、法规的规定。

第五十六条 机动车维修经营许可证件等相关证件工本费收费标准由省级人民政府财政部门、价格主管部门会同同级交通运输主管部门核定。

第五十七条 本规定自2005年8月1日起施行。经商国家发展和改革委员会、国家工商行政管理总局同意，1986年12月12日交通部、原国家经委、原国家工商行政管理局发布的《汽车维修行业管理暂行办法》同时废止，1991年4月10日交通部颁布的《汽车维修质量管理办法》同时废止。

附件（略）。

附录3 《汽车维护、检测、诊断技术规范》(GB/T 18344—2016)

1 范围

本标准规定了汽车维护的分级和周期、维护作业要求以及质量保证。

本标准适用于以汽油或柴油为燃料的在用汽车,挂车可参照执行。

2 规范性引用文件

下列文件对于本文件的应用是必不可少的。凡是注日期的引用文件,仅所注日期的版本适用于本文件。凡是不注日期的引用文件,其最新版本(包括所有的修改单)适用于本文件。

GB 3847 车用压燃式发动机和压燃式发动机汽车排气烟度排放限值及测量方法

GB/T 5624—2005 汽车维修术语

GB 7258—2012 机动车运行安全技术条件

GB 18285 点燃式发动机汽车排气污染物排放限值及测量方法(双怠速法及简易工况法)

GB 18565 道路运输车辆综合性能要求和检验方法

3 术语和定义

GB 7258—2012 和 GB/T 5624 界定的术语和定义适用于本文件。为了便于使用,以下重复列出了 GB 7258 和 GB/T 5624 中的某些术语和定义。

3.1 汽车 motor vehicle

由动力驱动,具有四个或四个以上车轮的非轨道承载的车辆,主要用于:

——载运人员和/或货物(物品);

——牵引载运货物(物品)的车辆或特殊用途的车辆;

——专项作业。

[GB 7258—2012,定义 3.2]

3.2 挂车 trailer

设计和制造上需由汽车或拖拉机牵引,才能在道路上正常使用的无动力道路车辆,包括

牵引杆挂

车、中置轴挂车和半挂车,用于:

——载运货物;

——专项作业。

[GB 7258 - 2012,定义 3.3]

3.3 日常维护 daily maintenance

以清洁、补给和安全性能检视为中心内容的维护作业。

[GB/T 5624 - 2005,定义 2.3.1.3.1]

3.4 一级维护 elementary maintenance

除日常维护作业外,以润滑、紧固为作业中心内容,并检查有关制动、操纵等系统中的安全部件的维护作业。

[GB/T 5624 - 2005,定义 2.3.1.3.2.1]

3.5 二级维护 complete maintenance

除一级维护作业外,以检查、调整制动系、转向操纵系、悬架等安全部件,并拆检轮胎,进行轮胎换位,检查调整发动机工作状况和汽车排放相关系统等为主的维护作业。

[GB/T 5624 - 2005,定义 2.3.1.3.2.2]

4 汽车维护的分级和周期

4.1 维护分级

汽车维护分为日常维护、一级维护和二级维护。

4.2 维护周期

4.2.1 日常维护周期

日常维护周期为出车前、行车中和收车后。

4.2.2 一级维护周期和二级维护周期

4.2.2.1 汽车一级维护、二级维护周期的确定应以行驶里程间隔为基本依据,行驶里程间隔执行车辆维修资料等有关技术文件的规定。

4.2.2.2 对于不便用行驶里程间隔统计、考核的汽车,可用行驶时间间隔确定一级维护、二级维护周期。

4.2.2.3 道路运输车辆一级维护、二级维护推荐周期参见附录 A。

5 汽车维护作业要求

5.1 日常维护

日常维护作业项目及技术要求见表 1。

日常维护作业项目及技术要求 表1

序号	作业项目	作业内容	技术要求	维护周期
1	车辆外观及附属设施	检查、清洁车身	车身外观及客车车厢内部整洁，车窗玻璃齐全、完好	出车前或收车后
		检查后视镜，调整后视镜角度	后视镜完好、无损毁，视野良好	出车前
		检查灭火器、客车安全锤	灭火器配备数量及放置位置符合规定，且在有效期内。客车安全锤配备数量及放置位置符合规定	出车前或收车后
		检查安全带	安全带固定可靠、功能有效	出车前或收车后
		检查风窗玻璃刮水器	刮水器各挡位工作正常	出车前
2	发动机	检查发动机润滑油、冷却液液面高度，视情补给	油(液)面高度符合规定	出车前
3	制动	制动系统自检	自检正常，无制动报警灯闪亮	出车前
		检查制动液液面高度，视情补给	液面高度符合规定	出车前
		检查行车制动、驻车制动	行车制动、驻车制动功能正常	出车前
4	车轮及轮胎	检查轮胎外观、气压	轮胎表面无破裂、凸起、异物刺入及异常磨损，轮胎气压符合规定	出车前、行车中
		检查车轮螺栓、螺母	齐全完好，无松动	
5	照明、信号指示装置及仪表	检查前照灯	前照灯完好、有效，表面清洁，远近光变换正常	出车前
		检查信号指示装置	转向灯、制动灯、示廓灯、危险报警灯、雾灯、喇叭、标志灯及反射器等信号指示装置完好有效，表面清洁	
		检查仪表	工作正常	出车前、行车中
注:“符合规定”指符合车辆维修资料等有关技术文件的规定，以下同。				

5.2 一级维护

一级维护基本作业项目及技术要求见表1及表2。

一级维护基本作业项目及技术要求 表2

序号	作业项目		作业内容	技术要求
1	发动机	空气滤清器、机油滤清器和燃油滤清器	清洁或更换	按规定的里程或时间清洁或更换滤清器。滤清器应清洁，衬垫无残缺，滤芯无破损。滤清器安装牢固，密封良好
2		发动机润滑油及冷却液	检查油(液)面高度，视情更换	按规定的里程或时间更换润滑油、冷却液，油(液)面高度符合规定

续上表

序号	作业项目		作业内容	技术要求
3	转向系	部件连接	检查、校紧万向节、横直拉杆、球头销和转向节等部位连接螺栓、螺母	各部件连接可靠
4		转向器润滑油及转向助力油	检查油面高度,视情更换	按规定的里程或时间更换转向器润滑油及转向助力油,油面高度符合规定
5	制动系	制动管路、制动阀及接头	检查制动管路、制动阀及接头,校紧接头	制动管路、制动阀固定可靠,接头紧固,无漏气(油)现象
6		缓速器	检查、校紧缓速器连接螺栓、螺母,检查定子与转子间隙,清洁缓速器	缓速器连接紧固,定子与转子间隙符合规定,缓速器外表、定子与转子间清洁,各插接件与接头连接可靠
7		储气筒	检查储气筒	无积水及油污
8		制动液	检查液面高度,视情更换	按规定的里程或时间更换制动液,液面高度符合规定
9	传动系	各连接部位	检查、校紧变速器、传动轴、驱动桥壳、传动轴支撑等部位连接螺栓、螺母	各部位连接可靠,密封良好
10		变速器、主减速器和差速器	清洁通气孔	通气孔通畅
11	车轮	车轮及半轴的螺栓、螺母	校紧车轮及半轴的螺栓、螺母	扭紧力矩符合规定
12		轮辋及压条挡圈	检查轮辋及压条挡圈	轮辋及压条挡圈无裂损及变形
13	其他	蓄电池	检查蓄电池	液面高度符合规定,通气孔畅通,电桩、夹头清洁、牢固,免维护蓄电池电量状况指示正常
14		防护装置	检查侧防护装置及后防护装置,校紧螺栓、螺母	完好有效,安装牢固
15		全车润滑	检查、润滑各润滑点	润滑嘴齐全有效,润滑良好。各润滑点防尘罩齐全完好。集中润滑装置工作正常,密封良好
16		整车密封	检查泄漏情况	全车不漏油、不漏液、不漏气

5.3 二级维护

5.3.1 二级维护基本要求

5.3.1.1 二级维护作业流程参见附录B。

5.3.1.2 二级维护作业项目包括基本作业项目和附加作业项目,二级维护作业时一并进行。

5.3.1.3 二级维护前应进行进厂检测,依据进厂检测结果进行故障诊断并确定附加作业项目。二级维护作业过程中发现的维修项目也应作为附加作业项目。

5.3.1.4 二级维护过程中应进行过程检验。

5.3.1.5 二级维护作业完成后应进行竣工检验,竣工检验合格的车辆,由维护企业签发维护竣工出厂合格证。

5.3.1.6 二级维护检测使用的仪器设备应符合相关国家标准和行业标准的规定,计量器具及设备应计量检定或校准合格并在有效期内。

5.3.2 二级维护进厂检测

5.3.2.1 进厂检测包括规定的检测项目以及根据驾驶员反映的车辆技术状况确定的检测项目,二级维护规定的进厂检测项目见表3。

5.3.2.2 检测项目的技术要求应符合国家有关的技术标准和车辆维修资料等相关规定。

5.3.2.3 进厂检测时应记录检测数据或结果,并据此进行车辆故障诊断。

二级维护规定的进厂检测项目 表3

序号	检测项目	检测内容	技术要求
1	故障诊断	车载诊断系统(OBD)的故障信息	装有车载诊断系统(OBD)的车辆,不应有故障信息
2	行车制动性能	检查行车制动性能	采用台架检验或路试检验,应符合GB 7258相关规定
3	排放	排气污染物	汽油车采用双怠速法,应符合GB 18285相关规定。柴油车采用自由加速法,应符合GB 3847相关规定

5.3.3 二级维护基本作业项目

5.3.3.1 二级维护基本作业项目及技术要求见表1、表2及表4。

5.3.3.2 车辆维修资料中与本标准规定的二级维护基本作业项目相同的部分,依据本标准中相对应的条款执行;车辆维修资料中与本标准规定的二级维护基本作业项目不同的部分,依据车辆维修资料的有关条款执行。车辆维修资料中有特殊维护要求的系统、总成和装置(如免维护蓄电池、免维护轮毂等),其维护作业项目执行车辆维修资料规定。

二级维护基本作业项目及技术要求 表4

序号	作业项目		作业内容	技术要求
1	发动机	发动机工作状况	检查发动机起动性能和柴油发动机停机装置	起动性能良好,停机装置功能有效
			检查发动机运转情况	低、中、高速运转稳定,无异响
2		发动机排放机外净化装置	检查发动机排放机外净化装置	外观无损坏、安装牢固
3		燃油蒸发控制装置	检查外观,检查装置是否畅通,视情更换	碳罐及管路外观无损坏、密封良好、连接可靠,装置畅通无堵塞
4		曲轴箱通风装置	检查外观,检查装置是否畅通,视情更换	管路及阀体外观无损坏、密封良好、连接可靠,装置畅通无堵塞
5		增压器、中冷器	检查、清洁中冷器和增压器	中冷器散热片清洁,管路无老化,连接可靠,密封良好。增压器运转正常,无异响,无渗漏
6		发电机、起动机	检查、清洁发电机和起动机	发电机和起动机外表清洁,导线接头无松动,运转无异响,工作正常
7		发动机传动带(链)	检查空压机、水泵、发电机、空调机组和正时传动带(链)磨损及老化程度,视情调整传动带(链)松紧度	按规定里程或时间更换传动带(链)。传动带(链)无裂痕和过量磨损,表面无油污,松紧度符合规定
8		冷却装置	检查散热器、水箱及管路密封	散热器、水箱及管路固定可靠,无变形、堵塞、破损及渗漏。箱盖接合表面良好,胶垫不老化
			检查水泵和节温器工作状况	水泵不漏水、无异响,节温器工作正常
9		火花塞、高压线	检查火花塞间隙、积碳和烧蚀情况,按规定里程或时间更换火花塞	无积碳,无严重烧蚀现象,电极间隙符合规定
			检查高压线外观及连接情况,按规定里程或时间更换高压线	高压线外观无破损、连接可靠
10		进、排气歧管、消声器、排气管	检查进、排气歧管、消声器、排气管	外观无破损,无裂痕,消声器功能良好
11		发动机总成	清洁发动机外部,检查隔热层	无油污、无灰尘,隔热层密封良好
			检查、校紧连接螺栓、螺母	油底壳、发动机支撑、水泵、空压机、涡轮增压器、进排气歧管、消声器、排气管、输油泵和喷油泵等部位连接可靠

续上表

序号	作业项目		作业内容	技术要求
12	制动系	储气筒、干燥器	检查、紧固储气筒,检查干燥器功能,按规定里程或时间更换干燥剂	储气筒安装牢固,密封良好。干燥器功能正常,排水阀通畅
13		制动踏板	检查、调整制动踏板自由行程	制动踏板自由行程符合规定
14		驻车制动	检查驻车制动性能,调整操纵机构	功能正常,操纵机构齐全完好、灵活有效
15		防抱死制动装置	检查连接线路,清洁轮速传感器	各连接线及插接件无松动,轮速传感器清洁
16		鼓式制动器	检查制动间隙调整装置	功能正常
			拆卸制动鼓、轮毂、制动蹄,清洁轴承位、轴承、支承销和制动底板等零件	清洁,无油污,轮毂通气孔畅通
			检查制动底板、制动凸轮轴	制动底板安装牢固、无变形、无裂损。凸轮轴转动灵活,无卡滞和松旷现象
			检查轮毂内外轴承	滚柱保持架无断裂,滚柱无缺损、脱落,轴承内外圈无裂损和烧蚀
			检查制动摩擦片、制动蹄及支承销	摩擦片表面无油污、裂损,厚度符合规定。制动蹄无裂纹及明显变形,铆接可靠,铆钉沉入深度符合规定。支承销无过量磨损,与制动蹄轴承孔衬套配合无明显松旷
			检查制动蹄复位弹簧	复位弹簧不得有扭曲、钩环损坏、弹性损失和自由长度改变等现象
			检查轮毂、制动鼓	轮毂无裂损,制动鼓无裂痕、沟槽、油污及明显变形
			装复制动鼓、轮毂、制动蹄,调整轴承松紧度、调整制动间隙	润滑轴承,轴承位涂抹润滑脂后再装轴承。装复制动蹄时,轴承孔均应涂抹润滑脂,开口销或卡簧固定可靠。制动摩擦片与制动鼓摩擦面应清洁,无油污。制动摩擦片与制动鼓配合间隙符合规定。轮毂转动灵活且无轴向间隙。锁紧螺母、半轴螺母及车轮螺母齐全,扭紧力矩符合规定

续上表

序号	作业项目		作 业 内 容	技 术 要 求
17	制动系	盘式制动器	检查制动摩擦片和制动盘磨损量	制动摩擦片和制动盘磨损量应在标记规定或制造商要求的范围内，其磨擦工作面不得有油污、裂纹、失圆和沟槽等损伤
			检查制动摩擦片与制动盘间的间隙	制动摩擦片与制动盘之间的转动间隙符合规定
			检查密封件	密封件无裂纹或损坏
			检查制动钳	制动钳安装牢固、无油液泄漏。制动钳导向销无裂纹或损坏
18	转向系	转向器和转向传动机构	检查转向器和转向传动机构	转向轻便、灵活，转向无卡滞现象，锁止、限位功能正常
			检查部件技术状况	转向节臂、转向器摇臂及横直拉杆无变形、裂纹和拼焊现象，球销无裂纹、不松旷，转向器无裂损、无漏油现象
19		转向盘最大自由转动量	检查、调整转向盘最大自由转动量	最高设计车速不小于100km/h的车辆，其转向盘的最大自由转动量不大于15°，其他车辆不大于25°
20	行驶系	车轮及轮胎	检查轮胎规格型号	轮胎规格型号符合规定，同轴轮胎的规格和花纹应相同，公路客车（客运班车）、旅游客车、校车和危险货物运输车的所有车轮及其他车辆的转向轮不得装用翻新的轮胎
			检查轮胎外观	轮胎的胎冠、胎壁不得有长度超过25mm或深度足以暴露出帘布层的破裂和割伤以及凸起、异物刺入等影响使用的缺陷。具有磨损标志的轮胎，胎冠的磨损不得触及磨损标志；无磨损标志或标志不清的轮胎，乘用车和挂车胎冠花纹深度应不小于1.6mm；其他车辆的转向轮的胎冠花纹深度应不小于3.2mm，其余轮胎胎冠花纹深度应不小于1.6mm
			轮胎换位	根据轮胎磨损情况或相关规定，视情进行轮胎换位
			检查、调整车轮前束	车轮前束值符合规定

续上表

序号	作业项目		作业内容	技术要求
21	行驶系	悬架	检查悬架弹性元件,校紧连接螺栓、螺母	空气弹簧无泄漏、外观无损伤。钢板弹簧无断片、缺片、移位和变形,各部件连接可靠,U形螺栓螺母扭紧力矩符合规定
			减振器	减振器稳固有效,无漏油现象,橡胶垫无松动、变形及分层
22		车桥	检查车桥、车桥与悬架之间的拉杆和导杆	车桥无变形、表面无裂痕、油脂无泄漏,车桥与悬架之间的拉杆和导杆无松旷、移位和变形
23	传动系	离合器	检查离合器工作状况	离合器接合平稳,分离彻底,操作轻便,无异响、打滑、抖动及沉重等现象
			检查、调整离合器踏板自由行程	离合器踏板自由行程符合规定
24		变速器、主减速器、差速器	检查、调整变速器	变速器操纵轻便、档位准确,无异响、打滑及乱挡等异常现象,主减速器、差速器工作无异响
			检查变速器、主减速器、差速器润滑油液面高度,视情更换	按规定的里程或时间更换润滑油,液面高度符合规定
25		传动轴	检查防尘罩	防尘罩无裂痕、损坏,卡箍连接可靠,支架无松动
			检查传动轴及万向节	传动轴无弯曲,运转无异响。传动轴及万向节无裂损、不松旷
			检查传动轴承及支架	轴承无松旷,支架无缺损和变形
26	灯光导线	前照灯	检查远光灯发光强度,检查、调整前照灯光束照射位置	符合 GB 7258 规定
27		线束及导线	检查发动机舱及其他可视的线束及导线	插接件无松动、接触良好。导线布置整齐、固定牢靠,绝缘层无老化、破损,导线无外露。导线与蓄电池桩头连接牢固,并有绝缘套

续上表

序号	作业项目		作业内容	技术要求
28	车架车身	车架和车身	检查车架和车身	车架和车身无变形、断裂及开焊现象,连接可靠,车身周正。发动机罩锁扣锁紧有效。车厢铰链完好,锁扣锁紧可靠,固定集装箱箱体、货物的锁止机构工作正常
			检查车门、车窗启闭和锁止	车门和车窗应启闭正常,锁止可靠。客车动力启闭车门的车内应急开关及安全顶窗机件齐全、完好有效
29		支撑装置	检查、润滑支撑装置,校紧连接螺栓、螺母	完好有效,润滑良好,安装牢固
30		牵引车与挂车连接装置	检查牵引销及其连接装置	牵引销安装牢固,无损伤、裂纹等缺陷,牵引销颈部磨损量符合规定
			检查、润滑牵引座及牵引销锁止、释放机构,校紧连接螺栓、螺母	牵引座表面油脂均匀,安装牢固,牵引销锁止、释放机构工作可靠
			检查转盘与转盘架	转盘与转盘架贴合面无松旷、偏歪。转盘与牵引连接部件连接牢靠,转盘连接螺栓应紧固,定位销无松旷、无磨损, 转盘润滑
			检查牵引钩	牵引钩无裂纹及损伤,锁止、释放机构工作可靠

5.3.4　二级维护过程检验

二级维护过程中应始终贯穿过程检验,并记录二级维护作业过程或检验结果,维护项目的技术要求应符合技术标准和车辆维修资料等相关技术文件规定。

5.3.5　二级维护竣工检验

二级维护竣工检验项目及技术要求见表5,二级维护竣工检验应填写二级维护竣工检验记录单(参见附录C)。

二级维护竣工检验项目及技术要求 表5

序号	检验部位	检验项目	技术要求	检验方法
1	整车	清洁	全车外部、车厢内部及各总成外部清洁	检视
2		紧固	各总成外部螺栓、螺母紧固,锁销齐全有效	检查
3		润滑	全车各个润滑部位的润滑装置齐全,润滑良好	检视
4		密封	全车密封良好,无漏油、无漏液和无漏气现象	检视
5		故障诊断	装有车载诊断系统(OBD)的车辆,无故障信息	检测
6		附属设施	后视镜、灭火器、客车安全锤、安全带、刮水器等齐全完好、功能正常	检视
7	发动机及其附件	发动机工作状况	在正常工作温度状态下,发动机起动三次,成功起动次数不少于两次,柴油机三次停机均应有效,发动机低、中、高速运转稳定、无异响	路试或检视
8		发动机装备	齐全有效	检视
9	制动系	行车制动性能	符合 GB 7258 规定,道路运输车辆符合 GB 18565 规定	路试或检测
10		驻车制动性能	符合 GB 7258 规定	路试或检测
11	转向系	转向机构	转向机构各部件连接可靠,锁止、限位功能正常,转向时无运动干涉,转向轻便、灵活,转向无卡滞现象	检视
			转向节臂、转向器摇臂及横直拉杆无变形、裂纹和拼焊现象,球销无裂纹、不松旷,转向器无裂损、无漏油现象	
12		转向盘最大自由转动量	最高设计车速不小于100km/h 的车辆,其转向盘的最大自由转动量不大于15°,其它车辆不大于25°	检测
13	行驶系	轮胎	同轴轮胎应为相同的规格和花纹,公路客车(客运班车)、旅游客车、校车和危险品运输车的所有车轮及其他机动车的转向轮不得装用翻新的轮胎,轮胎花纹深度及气压符合规定,轮胎的胎冠、胎壁不得有长度超过25mm 或深度足以暴露出帘布层的破裂和割伤以及凸起、异物刺入等影响使用的缺陷	检查、检测
14		转向轮横向侧滑量	符合 GB 7258 规定,道路运输车辆符合 GB 18565 规定	检测
15		悬架	空气弹簧无泄漏、外观无损伤。钢板弹簧无断片、缺片、移位和变形,各部件连接可靠,U 形螺栓螺母扭紧力矩符合规定	检查
16		减振器	减振器稳固有效,无漏油现象,橡胶垫无松动、变形及分层	检查

续上表

序号	检验部位	检验项目	技术要求	检验方法
17	行驶系	车桥	无变形、表面无裂痕,密封良好	检视
18	传动系	离合器	离合器接合平稳,分离彻底,操作轻便,无异响、打滑、抖动和沉重等现象	路试
19		变速器、传动轴、主减速器	变速器操纵轻便、档位准确,无异响、打滑及乱挡等异常现象,传动轴、主减速器工作无异响	路试
20	牵引连接装置	牵引连接装置和锁止机构	汽车与挂车牵引连接装置连接可靠,锁止、释放机构工作可靠	检查
21	照明、信号指示装置和仪表	前照灯	完好有效,工作正常,性能符合 GB 7258 规定	检视、检测
22		信号指示装置	转向灯、制动灯、示廓灯、危险报警灯、雾灯、喇叭、标志灯及反射器等信号指示装置完好有效	检视
23		仪表	各类仪表工作正常	检视
24	排放	排气污染物	汽油车采用双怠速法,应符合 GB 18285 规定。柴油车采用自由加速法,应符合 GB 3847 规定	检测

6 质量保证

6.1 汽车维护企业对竣工检验合格的汽车签发维护竣工出厂合格证。

6.2 汽车维护质量保证期,自维护竣工出厂之日起计算,一级维护质量保证期为车辆行驶不少于 2000km 或者 10 日,二级维护质量保证期为车辆行驶不少于 5000km 或者 30 日,以先达到者为准。

附 录 A
(资料性附录)
道路运输车辆一级维护、二级维护推荐周期

道路运输车辆一级维护、二级维护推荐周期见表 A.1。

道路运输车辆一级维护、二级维护推荐周期 表 A.1

<table>
<tr><th colspan="2" rowspan="2">适用车型</th><th colspan="2">维护周期</th></tr>
<tr><th>一级维护行驶里程间隔上限值或行驶时间间隔上限值</th><th>二级维护行驶里程间隔上限值或行驶时间间隔上限值</th></tr>
<tr><td rowspan="2">客车</td><td>小型客车(含乘用车)(车长≤6m)</td><td>10000km 或 30 日</td><td>40000km 或 120 日</td></tr>
<tr><td>中型及以上客车(车长>6m)</td><td>15000km 或 30 日</td><td>50000km 或 120 日</td></tr>
<tr><td rowspan="2">货车</td><td>轻型货车
(最大设计总质量≤3500kg)</td><td>10000km 或 30 日</td><td>40000km 或 120 日</td></tr>
<tr><td>轻型以上货车
(最大设计总质量>3500kg)</td><td>15000km 或 30 日</td><td>50000km 或 120 日</td></tr>
<tr><td colspan="2">挂车</td><td>15000km 或 30 日</td><td>50000km 或 120 日</td></tr>
<tr><td colspan="4">注:对于以山区、沙漠、炎热、寒冷等特殊运行环境为主的道路运输车辆,可适当缩短维护周期。</td></tr>
</table>

附　录　B
(资料性附录)
二级维护作业流程图

二级维护作业流程见图 B.1。

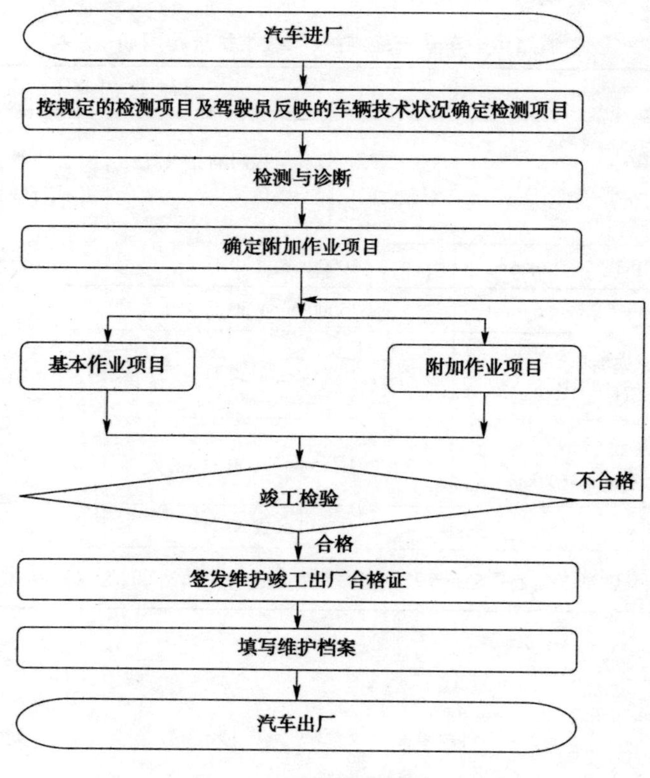

图 B.1　二级维护作业流程图

附　录　C
(资料性附录)
二级维护竣工检验记录单

二级维护竣工检验记录单见表C.1。

二级维护竣工检验记录单　合同编号　　　　表C.1

<table>
<tr><td colspan="2">托修方</td><td colspan="3"></td><td colspan="2">车牌号</td><td></td><td colspan="2">车型</td><td></td></tr>
<tr><td rowspan="8">外观状况</td><td colspan="3">项目</td><td>评价</td><td colspan="2">项目</td><td>评价</td><td colspan="2">项目</td><td>评价</td></tr>
<tr><td colspan="3">清洁</td><td></td><td colspan="2">发动机装备</td><td></td><td colspan="2">离合器</td><td></td></tr>
<tr><td colspan="3">紧固</td><td></td><td colspan="2">转向机构</td><td></td><td colspan="2">变速器、传动轴、主减速器</td><td></td></tr>
<tr><td colspan="3">润滑</td><td></td><td colspan="2">轮胎</td><td></td><td colspan="2">牵引连接装置和锁止机构</td><td></td></tr>
<tr><td colspan="3">密封</td><td></td><td colspan="2">悬架</td><td></td><td colspan="2">前照灯</td><td></td></tr>
<tr><td colspan="3">附属设施</td><td></td><td colspan="2">减振器</td><td></td><td colspan="2">信号指示装置</td><td></td></tr>
<tr><td colspan="3">发动机工作状况</td><td></td><td colspan="2">车桥</td><td></td><td colspan="2">仪表</td><td></td></tr>
<tr><td>故障诊断</td><td colspan="4">车载诊断系统(OBD)故障信息</td><td colspan="5">□无　　□有　　故障信息描述：________</td><td>评价：</td></tr>
<tr><td rowspan="13">性能检测</td><td colspan="4" rowspan="2">转向盘最大自由转动量/(°)</td><td rowspan="2"></td><td rowspan="2">评价：</td><td rowspan="2">转向轮横向侧滑量/(m/km)</td><td colspan="2">第一转向轴：</td><td>评价：</td></tr>
<tr><td colspan="2">第二转向轴：</td><td>评价：</td></tr>
<tr><td rowspan="11">制动性能</td><td rowspan="8">台架</td><td colspan="2">车轴</td><td>一轴</td><td>二轴</td><td>三轴</td><td>四轴</td><td>五轴</td><td>六轴</td></tr>
<tr><td rowspan="2">轴制动率/(%)</td><td>结果</td><td></td><td></td><td></td><td></td><td></td><td></td></tr>
<tr><td>评价</td><td></td><td></td><td></td><td></td><td></td><td></td></tr>
<tr><td rowspan="2">制动不平衡率/(%)</td><td>结果</td><td></td><td></td><td></td><td></td><td></td><td></td></tr>
<tr><td>评价</td><td></td><td></td><td></td><td></td><td></td><td></td></tr>
<tr><td rowspan="3">整车参数</td><td>项目</td><td colspan="3">整车制动率/(%)</td><td colspan="3">驻车制动率/(%)</td></tr>
<tr><td>结果</td><td colspan="3"></td><td colspan="3"></td></tr>
<tr><td>评价</td><td colspan="3"></td><td colspan="3"></td></tr>
<tr><td rowspan="3">路试</td><td rowspan="3">初速度/(km/h)
________</td><td>参数</td><td colspan="2">制动距离/(m)</td><td colspan="2">MFDD/(m/s^2)</td><td colspan="2">制动稳定性</td></tr>
<tr><td>结果</td><td colspan="2"></td><td colspan="2"></td><td colspan="2"></td></tr>
<tr><td>评价</td><td colspan="2"></td><td colspan="2"></td><td colspan="2"></td></tr>
</table>

续上表

<table>
<tr><td rowspan="10">性能
检测</td><td rowspan="6">前照灯
性能</td><td rowspan="2">参数</td><td rowspan="2">灯 高/
(mm)</td><td colspan="2">远光光强/(cd)</td><td colspan="4">远光偏移/(mm/10m)</td><td colspan="4">近光偏移/(mm/10m)</td></tr>
<tr><td>结果
(cd)</td><td>评价</td><td>垂直</td><td>评价</td><td>水平</td><td>评价</td><td>垂直</td><td>评价</td><td>水平</td><td>评价</td></tr>
<tr><td>左 外</td><td></td><td></td><td></td><td></td><td></td><td></td><td></td><td></td><td></td><td></td><td></td></tr>
<tr><td>左 内</td><td></td><td></td><td></td><td></td><td></td><td></td><td></td><td></td><td></td><td></td><td></td></tr>
<tr><td>右 外</td><td></td><td></td><td></td><td></td><td></td><td></td><td></td><td></td><td></td><td></td><td></td></tr>
<tr><td>右 内</td><td></td><td></td><td></td><td></td><td></td><td></td><td></td><td></td><td></td><td></td><td></td></tr>
<tr><td rowspan="4">排气
污染物</td><td rowspan="2">汽油车</td><td>怠速</td><td colspan="2">CO/(%):</td><td colspan="4">HC/($\times 10^{-6}$):</td><td colspan="4">评价:</td></tr>
<tr><td>高怠速</td><td colspan="2">CO/(%):</td><td colspan="4">HC/($\times 10^{-6}$):</td><td colspan="4">评价:</td></tr>
<tr><td rowspan="2">柴油车</td><td rowspan="2">自由
加速</td><td colspan="4">光吸收系数/(m^{-1}):①②③</td><td colspan="4">平均/(m^{-1}):</td><td colspan="2">评价:</td></tr>
<tr><td colspan="4">烟度值/(BSU):①②③</td><td colspan="4">平均(BSU):</td><td colspan="2">评价:</td></tr>
<tr><td colspan="14">检验结论:

检验员签字:　　　　年　月　日</td></tr>
<tr><td colspan="14">注 1:检验数据在“结果”栏填写。合格在“评价”栏划“○”,不合格在“评价”栏划“×”,无此项目填“——”。
注 2:制动性能检验选择“台架”或“路试”。路试制动性能采用“制动距离”或“充分发出的平均减速度 MFDD”评价。</td></tr>
</table>

参 考 文 献

[1] 李祥贵,仝晓平. 道路运输车辆安全部件维修工艺[M]. 北京:人民交通出版社,2012.

[2] 刘元鹏,牛会明,等. 汽车维护质量评价指标及方法研究[J]. 公路交通科技,2012(3).

[3] 仝晓平,刘元鹏. 道路运输车辆综合性能检验与技术等级评定[M]. 北京:人民交通出版社股份有限公司,2016.

[4] 刘元鹏. 营运车辆维护技术与管理[M]. 北京:人民交通出版社股份有限公司,2016.

[5] 张学利,蔡凤田.《汽车维修业开业条件(GB/T 16739—2014)宣贯读本》[M]. 北京:人民交通出版社股份有限公司,2015.

[6] 夏长明. 汽车维护[M]. 北京:机械工业出版社,2011.

[7] 储江伟. 汽车维修工程[M]. 北京:人民交通出版社,2008.

[8] 夏均忠. 货车常见车型维护作业指南[M]. 北京:机械工业出版社,2010.

[9] 刘元鹏,许书权. 汽车维修质量控制与管理[M]. 北京:人民交通出版社,2012.

[10] 王盛良. 汽车故障诊断与检测技术[M]. 北京:机械工业出版社,2013.

[11] 交通运输部运输服务司. 道路运输车辆技术管理规定(释义)[M]. 北京:人民交通出版社股份有限公司,2016.

[12] 夏均忠. 汽车检测、诊断与维护 [M]. 北京:机械工业出版社,2009.

[13] 王囤. 汽车排放超标的原因分析与修复[J]. 汽车维修与保养,2012,10-12.

[14] 兰琳. 柴油机排气污染及其控制技术[J]. 农机化研究,2008,5.

[15] 张广昕,孙晋伟,等. 机动车污染物排放影响因素及控制措施研究[J]. 汽车工程,2013,2.

[16] 金柏正,朱国军. 液化天然气客车使用与维修手册[M]. 北京:人民交通出版社,2014.

[17] 于京诺. 汽车电子控制技术[M]. 北京:机械工业出版社,2011.

[18] 夏均忠. 客车常见车型维护作业指南[M]. 北京:机械工业出版社,2013.